LES

ŒUVRES

COMPLETES

DE

VOLTAIRE

31A

THE VOLTAIRE FOUNDATION

TAYLOR INSTITUTION

OXFORD

1992

under the sponsorship of
sous le haut patronage de

L'ACADÉMIE FRANÇAISE

L'ACADÉMIE ROYALE DE LANGUE ET DE
LITTÉRATURE FRANÇAISES DE BELGIQUE

THE AMERICAN COUNCIL OF LEARNED SOCIETIES

THE BRITISH ACADEMY

L'UNION ACADÉMIQUE INTERNATIONALE

prepared with the kind co-operation of
réalisée avec le concours gracieux de

THE NATIONAL LIBRARY OF RUSSIA
ST PETERSBURG

this volume prepared for the press by
ce volume préparé pour la presse par

PENELOPE BRADING
JANET GODDEN

THE
COMPLETE
WORKS
OF
VOLTAIRE

31A

THE VOLTAIRE FOUNDATION
TAYLOR INSTITUTION
OXFORD

1992

ISBN 0 7294 0426 9

The publications of the
Voltaire Foundation are printed
on durable acid-free paper

PRINTED IN ENGLAND

AT THE ALDEN PRESS

OXFORD

1749

I

TABLE OF CONTENTS

TABLE OF CONTENTS

LIST OF ILLUSTRATIONS

LIST OF ABBREVIATIONS

Arsenal   Bibliothèque de l'Arsenal, Paris
Bachaumont   *Mémoires secrets*, 1777-1789
Barbier   *Chronique de la régence*, 1857-1885
Bengesco   *Voltaire: bibliographie de ses œuvres*, 1882-1890
Beuchot   *Œuvres de Voltaire*, 1829-1840
BL   British Library, London
Bn   Bibliothèque nationale, Paris
BnC   *Catalogue général des livres imprimés de la Bibliothèque nationale: auteurs*, tome 214, Voltaire, 1978
Bn F   Bn, Manuscrits français
Bodley   Bodleian Library, Oxford
Bordeaux   Bibliothèque municipale, Bordeaux
BV   *Bibliothèque de Voltaire: catalogue des livres*, 1961
CLT   Grimm, *Correspondance littéraire*, 1877-1882
CN   *Corpus des notes marginales de Voltaire*, 1979-
D   Voltaire, *Correspondence and related documents*, Voltaire 85-135, 1968-1977
Essai   Voltaire, *Essai sur les mœurs*, 1990
Ferney catalogue   *Voltaire's catalogue of his library at Ferney*, 1959
G. P.   Graffigny Papers, Yale University Library
ImV   Institut et musée Voltaire, Geneva
Kehl   *Œuvres complètes de Voltaire*, 1784-1789
M   *Œuvres complètes de Voltaire*, 1877-1885
Mlr   *Modern language review*
Registres   H. C. Lancaster, 'The Comédie française, 1701-1774', 1951
Rhl   *Revue d'histoire littéraire de la France*
St Petersburg   National Library of Russia, St Petersburg
Stockholm   Kungliga Biblioteket, Stockholm

– Up $^\uparrow$ and down $^\downarrow$ arrows precede text added above or below the line, with $^+$ to terminate the addition, where necessary.

– A superior ^{V} precedes text in Voltaire's hand, ^{W} indicating that of Wagnière.

– A pair of slashes // indicates the end of a paragraph or other section of text.

Thus, 'il $\langle$allait$\rangle$ $^{W\uparrow}\langle$courait$\rangle^+$ donc $^{V\downarrow}\beta$' indicates that 'allait' was deleted, that Wagnière added 'courait' over the line, that 'courait' was deleted and that Voltaire inserted the reading of the base text below the line. The notation 'w75G* ($\rightarrow$K)' indicates that a manuscript correction to the *encadrée* edition was followed in the Kehl editions.

ACKNOWLEDGEMENTS

The preparation of the *Complete works of Voltaire* depends heavily upon the expert help of the staff of numerous research libraries in Europe and North America. We wish to thank them for their generous and patient assistance.

Some have borne a greater burden than others, in particular the staff of the Bibliothèque nationale, the Bibliothèque de l'Arsenal and the Bibliothèque de la Comédie-Française, Paris; the Institut et musée Voltaire, Geneva; the Taylor Institution Library, Oxford; and the National Library of Russia, St Petersburg. To them we are especially grateful.

Other libraries that have supplied information or material for *Rome sauvée* and *Oreste* include: Österreichische Nationalbibliothek Wien; University of Toronto Library; Bibliothèque municipale, Bordeaux; Bibliothèque municipale, Grenoble; University of Aberdeen Library; British Library, London; Queen Mary and Westfield College, London; Bodleian Library, Oxford; Gesamthochschulbibliothek, Kassel; Universiteits Bibliotheek, Leiden; Kungliga Biblioteket, Stockholm; Bibliothèque cantonale et universitaire, Lausanne; Zentralbibliothek, Luzern; Zentralbibliothek, Solothurn.

We have also benefited from the help and advice of many colleagues and friends, notably Larissa Albina, St Petersburg; David W. Smith, Toronto; and Charles Wirz, Geneva.

PREFACE

The year 1749 was to prove a sombre one for Voltaire. Mme Du Châtelet's obsessive passion for Saint-Lambert, whom she had met in the spring of the previous year, was a state of affairs which he had brought himself to accept; but with that acceptance came a final awareness both that the basis of his relationship with her had irrevocably changed, and that it continued in every other way to be an indispensable part of his life. At the same time, his emotional dependence upon his niece Mme Denis acquired further significance; but Mme Denis, as the year opened, was contemplating a marriage of convenience to a lieutenant-general (D3841)... In January, moreover, Voltaire learned that Mme Du Châtelet was pregnant by Saint-Lambert – a situation which added practical difficulties and anxious fears to her already growing unhappiness at her lover's shallow responses to her emotional demands. With the perseverance of desperation she laboured on at Newton, and succeeded in completing her translation of the *Principia* just before the birth of her daughter at Lunéville on 4 September. But her forebodings proved all too well founded: a fever set in, and she died six days later. Voltaire, in total disarray, enduring the deepest and most painful emotions he was ever to experience, spent the rest of the year slowly recovering his equilibrium and laying the foundations for a new existence, initially in Paris with his niece and with his oldest friends. Courage to resume old ambitions was to come only in the following year. By July 1750 he was with Frederick at Potsdam.

It is against this background that one must envisage Voltaire's literary activities in 1749. His central preoccupation was his theatrical rivalry (or duel) with the elder Crébillon. This had begun publicly in 1748 with the first performance of Voltaire's *Sémiramis*, a reworking of a subject treated by Crébillon in 1717, and it was greatly stimulated by the unexpected success in the same year of the latter's *Catilina*, his first tragedy for 31 years. The complexities of Voltaire's response to this challenge, the composition and ultimately the staging of *Rome sauvée* and *Oreste*, are described in this volume. Public interest in this rivalry no doubt helped to keep up attendances at the revivals of earlier Voltairean tragedies staged at the Comédie-Française during 1749: nine performances of *Sémiramis*, in a new and more effectively colourful production, five of *Mérope*, four of *Alzire*, three of *Zaire*, and three of his youthful triumph *Œdipe* – scores surpassed only by the twelve performances of his new comedy *Nanine* (see Voltaire 31B).

Publishers too continued to respond to a demand for Voltaire's works which was by no means confined to France by this date. Conrad Walther's Dresden edition of his collected writings, initially in eight (eventually ten) volumes, had begun to appear (with Voltaire's support) late in 1748, and sold well. *Sémiramis* in 1749 enjoyed three Paris editions, plus two others with Dutch imprints. His comedy of 1725, *L'Indiscret*, was reprinted at Copenhagen. Two contraband editions of *Zadig* appeared, without a place of publication, one of which was almost certainly printed in London. The *Vie de Molière*, of 1739, was reissued in Paris; and there were four editions of the *Panégyrique de Louis XV* (1748), two of them printed in Lyons and one at Nancy (Voltaire presented the king with a copy of one of these which included translations of the text into English, Italian, Latin and Spanish). And in the last weeks of 1749 (see D4801) there appeared a *Recueil de pièces en vers et en prose, par l'auteur de la tragédie de Sémiramis* (Amsterdam [Paris] 1750) which contained the first edition of *Memnon* (see Voltaire 30).

Behind these public manifestations of his literary achievements Voltaire maintained a range of creative activities which is all the more remarkable in the light of the year's special tribulations and, inevitably, his continual poor health. By April 1749 (D3914)

Voltaire was already preparing corrections and amendments for Walther's second Dresden edition of his collected works, which began publication in 1752; a reference in March (D3893) to revising the first of the *Discours en vers sur l'homme* (Voltaire 17) clearly relates already to this process. By July he had embarked upon the transformation of *Adélaïde Du Guesclin* into *Le Duc de Foix* (D3965; see Voltaire 10), which was to have its first performance at the Comédie-Française in 1752. If *Le Siècle de Louis XIV* languished for the moment (D3866), work continued actively on the *Histoire de la guerre de 1741*, ultimately to form part of the *Précis du siècle de Louis XV* (D3897, D4081), and also on the grander historical project which was eventually to become the *Essai sur les mœurs*. An outline of Voltaire's plan for this and thirteen sample chapters had been published in the *Mercure de France* in 1745-46, on the occasion of his appointment as 'historiographe du roi', and in September 1750 the periodical published the first of four instalments of further such material under the title *Histoire des croisades*. Voltaire must have been working on the final stages of this during the previous year, as some hints in letters indicate (D4008, D4065). And Voltaire's correspondence with Frederick during this year, reinvigorated after a lull of some eighteen months, is often preoccupied with poetry, and in particular with Voltaire's delicately deferential suggestions for the improvement of the verses which Frederick submitted to his judgement. The siren songs from Potsdam were becoming steadily louder.

W.H.B.

Rome sauvée, ou Catilina

---

critical edition

by

Paul LeClerc

ACKNOWLEDGEMENTS

The assistance that a number of individuals and institutions provided me in preparing this edition of *Rome sauvée* is acknowledged with gratitude here. The late Robert Kibbee, Chancellor of the City University of New York, Leonard Roellig, former Vice-Chancellor of the University, and Joel Sagell, President of Baruch College, all showed a much appreciated interest in the edition and provided the means whereby I was able to work on materials in Oxford and Paris. Eric Neubacher of the Baruch College Library and Paul Perkus of the City University of New York Central Office Library were of great help in securing copies of much needed texts, and the late Alan Asaf of the Grolier Club gave me an invaluable introduction to what had been the mysteries of bibliographic description. The task of computerising the edition was entrusted to Laurent Fel, my research assistant and a fine colleague in this endeavour, and I happily record my indebtedness to him. I am most grateful to J. A. Dainard for kindly providing unpublished material from the Graffigny papers, now in the process of publication by the team based at the University of Toronto. Mme Larissa L. Albina, curator of Voltaire's library at the National Library of Russia in St Petersburg, graciously offered important and much appreciated information on the marginal notes and markings in Voltaire's books that are under her care. I am very appreciative of her careful reading of the chapter on Voltaire's sources for *Rome sauvée*. I also wish to thank Professor Tamara Green of the Department of Classics at Hunter College for her reading of Latin language portions of the manuscript, and Renée Laredo for her assistance in proofreading.

I appreciate also the generosity of the following libraries in providing me with access to eighteenth-century editions of

Voltaire's works: the libraries of Brown University, Columbia University, Dartmouth College, New York University, Princeton University, the University of Cincinnati, the University of Indiana, the University of Wisconsin, Yale University and the Folger Shakespeare Library in the United States; the Bibliothèque nationale, the Bibliothèque de la Comédie-Française, and the Bibliothèque de l'Arsenal in France; the Bibliothèque publique et universitaire de Genève and the Institut et musée Voltaire in Switzerland; and the Taylor Institution in Great Britain.

I should also like to record my thanks to Ulla Kölving and Andrew Brown of the Voltaire Foundation for their skill as Voltaire's editors – and as his editors' editors – and to Judith Ginsberg, my wife, to whom this work is dedicated.

INTRODUCTION

Rome sauvée enjoys a relatively privileged status within the body of Voltaire's works for the theatre. Although others of his tragedies may have been judged by his contemporaries to be of greater dramatic interest, and correspondingly favoured with more numerous performances, this one stood, for its author at least, and for some time, as his best play. It was, in his estimation, 'cent fois plus fort, plus grand, plus rempli d'action, plus terrible et plus patétique' than *Brutus* and 'fort au dessus de Semiramis' (D3980, D3995). Neither *Mérope*, *Zaïre*, nor *Zulime* could compare with *Rome sauvée*, he claimed, and one of its scenes between César and Catilina alone 'vaut mieux que toute Adélaïde'.[1]

Voltaire's rare affection for a work that was played only eleven times during its first run in 1752, that enjoyed but one revival at the Comédie-Française during his lifetime and was rarely performed thereafter, becomes understandable when *Rome sauvée* is considered in relation to its author's intellectual and personal concerns. In this work Voltaire deliberately addressed himself to several objectives simultaneously and, in the main, succeeded in accomplishing them: to vindicate his claim to be France's leading playwright, against the challenge mounted in 1748 by Crébillon in his *Catilina*; to prove that eighteenth-century tragedy need not have an amorous intrigue as the dominant source of spectator interest; to depict the social and political order of an age he venerated; and to spark an interest in Cicero as a statesman and philosopher of the first order.

Indeed on a perhaps less conscious level – but one certainly appreciated by his contemporaries – in writing *Rome sauvée* and in taking the part of Cicéron in private performances, Voltaire

[1] D3974, D4269, D5284, D4604.

5

indulged in a fleeting transformation of himself into a role that eluded him in life: the philosopher as statesman, leader and defender of the state. The profound satisfaction that he derived from his portrayal of Cicero – both in creating the text and in playing the part – was undoubtedly the main source of the play's enduring appeal to him. When considered in the light of the other aspirations embodied in the work, it gives us a fuller appreciation of Voltaire's reasons for according *Rome sauvée* a primacy of place in his *répertoire théâtral*.

1. *Voltaire's early interest in Cicero*

Voltaire was first introduced to Cicero during his schooldays at the Jesuit college Louis-le-Grand. In a curriculum determined by the Jesuit *ratio studiorum* Cicero occupied the central position in the study of rhetoric: 'Stylus ex uno fere Cicerone sumendus est'. [2] Voltaire undoubtedly read Cicero's four orations against Catiline, the *Orationes in Catilinam*, during his years at Louis-le-Grand and thereby attained an early knowledge of the events of the year 63 BC. But, as he recalled when he wrote the preface to *Rome sauvée* in 1752, the Jesuits' concentration on the rhetorical brilliance of Cicero easily led their pupils to ignore Cicero the moral philosopher, Cicero the statesman, the lawyer, the noble friend and, surprisingly, the poet. [3]

[2] Camille de Rochemonteix, *Un collège des jésuites aux XVIIe et XVIIIe siècles: le collège Henri IV de La Flèche* (Le Mans 1889), p.11-12, cited by Douglas A. Day, 'Voltaire and Cicero', *Revue de littérature comparée* 39 (1965), p.31.

[3] Tadeusz Zielinski's magisterial *Cicero im Wandel der Jahrhunderte: ein Vortrag* (Leipzig 1897) remains the most comprehensive survey of Cicero's place in the historical and literary world of the eighteenth century. The relationship between Voltaire's intellectual development and his growing interest in Cicero has been treated most recently in Rainer Gartenschläger, *Voltaires Cicero-Bild: Versuch einer Bestimmung von Voltaires humanistischem Verhältnis zu Cicero* (doctoral dissertation, Marburg 1968). For a chronological survey of the evolution of Voltaire's interest in Cicero, see Day, 'Voltaire and Cicero'. Peter Gay's well-known argument that

Before 1750 Voltaire's interest in Cicero's life and works was genuine but not overwhelming. In fact until the Cirey years, when he and Mme Du Châtelet started reading Ciceronian texts relevant to questions of moral philosophy and natural theology, Voltaire had even tended to disparage Cicero as an author of 'bavarderies éloquentes' (D348).

By the mid to late 1730s Voltaire's former teacher at Louis-le-Grand, the abbé d'Olivet, had become recognised as the most prominent Cicero scholar in France, a fact of some consequence in the development of Voltaire's knowledge of Cicero's works. When d'Olivet sent Voltaire a copy of his translation of the *Disputationes tusculanae* early in 1736,[4] Mme Du Châtelet read the text to Voltaire first in Latin – 'la langue de cet illustre Bavard' as he quipped to Thiriot (D1006) – and then in d'Olivet's French version. Voltaire and Mme Du Châtelet appreciated Cicero's eloquence, but their reactions to the substance of the text were less than enthusiastic:

Enfin le résultat de cette Lecture étoit d'estimer le traducteur autant que nous méprisions Les raisonemens de la philosophie ancienne. Mon Lecteur ne pouvoit se lasser d'admirer la morale de Ciceron et de blâmer ses raisonemens. Il faut avouer mon cher abbé que quelqu'un qui a lu Loke, ou plutôt qui est son Loke à soy même, doit trouver les Platons des discoureurs et rien de plus.[5]

When, over the next two years, Voltaire read Cicero's *De natura deorum* and *De divinatione*,[6] works on natural religion that

the texts of antiquity, and the example of Cicero's life and works, were a central element in the intellectual emancipation of the *philosophes* from Christian dogma, also holds good in the case of Voltaire. See in particular *The Enlightenment: an interpretation* (New York 1966), i.105-109.

[4] *Tusculanes de Cicéron*, trans. Jean Bouhier and Pierre-Joseph Thoulier d'Olivet (Paris 1737; BV, no.778). For Voltaire's marginalia, see CN, ii.632-37.

[5] To d'Olivet, 12 February 1736 (D1012).

[6] Voltaire owned two editions of d'Olivet's translation of *De natura deorum* (*Entretiens de Cicéron sur la nature des dieux*, Paris 1721, BV, no.773; Paris 1732, BV, no.774; CN, ii.627-30). He also owned the abbé Régnier-Desmarais' translation of

had had a great impact on the English deists, he found that they too consisted of lofty if not overblown rhetoric and shallow reasoning: 'Ce grand homme aime mieux dépouiller les dieux de la prescience que les hommes de la liberté', he wrote to Crown Prince Frederick in March 1738. 'Je ne crois pas que tout grand orateur qu'il étoit, il eût pu répondre à vos raisons. Il auroit eu bau faire de longues périodes, ce seroit des sons contre des véritez. Laissons Le donc avec ses belles phrases' (D1468). Voltaire went on to show that Cicero was no match for his favourite English thinkers:

les Dieux de Ciceron et Le Dieu de Neuton et de Clarke ne sont pas de la même espèce. C'est le dieu de Ciceron qu'on peut apeller un dieu raisonant dans les caffez sur les opérations de la campagne prochaine, car qui n'a point de prescience n'a que des conjectures et qui n'a que des conjectures est sujet à dire autant de pauvretez que Le London journal ou la gazette d'Hollande. Mais ce n'est pas là le compte de sr Isac Neuton et de Samuel Clarke, deux têtes aussi philosophiques que Marc Tulle étoit bavard.

Voltaire's familiarity with additional Ciceronian texts continued nonetheless to grow. A letter to d'Argental of 17 January 1739 mentions two significant items: 'Lavez la teste à T[hiriot], faites luy présent pour ses étrennes du livre de officiis, et de amicitia',[7] and on 9 March of the same year Voltaire thanked d'Olivet, in Latin, for sending an advance copy of his annotated edition of Cicero's works, *M. Tullii Ciceronis opera cum delectu commentarium* (D1934).

Voltaire was then silent on the subject of Cicero for five years. When, in 1744, he had occasion to read two new works by or about the Roman orator, his comments reveal a balanced critical attitude. Writing to Thiriot from Cirey on 8 May, Voltaire made the following comments on d'Olivet's latest translation (D2970):

De divinatione (De la divination de Cicéron, Amsterdam 1741; BV, no.772).

[7] D1790. Voltaire's library apparently held no separate editions of these texts.

J'ai lu les extraits de Cicéron, que j'ai trouvés très élégamment traduits.[8] Je ne sais si ces pensées détachées feront une grande fortune, ce sont des choses sages, mais elles sont devenues lieux communs, et elles n'ont pas cette précision et ce brillant qui sont nécessaires pour faire retenir les maximes. Cicéron était diffus et il devait l'être parce qu'il parlait à la multitude. On ne peut pas d'un orateur, avocat de Rome, faire un La Rochefoucauld. Il faut dans les pensées détachées plus de sel, plus de figures, plus de laconisme. Il me paraît que Cicéron n'est pas là à sa place.

In the same letter Voltaire also commented on the abbé Prévost's translation of an important new biography, Conyers Middleton's *History of the life of Marcus Tullius Cicero*:[9] 'Je n'ai pu lire qu'à Cirey sa traduction libre et très libre de la vie de Cicéron, elle m'a fait un très grand plaisir'. But Voltaire's reading of Middleton's biography whetted his appetite not for further readings of Ciceronean texts but rather, as he went on to say, for those of one of his contemporaries: 'Je fais venir les lettres à Brutus et surtout celles de Brutus qui me paraissent bien plus nerveuses que celles de Marc Tulle'.[10]

It is evident, then, that up to the mid-1740s, Voltaire showed no more than a passing interest in Cicero. He had acquired a familiarity with his philosophical works and his biography, but Cicero had yet to earn a place in his personal pantheon. Locke and Newton figured there permanently and had each had profound, even transforming, effects on Voltaire's intellectual life. The same claim cannot be made for Cicero. Voltaire read his texts as they became available, either in Latin or in translation, but exposure

---

[8] *Pensées de Cicéron traduites pour servir à l'éducation de la jeunesse* (Paris 1744).

[9] *Histoire de Cicéron, tirée de ses écrits et des monuments de son siècle; avec les preuves et des éclaircissements* (Paris 1743; *Ferney catalogue*, no.2067).

[10] The *Lettres de Cicéron à M. Brutus et de M. Brutus à Cicéron* (Paris 1744; BV, no.777; CN, ii.632) was an anonymous translation, also by Prévost, of Middleton's edition of the *Epistles of M. T. Cicero to M. Brutus and of Brutus to Cicero* (s.l. 1743).

to one seldom if ever seemed to whet his appetite for more. Cicero is mentioned only rarely in the correspondence, notebooks or works before 1748, and when he is cited it is primarily in contexts other than that of his consulship and his conflict with Catiline.

During the period 1748-1750 Voltaire's estimation of Cicero underwent a radical transformation. The tepid interest he had shown in the Roman orator and moral philosopher gave way to an impassioned espousal of Cicero as one of the great men of human history. Suddenly, Voltaire's correspondence is peppered with references to Cicero, some of the works are re-read, and *Rome sauvée* is writen to dramatise the radiant moment of Cicero's life: his defeat of Catiline. It is plain that Voltaire's discovery of Cicero the man of action and exemplary *philosophe engagé* would not have occurred as and when it did had not some external stimulus provoked him into a re-evaluation of Cicero's importance. It is equally certain that Crébillon's *Catilina* − and the circumstances surrounding its composition and production at the Comédie-Française in 1748 − provided that stimulus.

2. *Voltaire's rivalry with Crébillon*

The story of Voltaire's and Crébillon's rivalry is neither inspired nor inspiring and was marked by demeaning behaviour on both sides.[11] But it led Voltaire to write some of his best plays.

Crébillon was an author for whom Voltaire had in his earlier years shown the respect due to a competent elder. He had held the first place in the French theatre during the years 1705-1708, when the only plays to succeed at the Comédie-Française were his: *Idoménée* (1705), *Atrée et Thyeste* (1707), and *Electre* (1708). *Rhadamiste et Zénobie*, generally considered Crébillon's greatest

---

[11] It has been treated extensively in Paul LeClerc, *Voltaire and Crébillon père: history of an enmity*, Studies 115 (1973).

work, was received with acclaim in 1711 but was followed by a sharp reversal in his fortunes as a dramatist. His next three plays failed, two of them dismally, to win public approval: *Xerxès* (1714) was played only once; *Sémiramis* (1717) had seven performances; and *Pyrrhus* (1726) one again. Thereafter Crébillon abandoned his career as a dramatist and, in effect, ceased to be a figure of much consequence in the French theatre. His better plays were performed an average of ten times a year at the Comédie-Française but twenty-two years passed before he gave the company a new work, *Catilina*, after which he wrote only one more play, *Le Triumvirat, ou la mort de Cicéron*, before his death in 1762. Intended to make amends for the unflattering portrayal of Cicero in *Catilina*, this final work met with the most modest of successes and the actors withdrew it after a run of ten performances in December 1754.

Voltaire's early relations with Crébillon were cordial if distant. The two joined forces for the first time in 1730, on Voltaire's initiative, to counter the theory being propagated by Antoine Houdard de La Motte that prose ought to replace verse in the composition of tragedies: 'J'allai le trouver avec M. de Crébillon, intéressé plus que moi à soutenir l'honneur d'un art dans lequel je ne l'égalais pas. Nous demandâmes tous deux à M. de Lamotte la permission d'écrire contre ses sentiments. Il nous la donna: M. de Crébillon voulut bien que je tinsse la plume.' [12] In August 1731, when Crébillon's friends were urging him to apply a second time for admission to the Académie française, Voltaire helped his future rival to secure the support of one of his own patrons: 'Je menay hier mr Crebillon chez m^r le duc de Richelieu. Il nous récita des morceaux de son Catilina qui m'ont paru très baux. Il est honteux qu'on le laisse dans la misère. *Laudatur et alget*'

---

[12] *Mémoire sur la satire, à l'occasion d'un libelle de l'abbé Desfontaines contre l'auteur* (M.xxiii.49). Voltaire included his refutation of La Motte's doctrine in the preface to the 1730 edition of *Œdipe* (M.ii.54-58).

(D426). Some six months later Voltaire wrote to Moncrif, 'Si vous rencontrez dans votre palais Radhamiste et Palamede, ayez la bonté, je vous prie, de lui dire des choses bien tendres de la part de son admirateur' (D451). Voltaire's confidence in Crébillon's favourable disposition towards him and his works was not betrayed in 1733 when Crébillon was chosen by the censors, at Voltaire's urging, as the reader of *Le Temple du Goût* and approved its publication with only minor changes.[13] In the mid-1730s the two men united to make common cause against Jean-Baptiste Rousseau (D1129, D1416). Further proof of Voltaire's respect for Crébillon's talents at this date, and his denial of any possibility of envy creeping in, is to be found in the 'Discours préliminaire' to *Alzire* (1736) where he wrote:

il est impossible à mon cœur d'être envieux. J'en appelle à l'auteur de *Radamiste* et d'*Electre*, qui par ces deux ouvrages, m'inspira le premier le désir d'entrer quelque temps dans la même carrière: ses succès ne m'ont jamais coûté d'autres larmes que celles que l'attendrissement m'arrachait aux représentations de ses pièces; il sait qu'il n'a fait naître en moi que de l'émulation et de l'amitié.[14]

By the end of the 1730s, however, Crébillon was no longer an active writer. Voltaire had clearly eclipsed him and was secure in his position as France's leading poet for the stage. Crébillon was a useful colleague to have when it suited Voltaire's needs; he could hardly be called a rival.

In the 1740s the situation changed completely. The years 1742-1748 were at once among the most exhilarating and the most turbulent of Voltaire's life. Despite his remarkable ability to offend, often unintentionally, his monarch and powerful members of the nobility and clergy, he rose to great heights in the circles of the elect of mid-century France. He acquired important honours – *historiographe de France* (1745), *premier gentilhomme de*

[13] To Moncrif, *c.* 5, 10 and 12 April 1733 (D587, D588, D595).
[14] *Alzire*, ed. T. E. D. Braun, Voltaire 14, p.122-23.

la chambre du roi (1746), membership of the Académie française (1746) – and, as Besterman noted, 'his fame had penetrated to the entire reading public of the western world'.[15] Voltaire's triumphs were bound to be unsettling to many, and the more he acquired the greater grew the number of his detractors. Voltaire was a formidable adversary, combining a tenacity in his animus with an ability to exploit his vast rhetorical skills in heaping ridicule and invective on his enemies for years on end. He gave lasting reputations to many who would be forgotten today but for the distinction of having earned his ill will: Desfontaines, Piron, Lefranc de Pompignan, the Jesuit Berthier. By the end of 1740 the foundations were being laid for one of the great, enduring, and consuming quarrels of his life. Its target: Crébillon; its results: Voltaire's rewriting of five of his rival's tragedies.

The origins of this quarrel lie in the steps taken by Crébillon to block the production of Voltaire's *Mahomet*, one of the key elements in his assault on religious intolerance. Crébillon had become a royal censor in 1733. The position went part way towards ameliorating those material conditions of his life that Voltaire had earlier characterised as 'honteux' (D426); but it also gave him the opportunity to use the powers of public office to interfere with the works of fellow writers. As already noted, Crébillon was the censor of Voltaire's choice for *Le Temple du Goût*, a text as likely to offend and provoke the literary world as any of his plays. Crébillon's suggested modifications to this text were insignificant, however, and they were tolerated by Voltaire. *Mahomet* was another matter. According to Voltaire, Crébillon thought that the real purpose of the play was to show 'à quels horribles excez le fanatisme peut entraîner des âmes faibles conduites par un fourbe',[16] and refused his approbation when he reviewed the text in the winter of 1740. His immediate superior,

15 *Voltaire*, 3rd ed. (Oxford 1976), p.288.
16 To César de Missy, 1 September 1742 (D2648).

13

Marville, was new to his position as *lieutenant de police* and was reluctant to act without authorisation from above. He turned for guidance to the king's chief minister cardinal de Fleury, who was well disposed towards Voltaire at that point and recommended approval. Marville therefore ignored Crébillon's objections and gave his own *approbation* on 10 January 1741.

We can do no more than speculate about Crébillon's real motives in refusing the *approbation*: his letters have not come down to us and the clues offered by contemporary sources are not easily corroborated. Collé, who was a friend of Crébillon's for many years and wrote down a good deal of information about him that he gained at first hand, tells us that when Crébillon was asked to review the play again on its revival in 1751, and once more refused to approve it, he said that the reasons that had forced him to reject it in 1740 still held good. Collé further claims that d'Alembert, who did approve the play in 1751, said 'tout haut [...] que si Crébillon veut faire imprimer les raisons et les motifs de son refus d'approbation, il se charge de le réfuter, et d'établir en même temps ce qui l'a déterminé à permettre la représentation de cette pièce'.[17] Unfortunately Crébillon did not accept the challenge. His silence encouraged speculation among later commentators that self-interest lay behind his action. In his 'Avertissement' to the Kehl edition of *Mahomet* Beaumarchais stated categorically that Crébillon had refused to approve the play 'uniquement parce qu'on lui avait persuadé que *Mahomet* était le rival d'*Atrée*' (M.iv.95). Voltaire saw things in much the same way. Reflecting on the incident at a later date, he wrote that the censor's real motive was antipathy towards the play's author; the

---

[17] *Journal et mémoires*, ed. Honoré Bonhomme (Paris 1868), i.349, 350. According to Pierre Laujon (*Œuvres choisies*, Paris 1811, iv. 226), the diarist Charles Collé formed with other writers a group called the *caveau*; it met on the first and sixteenth of each month for boisterous dinners and an exchange of literary gossip. Its members included a number of individuals hostile to Voltaire, including Crébillon *père* and Piron.

anti-Christian flavour of the work only provided a pretext for withholding his *approbation*. [18] Voltaire's anger was long-lived. He told Lekain that such an offence could never be forgiven, and Wagnière also recalled the lasting impression that it left on Voltaire: 'M. de Voltaire s'est toujours souvenu de la manière dont en usa M. de Crébillon quand on lui présenta la tragédie de *Mahomet* pour l'examiner'. [19]

If any evidence beyond the *Mahomet* affair were needed to persuade Voltaire that Crébillon was no longer to be counted among his allies, it came during the summer of 1743, when Voltaire was negotiating for a production of *La Mort de César* to be mounted by the Comédie-Française. This tragedy had been written in 1731, performed privately in 1733 and 1735, and published in Amsterdam in the latter year. *Mérope*, first performed in February 1743, had met with enormous favour and another success could only strengthen Voltaire's bid for acceptance into the Académie française. The censor chosen for *La Mort de César* was once more Crébillon, however. His opposition surfaced immediately: 'J'entends dire que m. de Crébillon fait des difficultés que personne ne devait attendre de lui', Voltaire complained on 4 July to Mlle Dumesnil (D2783). Crébillon's objections were foolish, Voltaire continued: 'Il prétend que Brutus ne doit point assassiner César et assurément il a raison, on ne doit assassiner personne'; and his motives were suspect: 'plus il travaille à son Catilina, dans lequel il fait paraître le sénat de Rome, plus il doit, me semble, prévenir les soupçons que forment trop de personnes, qu'il veut empêcher qu'on ne joue un ouvrage qui a un peu de rapport au sien et qui lui ôterait la fleur de la nouveauté'. Nevertheless, Crébillon refused to approve *La Mort de César* unless changes were made in the text. The comte de Maurepas,

18 To Damilaville and Thiriot, 11 October 1761 (D10070).
19 Henri-Louis Lekain, *Mémoires* (Paris 1801), p.10; Sébastien Longchamp and Jean-Louis Wagnière, *Mémoires anecdotiques, très curieux et inconnus jusqu'à ce jour sur Voltaire* (Paris 1838), ii.206.

secrétaire de la maison du roi, Marville's superior, and the individual who had the final say on a work's propriety, told Marville that Crébillon proposed to make the changes himself (D2786). Voltaire was first given the opportunity to modify the offending lines himself (D2804); when he refused, Maurepas invited Crébillon to do so (D2816):

ces considérations me font désirer que vous veuillez bien prendre la peine de faire les changements que vous avez vous-même proposés, et qui, suivant les notes que vous avez faites sur le manuscrit que je vous renvoie, ne sont pas considérables et ne touchent en rien au fond de l'ouvrage. Vous pourriez même, si vous le jugez à propos, ajouter au rôle d'Antoine ou à celui de César quelques vers en faveur de la royauté, afin de balancer le sentiment contraire, qui, quoique naturel à des républicains passionnés pour leur prétendue liberté, paraît y régner cependant avec affectation. [...] Je vois donc huit ou dix vers à changer, et à peu près la même quantité à y ajouter.

Crébillon appears to have complied, and *La Mort de César* went on to a very moderate success at the Comédie-Française.[20]

By the autumn of 1743, therefore, Voltaire's relationship with Crébillon had undergone a complete transformation. The colleague whom he had treated with solicitousness and deference in the 1730s was now his adversary, opposing him not on the boards of the stage, as Racine had opposed Corneille, but surreptitiously, using the powers of his position as censor to impede the production of Voltaire's works. It would have been wholly out of character for Voltaire not to seek recompense. He began in the middle of 1746 and was still at work in 1774, a dozen years after Crébillon's death.[21]

[20] It was played eight times, to moderate houses, between 29 August and 21 November 1744 (*La Mort de César*, ed. D. J. Fletcher, Voltaire 8, p.99-100).

[21] He started with *Sémiramis*, written in 1746 and performed in 1748. *Rome sauvée*, written in 1749 and performed in 1752, was his answer to Crébillon's *Catilina*. Voltaire next tackled Crébillon's *Electre*, starting as soon as he had completed the first draft of *Rome sauvée* in 1749 and bringing it forth for production as *Oreste* in 1750. Crébillon's sequel to his *Catilina*, *Le Triumvirat, ou la mort de*

Voltaire's *Sémiramis* had its first public appearance in 1748, by which time the literary quarrel between the two playwrights had extended far beyond the world of letters and engaged the attention of Louis xv, Mme de Pompadour, and a host of Voltaire's adversaries at Versailles and in Paris. Crébillon served as the rallying point for disparate groups of individuals all bent on the humiliation both of Voltaire himself and, by extension, of his unorthodox views. Prominent among them were Piron, Fréron, Nivelle de La Chaussée, and the hack poet Roy.[22] Others included Collé, Saurin *fils*, Duclos, Rameau and Marivaux – whom Voltaire had slighted in *Le Temple du Goût* and who was, Marmontel tells us, one of Crébillon's most ardent supporters.[23] To this assembly of Parisian supporters must be added a second group, made up of members of the court whose distaste of Voltaire was equally intense.

Crébillon had not produced a new play since *Pyrrhus* in 1726, and in the absence of any new work, it would be impossible to prove him the better playwright. On the other hand it was widely known that he had been labouring intermittently for several decades on a tragedy depicting the Catiline conspiracy. In the summer of 1749, in order to bring this work to completion and demonstrate Crébillon's superiority to Voltaire, Louis xv's *intendant des menus plaisirs*, Bay de Cury, took the unusual step of giving Crébillon an apartment in his own house to relieve him

---

Cicéron, performed in 1754, inspired Voltaire to compose his own *Triumvirat* in 1763. Finally, Voltaire rewrote Crébillon's *Atrée et Thyeste* in 1770 as *Les Pélopides ou Atrée et Thyeste*. Crébillon in turn did his part to keep the quarrel alive by approving texts injurious to Voltaire, and by censoring the texts of Voltaire's *L'Orphelin de la Chine* in 1755 and *Le Droit du seigneur* in 1761.

[22] See Jean-François Marmontel, *Mémoires*, ed. John Renwick (Clermont-Ferrand 1972), i.122; Laujon, *Œuvres choisies*, iv.226.

[23] 'Le nom de Crébillon étoit le mot de ralliement des ennemis de Voltaire. [...] même parmi les gens de lettres, les Marivaux disoient que, devant le génie de Crébillon, devoit pâlir tout le bel esprit de Voltaire' (Marmontel, i.122).

of 'quelques chagrins domestiques qu'il avait, et qui l'auraient troublé dans son travail'.[24]

Sémiramis opened on 29 August 1748, before a boisterous audience of Voltaire's supporters and detractors. Within a week Crébillon was at Choisy reading *Catilina* to Mme de Pompadour. His account of her reaction is the first indication of the enthusiasm with which the play was greeted:

Il faudrait que je fusse un fat, si je te disais [...] la façon dont j'ai été accueilli là-bas et l'enthousiasme que la lecture de ma pièce a produit sur ceux qui l'ont entendue. Madame de Pompadour, après m'avoir comblé d'éloges, me dit de me presser de faire achever de copier *Catilina*, afin qu'on l'imprimât au Louvre, avec mes autres œuvres, dont le roi veut faire faire une édition magnifique.[25]

Voltaire's *Sémiramis*, however, which was given a total of fifteen times before good houses, was generally recognised as a better play than Crébillon's. It inspired a number of hostile pamphlets and epigrams, and also spawned four parodies.[26] These served quite naturally to make the *affaire* Voltaire-Crébillon the event of the year; *Catilina* was eagerly awaited, not only as Crébillon's rejoinder but, so Piron and his allies hoped, the *coup de grâce* for Voltaire. This is apparent from two satiric verses circulating in Paris in the autumn of 1748. The first, by Piron, addresses Voltaire directly:

[24] La Place, writing in the *Mercure de France*, July 1762, p.171-72.

[25] See Collé, i.5-6. A handsome quarto edition of Crébillon's works was printed by the Imprimerie royale in 1750. Voltaire owned a copy and inscribed the epithet *visigoth* immediately after Crébillon's name on the title page of the second volume (*Œuvres*, Paris 1750; BV, no.907; CN, ii.839).

[26] One was Jean-Charles-François Bidault de Montigny's *Sémiramis* (Amsterdam 1749). Another, attributed to François Riccoboni, is reported by Collé (i.8) to have given Crébillon some pleasure. A third was written by Grandval père and was entitled *Les Persiflés* (La Haye 1748). The anonymous author of the fourth parody, *Zoramis ou le spectacle manqué*, was refused permission to publish his text; Pierre Clément cites one of its passages in *Les Cinq années littéraires*, i.132-33.

Catilina s'avance, on va le voir paraître.
Tyran, descends du trône et fait place à ton maître![27]

The second, whose author is unknown, speaks to Crébillon but has Voltaire as its target:

Ton dernier essor poétique,
Cher Crébillon, réussira;
Il peut amener la critique
Mais le prix lui demeurera.
Ton petit rival frénétique,
Sifflé sur la scène tragique
Comme il le fut à l'Opéra,
Voltaire, en un mot, se pendra;
Catastrophe très pathétique
Dont le public t'applaudira.[28]

The eagerly awaited performance of *Catilina* at the Comédie-Française became a topic of general interest at court. The duc de Luynes recorded that Mme de Pompadour herself persuaded Mlle Clairon to take the part of Cicéron's daughter Fulvie, and that the king agreed to subsidise the considerable cost of the lavish costumes: 'les toges de chaque sénateur étaient de toile d'argent avec des bandes de pourpre et des vestes de toile d'or, et une autre bande de pourpre formant le laticlave, le tout festonné et enrichi de diamants faux'.[29] Nearly all the boxes for the first performances were sold three months in advance of the opening night on 20 December[30] and the first house contained 1300 spectators, among them Mme de Pompadour – 'accompagnée

[27] Collé, i.5.

[28] Reported by the abbé Raynal in his *Nouvelles littéraires* (CLT, i.237).

[29] Charles-Philippe d'Albert, duc de Luynes, *Mémoires sur la cour de Louis XV (1735-1758)*, ed. L. Dussieux and E. Soulié (Paris 1860-1865), ix.157-58.

[30] H. C. Lancaster's survey of the Comédie-Française during the period 1701-1774 shows only four plays, one of them *Catilina*, that forced the closing of the theatre for rehearsals. The others were de Belloy's *Zelmire* and *Pierre le Cruel* and Lemierre's *Guillaume Tell* (*Registres*, p.595).

d'une volée de courtisans' [31] – the duc and duchesse de Chartres, and, according to Barbier, 'tous les princes et princesses'. [32] If Collé is to be believed, the king himself had placed such great stock in *Catilina*'s ability to overshadow Voltaire that he eagerly asked Mme de Pompadour on her return from the play's first performance: 'Eh bien! avons-nous gagné notre procès? avons-nous réussi?' (i.35).

Patronage of this kind helped to secure a substantial run for *Catilina*: twenty performances before good houses in December 1748 and January 1749. Mme de Pompadour was generally given credit for having brought the play to completion. Rémond de Sainte-Albine, reviewing *Catilina* for the *Mercure de France* in January 1749, spoke on behalf of the general public: 'nous ne pouvons avoir trop de reconnaissance pour l'illustre protectrice des arts, qui par des prévenances dignes a engagé M. de Crébillon à finir un ouvrage que le public depuis si longtemps voyait avec douleur demeurer imparfait' (p.215). Collé reports that Mme de Pompadour continued to extend 'une protection marquée' (i.35) to the play into the second week of its run, and in his dedication of the play Crébillon acknowledged his personal debt to her:

Oser faire paraître *Catilina* sous vos auspices, c'est acquitter un vœu général. Il y a longtemps que le public vous a dédié lui-même un ouvrage qui ne doit le jour qu'à vos bontés: heureux si on l'eût jugé digne de sa protectrice! Et qui ne sait pas les soins que vous avez daigné vous donner pour retirer des ténèbres un homme absolument oublié? [33]

But *Catilina*'s success also owed something to the efforts of Voltaire's enemies in Paris. Although Collé claimed that 'il n'y avait point de cabale' (i.32), other contemporaries offer contradictory evidence. The abbé Raynal, for example, writing at the time of the play's eleventh performance, believed that 'il ira

[31] Marmontel, i.123.
[32] Barbier, iv.337.
[33] Crébillon, *Œuvres* ([Paris 1828]), ii.249.

jusqu'à vingt. Les ennemis de Voltaire se donnent des mouvements incroyables pour soutenir cette pièce, et ils réussissent' (CLT, i.258). Pierre Clément perceived 'un peu d'envie de mortifier M. de Voltaire' in the 'accueil prodigieux' with which the play was received; he also described the exhilaration of Voltaire's enemies, and concluded by citing the satiric poet Roy's latest insulting message to Voltaire:

> Usurpateur de la scène,
> Petit bâtard d'Apollon,
> Attendez que Melpomène
> Soit veuve de Crébillon. [34]

The same spirit, if not tone, is also evident in another piece of doggerel that circulated while *Catilina* was still in production:

> Catilina s'est fait une nouvelle affaire;
> Et c'est son plus noir attentat:
> Il a, ce hardi scélérat,
> D'un bras nerveux, autant que téméraire,
> Donné sur le théâtre un soufflet à Voltaire. [35]

Voltaire's chagrin over this turn of events was bound to be acute. It was intensified by the fact that *Catilina* had provided his foes with the rallying point they had previously lacked, so that his unpopularity in Paris and at Versailles was made fully apparent. Particularly galling was the part played by Mme de Pompadour in *Catilina*'s success. Though he feigned indifference – 'Madame de Pompadour peut tant qu'elle voudra protéger de mauvais poètes, de mauvais musiciens et de mauvais peintres sans que je m'en mette en peine' (D4779) – Voltaire deeply resented the 'éponge avec du vinaigre' (D4828) that was proffered him by, among others, a patroness who appeared to betray her earlier allegiances.

[34] *Les Cinq années littéraires*, i.228, 130.
[35] Cited in Clément and La Porte, *Anecdotes dramatiques* (Paris 1775), ii.335.

Catilina ended its run at the Comédie-Française on 1 February 1749. A total of 17,919 spectators had paid to see it and receipts totalled 46,751 francs.[36] The publisher Prault immediately offered the remarkable sum of 3600 francs for the right to print the first edition, nearly four times what he paid Voltaire for the manuscript of *L'Enfant prodigue* in 1737.[37] The expense was justified: some 5000 copies were reportedly sold in the first week alone and while the play was still in production.[38] Crébillon's popularity was now at its zenith and it was up to Voltaire to make the next move. He lost little time: within six months of the last performance of *Catilina* Voltaire had finished the first version of a rival play. He may even have made the decision to rewrite Crébillon a second time as early as February, while *Catilina* was still being performed.

3. *The history of Catiline's conspiracy*

Our ability to appraise *Rome sauvée* and to appreciate the factors that distinguish it from Crébillon's *Catilina* – Voltaire's use of his sources, the accuracy of his portrayal of Cicero, and the originality of his plot – depends on a certain familiarity with the nature of the late Roman republic and the history of Catiline's conspiracy itself.

[36] *Registres*, p.760.

[37] Maurice Pellisson, *Les Hommes de lettres au XVIIIe siècle* (Paris 1911), p.863; 'Notes du libraire Prault sur quelques littérateurs', *Bulletin du bibliophile* (Paris 1850), p.872.

[38] Raynal, *Nouvelles littéraires* (CLT, i.260). Five editions of *Catilina* appeared in 1749: three were published by Prault, of which the first and second were of 96 pages and the third of 104 pages. Giraud brought forth another edition in Paris of 77 pages; and an edition of 74 pages appeared with a La Haye imprint. One of Prault's editions of 96 pages contains the following *approbation* by Fontenelle (p.[v]): 'J'ai lu par ordre de monseigneur le chancelier la *Tragédie de Catilina*, et après le grand succès qu'elle a eu au théâtre, il n'est pas possible de douter qu'elle ne soit très digne de l'impression. Fait à Paris ce 13 Janvier 1749'.

INTRODUCTION

The republic stands as an interlude in Roman history between the dominion of the kings of Rome and that of its emperors. It lasted for half a millennium, from its founding in 510 BC until 23 BC, and for many of the *philosophes*, including Voltaire when he wrote *Rome sauvée*, it represented in the course of its last century an admirable example of political and social organisation.

One of the focal institutions that Voltaire respected was the senate, a body of 600 former magistrates who served, on a technical level, as an advisory body to the consuls. The latter, two in number, were elected each summer to serve a one-year term of office, starting on the following 1 January. The main duties of the consuls included leading Rome's armies in the field, conducting the principal elections of the people, and presiding at and transmitting the orders of the senate. In times of grave peril the senate could vest exceptional powers in the consuls, through a legal device known as the *senatus consultum ultimum*, enabling them to ensure the safety of the republic.

By the late republican period the senate served as the primary source of authority in Rome for the shaping of foreign and domestic policy. It did not, however, enjoy unfettered or unilateral prerogatives in either area: indeed, Cicero's greatest error in managing the punishment of Catiline's co-conspirators was to have their execution authorised by the senate rather than by the other source of political legitimacy: the people. The importance of the role played by the citizens of Rome in the conduct of the republic's business is evident from the attention that Cicero paid to it in his struggle with Catiline. Two of his four orations delivered in the course of the emergency – the second and third – were delivered before the people. The people's authority in matters of governance, and in particular in the selection of the consuls, was clearly appreciated by Voltaire: the very first line of *Rome sauvée* is delivered by a Catilina scornful of Cicéron's popularity:

Orateur insolent, qu'un vil peuple seconde.

It was, however, the leading families of Rome, whether of patrician or plebeian origins, who in fact controlled the senate. They were able, through the manner in which polling took place by economic class, to determine the outcome of many of the issues put to the people for a vote. Furthermore by the time of Cicero's political career in the capital two important factions had emerged as rivals for power, the *populares*, who aimed at pleasing the people and portrayed themselves as representatives of the people's rights, and the *optimates*, who represented the traditional values and economic interests of the great senatorial families, and sought the approval of the best citizens. [39] Motivating both groups was the desire for control over the vast capital flowing into Rome as a result of her armies' continuing conquests. It is in the context of this rivalry within the senate that Catiline's attempt at a *coup d'état* can best be appreciated. Moreover, although Voltaire and Crébillon both described Catiline as a *chef de parti*, [40] it should be remembered that political parties in the eighteenth-century sense of the term were unknown in the late republic. The *populares* and *optimates* should be considered as collections of individuals of the senatorial and noble classes trying to gain ascendancy in the senate through an appeal to rival groups and voting blocks.

The only leader of the *optimates* during the Catilinarian period to appear in *Rome sauvée* is Marcus Porcius Cato, who assumed leadership of the group after the fall of Catiline. [41] The *populares* counted among their more influential members Marcus Licinius Crassus, consul in the year 70 BC, defender of the republic against the insurgent movement led by Spartacus, and by far the richest man in Rome; Gaius Julius Caesar, elected aedile in 65 and pontifex maximus in 64; and Gnaeus Pompeius Magnus, who had

[39] The difference is explained by Cicero, *Pro Sestio*, lxv.96; see Charles Odahl, *The Catilinarian conspiracy* (New Haven 1971), p.19, 20.

[40] *Catilina*, II.iii; *Rome sauvée*, II.ii.

[41] The others included Quintus Lutatius Catulus, Quintus Hortensius Hortalus, Lucius Licinius Lucullus and Quintus Caecilius Metellus Creticus.

held the consulship with Crassus and had become, by the time of the conspiracy, the greatest general in the history of Rome through the campaign he was then waging on the empire's eastern perimeter. All three appear in both *Catilina* and *Rome sauvée*. The group also included a convert from the *optimates* in the person of Lucius Sergius Catiline, scion of an ancient senatorial family but one that had never produced a consul.[42]

Control of the consulship was one of the overriding political aims of each faction and the consular elections were events of supreme consequence to them. Generally speaking, this office was reserved for the sons of the landholding aristocracy of Rome, whose advance through the various magistracies of the republic's legal and political system made up the *cursus honorum*. Against this background the chances of a *novus homo* such as Cicero – who sprang from the equestrian order rather than the aristocracy – reaching the pinnacle of political power were exceedingly slight.

Catiline's quest for the consulship began in the autumn of 66. The regular consular elections of the summer of that year had resulted in the selection of Autronius Paetus and P. Sulla, who were soon stripped of office for having bribed voters. Catiline had recently completed his praetorship as governor of Africa and returned to Rome. Complaints of his rapaciousness while in office had preceded him, however, and the senate passed decrees against him. His candidacy for the consulship was therefore blocked. Cicero admitted in a letter to his friend Atticus that he thought briefly of defending Catiline, but rejected the idea.[43] Catiline then

[42] The complicated history of Catiline's attempts to seize the consulship has been treated by a number of historians, including Theodor Mommsen, *The History of Rome, an account of events and persons from the conquest of Carthage to the end of the republic*, ed. D. A. Saunders and J. M. Collins (Cleveland and New York 1967), and E. G. Hardy, *The Catilinarian conspiracy in its context: a re-study of the evidence* (Oxford 1924). The summary of the events of 66-63 BC below is drawn from Hardy's work.

[43] *Epistolae ad Atticum*, i.2; cited by Hardy, p.8.

apparently conspired for the first time to seize the consulship by force of arms. He is reported to have joined with Vargunteius, Gnaeus Piso, Autronius and possibly P. Sulla in December 66 in a plot to murder the two new consuls and others in the capital on 1 January 65, after which he and Autronius would declare themselves consuls. It has been argued that Crassus and Caesar, while remaining in the background, played key roles in this first Catilinarian conspiracy (Hardy, p.17). The plot was discovered, however, and the conspirators disbanded, although no action was taken against them.

Catiline would probably have presented himself in the next elections, held in the summer of 65, but for a lawsuit that disqualified him (Hardy, p.23). He did enter the lists in the elections of 64 as did Gaius Antonius Hybrida and Cicero. Cicero may have initially expected only minimal support from the *optimates* but in the end they swung behind his candidacy, *novus homo* that he was, when they perceived the threat posed by Catiline, supported by Crassus and Caesar. Violence and bribery were a usual part of elections in late republican Rome. They were present to an unusual degree in this instance (Hardy, p.29) and Cicero and Antonius were the victors. According to Sallust, Catiline then began drawing up plans for a second attempt at a *coup*,[44] but modern scholarship places little credence in these claims.

The next consular elections took place in the summer of 63, during Cicero's tenure as consul. Catiline again presented himself and was this time opposed by three candidates of the *optimates*: Silanus, Murena and Servius Sulpicius (Hardy, p.39).

Prevented by law from a second term of office himself, Cicero sought vigorously to prevent the consulship from going to Catiline and the *populares*. When word reached him shortly before election day that Catiline was plotting his assassination, he brought

---

[44] *Bellum Catilinae*, xvi; cited by Hardy, p.24.

the matter before the senate, had the elections postponed, and had Catiline questioned in the senate. When the senate refused to take any action against Catiline and the elections were rescheduled, Cicero dramatised the danger his rival posed to the republic by entering the polling place surrounded by bodyguards and wearing a breastplate. Popular though Catiline was among the masses, Cicero's showmanship in this instance appears to have swung sufficient votes away from him to secure the election of the *optimates* candidates, Silanus and Murena. It was at this point that Catiline, thrice defeated in his attempts to accede legitimately to the consulship, began conspiring a second time to seize the office by force.

Although Catiline could no longer count on the support of Crassus and Caesar, his backers in the post-election period nonetheless included members of some of the great, if impoverished, families of Rome: Lentulus Sura, Cethegus, Gabinius, Statilius, Vargunteius, nearly all of whom are mentioned in *Rome sauvée*. Manlius (whose name Voltaire mistakenly gives as Mallius), continued to act as the coordinator of their military operations in Etruria. Informed by Crassus in the autumn of 63 that Catiline was conspiring to move against the republic, Cicero brought the matter to the senate, which voted a state of *tumultus* and asked Cicero to investigate the allegations against Catiline (Hardy, p.55).

After more detailed reports had reached Rome of Manlius' activities in Etruria, and after Cicero had learned that the conspirators had laid detailed plans to massacre leading Roman citizens and to seize the colony of Praeneste to the east of Rome, a second meeting of the senate was held. This time the important *senatus consultum ultimum* was passed, granting Cicero extraordinary powers with which to safeguard the republic. In that the decree was passed merely in anticipation of war based on unproved statements by a magistrate, this situation was without precedent (Hardy, p.55, 59). The senate's wisdom was confirmed when it was learned on 27 October that Manlius had indeed taken up arms. Within Rome itself, the effect of the decree had been to put the citizenry on the alert against Catiline, who had as yet taken no steps against his opponents. Rome's gladiators were sent far from the city as a precaution, Praeneste was put on guard, and forces were sent to keep order in those provinces deemed most susceptible to supporting Catiline's insurrection (Hardy, p.60).

Had Catiline and Manlius succeeded in coordinating the outbreak of uprisings in Rome and Etruria, the danger posed to the republic would have been serious indeed. Her major armies were engaged in conquest far distant from central Italy and the consul lacked any organised public safety force within Rome. As it was, Manlius was slow to raise arms for his troops and October slipped by without any movement on his part. On 6 November Catiline summoned his allies to a meeting in Rome, informed them that he would lead the uprising in Etruria, and assigned to certain of them the task of assassinating the consul and leaders of the senate as well as burning their houses (Hardy, p.64-65). Cicero learned immediately of these plans through Fulvia, the mistress of Quintus Curius, one of the conspirators, and called for a meeting of the senate the next morning. Catiline attended, although his fellow senators refused to sit with him. It was at this point that Cicero delivered the first of his four orations against Catiline, arguing forcefully that Catiline should leave Rome immediately and thus minimise the threat of disorder within the city. Voltaire based elements of *Rome sauvée*, I.v, on this oration. Catiline did leave the capital that same night, permitting Cicero to appear victorious before the people the next day and deliver his second oration on the conspiracy.

Catiline's destination was the Sullan colony of Arretium, where he gathered troops loyal to his cause and proceeded to join Manlius and his forces at Faesulae (Hardy, p.70). Cicero had assembled troops of far greater number against them, however, and matters remained at a standstill throughout November. Cicero obviously ran the risk of being found to have raised a false alarm, for he still lacked convincing proof that a conspiracy existed and in the absence of any overtly hostile act on the part of the conspirators his case against them remained marginal. At the end of November the situation changed dramatically. Catiline's Roman colleagues attempted to enlist the aid of a delegation of the Allobroges (an indigenous people of Cisalpine Gaul) who were then in Rome. Cicero soon learned of this and instructed the Allobroges to continue dealing with the conspirators and obtain proof of their intentions. Four of the conspirators – Lentulus Sura, Cethegus, Gabinius and Statilius – foolishly put their plans in writing, giving Cicero evidence at last that the threat from Catiline was real. He acted immediately, having the chief conspirators arrested and brought before a meeting of the senate on 3 December. After hearing of a stock of weapons found at the home of Cethegus and seeing the letters written to the Allobroges, the senate voted its thanks to Cicero, recommended that the conspirators be kept in custody, and ordered a thanksgiving to the gods. Cicero's third oration, addressed to the people that afternoon, describes this extraordinary meeting of the senate. Crébillon included a role for the Allobroges in his *Catilina* (see below, p.36); Voltaire, on the other hand, wrote in the 'Préface' to *Rome sauvée* that they were 'indignes de figurer sur la scène avec Cicéron, César et Caton' (l.196-197).

Cicero next had to decide the fate of the prisoners. Since he was still operating under the provisions of the *senatus consultum ultimum*, he was in fact empowered to decide himself whether or not they should be executed. Under the provisions of the Sempronian law the only other way of obtaining such a sentence was through a judicial process established on the authority of the people; the senate itself was not empowered to take such decisions (Hardy, p.85). Nevertheless Cicero chose to bring the matter before the senate, thereby laying himself open to charges that he had contravened Roman law in using the senate as a judicial tribunal. The senate heard arguments from all sides, with Caesar, as the leader of the *populares*, proposing long-term imprisonment and Cato, representing the *optimates*, recommending execution. Cicero asked the senate to vote on Cato's motion, and, when it was carried, gave orders that the five conspirators in custody were to be garrotted.[45]

Meanwhile Catiline rapidly lost his hold on many of the soldiers who had joined him outside Rome (Hardy, p.102). Antonius, co-consul with Cicero and the leader of one of the armies sent against Catiline, engaged him in battle in early January and slaughtered Catiline and his entire force. By this time Cicero had laid down his consulship on the customary date of 31 December.

Cicero's last weeks in office were not easy. The actions taken against the five arrested conspirators were without precedent: never, it appears, had citizens of Rome been executed on the basis of intent to act rather than on actions taken. Cicero's enemies, particularly the two newly elected tribunes of the people, Metellus Nepos and Bestia, began, possibly under the direction of Caesar, to spread talk of impeachment. Metellus in particular vetoed Cicero's valedictory speech at the ceremony marking the end of his consulship, permitting him only to swear the formal oath of abdication. Metellus' reason was that Cicero had unjustly put Roman citizens to death, and was therefore unworthy to address the people. Cicero ascended the rostra in anger to lay down his office, substituting for the traditional oath one of his own making in which he swore that he had saved his country and maintained her supremacy. According to Plutarch the people assented to this claim, to the great discomfort of Caesar and the tribunes.[46] The latter thereupon proposed a law recalling Pompey and his army in order to put an end to the supposed tyranny of Cicero. Cato

[45] Sallust's account of the conspiracy includes the speeches that both Caesar and Cato made on the fate of the conspirators (*Bellum Catilinae*, li-lii).

[46] *Cicero*, xxiii.3.

blocked this move with a speech to the people in which Cicero's consulship was so skilfully glorified that they voted him the greatest of honours: the title 'pater patriae'. According once more to Plutarch, Cicero was the first Roman to be so designated by his fellow citizens. This was surely the apogee of Cicero's political life. It is the luminous moment in his career that transfixed Voltaire. The republic itself was, sadly, entering its last, turbulent years and Cicero's fate, like those of numerous other politicians, was to be decided by forces beyond his control. He met his death in 43 BC during Antony's proscriptions. In a gruesome gesture of triumph that finds its way into *Rome sauvée* (IV.vi.281-282), Antony caused the severed head and hands of Cicero to be affixed to the rostra on the public platform in the forum, the very spot from which Cicero had addressed the people during his struggle with Catiline.

4. Crébillon's 'Catilina'

Catilina's attempt at a *coup d'état* inspired nearly forty different playwrights from the Renaissance to the modern period ending with Ibsen, whose *Katilina* was written in 1850, and including a third version in eighteenth-century France, an unperformed *Catilina* by Nicolas Pellegrin published in 1742.[47] The two versions that concern us here, Crébillon's and Voltaire's, differ from one another in the extent to which they honoured the general contours of the story as found in the main sources available to them, and in the degree to which they added new subplots, characters or thematic embellishments to the basic account.

Crébillon's divergences from the historical record are radical. They account both for the dramatic interest of his play and for

[47] See Hermann B. G. Speck, *Katilina im Drama der Weltliteratur* (Leipzig 1906).

the controversy it aroused among his contemporaries. Sallust seems to have been his principal source, and this accounts, at least in part, for the extraordinarily unflattering nature of his portrayal of Cicero. Apart from an account of the conspiracy by Dio Cassius, Sallust's *Bellum Catilinae* is the classical text with the most decided bias against Cicero,[48] and this bias, this trivialising of Cicero, is also to be found in Crébillon's *Catilina*.

Crébillon's originality as a playwright rested on his ability to elicit *frissons* of horror or terror among his spectators and this talent is in full view in *Catilina*. Crébillon concerned himself first and foremost with creating a striking portrayal of Catiline as a brilliant and awesomely effective leader, almost constantly able to manipulate people and situations to his own advantage. Catilina dominates the play: he is present in nearly two-thirds of its scenes and fully 45 per cent of its lines are his. Cicéron, on the other hand, has less than 10 per cent of the lines and is a figure of relatively minor importance, not only in terms of his status within the play but also, and more significantly, in his inability to counter Catilina's designs. Leadership of the opposition to Catilina is given over to Caton rather than the consul.

Crébillon's play takes place on the day of Catiline's attempted *coup*. The location is the temple of Tellus, where the senate is due to meet and where Catilina's ally Probus, chief priest of the temple and César's rival for the position of pontifex maximus, awaits him. Act I opens with a meeting between Catilina and Lentulus, one of the leading conspirators. Catilina is presented as a political leader whose ambition is not incompatible with introspection. He is supremely aware of how to play the role of a *chef de parti* and how to use individuals cavalierly in attaining his ends. In scene 1, for example, Nonius, a fellow conspirator, is to be garrotted as a warning to any other

Qui, de mes volontés secret dépositaire,

[48] See L. Hutchinson, *The Conspiracy of Catiline* (London 1966), p.15.

32

Osera comme lui balancer un moment,
Et s'exposer aux traits de mon ressentiment.

Similarly, Catilina's love for Cicéron's daughter Tullie 'est moins amour en moi, qu'excès d'ambition' and can be made to serve a purely utilitarian purpose:

Cette flamme, où tu crois que tout mon cœur s'applique,
Est un fruit de ma haine et de ma politique.
Si je rends Cicéron favorable à mes feux,
Rien ne peut désormais s'opposer à mes vœux:
Je tiendrai sous mes lois et la fille et le père,
Et j'y verrai bientôt la république entière.

What is arresting in Crébillon's Catilina is the fact that his extravagant ambition co-exists so easily with a lucid realisation of the odds that stand against its chances of being fulfilled. On the one hand he is seeking a status co-equal with the gods:

Dès demain je serai maître de Capitole.
C'est du haut de ces lieux que, tenant Rome aux fers,
Je veux avec les dieux partager l'univers.

Yet at the same time he also realises that César may not remain faithful to the conspiracy, that Fulvie could betray him out of jealousy over his involvement with Tullie, that Pompey might return from the wars in the east and oppose him militarily, and that Caton is continuously arousing the consuls' suspicions of him. Catilina's hopes for success are founded on two premises: first, that he will be able, by force of personality, to dominate the senate and Cicéron so completely that his control of the city of Rome is assured; second, that his *coup* will be backed up by Manlius' army. As the first act unfolds, it becomes increasingly clear that Catilina is the representative of the urban masses of Rome itself and of those within the empire who chafe under its yoke (scene 6). In scene 2 their common enemy, the senate, has been denounced as a body reduced by its venality to a state of moral laxity:

33

Disparu dans l'abîme où son orgueil le plonge,
Les grandeurs du sénat ont passé comme un songe.
Non, ce n'est plus ce corps digne de nos autels,
Où les dieux opinaient à côté des mortels:
De ce corps avili Minerve s'est bannie
A l'aspect de leur luxe et de leur tyrannie.
On ne voit que l'or seul présider au sénat,
Et de profanes voix fixer le consulat.

Had this speech come from Catilina it would have registered as the views of a character whose biases serve his own political designs. In using the chief priest of the temple of Tellus as the denigrator of the senate, Crébillon imparts to his play at the outset not only an anti-senatorial slant but an anti-republican one as well. Voltaire handled a parallel situation in *Rome sauvée* in a decidedly different manner: the attack on the senate comes in scene 1, is delivered by Catilina rather than an apparently neutral third party, and focuses on the senate's forceful hold on the empire, not on its corruption (1.i.7-8).

Abiding by the conventions of mid-eighteenth-century taste, Crébillon added a romantic sub-plot, giving Catilina not one but two women who loved him: Fulvie, who is inspired by the classical sources and who had, in reality, been the mistress of one of Catiline's co-conspirators and first informed Cicero of their plotting against him; and Tullie, the daughter of Cicéron. Both are introduced in the first act. Tullie straightforwardly confronts Catilina in scene 3 with her discovery that Rome's danger comes not from external enemies but from Catilina himself. Her own primary loyalty is to Rome, and she is prepared to reveal her lover's plans, using Fulvie as a witness, in order to corroborate her accusations. The first act ends with Catilina planning his course of action should Tullie and Fulvie denounce him before the senate later in the day.

Act II opens with Fulvie confronting first Probus and then Catilina. In scenes 1 and 2 they each try, unsuccessfully, to dissuade her from bringing Catilina's treason before the senate. Cicéron enters next and delivers a conciliatory speech to Catilina, recollecting his own electoral victory in the race for consul, recognising his rival's strengths,

> Politique, orateur, capitaine, soldat,
> Vos défauts des vertus ont même encor l'éclat

and feigning disbelief in allegations that he is a conspirator. Cicéron then moves to rid Rome of Catilina, although in a way different from that of the historical record: the senate has voted Catilina the governorship of Asia as a way of putting to rest the rumours circulating against him. Cicéron ends his offer with the injunction:

> Partez donc, et songez que votre obéissance
> Peut seule être le prix de notre confiance.

Reversing the roles that Catiline and Cicero actually played in their first confrontation in the senate, when the power of the consul's oratory reduced his rival to angry threats, Crébillon gives the dominant rhetorical and strategic positions to Catilina. His response to the senate's offer is defiant in the extreme. The consul is ridiculed,

> Timide, soupçonneux, et prodigue de plaintes,
> Cicéron lit toujours l'avenir dans ses craintes

and his offer is dismissed contemptuously. In scene 6 Catilina challenges him to a confrontation in the senate:

> Car c'est là qu'en consul vous devez me répondre,
> Et c'est là qu'en héros je saurai vous confondre.

Cicéron's reaction is one of confusion – 'Dans quel désordre il laisse mes esprits!' – and fear:

> Quelle honte pour moi, si je m'étais mépris!
> Catilina pourrait ne pas être coupable;
> Mais qu'il est dangereux! et qu'il est redoutable!

Quel ennemi le sort nous a-t-il suscité!
Que de courage ensemble et de subtilité!
Son génie éclairé voit, pénètre, ou devine.
Rome n'est plus; les dieux ont juré sa ruine.

Two courses of action present themselves, and both run counter to conventional expectations of Cicero's behaviour. First, the consul, with full knowledge of the shameful level to which this degrades him, asks his daughter to use whatever hold she has on Catilina to neutralise him:

Employons sur son cœur le pouvoir de Tullie,
Puisqu'il faut que le mien jusque-là s'humilie.
Quel abîme pour toi, malheureux Cicéron!

Second, Cicéron seeks out Caton in order to regenerate his own lost understanding of what it means to be a Roman:

C'est là que je pourrai, dans le cœur d'un seul homme,
Retrouver à la fois nos dieux, nos lois, et Rome.

Act III is the play's weakest from the point of view of dramatic structure, serving little purpose other than to introduce new supporters of Catilina and to heighten interest in his confrontation with the senate that is to follow in act IV. Unlike Voltaire, who thought the Allobroges unworthy of being included, or even mentioned, in *Rome sauvée* (see 'Préface', l.193-197), Crébillon gives them a certain prominence in *Catilina*. A conversation between their ambassador Sunnon and one of his lieutenants begins the third act. We learn that, contrary to the actual behaviour of the Allobroges in the conspiracy, Crébillon's representatives are ready to side with Catilina. After much condemnation of the Roman senate, first by Sunnon (III.i) and then by Catilina (III.ii), the latter secures a promise of present support and future protection by the Allobroges. Tullie next appears on the scene to argue that Catilina should prevent Fulvie's forthcoming denunciation of him before the senate. Her own decision to condemn her lover for betraying the state has apparently been forgotten. Catilina's

response, a typically vigorous rejection of her proposal, serves to
arouse Tullie's fear for Cicéron in the forthcoming confrontation –
'Du moins en ma présence épargner Cicéron' (III.iii) – thus
reinforcing the portrayal of the consul as a weak second to
Catilina. Tullie then pleads with Catilina to let her manage the
senate for him and to offer reassurances of his innocence. When
he spurns these entreaties, Tullie takes what she believes to be
her final leave of him: 'Eh bien! cruel, adieu pour la dernière fois'.
Probus enters to warn Catilina that the senate is assembling and
advises him to flee. Catilina rejects his suggestion as he had
Tullie's, ending the act with an explanation of his strategy for
handling the senate (III.iv):

> Et je sais, pour dompter les plus impérieux,
> Qu'il faut souvent moins d'art que de mépris pour eux.
> Adieu. Dans un moment ils me verront paraître
> En criminel qui vient leur annoncer un maître.

Cicero's denunciation of Catiline before the senate on 6 November 63 was one of the most tense moments in the history of
Catiline's conspiracy and has been preserved as the first of his
four Catilinarian orations. His success was complete: Catiline
withdrew from Rome that evening, and his plot to overthrow the
senate and consuls began to dissolve. Both Crébillon and Voltaire
exploited the dramatic interest of this portion of the historic
record; not surprisingly, they differ radically in their treatment of
the material, particularly in their depictions of the relative
strengths of the antagonists.

Crébillon sets the confrontation in act IV, scene 2. Scene 1 is
a meeting of the senators before Catilina's arrival. Cicéron opens
the debate, and in his by now typically plaintive way announces
that Catilina is threatening the security of the state. He does not
suggest a course of action himself, but turns instead to the
infinitely more masculine defender of the senate, Caton:

37

O vous que Rome adore,
Et qui par vos vertus la soutenez encore!
Vous, l'appui du sénat et l'exemple à la fois,
Incorruptible ami de l'Etat et des lois,
Parlez, divin Caton.

Caton's speech, in which the laxity of the senate is blamed for Catilina's ascendancy – 'Ce monstre qui n'est né que de votre indulgence' – is countered by Crassus. Arguing in defence of Catilina and against the exaggerated cruelty of Caton, Crassus proposes that Catilina be pardoned. In scene 2 Catilina enters 'brusquement par le milieu du sénat'; the senators do not move away from him as they did in the historical accounts and do in Voltaire's play, but simply resume their places. Catilina is at once fearless and defiant. He boldly names his fellow conspirators who figure among the senatorial class, ridicules the senate for believing the charges brought against him by Tullie, and, renouncing his rank as a senator, heaps contempt on his former colleagues:

Malheureux que je suis d'être né parmi vous!
Sylla vous méprisait, et moi je vous déteste.
De vos premiers tyrans vous n'êtes qu'un vil reste.
Juges sans équité, magistrats sans pudeur,
Qui de vous commander voudrait se faire honneur?

Catilina then enters into a lengthy denunciation of Caton as Rome's true enemy. He next attempts, by playing on Cicéron's fears and naivety, to manipulate him into believing that Manlius is about to attack Rome's gates and that he, Catilina, will safeguard the city. He thereupon offers himself up to the custody of either the consul or Caton, as the senate wishes. Astonishingly, both accept his innocence and Cicéron offers the following reassurances:

Catilina, daignez reprendre votre place:
De vos soins par ma voix le sénat vous rend grâce.
Vous êtes généreux: devenez aujourd'hui,
Ainsi que notre espoir, notre plus ferme appui.

Summoning all to the defence of Rome, Cicéron leaves the stage as Catilina delivers a brutal aside:

> Va, ma valeur bientôt sera mieux occupée:
> Elle n'aspire plus qu'à te percer le sein.

Catilina is left with Céthégus, one of the conspirators, in the closing scene of act IV. Céthégus recounts how their colleagues, except for César, swore their fealty to Catilina over a cup of Nonius' blood. Catilina now admits that Manlius had been on the verge of revealing the conspiracy and that he murdered him just before the meeting of the senate. Céson, Manlius' second in command, is now in charge of Catilina's forces. Both by ruse and by the manipulation of Tullie, Catilina plans to subvert the military precautions his opponents have taken to protect Rome against his troops. Fulvie is to be murdered for her treachery and Catilina will show no mercy in his war upon Rome:

> Plus de ménagements, de pitié ni d'égards:
> Le feu, le fer, le sang, voilà mes étendards.

Act V begins with a monologue by Cicéron, displaying his continuing dependence on others to save the republic. Petreius, who has been summoned back to Rome with his armies, may not arrive in time and the consul is left to count on Céson, now at the head of Catilina's army but a secret ally of Cicéron, to save the day. At the same time he displays great fear of the personal consequences he will suffer should Catilina discover his attempt to subvert Céson:

> Des pièges qu'on lui tend, habile à se venger,
> Il en ferait sur moi retomber le danger.

Caton enters to recount the scene of carnage and confusion that reigns within Rome itself, a condition that is pure invention on Crébillon's part. Neither Crassus nor César can be counted on and unless Petreius arrives before nightfall the victory will be Catilina's. Immediately after this dire forecast, Petreius' entry into

Rome is announced and Cicéron and Caton leave to join the fray. Tullie enters the temple and, in the soliloquy that makes up the fifth scene of the act, expresses the torment that her dual but mutually exclusive interests — to father and lover — bring her. Catilina, dagger in hand, joins her and declares himself:

> Un malheureux qui vient d'être vaincu,
> Honteux de vivre encore, ou d'avoir tant vécu.

His final intention, before killing himself, is to murder the consul who vanquished him by making an ally out of Céson. Tullie beseeches Catilina not to take his life, offering first to secure his pardon by her father and, when he rejects this notion, urging him to flee. This alternative is no more consonant with the demands of his *amour-propre* than the first, and, when Tullie then declares her intention of killing herself, Catilina stabs himself before handing her the dagger. As he dies, he sees Lentulus and Céthégus pass by on the way to their own deaths and, in the closing lines of the play, he delivers his final insults to Cicéron and Caton with his hope that César will succeed where he failed in bringing down the republic:

> Il ne me restait plus, pour comble de douleur,
> D'expier aux yeux de mon lâche vainqueur.
> Approche, plébéien, viens voir mourir un homme
> Qui t'a laissé vivant pour la honte de Rome.
> Et toi, dont la vertu ressemble à la fureur,
> Au gré de mes désirs tu feras son malheur.
> Cruels, qui redoublez l'horreur qui m'environne,
> Qu'heureusement pour vous la force m'abandonne!
> Mais croyez qu'en mourant mon cœur n'est point changé.
> O César! si tu vis, je suis assez vengé.

Catilina's success was, as noted earlier, due at least in part to Mme de Pompadour's support and to the desire of Voltaire's detractors to promote Crébillon as his country's greatest dramatist. That the play aroused the admiration of impartial readers must nonetheless be acknowledged. Montesquieu, whose knowledge of Roman history was hardly inconsiderable, declared himself

un admirateur sincère de *Catilina*, et je ne sais comment, cette pièce m'inspire du respect. La lecture m'a tellement ravi que j'ai été jusqu'au cinquième acte sans y trouver un seul défaut, ou du moins sans le sentir. Je crois bien qu'il y en a beaucoup, puisque le public y en trouve beaucoup, et de plus je n'ai pas de grandes connoissances sur les choses du théâtre. De plus, il y a des cœurs qui sont faits pour certains genres de dramatique; le mien en particulier est fait pour celui de Crébillon, et comme dans ma jeunesse je devins fol de *Rhadamiste*, j'irai aux Petites-Maisons pour *Catilina*. [49]

Another admirer of Crébillon's work, Frederick of Prussia, wrote to Crébillon that the play had justified

toute l'impatience que j'avais de l'applaudir. Les portraits en sont bien peints, finis & frappés à ce coin de perfection & et de justesse qui vous caractérise si particulièrement. La versification est partout belle, mâle, soutenue, & il y a je ne sais combien de vers qui forment des sentiments à retenir, à graver, & qui iront à la postérité avec la réputation si bien méritée de leur auteur. [50]

Nonetheless, Frederick also voiced serious criticisms of the way in which Crébillon had departed from the historical record in *Catilina*. These were expressed in a letter of 13 February 1749 to Voltaire (D3866) and are more representative of the general critical reaction to the play than Montesquieu's:

Il paraît que Crébillon a trop défiguré un trait de l'histoire romaine dont les moindres circonstances sont connues. De tout son sujet, Crébillon ne conserve que le caractère de Catilina. Cicéron, Caton, la république romaine et le sujet de la pièce même, tout est si fort changé et même avili, que l'on n'y reconnaît rien du tout que les noms. [...] Catilina y est un fourbe furieux que l'on voudrait voir punir, et la

[49] To Helvétius, 11 February 1749; Helvétius, *Correspondance générale*, ed. D. W. Smith, i.247.
[50] D3866, commentary, 5 or 8 February 1749.

république romaine, un assemblage de fripons pour lesquels on est indifférent. [...] De plus, il n'y a aucun endroit où le projet de la conjuration soit clairement développé; on ignore quel était le véritable dessein de Catilina, et il me semble que sa conduite est celle d'un homme ivre. [...] Le quatrième acte est le plus mauvais de tous; ce n'est qu'un persiflage. Et dans le cinquième acte, Catilina vient se tuer dans le temple, parce que l'auteur avait besoin d'une catastrophe; il n'y a aucune raison valable qui l'amène là; il semble qu'il devait sortir de Rome, comme le fit effectivement le vrai Catilina. Ce n'est que la beauté de l'élocution et le caractère de Catilina qui soutiennent cette pièce sur le théâtre français. [...] En un mot, cette pièce me paraît un dialogue divinement rimé.

Other criticisms voiced during the play's first run were that the roles of Tullie, Lentulus and Sunnon were superfluous, that Crébillon had failed to take the fullest advantage of Fulvie's jealousy, and that her absence from the last act was not only unaccountable but seriously weakened the dénouement.[51] Critics also cited a lack of interest and action in the plot, an unfortunate amorous intrigue, a very weak fifth act and numerous infelicities in the versification.[52] The abbé Raynal (CLT, i.284) wrote that the criticism of the versification in particular was shared by many and gave rise to an epigram 'qui a beaucoup couru':

Un rhinocère à Paris arriva;
On y courut, on aime le bizarre;
En même temps parut *Catilina*,
Et chacun dit que cet animal-là
Est plus commun, mais beaucoup plus barbare.

Given the extent of *Catilina*'s deficiencies, it was difficult to sustain interest in it. When it was performed before the court in December 1748, for example, it was a great disappointment.

[51] Collé, i.33-34, and Sainte-Albine in the *Mercure*, January 1749, i.215.
[52] These opinions were expressed by Collé (i.32-33), Pierre Clément (*Les Cinq années littéraires*, i.127, 130), Barbier (iv.337), Raynal (CLT, i.284), and La Place (*Mercure*, July 1762, ii.177).

According to the duc de Luynes, the king's reaction was typical: 'Il y a des vers admirables dans cette pièce, mais peu d'intérêt'. Luynes adds that Crébillon was blamed at Versailles as well as in Paris for having played havoc with Roman history and for his unflattering portrayal of Cicero. The latter criticism in particular led Crébillon to decide to make amends to the consul by writing a new play in which he would be 'un personnage fort différent'. [53] This was *Le Triumvirat, ou la mort de Cicéron*, which was performed ten times in late December 1754 and early January 1755. In 1756 *Catilina* was revived for five performances at the Comédie-Française – the last it ever had in that house.

Voltaire refrained from publishing any criticism of *Catilina* until after Crébillon's death in June 1762. He then issued, anonymously and in the same year, his *Factum pour la nombreuse famille de Rapterre contre le nommé Giolot Ticalani*, an amusing if little-noticed *facétie* in which the lawyer Le Goust brings a complaint on behalf of the *parterre* against Catilina. [54]

5. *Voltaire's sources*

Voltaire was convinced that in *Rome sauvée* he had succeeded in creating what he termed 'la vraye tragédie' (D3974), a work that, rejecting the conventions of his age, took the events of ancient history not only as the setting of a play but as its very subject:

C'est Rome icy qui est le principal personnage, c'est elle qui est

[53] Luynes, *Mémoires sur la cour de Louis XV*, ix.227.
[54] Ed. J. Vercruysse, *Archives des lettres modernes* 37.1 (Paris 1961). Voltaire also attacked the play in his mordant *Eloge de Crébillon* (1762), in his *Commentaires sur Corneille* (1764), 'Remarques sur *Pompée*', in a *facétie* entitled *Les Anciens et les modernes ou la toilette de madame de Pompadour* (1765), in the *Questions sur l'Encyclopédie*, art. 'Vers et poésie' (1774), and in the *Sentiment d'un académicien de Lyon* (1774).

l'amoureuse, c'est pour elle que je veux qu'on s'intéresse, même à Paris. Point d'autre intrigue s'il vous plait, que son danger, point d'autre nœu que les fureurs artificieuses de Catilina, la véhémence, la vertue agissante de Cicéron, la jalousie du sénat, le dévelopement du caractère de César. Point d'autre femme qu'une infortunée d'autant plus naturellement séduitte par Catilina qu'on dit dans l'histoire et dans la pièce que ce monstre étoit aimable. [55]

He was later to compromise his position somewhat, in particular yielding to the insistence of his friends that the role of Aurélie be given greater prominence; but his goal never changed: to create an accurate portrayal of the mores of the late Roman republic as reflected in what he believed to be a moment of supreme crisis in its history. [56]

Although some modern scholars disparage Voltaire's qualities as a classical scholar and historian, [57] he himself believed that he was capable of writing an accurate re-creation of Catiline's conspiracy precisely because of his talents as an historian (D3991):

Ce n'est pas que j'aie voulu rien disputer à mon confrère et à mon maître, m. de Crébillon; mais sa tragédie étant toute de fiction, j'ai fait la mienne en qualité d'historiographe. J'ai voulu peindre Cicéron tel qu'il était en effet. [...] J'ai suivi l'histoire autant que je l'ai pu, du moins quant aux mœurs.

And Voltaire had no doubts whatsoever about the veracity of his picture: he described his play to his correspondents as 'un tableau fidèle', 'un tableau vray', 'une fidèle peinture des Romains', 'une

---

[55] Ronald Ridgway treats Voltaire's conception of tragedy, and the place of *Rome sauvée* in it, in *La Propagande philosophique dans les tragédies de Voltaire*, Studies 15 (1961), p.169.

[56] Comments to this effect are to be found in D3979, D3992, D4066, D4480, D4518, D4541, D4566; see also below, 'Préface', l.198-199.

[57] See, for example, Gay, *The Enlightenment*, i.51, and André Bourassa, 'Polémique et propagande dans *Rome sauvée* et *Les Triumvirs* de Voltaire', Studies 60 (1968), p.90.

peinture assez fidèle des mœurs de l'ancienne Rome', 'la peinture véritable [...] que toute la terre connaît'. [58]

That *Rome sauvée* emanated from an historian's pen is evident from the range of historical fact that surrounds, informs and helps to shape its action. Although the play is concerned primarily with a series of events that unfolded over a short period during Cicero's year as consul in 63 BC, it is nonetheless set within a much broader matrix of references to the history of the Roman republic and the lives of its leaders. Voltaire clearly aimed at the creation of a group of characters who, by word and action, achieved credibility as Romans. Their identities within the play are not defined exclusively in terms of the immediate threat posed by Catiline's conspiracy; they react to it as persons whose memories, individual and collective, encompass the turbulent political history of the late republic.

Voltaire was able to infuse his play with what he took to be an appropriate level of historical accuracy, without sacrificing dramatic interest, by opting for a manner of handling his sources that differed radically from the methods used by the two authors whose dramatisations of Catiline's conspiracy were most familiar to him: Ben Jonson and Crébillon. Jonson's *Catiline* (1611) is little more than an amalgam of the main Latin and Greek commentaries on the conspiracy. [59] Crébillon, at the other extreme, was so roundly criticised for the violence he did to the historical record in the portrayal of Cicero in his *Catilina* that he was forced to write another play to make amends.

In rejecting both Jonson's literal approach [60] and the licence

---

[58] D3992, D4066, D4480, D4541, D4566 respectively.

[59] L. H. Harris characterised it as 'a play of frank borrowings' and demonstrated that while little more than a quarter of the text is actual translation, only slightly more than a quarter is original (Jonson, *Catiline his conspiracy*, Yale studies in English 53, New York 1916, p.xvi, xx). W. F. Bolton and J. F. Gardner concurred with this assessment, noting Jonson's 'direct and [...] extensive [...] dependence on his sources' (Jonson, *Catiline*, Lincoln, Nebraska, 1973, p.186).

[60] See below, 'Préface', l.144-154.

used by Crébillon, Voltaire allowed himself the freedom to omit from his retelling of the story those elements that were offensive to his own sensibilities, such as the role played by the ambassadors of the Allobroges, or to add judiciously to it by including significant roles for Julius Caesar and for Catiline's wife.

Voltaire's sources for *Rome sauvée* were from the classical and modern eras, and he drew on them for both factual material and for the organisation and versification of his play. For factual information Voltaire used both the writings of Roman historians – Cicero, Sallust and Plutarch[61] – and works of the modern era, principally Conyers Middleton's life of Cicero and the text of Crébillon's *Catilina*. Crébillon also figures in the category of sources that influenced the form of Voltaire's play, as do Corneille, Shakespeare,[62] Antoine de La Fosse, Otway, his own Roman tragedies, and Addison's *Cato*.[63]

It is not easy to determine at what stage or stages Voltaire consulted his historical sources. The composition of *Rome sauvée* was a lengthy process: the rapid writing of a first draft in Lunéville in August 1749 was followed by revisions to the text over the next two and a half years and still further changes were made in the performance text of 1752 before the appearance of the first authorised edition in 1753.

Voltaire's correspondence supplies at least a partial guide to his reading. The letters that he fired off immediately after finishing the first draft of his play in August 1749, for example, are specific about the authorities he was consulting. To Mme Denis he implied

---

[61] Whether Voltaire knew of Dio Cassius' anti-Ciceronian Roman history is uncertain. Some years later he referred to Dio as a 'vil Grec, vil écrivain, vil flatteur, vil ennemi de Cicéron' (February 1768; D13855).

[62] T. R. Lounsbury, *Shakespeare and Voltaire* (New York 1902), p.31, and H. C. Lancaster, *French tragedy in the time of Louis XV and Voltaire, 1715-1774* (Baltimore 1950), p.350-51.

[63] This argument has been made persuasively by T. W. Russell, *Voltaire, Dryden and historic tragedy* (New York 1946), p.89 and *passim*.

that he had recently been inspired to 'relire Saluste et Plutarque' (D3975). In a letter to the duchesse Du Maine he added a third name – 'Je me suis tellement rempli l'esprit de la lecture de Ciceron, de Saluste, et de Plutarque [...] que j'ay fait la pièce en huit jours' (D3979), while to Hénault he described his 'tête malheureusement poétique' as being 'échauffée par les catilinaires de Ciceron' (D3980). But these indications that Voltaire was reading, or re-reading, Cicero, Plutarch and Sallust during the first half of 1749 appear to contradict his claim to Frederick, to whom he sent a copy of the first act of *Rome sauvée* from Lunéville, that being 'icy sans mes livres' he was forced to rely on his recollection of Frederick's criticisms of Crébillon's *Catilina* (D3988). 'Sans mes livres' does not necessarily imply that Voltaire had access to no books at the court of Stanislas and it is difficult to imagine why he would fabricate a claim to have re-read Sallust and Plutarch, especially to his niece. A probable solution is that Voltaire did indeed read the primary classical sources at this time, but did so hurriedly, relying on them more for a general understanding of the main events of Catiline's attempted *coup* and of the characters of Catiline and Cicero than for points of detail. Frederick, on the other hand, knew his Cicero well, and Voltaire was probably unwilling for him to compare the first version of *Rome sauvée* against the classical accounts of the story.

We can assume, then, that Voltaire did read Sallust, Plutarch and Cicero during 1749, and for the first two we can be certain that the texts involved were Sallust's *Bellum Catilinae* [64] and the section of Plutarch's *Lives* devoted to Cicero. [65] The case is more

[64] Translated into French as *De la conjuration de Catilina, et de la guerre de Jugurtha contre les Romains* (2nd ed., Paris 1717; BV, no.3079). This volume contains a *corne à double pli* at the bottom of p.245; there are reader's markings in a Latin edition of Sallust's *Opera* (Lyon 1659; BV, no.3078).

[65] *Les Vies des hommes illustres grecs et romains*, trans. Jacques Amyot (Genève 1535; BV, no.2773); *Les Vies des hommes illustres de Plutarque*, trans. André Dacier (Amsterdam 1724-1734; BV, no.2774); *Lives of the illustrious Greeks and Romans with their comparisons* (London 1713; BV, no.2772). All three show *traces de lecture*.

complicated when it comes to Cicero, who treated the subject of Catiline's conspiracy in at least six different texts.

On 5 March 1749 Voltaire returned one or more volumes of Cicero to the abbé d'Olivet, appending a note, in Latin, saying that he had re-read Cicero so that he might atone for the crime of the barbarous Crébillon (D3883). No title is given but the text in question is probably d'Olivet's translation of Cicero's *Orationes in Catilinam*,[66] one of the fundamental accounts of the events of 63 BC. We do not know when the text was borrowed in the first place — it is safe to assume that the request came from Voltaire — but it is likely that Voltaire was re-reading the *Orationes in Catilinam* in January or February 1749. Crébillon's *Catilina* had opened on 20 December 1748, so Voltaire lost no time in planning his defence of Cicero and began with the consul's orations against Catiline.

These are the most important of Cicero's writings on Catiline, but the subject is also dealt with briefly in four other orations,[67] and somewhat more extensively in the *Pro Sulla*. Borrowings from each, taken either directly or via an intermediary text, appear in *Rome sauvée*. In addition, the 'Préface' displays a knowledge of information found in two Ciceronian texts not related to Catiline's conspiracy — *Ad Atticum*[68] and *De divinatione*[69] — and of Cicero's correspondence. Although Theodore Besterman found it difficult to believe,[70] Voltaire's appreciation of Cicero's poetic

[66] *Philippiques de Démosthène et Catilinaires de Cicéron*, 2nd ed. (Paris 1736; BV, no.981). Although it contains no marginal notes, a marker was inserted at p.346-47 of the second oration (CN, iii.77).

[67] The *Pro Murena*, *In toga candida*, *In Pisonem* and the *Pro caelio*.

[68] Voltaire presumably read this in the abbé Nicolas-Hubert Mongault's edition (*Lettres de Cicéron à Atticus*, Paris 1738; BV, no.776) which he asked Lambert to obtain for him in May 1749 (D3926).

[69] Which he owned in translation; see above, p.7, n.6. A line from *De consulatu* also appears in the 'Préface' (l.84), but it is clear that Voltaire took this from Juvenal, rather than directly from Cicero.

[70] 'It is impossible to believe that Voltaire was serious in his estimate of Cicero's verse' (D11858, n.1).

talents, as expressed in the 'Préface' to *Rome sauvée* and as recorded in his notebooks, was authentic. [71] His interest in this generally undervalued aspect of Cicero's work may well have been triggered by Plutarch's assertion that as Cicero 'grew older and applied himself with greater versatility to such [poetic] accomplishments, he got the name of being not only the best orator, but also the best poet among the Romans' (*Cicero*, ii.iv). Voltaire included in the 'Préface' (l.54-61) an excerpt from a translation into French of Cicero's *Marius*, a work of his youth of which the orator later included a fragment in *De divinatione* (i.xlvii.106).

Voltaire's direct knowledge of the other relevant Ciceronian texts is more doubtful. We know that he received a copy of d'Olivet's annotated edition of Cicero's *Opera* in 1739 (see above, p.8), but his library contains no edition, either in Latin or in translation, earlier than a Genevan imprint of 1758 (BV, no.771). It is also possible that he had access to these texts through earlier editions of the *Opera* owned by others – Mme Du Châtelet or Frederick, for example – but no mention of them is found in his correspondence, in his notebooks, or in other of his works written before the appearance of the first authorised edition of the play. Details found in *Rome sauvée* that ultimately derive from these texts were probably taken by Voltaire from an intermediary source: either from Sallust or Plutarch, or from a post-classical source.

Apart from the text of Crébillon's *Catilina*, which he read soon after its publication in March 1749, [72] Voltaire was also familiar with Conyers Middleton's *History of the life of Marcus Tullius Cicero*. [73] Middleton's work presents, in readily accessible form, a

[71] 'Préface', l.49 onwards; *Notebooks*, ed. Th. Besterman, Voltaire 82, p.449.

[72] D3893. *Catilina* (Paris 1749; BV, no.908).

[73] London 1741. A French translation by the abbé Prévost appeared in Paris in 1743. BV does not list either the original English version or the translation, but Havens and Torrey list the French edition among the holdings of the Ferney library (*Ferney catalogue*, no.2067).

compilation of nearly all the *données* of the accounts of antiquity, and in a note to *Le Triumvirat* (1764) Voltaire readily acknowledged the significance of Middleton's text in establishing Cicero's popularity in mid-eighteenth-century France: 'Quoique nous ayons ses ouvrages, Saint-Evremond est le premier qui nous ait averti qu'il fallait considérer en lui l'homme d'Etat et le bon citoyen. Il n'est bien connu que par l'histoire excellente que Middleton nous a donnée de ce grand homme' (M.vi.210). Voltaire first read Middleton in late April or early May 1744 (D2970) and some five years later, just after he had completed the first version of his play, Middleton's biography was again on his mind: 'On se fait honneur des sentiments qu'on n'a pas. On a bien lu la vie de Ciceron avec plaisir' (D3993).

It is impossible to know how much of Middleton's work, vastly longer than the classical accounts themselves, Voltaire actually re-read in 1749, or to what extent he used Middleton after the completion of his first draft. Nor can we easily tell how much material Voltaire took directly from his classical sources, as opposed to Middleton, since Middleton's authorities were in many places the same as Voltaire's own. Appendix v shows in tabular form which details in *Rome sauvée* are most likely to have come from which of Voltaire's main sources: Cicero, Sallust, Plutarch, Middleton and Crébillon. It can be seen that not often does Middleton's account of Catiline's conspiracy omit elements that Sallust, Plutarch or Cicero included. It is only when Voltaire inserts an uncorroborated detail into his text, or refers in his correspondence to the use of a particular authority for a particular incident, that we can assume that he was relying on a classical source rather than Middleton or Crébillon. Only two details are present in Middleton but absent in the other texts: the allusion in II.iii.137 to the Fibrenus, a river near Cicero's birthplace, and a reference in v.i.4 to the Samnites. The claim mounted by at least one modern scholar that Middleton's *History of the life of Marcus*

Tullius Cicero was Voltaire's primary source is therefore difficult to prove.[74]

Excluding the 'Préface', Voltaire's borrowings from Cicero in the play were taken, directly or indirectly, from the *Orationes in Catilinam*. Material from the first and fourth speeches has greater prominence than that from the third; *Orationes in Catilinam*, II appears not to have been used at all. Cicéron's *tirade* in act I, scene 5 is in general a recapitulation of the major arguments of *Orationes in Catilinam*, I: Catiline's immorality; the consul's knowledge of his adversary's plot; his mastery of the political, judicial, and military apparatus of the republic; and his self-assurance in confronting Catiline. When it came to adding detail to Cicéron's arguments, however, Voltaire turned to secondary sources as well, as can be seen from appendix v.

Voltaire may also have relied directly on Cicero's account of his strategy in handling his rival at the end of act I, scene 5, when Cicéron orders Catilina to leave Rome if he is conspiring against her. Although Plutarch (xvi), Sallust (xxxii.1) and Middleton (i.358) all indicate that Cicero's aim was to rid the city of Catiline, and Crébillon's Catilina leaves Rome after his confrontation with Cicéron (iv.ii), Voltaire defended the incorporation of this element in his own play by appealing to the authority of Cicero himself (D4620):

Ne me faittes point de procez sur ce que Cicéron dit à Catilina
  Je te protégeray si tu n'es point coupable,
   Fuis Rome si tu l'es....
C'est précisément ce que Cicéron a dit de son vivant, ce sont des mots consacrez, et assurément ils sont bien raisonnables.

In the following scene (i.vi) Caton's fears that the senate contained a faction favourable to Catilina were probably suggested by *Orationes in Catilinam* (i.xii.30). None of Voltaire's other classical

---

[74] A. O. Aldridge, *Voltaire and the century of light* (Princeton 1975), p.165.

sources include this detail. Middleton mentions some senatorial support of Catiline (i.292-93), but does so only in passing.

Voltaire's last direct borrowing from *Orationes in Catilinam*, I occurs in act IV, scene 4 and gives to Catilina one of the arguments that Cicero used with great effect in his first oration. Cicero spoke of two precedents that would have permitted him to take Catiline's life on the basis of the threat he posed to the republic's safety (*Orationes in Catilinam*, 1.i.3). Voltaire's Catilina uses the same precedents – the murders of Spurius Maelius in 439 and Tiberius Gracchus in 133 – as justifications of his own assassination of Aurélie's father Nonnius (below, IV.iv.117-118). Since neither Sallust, Plutarch, nor Middleton repeated the argument we can safely assume that Voltaire took it directly from Cicero.

Material from *Orationes in Catilinam*, III is used in only two places, in both of which Voltaire could have obtained his information from other sources. First, the comments on Lentulus Sura's origins and ambitions (II.i.33) are also contained in Plutarch (xvii.1-4), Sallust (xxxi), Crébillon (II.iii), and Middleton (i.295), where the character enjoys some prominence. Second, mention of Statilius as a conspirator (II.vi.232) is also found in Sallust (xvii.4, xliii.3).

Voltaire appears to have turned to the fourth and final oration for much of the inspiration of the play's last act. The poignancy of Cicero's situation at the culmination of his efforts to secure the republic's safety had enormous appeal to Voltaire. Although Cicero had, by his own lights, singlehandedly saved the republic, his handling of the conspirators' execution created sufficient controversy for his rivals in the senate to be able to mount strong opposition to an official recognition of Rome's debt to him. Although he was ultimately accorded the title of 'pater patriae' – 'ce moment fut le plus beau de sa vie', Voltaire noted in the *Questions sur l'Encyclopédie* (art. 'Cicéron'; M.xviii.180) – his adversaries, led by Julius Caesar, prevented him from making the usual valedictory to the people on laying down his consulship.

The numerous entries regarding this event made by Voltaire in his notebooks show his admiration for Cicero's conduct on that occasion. [75] This particular speech dates from some months after the fourth oration against Catiline and was therefore known to Voltaire through Plutarch or Middleton. It was nonetheless on Voltaire's mind when he was revising act v in the summer of 1751 and wrote to d'Argental: 'Il faut [...] qu'on voye que Ciceron sera puni d'avoir sauvé la patrie. C'est là un des objets de la pièce. Ciceron sauvant le sénat malgré luy, est la principale figure du tableau. Il ne reste qu'à donner à ce tableau tout le coloris et toutte la force dont il est susceptible' (D4518).

It is theoretically possible that Voltaire used both Sallust and Plutarch extensively. There are two instances of Sallust's material finding its way into Voltaire's text directly rather than via an intermediary source. The first is the name of Catilina's wife, which Voltaire first gave as Fulvie, in imitation of a character used by Crébillon, but later changed to Aurélie: Sallust is the only one of Voltaire's sources to mention Catiline's wife and to give her name, Aurelia Orestilla (xv.2, xxxv.3). Second is Sallust's account of Catiline's speech to his fellow conspirators before his confrontation with Cicero in the senate (*Bellum Catilinae*, xx). We find it, in an abbreviated form, in II.vi.231-308. César's description of Catilina's last moments (v.iii.229-233) also seems to have been inspired by the same account (*Bellum Catilinae*, lxi). In addition to these two definite borrowings a number of additional details may have been taken directly from Sallust. These include the reference in i.v to Catiline's alleged seduction of a Vestal virgin (Sallust, xv.1, and Middleton, i.241) and Catilina's violent rebuttal of Cicéron (iv.v.269-286).

Plutarch's life of Cicero presents a highly favourable portrayal of the consul's handling of Catiline's conspiracy. The extent to

[75] *Notebooks*, Voltaire 81-82, p.366, 450, 518, 701.

which Voltaire borrowed factual material from it is difficult to say, since almost every detail from Plutarch also occurs in either Cicero, Sallust or Middleton. It was probably Plutarch, however, who inspired the antagonistic behaviour of Clodius in act v, scene 1. Although supportive of Cicero during the time of the conspiracy, Clodius later became one of his most bitter foes and Plutarch described at length the antagonistic relations between the two men (xxix and *passim*). Marcellus, a senator present in act iv, scene 2, may have been taken, again out of context, from Plutarch (xxiv.1), although he is also mentioned by Cicero (*Orationes in Catilinam*, 1.viii.21). Voltaire may further have taken from Plutarch (xxiii.3) the account of Cicero being given the title 'pater patriae' by the people at the time he laid down his consulate, but Middleton also describes this episode (i.350). Finally, either Sallust or Plutarch, or both, may have provided Voltaire with the insight into the serious opposition that Cicero aroused in the senate by having five of Catiline's co-conspirators executed. Middleton played down this issue. It did not, of course, figure in either Cicero's *Orationes in Catilinam* or in Crébillon's *Catilina*.

In comparison with the texts already mentioned, the extent of Voltaire's reliance on Crébillon's *Catilina* can easily be demonstrated. The two plays differ radically in their portrayal of Cicero, but nonetheless there is sufficient replication of detail, versification, and organisation to indicate a significant use made by Voltaire of his rival's text. These details do not include the principal elements of the plot as transmitted by the classical sources but are either inventions of Crébillon's or fine points that, while squaring with the historical record, are more likely to have been taken from Crébillon than from either a classical text or Middleton. Among the first group are the characters Nonnius and Fulvie/Aurélie; the siting of the play's action and the senate's meeting in the temple of Tellus, rather than that of Jupiter Stator, where all the classical sources indicate that it took place; and Aurélie's suicide in act iv, scene 6. Voltaire first gave the name Fulvius to Nonnius and made the change during the revisions of 1751 (D4541):

Je vous avertis que ce n'est plus Fulvius qu'on tue, c'est Nonnius. Ce monsieur Nonnius n'est connu dans le monde que pour avoir été tué, et il ne faut pas le priver de son droit. Je me souviens même que Crébillon, dans sa belle tragédie de Catilina, avait fait *égorger Nonnius cette nuit* [1.i], sans trop en dire la raison. Je prétends, moi, avoir de fort bonnes raisons de le tuer.

Variants now lost to us but provided by the Kehl editors indicate that revisions made to Aurélie's part at this time included her suicide, patterned apparently after Tullie's in *Catilina*, v.vi. Among the finer points of detail likely to have come from *Catilina* we can include allusions to the lineage of Lentulus Sura; Catilina's awareness of the difficulties faced by a *chef de parti*; César as pontifex maximus; and Pompey's absence from Rome. [76]

Voltaire also organised the action of his play along a number of lines that parallel those used by Crébillon. Maurice Dutrait, Crébillon's apologist in the last century, noted the similarities between Catilina's invectives against the senate in the opening scenes of each play, the placing of the confrontation between Cicéron and Catilina before the senate in act IV, Caton's scorn of the senate and hostility to César, and similarities between the conduct of Tullie in *Catilina* and Aurélie in *Rome sauvée*. [77] H. C. Lancaster augmented this list by including the facts that both plays begin just before the senate's meeting in the temple of Tellus and that in each Catilina's principal commitment is to his ambition rather than to the woman he loves. [78] We can add to it still further by noting that the amorous intrigue involves Catilina rather than

[76] *Catilina*, I.i, *Rome sauvée*, II.i.58-59; *Catilina*, I.i, *Rome sauvée*, II.i.67; *Catilina*, I.i, *Rome sauvée*, II.ii; and *Catilina*, I.i, *Rome sauvée*, IV.ii.57-58.

[77] M. Dutrait, *Etude sur la vie et le théâtre de Crébillon (1674-1762)* (Bordeaux 1895), p.443-44.

[78] *French tragedy in the time of Louis XV*, p.351.

any other male character and that his meetings with Tullie and Aurélie are placed in II.iii in each play.

However much Voltaire derided Crébillon's versification, he was not above working two of *Catilina*'s better lines into *Rome sauvée*; in other instances, he took the theme or substance of a speech and reworked it. Dutrait believed that he had caught Voltaire 'en flagrant délit d'imitation tout à la fois cynique et maladroite' (p.442) in reworking Crébillon's 'Rien n'est si dangereux que César qui se tait' (v.ii) as: 'Rien n'est si dangereux que César qu'on irrite' (I.ii.41). Another line – 'Sont de ma politique et non pas de mon cœur' (*Catilina* I.i) – appears in *Rome sauvée* as 'Sont les vices du temps, et non ceux de mon cœur' (I.v.272). Crébillon probably also inspired characterisations in Voltaire's text of Caton, Catilina and Crassus.[79] In addition, Caton's first speech in IV.i of *Catilina* is the likely source of a similarly placed speech in *Rome sauvée* (see IV.ii).

Echoes of the works of still other dramatists have also been discerned in *Rome sauvée*. Similarities with couplets from *Rodogune* and *Cinna*[80] have been cited, but a more significant if less obvious borrowing from Corneille, it can be argued, is Cicéron's elevation of César to the status of hero after his defeat of Catilina (v.iii.238-242) which can be compared with a similar treatment of Don Rodrigue in the culminating scene of *Le Cid*. Shakespeare has also been seen as an influence on *Rome sauvée*, specifically the derivation of Aurélie from Brutus' wife Portia in *Julius Caesar*.[81] Portia's brief scene with Brutus in *Julius Caesar*, II.i, is indeed somewhat reminiscent of the beginning of the first exchange between Aurélie and Catilina in *Rome sauvée*, I.iii, but only as regards the behaviour of the women. Each arrives on the scene in a state of high anxiety and seeks reassurance from her spouse. Catilina's and Brutus'

[79] *Catilina*, I.ii, *Rome sauvée*, I.i.4-5; *Catilina*, II.iii, *Rome sauvée*, I.v.229-234; *Catilina*, I.ii, *Rome sauvée*, III.i.
[80] See below, act I, p.153, n.6 and p.161, n.15.
[81] See Lounsbury, *Shakespeare and Voltaire*, p.31.

responses, however, are highly dissimilar, and it is hard to hear more than the faintest echo of an intertextual resonance here.

A more striking resemblance has been noted between Voltaire's Aurélie and Antoine de La Fosse's Valérie in *Manlius Capitolinus*, first produced in 1698, and revived on 19 June 1751 (D4512, commentary). Valérie is also, as Lancaster points out (p.351), the daughter of a man who sympathises with the senate but is married to a conspirator. Two other resemblances to Aurélie noted by Lancaster are Valérie's discovery that a cache of arms is to be used in an uprising, and her denunciation of her husband's fellow conspirators before the senate. Although he failed to mention that the latter event takes place off stage, Lancaster's argument has, at least at first blush, much to commend it. We know that Voltaire read *Manlius* with sufficient care during June 1751 to be able to send a detailed critique of it to d'Argental. He makes it clear that he appreciated the similarities between the two plays and was aware of the risk in having a production of *Rome sauvée* mounted too close to the revival of *Manlius*: 'je les supplie encore très instamment de mettre un très long intervalle entre Manlius et Rome sauvée. On serait las de conjurations et de femmes de conjurés. Cet article est un point capital' (D4512). We know further that Voltaire wrote two important revisions to the role of Aurélie, largely, to be sure, at the insistence of his niece but nonetheless after he had read *Manlius*. The first change, adding fifty new lines to her part, was completed in the last week of July; the second encompassed the reworking of the first three acts and was finished by the end of 1751. The obvious question is, then, to what extent was Aurélie's part altered as a result of the influence of *Manlius Capitolinus*?

No single role in the play gave Voltaire more difficulty than Aurélie's. He clung tenaciously to his original conception of her as 'douce et tendre', 'craintive et éplorée' (D4604), capitulating only in November 1751 to the demands of his Parisian friends that she should be more forceful. In other words Voltaire rejected, quite consciously it would appear, the notion of creating a character along the lines of La Fosse's Valérie. The most striking difference between *Manlius* and *Rome sauvée* centres on the ways in which their authors apportion power to male and female characters. In *Manlius* Valérie, rather than either Manlius or her husband, Servilius, dominates the action as it relates to their fates and to Rome's. In *Rome sauvée* Aurélie is always subservient to her husband and to Cicéron, even after Voltaire finally conceded to the demands of Mme Denis and gave her 'des traits un peu plus mâles' (D4604). Because we lack manuscript versions of Aurélie's part as it underwent revisions between July and November 1751, it is impossible to either reject or affirm Lancaster's claim that Voltaire used *Manlius* as a source. But given the major differences between these characters, it would seem imprudent to ascribe much significance to La Fosse's text as a source of material for Voltaire's.

The extent to which the texts that inspired *Manlius* — Otway's *Venice preserv'd* and La Place's translation of it, *Venise sauvée* — also inspired Voltaire is questionable. Voltaire was certainly familiar with Otway's play in its English version. It was, after Shakespeare's works, one of the most enduring successes in the English theatre and was performed regularly in London from its début in March 1680 until the middle of the nineteenth century. The *Lettres philosophiques* indicate that Voltaire probably saw it performed in London in 1727[82] and in 1731 he compared it to *Manlius* in the 'Discours sur la tragédie' (M.ii.316). La Place's *Venise sauvée*,[83] on the other hand, made its début in Paris on 5 December 1746 and went on to achieve a run of fifteen performances before closing on 14 January 1747. It had two brief

---

[82] *Lettres philosophiques*, ed. G. Lanson and A.-M. Rousseau (Paris 1964), ii.80; *Venice preserv'd* was given on 7 April and 16 December 1727 in Lincoln's Inn Fields (A. M. Taylor, *Next to Shakespeare: Otway's Venice preserv'd, and The Orphan, and their history on the London stage*, Durham, NC, 1950, p.295).

[83] *Venise sauvée. Tragédie imitée de l'anglais d'Otway* (Paris 1747; BV, no.1917).

revivals before the opening of *Rome sauvée*: in April 1749 and May 1751.[84] Voltaire owned a copy of *Venise sauvée*, but not, apparently, of Otway's tragedy. Voltaire also had great admiration for the text that had inspired Otway. First among 'the best works I know of in regard to history' listed in a letter to Sir Everard Fawkener in 1752 was 'la conspiration de Venize de l'abbé de s^t Rëal, a work equal to Salust, and the original of y^r Venice preserv'd' (D4851).[85] Voltaire may well have taken the title of his own play from *Venise sauvée*;[86] but it is difficult to identify other specific derivations in *Rome sauvée* from either Otway or La Place. Belvidera, the heroine of these plays, is, like Valérie in *Manlius*, a woman of infinitely more forcefulness than Aurélie; and Jaffeir, her husband, lacks the fire of either Crébillon's or Voltaire's Catilina. It is nonetheless possible that Belvidera did provide Voltaire with the notion of giving Catilina a wife.

Jonson's *Catiline* appears to have had little if any influence on *Rome sauvée*. Voltaire commented in his notebooks of the period 1735-1750 on Jonson's use of a chorus in this work,[87] an indication of the degree of his familiarity with the text at about the time when he set to work on *Rome sauvée*. It came to mind again in the early months of 1752 when he was writing the 'Préface' and criticised Jonson for translating 'sept ou huit pages des *Catilinaires* [...] en prose, ne croyant pas que l'on pût faire parler Cicéron en vers. La prose du consul, et les vers des autres

---

[84] *Registres*, p.753-54, 760-61, 767.

[85] Voltaire had recorded a nearly identical appreciation of Saint-Réal's history in 1731: 'ce morceau d'histoire, égal peut-être à Salluste, est fort au-dessus de la pièce d'Otway et de notre *Manlius*' ('Comparaison du Manlius de M. de La Fosse avec la Venise sauvée de M. Otway'; M.ii.316).

[86] Voltaire's first thoughts on the play's title were penned to d'Argental on 16 August 1749, just after he had completed the first draft of the text: 'Mais pourquoy intituler l'ouvrage Catilina? C'est Ciceron qui est le héros, c'est donc luy dont j'ay voulu vanger la gloire, luy qui m'a inspiré, que j'ay tâché d'imiter, et qui occupe tout le cinq^{ème} acte. Je vous en prie intitulons la pièce Ciceron et Catilina' (D3986).

[87] *Notebooks*, Voltaire 82, p.455.

personnages, font à la vérité un contraste digne de la barbarie du siècle de Ben-Johnson' (l.147-151). The comment is a curious mixture of the precise and the inaccurate. Jonson did indeed incorporate the translation of a considerable section of Cicero's *Orationes in Catilinam*, I, into act IV of his *Catiline*, but since the entire work is in verse, it is difficult to understand the origins of Voltaire's notion of a prose portion, unless he is confusing Jonson's original with the French translation by Pierre-Antoine de La Place, which is in prose. [88] Voltaire's criticism of Jonson for including the representatives of the Allobroges, however, must derive from a reading of the English version since La Place reduced the scenes in which they figure to mere résumés of the action. This conflicting evidence, together with the fact that the correspondence contains no mention of Jonson and that Voltaire's works contain only a passing mention of him, [89] inclines us to reject *Catiline* as a source for *Rome sauvée*.

Finally, there is a small group of possible sources which Voltaire appears not to have used and of which he seems to have been unaware: Nicolas Pellegrin's *Catilina* (Paris 1742), Thomas Gordon's *The Conspirators; or, the case of Catiline* (London 1721), and the abbé Séran de La Tour's *Histoire de Catilina* (Amsterdam 1749). [90] This last is a highly inaccurate account of the events of 63 BC inspired by Crébillon's *Catilina*. Although Voltaire possessed a copy (BV, no.3145), he may well not have acquired it before he had finished reading for his own play; it is not mentioned in his correspondence and there is no evidence that it influenced him.

---

[88] Paris 1747. The translation is included in *Le Théâtre anglais* (Londres 1746-1749), v.

[89] *Essai sur les mœurs*, ch.179 (*Essai*, ii.654).

[90] Cf. 'La tragédie a donné l'occasion à l'abbé Séran de La Tour de publier une *Histoire de Catilina*. Le style de cet ouvrage est dur, entortillé, obscur et haché; la narration gênée, pesante et perpetuellement interrompue par des matières étrangères; les caractères manqués, superficiels, et répétés. Il est bien difficile qu'un homme qui traite Salluste avec autant de mépris que fait l'abbé de La Tour soit un bon historien' (Raynal; CLT, i.254).

6. *Composition*

The composition of *Rome sauvée* spanned a period of some three years. It began with the preparatory work that Voltaire undertook in the spring of 1749 which led to the writing of a first draft in August of that year. This first text was revised before the first private performances in Paris and Sceaux in June 1750. Additional changes were made, usually at the insistence of Voltaire's Parisian friends, during the remainder of 1750, throughout 1751, and in January 1752. Still further modifications were made in the post-production period following the play's initial run in Paris in February-March 1752; these were completed in June of the same year, at which time the text was ready to be published.

It has been seen that the point at which Voltaire decided to write a play to rival Crébillon's *Catilina* is not easy to determine on account of the conflicting evidence in the correspondence. His inspiration, he claimed, came from two different sources: Frederick the Great and the duchesse Du Maine. The former, it will be recalled, had sent Voltaire a candid critique of *Catilina* in February 1749 (D3866). Six months later, announcing that he had rewritten *Catilina* with Frederick's strictures in mind, Voltaire wrote, 'J'ay voulu esquisser la peinture que vous désiriez. C'est vous qui m'avez fait travailler' (D3988). This sounds more like flattery than accuracy, however, and it is the duchesse Du Maine who appears to have been the direct source of the idea. She was among the first whom Voltaire consulted when he completed his initial draft in August 1749, and he explained to the d'Argentals the significance of her patronage (D3995):

j'ay fait ce Catilina qu'elle m'avoit tant recommandé. C'étoit elle qui m'en avoit donné la première idée, longtemps rejettée, et je lui dois au moins l'hommage de la confidence. J'auray besoin de sa protection, elle n'est pas à négliger. Mad^e la duchesse du Maine tant qu'elle vivra disposera de bien des voix et fera retentir la sienne.

It seems likely that her suggestion would have been made at some time between December 1748 and March 1749, a period that encompasses the production and publication of Crébillon's play, and coincides with Voltaire's statement to d'Olivet of 5 March that he had been re-reading Cicero in order to be able to atone for the barbarous treatment Cicero had received at Crébillon's hands (D3883). This is supported by the chronology of Voltaire's letter of 21 August 1749 to d'Argental: 'il y avoit six mois que je roulois le plan dans ma tête, et que touttes ces idées là se présentèrent en foule pour sortir. Quand j'ay ouvert le robinet le bassin s'est rempli tout d'un coup' (D3990).

If we accept the chronology implied by Voltaire's letter of 12 August 1749 to Mme Denis, however, he must have first considered the idea as early as the late summer or early fall of 1748: 'Il y a longtemps comme vous savez que je roulois dans ma tête il y a près d'un an le dessein de vanger la France de l'infamie de Catilina' (D3975). This was approximately the time when Crébillon was completing his play and Mme de Pompadour's role as its patroness was causing Voltaire considerable distress.

Voltaire was ready in any case to begin work in late June 1749: 'Si je pouvois rester trois mois où je suis', he wrote to d'Argental from Cirey, 'vous auriez de moy au bout de ce temps là d'étranges nouvelles' (D3950). Between June and August he undoubtedly devoted some more time to reading or re-reading his sources, and the writing of the first draft, within the much vaunted eight days, took place in August. Voltaire was then in Lunéville with Mme Du Châtelet, who was awaiting the birth of her child by the marquis de Saint-Lambert, and he put his time to good use, as he wrote to Voisenon: 'Moi qui, dans les derniers temps de sa grossesse, ne savais que faire, je me suis mis à faire un enfant tout seul; j'ai accouché en huit jours de Catilina. C'est une plaisanterie de la nature, qui a voulu que je fisse, en une semaine, ce que Crébillon avait été trente ans à faire. Je suis émerveillé des couches de madame du Châtelet, et épouvanté des miennes' (D4010).

Writing to his niece on 12 August Voltaire explains how it was that so many months had elapsed between his initial decision to rewrite *Catilina* and the actual composition of the text (D3975):

Je voulois rendre à Ciceron la gloire qu'il aimoit tant et qu'on avoit indignement avilie, jusqu'à le faire maquereau de sa fille ainsi qu'un certain prêtre, imaginé uniquement pour partager ce maquerellage. Je voulois vanger le sénat de Rome, et tout Paris. Je voulois réparer la honte de la nation.

What had eluded him, he says, was a way of using female characters in the context of a story where history assigned them the most minor of roles. The solution came to him on 3 August when he conceived the idea of 'une femme qui fait un effet terrible'. A letter to d'Argental, also written on 12 August, tells us that the female character in question is one ignored by Crébillon, namely, Catilina's wife: 'Le trois du présent mois [...] le diable s'empara de moy et me dit: Vange Cicéron et la France, lave la honte de ton pays; il m'éclaira, il me fit imaginer L'épouse de Catilina etc.' (D3974). [91] Once Voltaire had hit upon this solution, his creative energies were released in an apparently novel way. His descriptions of the eight days and nights he laboured on the text contain a series of images seemingly more characteristic of a Diderot or a Rousseau than Voltaire: demonic possession, unbridled enthusiasms, and poetic *fureur*. Within three days of completing the text, he described the compositional process and his emotional and intellectual state to his niece (D3975):

Je suis encor épouvanté de ce tour de force. Je lisois tous les deux jours un nouvel acte à mad^e du Chastelet, qui est bien difficile [...]. La plénitude du sujet, la grandeur romaine, le patétique affreux de la situation de ma femme, Ciceron, Catilina, Cesar, Caton m'ont élevé au dessus de moy même, m'ont donné des forces que je connaissais pas. Si

---

[91] 'Le diable' notwithstanding, it has also been claimed, although unconvincingly, that Voltaire patterned this character after the wife of Brutus in Shakespeare's *Julius Caesar*, a work that Voltaire knew well (see above, p.56).

on m'avoit demandé, combien de temps vous faut il pour cet ouvrage?
j'aurois répondu, deux ans. Il a été fait en huit jours, et il faut tout dire
en huit nuits: je me meurs, je vais dormir. [...] entre nous, je crois que
Catilina est sans contredit ce que j'ay fait de plus fort à baucoup d'égards.

Further details are, as before, given in his letter to d'Argental
written on the same day (D3974):

J'en ay pensé mourir, mais qu'importe? En 8 jours, ouy en 8 jours et
non en 9 Catilina a été fait, et tel à peu près que ces premières scènes
que je vous envoye. Il est tout grifonné et moy tout épuisé [...]. Vous
n'y verrez point de Tullie amoureuse, point de Ciceron maquereau mais
vous y verrez un tableau terrible de Rome, et j'en frémis encore. Fulvie
vous déchirera le cœur, vous adorerez Ciceron! que vous aimerez Cesar!
que vous direz, Voylà Caton! et Lucullus, Crassus, qu'en dirons nous?
O mes chers anges, Mérope est à peine une tragédie en comparison.

A letter to Hénault shows that his delight — and amazement — in
his accomplishment are undiminished two days later (D3980):

Ce tour de force me surprend et m'épouvante encore. Cela est plus
incroyable que de l'avoir fait en trente ans. On dira que Crebillon a
trop tardé, et que je me suis trop pressé [...]. Cinq actes en huit jours,
cela est très ridicule. Je le sçai bien mais si on savoit ce que peut
l'entousiasme, et avec quelle facilité une tête malheureusement poétique,
échauffée par les catilinaires de Ciceron et plus encor par l'envie de
montrer ce grand homme tel qu'il est, avec quelle facilité [...] ou plutôt
avec quelle fureur une tête ainsi préparée et toutte pleine de Rome,
idolâtre de son sujet et dévorée par son génie, peut faire en quelques
jours ce que dans d'autres circomstances elle ne feroit pas en une année,
enfin *si scirent donum dei*, on seroit moins étonné.

Copies of the text were put immediately into circulation among
Voltaire's closest allies and among those whose favour he needed
to gain. D'Argental's copy accompanied D3974; another at nearly
the same time went to d'Olivet, with a request that he should
share it with Mme Denis (D3976); Hénault was sent the first act
with D3980, as was Frederick on the 17th; on or about the 15th
a copy of the entire text was sent to Mme de Pompadour (D3982).

As the letters to d'Argental and Frederick show, Voltaire was under no illusions that his play was in its final state. He realised that he needed to invest 'au moins huit semaines à corriger ce que nous avons fait en huit jours' (D3974), and began work almost at once, telling the d'Argentals on the 14th that 'Il y a [...] quelques vers biscornus dans le commencement du Catilina. Mais croyez qu'ils sont tous corrigez, et j'ose dire embellis. Si j'avois des copistes qui écrivissent aussi vite que je compose, vous auriez déjà la suitte' (D3977). At the same time, he clearly wished it to be known in Paris that he had rewritten Crébillon's *Catilina*: 'Je veux qu'on sache que la pièce est faitte', he advised d'Argental on 4 September, 'mais je veux que le public la désire, et je ne la donneray que quand on me la demandera' (D4006). While waiting for the public's interest to ripen Voltaire attempted to secure the support – or, minimally, the tolerance – of those essential to the success of its production in Paris: Mme de Pompadour, the duchesse Du Maine and the président Hénault (D3992, D3995).

Of these, the support of Crébillon's patron Mme de Pompadour was the most critical. Voltaire's letter to her has not come down, but he intended to try to win her round by suggesting that she should follow the example of Henriette d'Angleterre, under whose aegis two other famous tragedians – Corneille and Racine – wrote on the same theme (see D3977). Her reply was, in Voltaire's words, 'pleine de bonté' (D3995); but it failed to convince him that he had won her to his side. A second letter, entreating her to ignore the claims of those who were bound to accuse him of attacking Crébillon, was more effective, and in the first week of September she wrote to reassure him that she was 'bien éloigné de penser que vous ayés rien fait contre Crebillon'. She indicated moreover that she had defended him against his detractors, having too high an estimation of him to believe their allegations, and reminded him that it was the fate of great men to be reviled during their lifetime. All things considered, he had been no more ill-treated than Corneille and Racine and ought to be content with his situation in France. She went on to give him a pointed warning: 'ne songés pas à aller trouver le roy de Prusse quelque grand roy qu'il soit et quelque sublime que soit son esprit. On ne doit pas avoir envie de quitter notre maitre quand on connoit ces admirables qualités. En mon particulier je ne vous le pardonnerais jamais' (D4012).

Meanwhile Crébillon continued to harass Voltaire by approving works injurious to him whenever possible. In late August he authorised the production of *L'Amant précepteur*, Duvaure's burlesque of Voltaire's life with Mme Du Châtelet.[92] In spite of the fact that Mme Denis and Mlle Gaussin succeeded in having fifty particularly offensive lines deleted, the work clearly had Voltaire as its target, thinly disguised as the proud and malicious writer Polimatte who dabbles in the sciences and amateur theatricals with a chambermaid disguised as a 'grande dame'. Not surprisingly, Voltaire held Crébillon responsible for the dozen performances given in August and September. It was now open war: 'je sçai bien que je fais la guerre, et je la veux faire ouvertement', he told d'Argental, 'loin donc de me proposer des embuscades de nuit, armez vous [...] pour des batailles rangées, et faittes moy des trouppes. Enrôlez moy des soldats, créez des officiers' (D3992).

The ease with which Voltaire had seemingly 'avenged' Cicero, the satisfaction that he obviously took at having written a play far superior to Crébillon's, and the time still available to him during Mme Du Châtelet's confinement encouraged him to consider reworking yet another of his rival's plays: Crébillon's *Electre* became his next and still bolder target. Its deficiencies notwithstanding, *Electre* had, by 1749, been played more frequently at the Comédie-Française than any one of Voltaire's own tragedies. He nonetheless announced on 28 August his intention

---

[92] Jacques Duvaure's *Le Faux savant* was first produced in June 1728; it was revived under the title *L'Amant précepteur* in August 1749 (see D3992 and n.3).

INTRODUCTION

of avenging not only Cicero but Sophocles as well (D3995) and immediately set himself to the task of composing his own *Oreste*. [93]

By early September Voltaire began to hear the first reactions of his circle of confidants in Paris to *Rome sauvée*, and they were not all favourable. Neither Mme Denis's nor d'Argental's criticisms have come down, but their views did not dampen Voltaire's enthusiasm for his play: 'Presque touttes vos critiques me frappent', he wrote to his niece, 'mais songez que vous n'avez vu qu'une esquisse de huit jours. Je veux laisser reposer l'ouvrage quelque temps pour le revoir avec des yeux frais, et afin de le mieux oublier' (D4007). A letter to d'Argental written on the same day accused him of pouncing on points of detail: 'Il faudra au moins quinze jours pour oublier cet ouvrage et le revoir avec des yeux frais [...]. Qu'importe que L'épée de Catilina soit mal placée sur une table? Otez la de là; et qu'importe une lettre dont on fera avec le temps un autre usage?' (D4006).

On the day that these comments were penned, Mme Du Châtelet gave birth to a daughter with an ease that left Voltaire playfully bantering that his own *accouchement* of *Rome sauvée* had been far more difficult. [94] His lightheartedness proved short-lived: on 10 September Mme Du Châtelet, his companion for some twenty years, succumbed to complications arising from that easiest of deliveries. Voltaire's grief was profound and is reflected poignantly in the correspondence for late September and October. Work on both *Rome sauvée* and *Oreste* was suspended, but only temporarily. Within a week Voltaire was writing to d'Argental (D4030):

j'avois repris Catilina avec beaucoup d'ardeur, lorsque cet accident funeste, abbâtit entièrement mon âme et ne me laissa plus d'autre idée

[93] On the composition of *Oreste*, see below, critical edition by David H. Jory, p.295-308.
[94] See Voltaire's letters of 4 September 1749 to d'Argental (D4005, D4006), the baronne de Staal (D4009) and Voisenon (D4010).

que celle du désespoir. J'ay revu enfin Catilina dans ma route, mais qu'il s'en faut que je puisse travailler avec cette ardeur que j'avois quand je luy aportois un acte tous les deux jours! Les idées s'enfuient de moy.

As Voltaire made his slow return to Paris from Cirey, a brief stay in Rheims presented the opportunity for a fresh copy of this revised version to be made and sent ahead to the d'Argentals (8 October; D4033).

Voltaire was back in Paris by the second week of October and found in his literary affairs a salutary distraction from his grief. By November he was tackling a pleasant problem: which new reworking of Crébillon – *Rome sauvée* or *Oreste* – should he consign to the actors of the Comédie-Française? It is obvious from his correspondence that he was revising *Rome sauvée* in the first three weeks of that month. On 9 November he wrote to the duchesse Du Maine that he would take the manuscript to Sceaux on the 11th. The text profited from her reading: 'Il faut que votre protégé dise à votre altesse', he wrote her on the 15th, 'que j'ay suivi en tout les conseils dont elle m'a honoré. Elle ne sauroit croire combien Ciceron et Cesar y ont gagné [...]. Je viens de lire Rome sauvée. Ce que votre altesse sérénissime a embelli a fait un effet prodigieux' (D4060).

Nevertheless Voltaire decided to present *Oreste* to the Comédiens first. He undoubtedly had several reasons for postponing a production of *Rome sauvée*. *Catilina*'s last performances eleven months earlier may still have been too close for comfort; the text itself still failed to please his closest advisers – d'Argental and Mme Denis; and technically the actors would have had insufficient time to prepare and stage the more complicated *Rome sauvée*: 'Ce seroit damner Rome sauvée que de la faire jouer si vite par des gens qui ont besoin de travailler six semaines. [...] J'auray encor le temps de travailler à Rome, et de la donner ce carême' (to the duchesse Du Maine, 2 January 1750; D4085).

The decision was wise: Voltaire's enemies in Paris were ready for the fray and a work susceptible to their ridicule would advance his cause against Crébillon very little. As it was, the reception given to *Oreste* in January 1750 was the stormiest of any work by Voltaire to date. The controversy it sparked and the intensity of anti-Voltairean sentiment it aroused[95] helped to convince Voltaire of the hopelessness of his situation in France. Any wistful hopes that he may have entertained of securing a production of *Rome sauvée* at the Comédie-Française in early 1750 were destined for disappointment;[96] it became increasingly evident as the year progressed that this was an unrealistic expectation. New reasons – or possibly pretexts – for withholding the play from the actors arose with some regularity. La Chaussée believed, for example, that the failure of Marmontel's *Cléopâtre* led Voltaire to avoid giving *Rome sauvée*.[97] Voltaire contented himself instead with staging a glittering series of private performances in June, first at his house in the rue Traversière, next at the duchesse Du Maine's residence at Sceaux. He had cleverly used his influence with the duc de Richelieu to obtain the loan of the extraordinary costumes that had been purchased for his rival's *Catilina*. The role of Cicéron he reserved for himself, Thibouville played Catilina, the marquis d'Adhémar was César, Lekain was Lentulus-Sura, and Mlle Clairon was Aurélie (D4160, D4165, D4217). Rehearsals for the rue Traversière performances took place in the first week of June: 'Nous avons répété aujourduy la pièce', he advised the duchesse Du Maine, 'et devant qui? madame? Devant des corde-liers, des jésuites, des pères de L'oratoire, des académiciens, des

---

[95] *Nouvelles littéraires* (CLT, i.406).

[96] Mme de Graffigny was under the impression in late February that 'on n'a pas voulu la [*Rome sauvée*] passer à la police pour bien des raisons' (25 February 1750; G.P., XLVI, 189). While there is no corroborating evidence that Voltaire indeed submitted the text to the official censors, we do know that he encouraged the actors to solicit the duchesse Du Maine's support of a performance in Paris (D4105). On 19 March Mme de Graffigny wrote that the duc d'Aumont attempted to force the actors to give *Rome sauvée* in that month so that the duchesse Du Maine might see it (G.P., L, 108).

[97] To Le Blanc, 29 June 1750 (D4167).

magistrats qui savent leurs Catilinaires par cœur! Vous ne sauriez croire quel succez votre tragédie a eu dans cette grave assemblée' (D4154). The first performance was given on 8 June before a select audience, including the duc de Richelieu, the duc de La Vallière, d'Alembert, Marmontel, and the abbés Voisenon, d'Olivet, and Raynal, who left this account of their reaction: 'L'assemblée, qui était composée de ce qu'il y a de plus éclairé dans le royaume, a reçu avec transport cet important ouvrage. La conduite en a été trouvée très sage, les caractères admirables et le style au-dessus de tout; il n'y a que le personnage d'Aurélie qui a paru faible'. [98]

On 22 June the production was moved to Sceaux where Voltaire expected the spectators to include 'cinquante personnes au delà de ce qui vient journellement à Sceaux' (D4157). [99] His own portrayal of Cicero was stunning: the audience witnessed, by all accounts, a rare, transcendent moment in which the line between author and creation, between self and ideal, disappeared. For Lekain, who was playing Lentulus-Sura, Voltaire *was* Cicero:

[98] *Nouvelles littéraires* (CLT, i.445). Others reported on these private performances in less generous terms. Mme Geoffrin wrote on 26 June to Gabriel Cramer: 'Voltaire, qui est plus fou que jamais, fait comme les pâtissiers. Il mange les petits pâtés qu'il ne peut pas vendre. Il a une troupe à luy, pour jouer chez luy les piesses dont on ne veut point à la comédie' (D4165). Three days later, Nivelle de La Chaussée used the same metaphor in writing to Le Blanc: 'A propos de lui, n'ayant pas assez de confiance en eux, il n'a point donné comme il l'avait promis Rome sauvée après la chute de Cléopâtre qui a été complète. Il fait jouer la pièce chez lui et à Sceaux. Il y joue lui même le rôle de Cicéron, il fait comme ces pâtissiers qui ne pouvant vendre leurs petits pâtés, les mangent eux mêmes' (D4167). Mme de Graffigny described the tickets Voltaire had printed for the private performances: 'Les billets qu'il donne sont long d'une aulne ecrit comme de la gravure, on y explique qu'il n'y a point de femme que c'est comme un exercice de gens de letres. L'abbé Renald m'en a montré un hier' (19 June 1750; G.P., L, 276).

[99] The duchesse Du Maine offered Voltaire at least two valuable criticisms of his text at around the time of the Sceaux performances. The first concerned the sequence of scenes at the end of act I and the opening of act II; the second dealt with Cicéron's delegation of authority to César in v.ii; see below, I.v, n.18 and v.ii, n.9.

Je ne crois pas qu'il soit possible de rien entendre de plus vrai, de plus pathétique, et de plus enthousiaste que M. de Voltaire dans ce rôle. C'était en vérité Cicéron lui-même tonnant à la tribune aux harangues contre le destructeur de la patrie, des lois, des mœurs et de la religion. [100]

This performance was, we now know, Voltaire's valedictory to France. The temptation to cede to the allurement of another court and another king, one who could play Caesar to Voltaire's Cicero, had long been deferred. Continuing to do so now seemed pointless; Voltaire's support at Versailles had suffered serious erosion, the cabals of his detractors in Paris made the staging of his works for the theatre difficult, Crébillon's partisans were in full cry and Mme Du Châtelet's death robbed him of an emotional base in his native country. On 25 June 1750, three days after the first performance of *Rome sauvée* at Sceaux, Voltaire left for Berlin and began his twenty-eight-year exile from France. Marmontel, Longchamp, and Grimm all claimed later that the favour Crébillon enjoyed in Paris triggered Voltaire's decision to leave France. [101]

Neither Voltaire nor anyone else suspected at this time that his absence from the French capital would be anything other than temporary. In the weeks that followed his departure those who handled his affairs in Paris – Mme Denis, the d'Argentals, and Thibouville – continued to press for a public performance of *Rome sauvée* (see D4185). Voltaire soon began to insist that a

[100] *Mémoires*, p.11. See also Condorcet's commentary in his introduction to the Kehl edition: 'Jamais, dans aucun rôle, aucun acteur n'a porté si loin l'illusion: on croyait voir le consul. Ce n'étaient pas des vers récités de mémoire qu'on entendait, mais un discours sortant de l'âme de l'orateur. Ceux qui ont assisté à ce spectacle, il y a plus de trente ans, se souviennent encore du moment où l'auteur de *Rome sauvée* s'écriait: "Romains, j'aime la gloire, et ne veux point m'en taire," avec une vérité si frappante qu'on ne savait si ce noble aveu venait d'échapper à l'âme de Cicéron ou à celle de Voltaire.' Similar comments are to be found in Matthew Maty's letter to Voltaire, 22 June 1750 (D4160), and in a letter from Louis-Eugène, prince of Württemberg, to Voltaire, c. 25 June 1750 (D4162).

[101] Marmontel, *Mémoires*, i.124; Longchamp and Wagnière, *Mémoires*, ii.293-94; CLT, iv.436.

71

production of the play was a necessary condition to his return, while his friends and his niece insisted with equal vigour that the play should not be given in his absence. In the end *Rome sauvée* did not open at the Comédie-Française until February 1752, and its text underwent numerous and extensive revisions during the year and a half that separated its initial performances in the rue Traversière and at Sceaux from its first official run.

Mme Denis served as Voltaire's principal deputy in Paris when it came to managing the revisions and production of his works for the theatre and her authority in this area was accepted, if sometimes grudgingly, by his other Parisian friends. In the case of *Rome sauvée*, Voltaire himself ultimately had to capitulate to her demands that the text be rewritten according to her lights and those of her associates. The negotiations over these changes, coupled with Voltaire's difficulty in writing a satisfactory role for Aurélie, and the distractions brought by his move to Berlin, added significantly to the delays in bringing it before the public. [102]

Whatever accolades *Rome sauvée* may have earned during its private performances in Paris, Voltaire was not unaware of the need to rework the text further before any formal production could take place. It is reasonable to assume that he planned to revise it during the first part of his sojourn in Prussia: in late July and early August 1750 he acknowledged that he was supposed to have been doing so, in particular recasting Aurélie's part, but admitted that he had not yet set himself to the task. [103] He was at work by mid-August, but he told d'Argental that he was still not

[102] The doubt that André Magnan has recently cast on the authenticity of Voltaire's letters to Mme Denis from Berlin as published by Besterman deprives us of an important − but not unique − source of documentation on the text's evolution between June 1750 and January 1752 (*Dossier Voltaire en Prusse*, Studies 244, 1986). Only two of the letters to her touching upon *Rome sauvée* (D4252, D4806) are now thought to be authentic. Besterman considered the first to be addressed to d'Argental, but Magnan's arguments favouring Mme Denis as the recipient are convincing.

[103] To d'Argental, 24 July (D4174), and Thibouville, 1 August (D4178).

interested in risking any premature production in Paris (D4186). A month later he wrote of his hope that the play would be given during the course of his next visit to Paris,[104] saying that he was meanwhile unveiling the new version of Aurélie in private performances in Berlin (14 September; D4220). The advantage of the plan is clear: Voltaire could to a large extent control access to a private performance, keeping his own critics and partisans of his rival at bay; he could also revise his text after testing its effectiveness on friendly audiences.

According to Tyrconnel, the play was given a reading in Berlin before a select audience on 5 September: '[Les margraves de Bayreuth] m'ont permis d'assister a la lecture que M. de Voltaire leur a fait de sa *Rome sauvée* où ils n'ont admis que le Prince de Prusse, la Princesse Amélie, quelques Dames de leur suitte et moy seul d'étranger'.[105] The play then went into more formal rehearsals.[106] A 'petit téâtre fait exprès' was installed in the apartments of the king's sister Princess Amelia (D4227), and on 19 September the company began the first of at least four performances, with a cast that included the king's brother Prince Henry, Voltaire as Cicéron, and Princess Amelia as Aurélie. Voltaire described the king's brother and sister as 'tous deux de la taille de m[lle] Gaussin, déclamant sans aucun accent et avec beaucoup de grâce' (D4248). His delight in these performances

---

[104] 7 August (D4180), 28 August (D4201), and 1 September (D4207).

[105] Archives du Ministère des Affaires Etrangères, Prusse, vol. 159, f.202; cited by Magnan, p.156.

[106] 'M. le marquis de Valory nous dit encore qu'on lui avait écrit de Prusse, que *Rome sauvée* ou le *Catilina* de Voltaire y avait assez bien réussi; que ce dernier avait fait beaucoup d'extravagances aux répétitions de sa pièce, surtout à une, où la reine et les princesses étaient présentes. Pour lui composer un sénat, on lui avait habillé plusieurs tailleurs et ouvriers de l'opéra; un de ces drôles-là, qui le voyait se démener comme un possédé, ne pouvant s'empêcher de rire, Voltaire lui dit en colère: *Mais f....., vous n'êtes pas ici pour rire!* – *Prenez donc garde,* lui dit quelqu'un, *vous êtes là devant la Reine!* – *Cela est vrai,* répondit-il, *je n'y ai pas pris garde; mais tout est de Carême-prenant*' (Collé, i.273).

was communicated to d'Argental, 'je gronde comme je faisois à Paris, et tout va bien' (D4220), and to Marie-Elisabeth de Dompierre de Fontaine, 'moi je joue à Berlin des Rome sauvée, et je suis le plus enroué Cicéron que vous ayez vu' (D4224). Frederick had been detained in Silesia and was absent, but those who were there greeted the play warmly: 'Nous avions une compagnie choisie. Nous jouâmes pour nous réjouir. Il y a icy un ambassadeur anglais qui sait par cœur les Catilinaires [107] [...] Il m'a fait de très beaux vers anglais sur Rome sauvée. Il dit que c'est mon meilleur ouvrage. C'est une vraye pièce pour des ministres'. [108]

Voltaire's vacillations about his return to Paris in the latter half of 1750 was a source of continuing frustration to his Parisian friends and was, on more than one occasion, directly related to plans for mounting a production of *Rome sauvée* at the Comédie-Française. Anticipating a return to Paris in November, he told d'Argental that he would like the play to be performed then but at his house and not before the public (D4241). By late October, however, he had completed further revisions of his text [109] and fears of public performances in Paris were temporarily allayed. He sent Mme Denis a revised copy of the play in mid-November, giving her great latitude in handling its production (D4269):

Faites de la république romaine tout ce qui vous plaira. Je suis toujours d'avis que cela est bon à jouer dans la grand'salle du palais devant messieurs des enquêtes ou devant l'université. J'aime mieux, à la vérité, une scène de César et de Catilina, que tout Zaïre; mais cette Zaïre fait pleurer les saintes âmes et les âmes tendres. Il y en a beaucoup, et à Paris il y a bien peu de Romains.

But December found Voltaire still in Berlin and again fearful of

[107] Sir Charles Hanbury Williams.

[108] To d'Argental, 21 September (D4223). On the dating of this letter, see Magnan, p.156.

[109] To Thibouville, 24 October (D4248), and d'Argental, [October/November] (D4252). The latter contained a dozen new lines for act IV.

his play's fate if it were to be given in Paris, as he wrote to d'Argental (D4294):

Mais ô mes anges, Belzebut auroit il un plus damné projet que celuy de faire jouer Rome sauvée à présent, et de me livrer à la rage de la malice et de L'envie? [...] Mon éloignement ramèneroit les esprits si c'étoit un exil, mais on me regarde comme un homme piqué, comblé d'honneurs et de biens, et on voudroit me faire entendre les siflets de Paris dans le cabinet du roy de Prusse.

The correspondence is silent on the subject of *Rome sauvée* for the next ten weeks. The last Berlin performance that we know of took place on 9 January 1751 [110] and it was not until 15 March of that year that Voltaire raised the subject of Parisian productions of three plays on which he had been working: *Rome sauvée*, *Adélaïde Du Guesclin*, and *Zulime* (D4420). We know that by late May a corrected copy of *Rome sauvée* — 'toute musquée' (D4480) — had been sent to Mme Denis. [111] It was discussed by his allies at the beginning of July and ultimately judged still unready for the stage. Voltaire appears to have agreed with this conclusion: 'J'ay déjà fait bien des changements mais je ne suis pas encor content' (D4518), and a revival of *Mahomet* was mounted in its stead (D4531, D4539).

The principal sticking point continued to be the vexatious role of Aurélie. [112] Voltaire wrote and rewrote her part. At first he strenuously resisted the very notion of a love intrigue being

110 Hans Droysen, 'Tageskalender Friedrichs des Grossen, von 1. Juni 1740 bis 31. März 1763', *Forschungen zur brandenburgischen und preussischen Geschichte* 29 (1916), p.126; cited by Magnan, p.202.

111 Collé noted its presence in Paris in June: 'M. de Voltaire vient d'envoyer à Mme Denis, sa nièce, sa tragédie de *Rome sauvée*. On espère qu'elle sera jouée incessamment' (i.324).

112 Voltaire first named her Fulvie, probably after Crébillon's text, but this was an inappropriate choice since Fulvia was historically the mistress of one of the conspirators and Cicero's informant. Voltaire therefore switched to the name Aurélie some time before the end of June 1750, when it occurs in Raynal's description of the private performances at Voltaire's home (CLT, i.445).

75

present in the play. He had faulted Crébillon repeatedly for introducing such an element into *Catilina* and continually criticised his fellow dramatists for pandering to the tastes of a public that liked its tragedies diluted with romantic subplots. *Rome sauvée* was, at least initially, a masculine play with heroes who, like those in the classical accounts, were singularly uninvolved with affairs of the heart: 'La tragédie ne s'apelle point Aurélie', he insisted on 13 July to d'Argental. 'Le sujet est Rome, Ciceron, Caton, Cesar' (D4518).

Yet Voltaire's Parisian friends, led by his niece, were steadfast in their refusal to bring such a play before the public; it simply had to bend more to the demands of contemporary taste and include at least one character who would satisfy the expectations of a mid-eighteenth-century audience. Mme Denis, in particular, advocated a conception of Aurélie that differed markedly from her uncle's and she eventually succeeded in having her way, as she wrote to Cideville on 31 July 1751 (D4531):

mes Conseils sur Orelie ont été assez mal pris; on m'as dit avec toute la politesse possible que je n'avois pas le sang comun. Comme j'écris deux fois la semaine et que les réponces sont fort longues à venir, j'ai encor écrit une seconde lettre sur Orelie avant d'avoir la première réponce, où je déploie mes idées avec bien plus de force. Car je fesois un plan suivi du Rôle; pour lors on a changé de ton, on ne m'a fait que des obgektions foibles. Il y a beaucoup de choses que l'on a adopté, on m'a remercié en me disant qu'on songeroit presqu'autant à ce plan qu'à moi et que c'est caver au plus fort.

Her recommendations were no doubt included in the revision of some 250 lines — fifty of them Aurélie's — that Voltaire finished in the last week of July 1751 [113] and that he promised on 7 August to send to d'Argental with the assurance that 'Vous serez encore plus content d'Aurélie' (D4541). The revisions were entrusted to Lord Keith ('milord maréchal'), who left Berlin for Paris on 25

[113] To Frederick, *c.* 1 August and 24 August 1751 (D4535, D4550).

August (D4549) carrying 'un mémoire raisoné pour empêcher Aurelie de se mêler d'être une madame Caton, et de faire la patriote et l'héroïne' (to Frederick; D4550).

At about this time Voltaire also changed the name of the conspirator who is assassinated for treachery by Catilina's partisans from Fulvius to Nonnius and acknowledged this borrowing from Crébillon (D4541). On 28 August he announces that Nonnius is now Aurélie's father, 'ce qui est beaucoup mieux, parceque Nonnius est fort connu pour avoir été tué. Si j'avais reçu votre lettre plus tôt, j'aurois glissé quatre vers à Catilina pour accuser ce Nonnius d'être un perfide qui trompait Cicéron' (D4557). More than three dozen new or revised lines were sent to d'Argental on 25 September, with strong urgings that the new version be played: 'il est essentiel que la pièce soit donnée après avoir été promise. Il ne s'agit pas icy seulement d'une vaine réputation toujours combatue par l'envie, le succez de l'ouvrage est devenu un point capital pour moy, et un préalable nécessaire, sans lequel je ne pourais faire à Paris le voiage que je projette' (D4579).[114]

---

[114] See III.iii.188 and n.4 for these changes. The Kehl editors published a lengthy compendium of variants to *Rome sauvée* without identifying their sources. A comparison of the content of their variants with the relevant correspondence for August-September 1751 shows that the material they worked with could not have pre-dated these months since it incorporates changes first made at this time. These include the changing of Fulvius' name to Nonnius; making Nonnius Aurélie's father; and the additions of l.187-188 to act III (see Kehl variants to III.iii.165-195) which were sent to d'Argental on 25 September (D4579). Since the Kehl variants did not survive into the performance state of the text that Voltaire had all but completed by late October/early November, it is clear that the Kehl editors were working with a manuscript version of the changes that Voltaire made in the late summer. The most significant of the Kehl variants are those for the closing scenes of act IV (see below, appendix III). They indicate that as late as August-September 1751 Voltaire had still not decided that Aurélie would kill herself at the conclusion of her confrontation with Catilina in the senate. He made this change after his Parisian friends had rejected the draft sent to them in September, and he may well have patterned Aurélie's suicide on that of Tullie, Catilina's wife and Cicéron's daughter, in Crébillon's *Catilina*.

It appears that neither Mme Denis, nor Richelieu, nor d'Argental was yet satisfied. Mme Denis explained their reservations to Cideville (D4601):

Mon Oncle m'a renvoié Orelie encor plus mauvaise qu'elle n'étoit auparavant. Enfin quand il a été question de donner la pièce j'avois des remorts si grans sur ce rôle que j'ai assemblé chez moi pour en entendre la lecture un nombre de gens composés de Mrs de Richelieu, de Malzerbe, les deux Chovelins, Pontevel, Dargental et Choiseuil. Eccepté Dargental on a trouvé le rôle de la femme exécrable et quel que deffauts dans l'acte du sénat. Mr de Richelieu m'a dit que si je donnais la pièce dans cet état je perdrais Mon Oncle. J'ai pris le parti de lui mender que tant qu'il laisseroit sa femme dans cet état non seulement je ne donnerois point sa pièce mais que je mettrois le peu de crédit que j'ai à empêcher qu'elle ne soit jouée. Je n'ai point encor de réponce mais je ne peux pas douter qu'il ne la refasse. [115]

Voltaire capitulated: although he had originally conceived Aurélie as 'douce et tendre', 'craintive et éplorée' (D4604), he acceded to his friends' wishes that she have 'le nez un peu plus à la romaine' and appear 'plus nécessaire, plus résolue, plus respectée dans la maison' (D4604, D4605). He therefore rewrote the first three acts and revised the fourth, giving Aurélie 'des traits un peu plus mâles' and, for the first time, making Catilina in love with his wife and capable of being affected by her. A new manuscript containing all these revisions was sent to Paris at the end of October, making it clear that Voltaire wanted the play to be given soon: 'Je vous prie d'encourager madame Denis à donner Rome sauvée. Je ne puis en refuser l'impression à mon libraire qui fait

---

[115] D'Argental's displeasure with Mme Denis's handling of Aurélie's part, and with her selection of the actress to interpret it — Clairon rather than Gaussin — reached its peak in mid-January 1752 when he refused to attend the rehearsals of *Rome sauvée* at the Comédie-Française. Mme Denis's letter of 18 January asks him to reconsider that decision and to support her in giving the role to Mlle Clairon; see Philippe Teissier, 'Une lettre de madame Denis au comte d'Argental sur *Rome sauvée*', *Studies* 176 (1979), p.49-50.

ma nouvelle édition, et à qui je l'ay promise. C'est une parole à
la quelle je ne peux manquer' (D4604).

Voltaire sent still further refinements of both Aurélie's and
Catilina's parts to Paris in December, accompanied by an eluci-
dation of his latest intentions with regard to Aurélie:

elle est tendre, mais elle est ferme, elle s'anime par degrez, elle aime,
mais en femme vertueuse, et on sent que dans le fonds elle impose un
peu à Catilina tout impitoyable qu'il est. J'ay tâché de ne mettre dans
l'amour de Catilina pour elle que ce respect secret qu'une vertu douce
et ferme arrache des cœurs les plus corrompus; et quoy que Catilina
aime en maitre, on voit qu'il tremblerait devant cette femme aimable et
généreuse, s'il pouvait trembler. Ces nuances là étaient délicates à saisir.
Je ne sçai si je les ay bien exprimées, mais je sçai qu'il sera difficile à
une actrice quelconque de les rendre. [116]

But however satisfied Voltaire may have been with these latest
textual refinements and however ready the play may have been
for the boards, he nonetheless claimed to harbour a deep fore-
boding about having it performed in Paris. In the same letter he
enumerated the reasons for his concern:

Je ne voudrais me trouver en concurrence avec personne, je ne voudrais
point combattre pour donner Catilina, je voudrais plutôt être désiré que
d'entrer par la brèche. Il me semble qu'il faut laisser passer les plus
pressez, et attendre que le public soit rassasié de mauvais ouvrages. Je
crains encor qu'au party de Crebillon il ne se joigne un plaisir secret
d'humilier à Paris un homme qu'on croit heureux à Berlin. On ne sait

---

[116] To d'Argental, 14 December (D4620). See also variants to act I, scenes 3
and 6. This revised text was sent by Voltaire to Paris on 25 December (to
d'Argental; D4630). Voltaire voiced doubts to d'Argental about the wisdom of
these changes as the time of the play's first performance approached (D4787).
Nonetheless, Mme Denis was, according to Mme de Graffigny, pushing ahead with
plans for the production: 'On jouera *Rome sauvée* le jour des cendres. Md Denis
a ecrit aujourdhui a l'assemblee des comediens' (29 December 1751; G.P., LVI,
220).

comment faire avec le public, il n'y a qu'un seul secret pour luy plaire de son vivant, c'est d'être souverainement malheureux. Il n'y aura qu'à faire afficher mon agonie avec la pièce; encor le secret n'est il pas sûr.

The same mood prevailed in early January, when he sent still further changes:

Je dois tomber, puisque la farce allobroge de Crébillon a réussi. Le même vertige qui a fait avoir vingt représentations à cet ouvrage qui déshonore la nation dans toute l'Europe, doit faire siffler le mien. Les cabales, petites et grandes, sont plus fortes et plus insensées que jamais. [...] Préparez vous d'ailleurs à l'horrible combat qui va se donner pour Rome. Il y a une conspiration contre moi plus forte que celle de Catilina; soyez mes Cicérons. [117]

There can be no doubt that Voltaire viewed the impending battle over *Rome sauvée* with a certain pleasure as well as gloom, as we sense from his comments to the duc de Richelieu at the end of January: 'Ma nièce à qui j'avais donné le gouvernement de Rome sauvée en use despotiquement. Elle fait jouer ma pièce malgré mes craintes, et même malgré les vôtres. Cela doit faire un beau conflict de cabales. Je suis bien aise de ne me pas trouver là' (D4779). Within a week, however, he was expressing anew his worries to d'Argental, regretting in particular that he had changed Aurélie's role (D4787):

pourquoy m'a t'on forcé de changer le rôle tendre que j'avais fait pour elle? Je suis aussi docile que des Crebillons sont opiniâtres, j'ay sacrifié mes idées, mon goust, au sentiment des autres. Je voulais un contraste de douceur, de naiveté, d'innocence, avec la férocité de Catilina. Il y a assez de romains dans cette pièce, je ne voulais pas d'un Caton en cornettes [...]. On ne plaint guères une grosse diablesse d'héroine qui menace, qui dit *je menace*, qui est fière, qui se mêle d'affaires, qui fait la républicaine.

Voltaire concluded that he was 'bien aise d'être très malade avant

[117] D4760. See I.vi.345-348.

cette catastrophe, car on dirait que c'est la chutte de Rome qui m'écraze […]. Il est juste que le Catilina de Crebillon soit honoré, et le mien honni.'

Meanwhile, the players were growing increasingly intolerant of all the changes being made to the text. They had met and voted on 3 January 1752 to perform the play no later than 16 February, Ash Wednesday.[118] On 8 February, six days before *Rome sauvée* was first scheduled to open, Mme Denis told Richelieu that they were in a state of mild revolt: 'Mon oncle y a fait quelques changements indispensables et ils sont butés à ne vouloir pas les apprendre. Vous verez par sa lettre qu'il ne veut pas qu'on joue sa pièce à moins qu'elle ne le soit avec ses corrections' (D4790). We cannot be sure whether these last-minute revisions were incorporated in the text when the play opened on 24 February; what is certain is that the first performance text was far from being the final state of *Rome sauvée*.[119]

Anticipating a second run, Voltaire profited from the critical comments sent by friends in Paris during the course of the play's first run and adjusted the text accordingly. He could not have received more sage advice on the revisions needed than that sent by d'Argental on 19 March (D4843):

Le stile quoiqu'admirable peut encor recevoir un dernier degré de perfection. Vous agrandirés Catilina dans sa scène avec Cesar, peutêtre transposerés vous cette scène et la mettrés vous après celle de la conjuration, qui devroit précéder quand ce ne seroit que pour observer la gradation des beautés qui n'est pas un point à négliger. Vous rctoucherés […] aux scènes de Cetegus avec Catilina, vous y mettrés plus de choses nécessaires, vous ôterés celles qui n'étant que belles ne sont pas essentielles et qui sont quelquefois répétées. Vous substituerés

---

[118] Comédie-Française, MS R52(19), Registre d'assemblées, f.191. Nonetheless, we know from Mme Denis's letter to d'Argental of 18 January that rehearsals had not yet begun (Teissier, 'Une lettre de madame Denis', p.50).

[119] Appendixes II and IV give the performance states of the opening scenes of acts II and V.

à la Ière scène du 5e acte une autre scène digne d'entrer dans un aussi bel acte.

Voltaire was convinced: on 1 April he assured his friend that he would not proceed with publication of the play and would withhold it from production until he had completed two new scenes and added numerous changes (basically the revision of the beginning of act v).[120] He then put off his Dresden publisher Walther, who had been promised the text, claiming, falsely, that he was waiting to receive news from Paris as to whether *Rome sauvée* would be given after the *clôture* of 1752 and whether it could be printed at this time (1 April; D4857). Not long afterwards Voltaire learned that Crébillon's *Catilina* was to be revived in Paris. His reaction to the news reveals a willingness to call a truce in the quarrel with Crébillon, no doubt in part conditioned by the decent showing *Rome sauvée* had made in Paris, despite its author's refusal to bow to the dictates of contemporary taste (D4868):

Il serait plaisant que ce rinocérot eût du succez à la reprise. Ce serait la preuve la plus complette que les français sont retombez dans la barbarie. Nos sibarites deviennent tous les jours gots et vandales. Je laisse reposer Rome, et j'abandonne volontiers le champs de bataille aux soldats de Corbulon. Je m'occupe dans mes moments de loisir à rendre le stile de Rome aussi pur que celuy de Catilina est barbare et je ne me borne pas au stile.

Voltaire worked on his last revisions in May and June 1752.[121] These must have been transmitted to Mme Denis in late summer, for we find d'Alembert writing to Voltaire on 24 August with the news that performances were being planned for the period following the feast of St Martin, that is after 11 November (D4990), and Voltaire urging d'Argental on 1 September to consider having the play given at that time 'avec les changements'

---

[120] See below, act v, n.1, and appendix iv.
[121] To d'Argental, 3 May (D4885); to Richelieu, 10 June (D4907).

and with two casting changes: Grandval as Catilina and Lekain as César. [122] Our MS2 incorporates these changes and dates from this period.

Voltaire's Parisian friends – or at least d'Argental – were still dissatisfied with the play. But Voltaire made no more substantive changes to the text after June 1752. *Rome sauvée* was not the only text that he was revising during the summer and autumn of 1752 and by October he had had enough: 'me demander que je songe à present [...] à Rome sauvée c'est demander à un figuier qu'il porte des figues en janvier'; 'laissons là Catilina, César et Ciceron pour ce qu'ils valent. Si la pièce telle qu'elle est, peut encor souffrir trois ou quatre représentations, à la bonne heure'. [123]

7. *Theatrical fortunes*

Judging from the fact that Lekain dated his copy of Catilina's role '1751', [124] it is clear that *Rome sauvée* was in the hands of the actors late in that year, probably in December. As we have seen, they met on 3 January 1752 and decided that 'la piece de Rome Sauvée de m^r De Voltaire sera representée Le mercredi 16. fevrier prochain sans aucune remise'. [125] On 8 February Mme Denis told the duc de Richelieu that they were now planning a first performance on Monday 14 February, but were refusing to learn some last-minute 'changements indispensables' in the text that Voltaire had recently sent to Paris (D4790). The death on 10

---

[122] D5002. See also Voltaire's letters to the comte de Choiseul, 5 September (D5007) and Thibouville, 7 October (D5037).

[123] To d'Argental, 3 and 28 October (D5029, D5048). See also Voltaire's letter to Thibouville of 7 October: 'Je demande sur tout qu'on ne change rien à la pièce que j'ai envoiée à madame Denis. Qu'on la joue telle que je l'ai envoiée, et qu'on la joue bien' (D5037).

[124] Comédie-Française, MS 20014(15), f.1 (our MS1).

[125] 'J'ajoute encore qu'un beau fils comme Drouin ferait tomber César sur le nez' (to d'Argental, c. 1 July 1751; D4512).

February of Madame Henriette, princesse aînée de France, meant a postponement since the theatres were closed until the 23rd. *Rome sauvée*'s début in Paris therefore took place on 24 February.

The measure of control that Voltaire was able to exercise from a distance over the play's casting was, with one exception, limited. No actor other than La Noue is mentioned in the correspondence as a possibility for Cicéron's role, but the choice left Voltaire uneasy. Neither La Noue's physiognomy nor his temperament matched Voltaire's conception of Cicero; he characterised the actor as 'un singe' (D4541) and, while agreeing that he should have the part, recommended that he be placed 'trois mois au soleil, en espalier' to give him the warmth necessary for the role (D4512). As the date of the first performance approached he became still more unhappy at the prospect of La Noue assuming a part that was so close to his own heart: 'La Noue, Ciceron! [...] Je vous avoue que ce singe me fait trembler. Quoy, ny voix, ny visage, ny âme et jouer Ciceron! Cela seul serait capable d'augmenter mes maux, mais je ne veux pas mourir des coups de la Noue' (to d'Argental, 6 February 1752; D4787).

The part of Catilina went to Lekain, Caton to Sarrazin, and César to Grandval. Drouin, who specialised in *opéra comique* roles, appears to have been once considered for César, to Voltaire's apparent despair. [125]

It was in choosing an actress to interpret Aurélie that Voltaire had, at least initially, a clear choice between two talented players: Gaussin and Clairon. Voltaire owed to Mlle Gaussin the great success of *Zaïre*, and he wrote the part of Aurélie with her in mind (D4787). It is possible that his commitment to her playing it on stage was of long standing and may pre-date his departure from Paris: she was in his mind when he commented on Princess Amelia's skilful handling of the part during the Berlin performan-

---

[125] 'J'ajoute encore qu'un beau fils comme Drouin ferait tomber César sur le nez' (to d'Argental, *c.* 1 July 1751; D4512).

ces in October 1750 (D4248). In any case he had apparently given her a firm promise before the autumn of 1751, when the marquis de Ximenès began to argue strenuously against her taking it (D4587). As the role evolved over the course of 1751, however, it became plain that she was miscast: 'Il est clair que ce gros rôle d'amazone n'est pas fait pour les grâces de mademoiselle Gossin. Je l'aurais déparée; ce serait donner des bottes et des éperons, à Vénus'. [126] On 24 December 1751, when the play was in its final performance form, Voltaire decided to drop her: 'Votre Gaussin ne fait que F.. à la Française. Engagés mademoiselle Clairon à sauver Rome, une seconde fois' (to Ximenès; D4629). The choice was prudent: Clairon had played Aurélie in the private performances given in 1750 in Paris and Sceaux; she was an experienced Voltairean tragédienne, and enjoyed his confidence in greater measure than did the other members of the cast.

A document by Lekain detailing the play's *mise-en-scène* permits us to gain a sense of *Rome sauvée* as a theatrical, as opposed to textual, experience. [127] The cast was large, consisting of 44 persons: 11 actors, one actress and 32 assistants. While the actual details of their costumes are lacking, Lekain does specify the different categories of costumes and the quantities needed: one for a Roman woman; one for the consul; nine for senators; four for the *affranchis*; one for the *chef des licteurs*; eighteen for the *licteurs*; six for Catilina's soldiers; another six military costumes for those senators who go to battle against Catilina in the last act (p.139-41). We learn from the instructions to the *maître de musique* that the performance included musical effects. Only those for the interval between the fourth and fifth acts are specified: 'La Musique doit peindre Le bruit, et les clameurs d'une guerre intéstine, dont Les Eclats s'appaisent par dégres' (p.141). Lekain's notations on

---

[126] To d'Argental, 6 February 1752 (D4787); see also Voltaire's letter to Mme Denis of 19 February 1752 (D4806).

[127] Lekain, *Registre manuscrit pour la représentation des tragédies* (Comédie-Française, MS 25035).

lighting indicate that the stage was 'dans d'obscurité' from the play's opening until 1.iii. At line 94 the *décorateur machiniste* was instructed to 'faire reparaitre la lumière par dégrés insensibles' (p.141). The curtain was to be lowered after the third act in order to change the scenery from that of the first three acts – 'une Gallerie très vaste décoré de portiques' – to the interior of the temple of Tellus, where the senate is to meet: 'L'intérieur de la coupole du Temple doit être éclairé par des lampadaires antiques, parce que le jour est alors sur son déclin' (p.140-41).

Voltaire's fears of the harm that the cabals and Crébillon's partisans could do to *Rome sauvée*'s fortunes in Paris proved groundless. [128] If his enemies were among the nearly two thousand spectators at the play's first performance on 24 February, [129] they were little inclined to interfere forcibly with this performance, as they had with Voltaire's other reworkings of Crébillon's plays. At eight o'clock in the evening, d'Argental sent Voltaire a letter 'du champ de bataille' to announce the outcome (D4813):

Nous venons mon cher ami de remporter une victoire complette. La cabale, les Crebillons, les envieux sont défaits. Vos chefs ont combattu admirablement. Ciceron a été surtout supérieur dans les 2 derniers actes.

---

[128] While waiting anxiously for news in Berlin, Voltaire sent Mme Denis a vivid description of the activities that attended an opening at the Comédie-Française: 'C'est un grand jour pour le beau monde oisif de Paris qu'une première représentation. Les cabales battent le tambour, on se dispute les loges, les valets de chambre vont à midi remplir le théâtre. La pièce est jugée avant qu'on l'ait vue, femmes contre femmes, petits-maîtres contre petits-maîtres, sociétés contre sociétés. Les cafés sont comblés de gens qui disputent. La foule est dans la rue en attendant qu'elle soit au parterre. Il y a des paris; on joue le succès de la pièce aux trois dés. Les comédiens tremblent et l'auteur aussi. Je suis bien aise d'être loin de cette guerre civile au coin de mon feu à Potsdam' (D4822).

[129] The estimate was Cideville's (D4818). Even though it considerably exceeds the paid attendance – 1283 – the higher figure no doubt reflects fairly accurately the actual size of the house, as Besterman has suggested (D4818, commentary). Mme de Graffigny testified to the strong demand for access to *Rome sauvée* when she wrote on 4 February that all the loge seats had already been sold (G.P., LVIII, 53).

Cesar n'a pas dit un mot où il n'ait eû un applaudissement général. Le Kain a trés bien joué. Melle Clairon a été très bonne et elle sera meilleure avec un peu moins de force. Le 1er et le second acte ont été extrêmement applaudis, le trois a un peu foibli, le 4 a fait le plus grand effet. Mais au 5 ce n'a pas été des applaudissements. Ils n'auroient pas suffi pour rendre l'admiration qu'il a inspirée. On l'a témoigné par des transports réitérés qui n'ont pas cessé pendant que l'acte a duré. Enfin c'est un des plus grands succès qu'il y ait jamais eû.

The abbé Chauvelin, brother of another of Voltaire's faithful lieutenants in Paris, also wrote immediately after the first performance and, using similar imagery of the battlefield, declared Voltaire's triumph not only over Crébillon but also over the execrable taste he and his works represented. His account of the reaction to the third act is more pointed than d'Argental's: 'Le troisième n'a point pris. Je sçais si l'on n'a pas trouvé Aurelie trop forte, et Catilina un peu dur, dans la manière dont il luy répond'; but he reiterates d'Argental's assertion that the other four acts produced a great effect on the audience. And his letter no doubt brought Voltaire the reassurance he sought concerning La Noue's performance as Cicéron: 'Vous devés être content de la Noüe. Il a joüé à merveille les deux derniers actes. Personne à la Comédie ne les auroit joüé aussy bien' (D4814). Before posting his letter, Chauvelin had an opportunity to attend the second performance, on 26 February, and added a lengthy postscript informing Voltaire of the status of the third act in particular:

La victoire a été encor plus complette hier que le premier jour. La pièce a été infiniment mieux joüée par tous les acteurs et plus applaudie. Le 3e acte a beaucoup mieux réüssi, la scène d'Aurelie a été fort applaudie. On en a retranché quelques vers qui n'y étoient pas autrefois, que j'avois été surpris d'y trouver, et qui n'avoient pas plu. Ce retranchement étoit fort nécessaire. Cependant il ne faut pas se dissimuler que ce 3e acte est le plus foible et celuy qui fait le moins d'effet, mais les quatre autres en font prodigieusement, et depuis que je vais à la comédie je n'ay pas vu d'aussy grans applaudissemens qu'hier. Les propos sont excellens et unanimes, la pièce a la plus grande réputation, et tiendera sûrement un

87

grand rang dans l'estime publique. Quant à la foule et au nombre des
représentations, c'est ce qu'on ne sçauroit prévoir. Le sujet est bien
masle pour nos femmelettes et nos petits maîtres. Ce que les françois
aiment le plus n'est pas toujours ce qu'ils estiment davantage.

A possibly less biased – not to say more candid – appraisal of
the first performance was recorded immediately afterwards by
Mme de Graffigny (G.P., LVIII, 83-4):

C'est une bien mauvaise piece, bien vuide de chose, bien farcie de
rabachage et de repetitions. Point d'action, moins d'interet. [...] Elle est
bien plus mal construite que celle de Crebillon, mais bien mieux ecrite,
quoi qu'il y ait des vers plats, mais d'un plat d'ecolier. Le public ne les
a pas manqués. Ils ont eté salués de 'oh oh oh'. Les bons ont sauvé la
vie à la piece, et surtout au cinquieme acte, qui passe la permission que
Voltaire s'est donné d'en faire de mauvais.

Voila mon jugement, et voici celui du public. Le premier acte a eté
fort aplaudit. Le comencement du second et la fin en grand silence, ou
du moins tres peu de murmure. Le trois presque hué. Les brailleries de
Clairon n'ont point rechaufé le comencement du quatre. Le Quint a fait
rire plus d'une fois par le jeu le plus outré et le plus odieux. Cependant
la fin a eté aplaudie. Le cinq, je te l'ai dit, les beaux vers ont etouffé les
'oh oh oh' et puis on s'est demandé les uns aux autres, 'est-ce fait?' et
je l'ai demandé moi-meme, car la reverence des acteurs ne m'a pas parue
mieux placee la que dans tout autre endroit. Aurelie est accouchée. Son
enfant a un an ou deux, a ce qu'on peut juger. Oh pardi, cela auroit fait
un bel effet: une femme grosse sur le theatre. Elle auroit eté joliment
huée. Pour le role de Cesar, il est admirable, quoi que bien court. C'est
Grandval qui l'a choisi. Il n'est pas sot. Ah le beau role! Qu'il me plait!
Mais ce qui m'a le plus plut, c'est l'humiliation de le Quint devant
Grandval. Ma foi, il etoit si deffait que je ne crois pas que le public
s'avise de lui donner encore ces impertinentes prefferences qui m'ont
tant fachee. Grandval etoit dans tous ses avantages: belle figure, belle
vois, et un role de sang-froid qui est son triomphe et qui lui tenoit la
phisionomie sereine. La Noue a joué Ciceron les deux premiers actes a
lui jeter des pommes quites. Sarazin Caton pitoiablement, comme le
role. Du bois a tres bien joué un fort mauvais role qui a toujours fait
rire. Conclusion: la piece reste. Elle a eté aplaudie a la fin. La Merluche

[Voisenon], qui etoit dans ma loge, me soutient que ce succes-la est une sorte de chute qui en anonce une prochaine. Moi j'ai trouvé le succes tres beau, proportion gardée de la bonté de la piece. [...] Je crois qu'elle ira jusqu'a Pasque, parce que tout Paris voudra la voir, mais elle n'ira que clopin clopan, j'en repond, et sans la main de maitre qui se montre de tems en tems par une couple de beaux vers ou par une entithese, elle seroit bien enterée dès aujourdhuy.

Nearly four weeks later, d'Argental shared with Voltaire an appraisal of the actors' performances that confirm's Mme de Graffigny's views of Lekain as Catilina (D4843):

Lanoue commençât mal mais il fut supérieur dans les deux derniers actes et l'a toujours été depuis. Le Kain n'avoit point d'extinction de voix, il n'articuloit pas assez, ce qui fit perdre quelques vers de son rosle (et cette perte ne pouvoit être médiocre). Il s'est corrigé dès la seconde représentation, s'est perfectioné dans les suivantes et a été admirable les deux dernières.

In the estimation of another spectator friendly to Voltaire, Jean-Baptiste-Nicolas Formont, 'La Noüe a joué supérieurement; Grandval bien d'abord, ensuite il a un peu passé la mesure de la grandeur; Mlle Clairon d'une manière forte et très chaude dans le 4e acte' (D4850, to Voltaire). Mme d'Argental was particularly sensitive to Voltaire's worries about La Noue and wrote to reassure him on 28 February (D4820):

Je veux [...] vous parler de la Noüe, parce que mon avis éternel a été que la pièce ne pouvoit pas être distribuée autrement qu'elle L'est. Il est vrai que le dit la Noüe à la première représentation me fit grand peur, bien plus, comme vous croyés bien, pour votre intérêt que L'honneur de mon opinion. Il n'y étoit point au premier acte, mais il joüa si bien le quatre et le cinq, que je ne doutai pas qu'il ne revînt au premier, aussi a t'il fait, et a augmenté en bien sur tout le reste. Je vous assure qu'il s'en faut beaucoup que Grandval eût pu le jouer de même, au lieu qu'il est admirable dans César, où le fade Drouin auroit fait vomir. Enfin la pièce est aussi bien qu'elle pouvoit être, et ce n'est pas même assés dire, elle est très bien jouée.

89

At the close of her letter she noted that d'Argental had just returned from that day's performance and had found 'La Noüe encor meilleur'. On 13 March Mme de Graffigny confirmed that the actors had steadily increased the quality of their performances and gives us an otherwise unrecorded account of the masterful way in which Lekain handled the opening of act 1 (G.P., LVIII, 114-15):

J'en suis bien plus contante que la premere fois. Les acteurs jouent mieux. J'ai entendu plus distinctement. J'y vois toujours les memes defauts, mais des details charmans et la belle versification de Voltaire. Je crois qu'elle fera grand plaisir a lire. J'ai eté surprise quand on a levé la toile de voir Catilina assis, revant, un grand papier a la main. Le Quain joue fort bien les scenes muette. Il a eté lontems sans parler, quoique son confident fut la, et deux galopins. Cela m'a plut beaucoup.

Nevertheless, Chauvelin's cautionary note on the possibility of a long run was absolutely in order. Although the paid audience on the first night came close to matching Crébillon's *Catilina* on 20 December 1748 – 1283 versus 1301 (*Registres*, p.760, 770) – attendance fell sharply thereafter and the play was withdrawn after eleven performances with slowly declining audiences:

Date	Spectators	Receipts
24 February	1283	4343
26 February	1163	3320
28 February	1064	3022
1 March	970	2773
4 March	1122	3414
6 March	889	2278
8 March	673	1672
11 March	726	1850
13 March	606	1557
15 March	562	1281
17 March	555	1220

A longer or more profitable initial run would have surprised Voltaire considerably. Having written a play that departed from the norms of taste then dominant in Paris, he knew it was unrealistic to expect the public to show any lasting enthusiasm for *Rome sauvée*. 'Il me semble que Cicéron était plus fait pour la tribune aux harangues que pour notre théâtre', he wrote to Formont on 25 February, before any word of the play's success had reached him in Berlin. 'Je n'ai ni prêtre maquereau, ni catin déguisée en homme, ni ce style coulant et enchanteur qui fit réussir la pièce; je dois trembler' (D4816). To Lekain he wrote, 'je ne serais point surpris que Rome sauvée ne fût perduë. Cicéron était fort bon pour la tribune aux harangues, mais je doute qu'il réussisse auprès des belles dames de vos premières loges, et le parterre n'est pas toujours composé de romains' (D4824). To Cideville he wrote (D4827) that the public would rapidly grow weary

d'une diable de tragédie sans amour, d'un consul en *on*, de conjurez en *us*, d'un sujet dans le quel le tendre Crebillon m'avait enlevé la fleur de la nouveauté. On peut aplaudir pendant quelques représentations à quelques ressources de l'art, à la peine que j'ay eue de subjuguer un terrain ingrat, mais à la fin il ne restera que L'aridité du sol. Comptez qu'à Paris, point d'amour, point de premières loges et fort peu de parterre. Le sujet de Catilina me paraît fait pour être traitté devant le sénat de Venise, le parlement d'Angleterre, et messieurs de l'Université.

After the performance of *Rome sauvée* on 17 March the theatre closed until 9 April. Voltaire's initial inclination was not to give the play when the house reopened; 'je la réserve pour l'année de monsieur le maréchal de Richelieu' (D4859). His first priority at this point was to move rapidly into publication of the text, thereby addressing a readership at once far broader and less fickle in its tastes than the audiences of the Parisian theatre. As has been seen, however, d'Argental advised Voltaire against doing anything more with *Rome sauvée*, either in print or allowing performances, until he had reworked it. His letter to Voltaire of 19 March (D4843) can be read as part of a general campaign waged by Voltaire's friends in Paris to encourage his return from Berlin.

D'Argental no doubt correctly argued that had Voltaire been present for the first run of the play he would have seen its imperfections and corrected them forthwith. If he thought that the actors would play it again after the *clôture*, it was essential that he should come to Paris to make the proper emendations to the text. Voltaire, on the other hand, believed that his presence in Paris for the first run would have brought his enemies out in force; only his absence saved *Rome sauvée* from having the kind of stormy reception that greeted *Oreste* (D4828).

The beginning of the *clôture* provided the actors with an occasion to comment, as was the tradition, on the plays they had given during the season just ended. Lekain was given the honour of reading the players' *compliment* after their last performance on 18 March. The portion of the text dealing with *Rome sauvée* may, as Magnan has suggested, have been inspired by Voltaire, containing as it does a justification of his reworking of Crébillon's material and an indication of his desire to return to Paris:

Rome Sauvée enfin a mis sous vos yeux toute la grandeur et la Majesté des plus beaux temps de la République romaine. Vous avez crû voir revivre et dans les Personages, et dans la maniére dont ils ont été rendus, l'Eloquence vive et touchante de *Ciceron*, la finesse et la grandeur d'ame de César. Vous avez surtout été frappés des ressources que l'auteur a trouvées dans un sujet non seulement assés ingrat par lui-même, mais encore heureusement traité, avant lui, par un homme célebre, qu'il a souvent appellé son Maitre, et dont le nom vivra à jamais sur ce Théatre. A l'exemple des Grecs nos Maitres et nos modeles qui encourageoient les *Sophocles* et les *Euripides* à s'exercer sur les mêmes objets, vous avez trouvé bon, M^rs qu'on cherchât à multiplier vos plaisirs; et que le même Poëte dont vous applaudissez l'*Œdipe* après celui du grand *Corneille*, joignit cette nouvelle espéce de mérite à celui d'avoir traitté sur le théatre tant de sujets différens d'une maniére aussi différente que ces sujets même. La Postérité dont vous êtes l'image, qui souscrira sans reserve à vos critiques ainsi qu'à vos éloges, ne verra, comme vous, dans les beautés de *Rome Sauvée* que le fruit de l'émulation, ce germe des grandes choses, cette vertu des grandes ames qui ne dégénére en vice que dans les petites, ce sentiment que vous ne sçauriez désapprouver, puisque vos applaudissemens l'inspirent. [130]

Voltaire agreed to d'Argental's suggestion that the text should be revised yet again before *Rome sauvée* was presented for a second run and made these changes in May and June 1752. By the autumn he was adamant about not reworking the text further. On 15 December he asked Richelieu to use his authority to secure a revival (D5103), but as his troubles in Berlin became more acute prudence dictated that he remain out of the public eye in Paris. This effectively blocked any plans that may have existed for a revival of *Rome sauvée* within the year that followed its opening in Paris. Indeed, nine more years were to pass before the play was given again. Voltaire tried without result to have the play revived in 1754, in 1757, in 1759, and in 1760. [131] He was more successful in 1762, yet the play had but two performances at the Comédie-Française – on 8 and 15 February – and both were before small houses (*Registres*, p.803). Lekain played Cicéron on this occasion, Bellecour Catilina, and Mlle Dubois Aurélie. [132]

These were the last performances during Voltaire's lifetime. The year 1773 brought the possibility of a revival at Versailles, and in 1775 revivals in both Versailles and Paris were talked about, but nothing came of these negotiations. [133] The renewed interest shown for Voltaire's Roman plays in the century's last years, however, was responsible for at least three different revivals of *Rome sauvée* at the Comédie-Française: in 1779-1780 it was

[130] *Compliment composé et prononcé par M. Le Kain à la clôture du théâtre, le samedi 18 mars 1752* (*Journal de la librairie*, Bn F22157, f.46-47, 23 March 1752). The text also appears in Lekain, *Mémoires*, p.1-6, and in Magnan, p.299-300.

[131] D5918, D7088, D7090, D8249, D8669, D8959.

[132] Comédie-Française, ms 20016(5). The other parts were distributed as follows: César, Grandval; Caton, Brizard; Martian and Statilius, Dauberval; Clodius, Blainville; Céthégus, Dubois; Lentulus-Sura, Paulin; Auside, Molé.

[133] D'Argental to Voltaire, 13 May 1773 and 11 August 1775 (D18365, D19601).

played four times, in 1785 three times, and in 1792 twice.[134] It has not been played there since.

8. *Reception*

Although *Rome sauvée* was not an overwhelming popular success, it was nonetheless greeted with considerable critical acclaim, even from those usually hostile to its author.[135] Voltaire was no doubt correct in believing that his absence from Paris during the first run had kept his detractors at bay: *Rome sauvée* was not subjected to the onslaught of satires, epigrams, parodies and hostile pamphlets triggered by *Sémiramis* and *Oreste*.

Those expected to be favourable to Voltaire's cause were generous indeed in their praise. The marquis d'Adhémar told him of the reaction of typical Parisian *philosophes*: 'Les habiles tels que les Dalemberts et les Diderots imagine[nt] que vous n'avez rien fait de plus digne de vous. Ce dernier disait à la cabale en fureur, M^{rs} vous avez beau faire, Catilina n'est qu'un polisson vis-à-vis de Rome' (D4849). Others echoed this view. Matthew Maty, editor of the *Journal britannique*, declared that Voltaire had made amends to Cicero for the unflattering portrayal of Crébillon's *Catilina* (D4160). Pierre Clément, speaking 'd'après l'impression générale', found that 'Il n'y a peut-être pas de pièce de M. de Voltaire plus radieuse que celle-ci' and judged Voltaire's versi-

---

[134] A. Joannidès, *La Comédie Française de 1680 à 1920. Tableau de représentations* (Paris 1921), p.103.

[135] On 25 February 1752, immediately after the play's opening, Cideville told Voltaire: 'Roy, le maussade et Envieux Roy, ce rimeur Enragé, n'a pu trouver de blasphemes à vomir contre cette divine pièce: plusieurs de vos beaux vers sont restés, malgré luy, dans sa mémoire immonde, pour le punir; malgré luy il les a récités, quand on l'a exorcisé dans un des foyers: n'est ce pas forcer Belzebut à chanter les louanges de Dieu?' (D4818).

fication and characters superior to those of his rival. [136] The reviewer for the *Mercure* in April 1752 avoided comparison with Crébillon but was entirely positive in his brief comments (p.187):

Ce bel ouvrage n'a pas eu et ne pouvait pas avoir le succès de Zaïre et de Mérope; mais il a réussi comme des conspirations et des tragédies pleines de politique réussissent. On y a admiré une élévation de style, de pensées, de sentiments dignes de Rome et de M. de Voltaire, et les caractères de Cicéron et de César, dont l'un est des plus forts, et l'autre des plus brillants qu'il y ait au théâtre.

Even Fréron, usually one of Voltaire's harshest critics, admitted at a later date that Voltaire's play was superior to Crébillon's, and he found the perfection of the play's organisation matched by that of its style. He judged it to be:

un drame où l'action marche avec force, avec économie, avec rapidité; rien qui ne porte coup, qui ne remue, qui n'intéresse. Les caractères y sont vrais, ressemblants, soutenus: Cicéron est le véritable héros de la pièce; il devait l'être et non Catilina [...]. Le caractère d'Aurélie est de toute beauté dans sa précision, puisqu'elle remplit tous les devoirs d'épouse, de fille et de Romaine; elle s'immole à son époux, à son père, à sa patrie. [...] Il ne s'agit point d'antithèses pointues, de vers de remplissage, ou de maximes purement de parade et d'ostentation; c'est une éloquence de poésie égale, pour ainsi dire, à l'éloquence de prose de l'orateur romain; on croit l'entendre parler de sa tribune, et foudroyer encore Catilina. Les autres personnages parlent aussi le langage qui leur est propre, celui de la passion, des conjonctures, de leur caractère. En un mot, cette pièce, si ce n'est pas la tragédie des *Femmes*, comme on le disait dans le temps de la représentation, est certainement la tragédie des *Hommes*; elle fait honneur à l'esprit humain, et je la regarde comme un des ouvrages de M. de Voltaire les mieux conçus, les mieux combinés, les plus forts et les plus soutenus. [137]

Jean-Baptiste Dupuy-Demportes, who had earlier published a

[136] *Les Cinq années littéraires*, ii.240.
[137] 'Catilina et Rome Sauvée, tragédies', *L'Année littéraire* (9 May 1756), ii.341-42.

Parallèle de la Sémiramis de M. de Voltaire, et de celle de M. de Crébillon (Paris 1748) and individual criticisms of Voltaire's *Sémiramis* and Crébillon's *Catilina*,[138] produced two extended commentaries on *Rome sauvée*. Both works appeared 'avec approbation et permission'; although no censor's name is given in either case, one naturally wonders if Crébillon had a role in their approval.

The first to appear was a *Lettre à madame de ** sur la tragédie de Rome sauvée*. It bears no place or date of publication but judging from internal evidence it was written immediately after the play's first performances in late February 1752; its publication (with 'permission tacite') is recorded in d'Hémery's journal under the date of 9 March 1752 (Bn, F22157, f.37). Dupuy-Demportes begins with a general criticism of Voltaire's large number of principal characters – Catilina, Céthégus, Lentulus-Sura, Aurélie, César, Cicéron, Caton – all of whom 'figurent sur la scène avec un intérêt presque égal; on a senti que cette division ralentissait l'intérêt dominant'; the other characters 'ne paraissent que pour orner la scène. Ils produisent dans la pièce le même effet qu'une belle draperie produit sur une statue dessinée avec peu de force' (p.2).

The play is then dissected act by act. Act I is found to be badly flawed. Catilina's meeting with Céthégus in scene 2 failed to satisfy the expectations of the spectator who, 'instruit par l'histoire du caractère de Catilina, n'y a sans doute point trouvé ce génie remuant, actif et agité du grand projet qu'il médite' (p.2). Dupuy-Demportes's own grasp of the facts of Catiline's life was also rather precarious, however, since he inaccurately criticises Voltaire for having made Aurélie Catilina's wife 'au mépris de l'histoire'. He is on safer ground in expressing the spectators' surprise at finding, in scene 3, Catilina speaking a lover's language to his

---

[138] *Lettre sur la Sémiramis de M. de Voltaire* (Paris 1748) and *Lettre à M. de ** sur la tragédie de Catilina de M. de Crébillon* (Londres 1748).

wife as he simultaneously organises the destruction of the senate. Cicéron also fails to please in the first act: in his confrontation with Catilina in scene 5 '[il] vient échauffer cet acte par des vers aussi empoulés que ses Catilinaires: il a tout le bruyant d'un factieux, et Catilina tout le flegme d'un sénateur' (p.3). Given the fact that this act 'en général sert de transparent à toute la pièce. Le spectateur n'espère plus de surprise, il voit tout dans un point de vue infaillible', Dupuy-Demportes concludes that it would have doomed *Rome sauvée* to failure had its author been other than Voltaire (p.4).

Dupuy-Demportes found act II no more satisfactory than act I. Voltaire compensated for the 'lenteur de l'action', he complained, by propping up his text with 'des vers harmonieux et bouffis de grandes maximes' (p.4). Catilina's attempt to recruit César appears to have backfired particularly badly: 'J'ai trouvé trop d'esprit dans les réponses de César, elles ont fait rire, ce qui fait croire qu'elles rentrent un peu dans le comique'; and Voltaire's Caton possesses none of the vigour of Crébillon's: 'On dirait que l'auteur a trouvé son pinceau trop faible pour caractériser un personnage si intéressant dans l'ensemble de ce grand tableau. Se pourrait-il que Cicéron eût épuisé un génie aussi fécond que celui de notre poète?' (p.5).

A slightly kinder view was taken of act III, albeit inadvertently. Dupuy-Demportes begins by saying: 'Le cœur commence à s'intéresser dans le troisième acte; il était temps que l'auteur le mît de la partie de l'esprit s'il y avait invité le bon sens' (p.6). This approbation was earned by the successful way in which Voltaire handled Catilina's vigorous speech to his co-conspirators; it was 'frappée au coin du vrai beau, du sublime; on y voit un chef de conspiration qui a bien conçu, imaginé un projet, qui l'a manié et remanié pour en connaître toutes les faces. Les dispositions qu'il fait, les ordres qu'il donne, donnent en général et en particulier une grande idée du chef' (p.7). Dupuy-Demportes had, however, as he realised later, transposed the closing scene of act II to act III. [139] One important scene that was indeed in act III, namely Catilina's confrontation with Cicéron, is described by Dupuy-Demportes as having dialogue that is 'indécent' and principals who are reminiscent of 'deux écoliers, qui se craignent, s'accablent réciproquement d'injures, et qui n'osent se prendre aux cheveux' (p.8).

Dupuy-Demportes's recollection of act IV was also less than complete. The visual effect achieved by the senators assembled to hear Cicéron's accusation of Catilina was pleasing: 'le sénat assemblé forme un coup d'œil trés agréable; c'est une galerie ornée de portraits ou de statues' (p.8). Yet his statement that 'si vous en exceptez Cicéron, personne ne parle' ignores the first two scenes and, in particular, Caton's tense meeting with César and those senators favourably disposed to Catilina. Aurélie's suicide is faulted for being sited in the temple of Tellus (p.12):

Où a-t-il lu que ce sanctuaire redoutable fut ouvert aux femmes, et comment ose-t-il l'y faire poignarder si indécemment et si inutilement, puisqu'Orélie aurait pu avec plus de décence attenter à sa vie dans son appartement, et que les mêmes secours qu'on lui aurait donnés, auraient par la même voie fait tomber la lettre de Nonnius dans les mains du sénat.

Act V receives equally unfavourable comment: Voltaire should have abandoned his fidelity to the historical record and given Catilina a less glorious death. Crébillon's solution – the suicide of Catilina – would have been a far more desirable model for Voltaire to follow and more consonant with the 'génie de notre théâtre' (p.12). Finally, the play's closing lines were derisively described as 'une prière extrêmement pathétique, que Cicéron fait aux dieux de graver profondément l'amour de la patrie dans le cœur de César. *Ainsi soit-il*' (p.11).

[139] 'Cette transposition m'a fait donner la préférence à l'acte, qui considéré tel qu'il est, devient inférieur au deuxième, que j'ai dépouillé de sa beauté' (*Parallèle de Catilina et de Rome sauvée*, p.2).

Dupuy-Demportes concluded by handing the laurel wreath to Crébillon in this particular match against Voltaire – 'il me semble qu'il y a plus d'intérêt et d'action dans *Catilina* que dans *Rome sauvée*' (p.12) – and saw in it evidence of Voltaire's decline: 'Je crois avoir senti dans toute la pièce l'épuisement d'un génie, qui par des saillies momentanées combat contre les horreurs de la caducité' (p.12-13).

Dupuy-Demportes's second comparison of the rival plays took the form of a 32-page pamphlet entitled *Parallèle de Catilina et de Rome sauvée*. It was published anonymously and, like the *Lettre à madame de* **, without date, but its appearance can be placed around 30 March 1752, thanks to d'Hémery's journal (Bn, F22157, f.52). This work is by no means an objective or dispassionate assessment of the two tragedies. Criticisms of *Rome sauvée* are garbed in the rhetoric of polemic, while those of *Catilina* are modulated by an inappropriate deference to the superior wisdom of the play's author. As an example of the latter pattern we might cite the critical remarks made about Sunnon, the representative of the Allobroges introduced in act III of *Catilina*. After noting that 'Ce rôle hors d'œuvre, et qui me paraît dès la première scène tomber en contradiction, ne renferme rien qui attache mon cœur ou fixe mon esprit', Dupuy-Demportes rushes to add the following disclaimer: 'Toutefois j'aime mieux accuser mon goût que de rapporter le peu d'effet qu'il fait sur moi, à un prétendu défaut de lumières de l'auteur' (p.6).

This biased position notwithstanding, Dupuy-Demportes's comments on *Rome sauvée* are worth considering, if only because they go some way towards revealing, as those of Voltaire's allies do not, some of the reasons why the play was not popular with the public and therefore failed to attain not only a longer initial run in Paris but also a permanent place in the repertory of the Comédie-Française in the second half of the eighteenth century.

In the eyes of Dupuy-Demportes Voltaire's strategic blunder was to have dissipated whatever emotional involvement the audience may have established with Aurélie by making her Catilina's wife: 'la tendresse de cette épouse a toute la langueur de l'amour conjugal: on désire faiblement de plaire à qui l'on a plu, triste effet de la possession' (p.4). As a consequence, 'L'intérêt dominant cessait de l'être à force d'être divisé: il n'est point en effet possible de fixer les mouvements de son cœur à tel ou tel personnage' (p.3). Eliminating her from the play in the fourth act, furthermore, erodes whatever interest the spectator may have developed in her (p.19). Crébillon's Tullie, on the other hand, 'vit et s'intéresse à la vie de Catilina [...]. Le spectateur entre avec plaisir dans sa situation, et partage avec elle les mouvements qu'excitent dans son cœur l'amour, la crainte et l'espérance'. The plot of Crébillon's play is more 'parfaitement nouée' (p.5) for being based on the uncertain resolution of the Tullie-Catilina-Fulvie triangle.

The role of César in *Rome sauvée* is judged to be 'non seulement déplacé, mais même mal fourni' (p.5). Dupuy-Demportes correctly revealed several important inconsistencies in Catalina's behaviour towards César (p.5):

Est-il vraisemblable que Catilina ouvre entièrement son système à César dont il craint l'ambition; à César, qui dans la pièce a tout le maintien, la fatuité et le ridicule d'un petit maître; à César enfin qui méprise ouvertement Catilina et son projet, et qui par un épisode, trop comique pour être supportable dans le tragique, se déclare l'ennemi de Catilina en faveur des Romains, après lui avoir fait sentir par des comparaisons offensantes qu'il n'est point digne de régner sur un peuple de souverains?

Finally, Dupuy-Demportes cited the argument of an anonymous 'Académicien impartial' that it was ridiculous to put a character as significant as César in a subordinate position on the stage: 'dès que ce grand homme paraît il faut que tout lui soit subordonné, et qu'il réunisse en lui seul tout l'intérêt de la pièce' (p.6).

Voltaire's Catilina is criticised for his lack of ruthlessness, which was thought to make him less interesting than Crébillon's character. Whereas the latter stands ready to turn any opportunity to his advantage, especially Tullie's devotion to him, Voltaire's conspirator is all too easily swayed by the emotions of his wife or by the threat posed by Nonnius' letter in act III: 'd'abord il frémit à la lecture de cette lettre, ensuite il tremble, lorsque Lentulus annonce l'arrivée de Nonius' (p.14).

Il immole de bonne foi, son honneur et sa gloire, et ce qui caractérise encore bien plus sa lâcheté, il sacrifie ses amis à ses craintes, il se rend aux prières d'Orélie qui se charge de tout, même de sa haine pour le sauver. Lentulus, un des chefs des conjurés, ranime son courage abattu, et profite de l'absence d'Orélie pour le rappeler à un courage si essentiel à un chef de parti: il revient à lui-même; son esprit pénétrant et toujours lumineux lui fait trouver une ressource assurée dans la lâcheté qu'il vient de commettre.

Crébillon's handling of Cicero, so severely criticised by his contemporaries, is spared any criticism from Dupuy-Demportes. He much preferred the pusillanimity of Crébillon's consul in the fourth act, where he confides part of Rome's defence to Catilina, to Voltaire's act IV where Cicéron forces Catilina's withdrawal from the senate and from the city. The historical veracity of the tactic used by Cicéron here is not faulted; rather the appearance and suicide of Aurélie in the senate troubled the critic because of their *invraisemblance* (p.17):

comment l'auteur peut-il avoir introduit Orélie dans le sénat, et comment a-t-il pu l'y faire poignarder? Quel rôle les sénateurs peuvent-ils jouer? Quelle contenance doit être celle de Catilina? Il aime ou il n'aime point; dans l'un ou l'autre cas il doit vider la scène; ou pour secourir Orélie, la simple humanité l'exige[,] ou pour aller joindre Manlius et se venger de Cicéron, son ambition le demande.

After praising the final act of *Catilina* as superior to that of *Rome sauvée*, Dupuy-Demportes devotes his final ten pages to comments on the versification of the two playwrights. He quotes the two lines that Voltaire borrowed from Crébillon (see above, p.56) as well as twenty others from the first two acts before concluding with a general, if unsubstantiated, charge of plagiarism:

'il en est beaucoup d'autres qui ont échappé à ma mémoire, et auxquels M. de Crébillon trouverait un si grand air de famille, qu'il pourrait lui-même s'y tromper et les prendre pour ses enfants' (p.24).

A decidedly more favourable reading of *Rome sauvée* can be found in the *Observations sur Catilina et Rome sauvée*. This work was published anonymously and without place or date but was clearly written during the play's first run in Paris in February-March 1752 and is recorded by d'Hémery under the date of 16 March 1752 (Bn, F22157, f.42). Formont mentions it in a letter of 26 March to Voltaire and states that it was written not by d'Alembert, as had been suggested, but by 'un fils du Commissaire Le Combe' (D4850); d'Hémery has Le Comte. [140] Its author was careful at the outset to declare his impartiality in the quarrel between rival playwrights: 'Loin de moi ce fanatisme aveugle qui s'extasie sur Oreste de M. de Voltaire' (p.1), but he proceeded to devote six pages to savaging Crébillon's *Catilina*. The main faults singled out for criticism are: Catilina's suicide; the inclusion of the ambassadors of the Allobroges; the roles of Probus, Fulvie, Tullie and Caton, none of which is successful; the demeaning characterisation of Cicéron – 'un imbecile, toujours le jouet de Catilina, et tremblant pour lui-même. Bien loin d'agir, il ne sait pas même parler. Si le Cicéron de Rome eut été aussi idiot que le fait M. de Crébillon, il n'eût jamais triomphé de Catilina'; and the general lack of *intérêt* in the play. In the first two acts, 'tout est assez lié, soutenu, et digne en un mot de l'auteur d'Atrée, d'Electre et de Rhadamiste'; the remainder, however, is a different matter – 'les trois derniers sont si décousus, il y a tant de traînant et de trivial, que je ne puis croire qu'en beaucoup d'endroits ils

---

[140] Besterman suggested that the father might be Jacques Lacombe, compiler of a *Poétique de M. de Voltaire* (Genève 1766); D4850, n.3. Mme de Graffigny reported that rumour had it that Voltaire was its real author (29 March 1752; G.P., LVIII, 134).

soient de M. de Crébillon'. Finally, the versification is judged to be 'louche, dure et raboteuse'.

After fourteen pages of quotations from *Rome sauvée* (p.11-24), the critic proceeds to elaborate an unusual and well-reasoned argument for the play's failure to achieve lasting success. Conspiracy plays are of two kinds, he says. In one, the hero succeeds in taking power away from those who have usurped it and re-establishes a legitimate political order; in the other, the protagonist seizes – or plans to seize – legitimate authority for himself. *Oreste*, *Mérope*, and *Athalie* are cited as examples of the first type; *Catilina* and *Manlius* represent the second. In a play with the second type of plot an attractive and superior conspirator can easily attract the audience's attention away from the state and the question of its fate, and this certainly appears to have been a factor in establishing the popularity of Crébillon's *Catilina*. Without this interest, however, an eighteenth-century French audience, whose worldview was shaped by a monarchical political order, was little inclined to be drawn to the fate of a republican state: 'Le gouvernement influe beaucoup sur le plaisir qu'on y éprouve. Des Français s'intéressent peu pour le salut de la république romaine [...]. Des Athéniens, des Romains, des Anglais, trouveraient Rome Sauvée très intéressante'.[141] Within these constraints, Voltaire is judged to have succeeded as best he could: '[il] a porté l'intérêt aussi loin qu'il pouvait aller par le caractère sublime et vertueux qu'il a donné à Cicéron son défenseur'.

The author of the *Observations* next presents a series of points of detail about *Rome sauvée*. He rebuts those who believed that Aurélie ought to have been 'plus intéressante' by arguing that she would then have dissipated the audience's interest in Cicéron. Voltaire's César is judged to be superior to Corneille's and the

---

[141] Formont shared similar thoughts with Voltaire on 26 March 1752: 'Vous avés sçu le succès de *Rome sauvée*, c'en est un trés grand selon moy d'avoir réussi avec un pareil sujet dans un pais très monarchique' (D4850).

scene between Catilina and César (ii.iii) is found equal to that between Pompée and Sertorius 'qui fait tant d'honneur à Corneille'. [142] Cicéron is found to be 'ce qu'il a jamais fait de plus beau' (p.27):

Voltaire a rendu à Cicéron toute la gloire que M. de Crébillon lui avait ravie. [...] on voit en lui cette profonde politique qui connaît le cœur des hommes, qui fait mettre à profit leurs passions, cette éloquence sublime qui maîtrise les esprits et les cœurs. Je défie qu'on trouve dans Corneille rien de plus beau que la façon dont Cicéron engage César à sauver l'empire en le nommant général.

On the negative side, Voltaire is faulted, gently, for not having respected unity of place, for not making Catilina more cautious in handling his wife, for failing to create a successful role for Caton, and for compressing the temporal dimension of the last act where, in the space of forty lines, César leaves the senate, goes to the city's gates, vanquishes Catilina, and returns to the senate to proclaim his victory. The play's versification, however, was praised without qualification: 'C'est une des plus belles [pièces] de M. de Voltaire pour la poésie; elle est noble, harmonieuse, soutenue, élevée, forte d'idées, pleine de beaux détails'.

The author ends by abandoning the guise of impartiality that he assumed at the outset of his pamphlet. Voltaire is now claimed to be 'sans contredit, le premier écrivain de son siècle, soit en vers, soit en prose. Disons plus, et disons vrai, il en est le plus grand homme' (p.31), and he records the 'indignation que j'ai ressentie cent fois d'entendre opposer à M. de Voltaire [...] Crébillon [...] un homme que M. de Voltaire surpasserait encore, quand même il n'aurait fait, ni la Henriade, ni ses pièces de théâtre, ni sa prose' (p.32).

[142] This would be *Sertorius* iii.

9. *Publication*

Voltaire had committed himself to giving the Dresden publisher Georg Conrad Walther the rights to publish *Rome sauvée* as early as November 1750, when the play had had most of its private performances in Berlin but had not yet undergone the significant revisions that preceded its début in Paris (D4273). It is unlikely that he transmitted the text of the play to Walther at this early date, and another fourteen months passed before Voltaire reopened discussions with him on printing *Rome sauvée*. By this time plans for the Paris performance were in full swing and Voltaire was negotiating a new edition of his works. On 15 January 1752 Voltaire described the general parameters of this edition to Walther, specifying that 'le tout ne contiendra que sept volumes en comptant la tragédie de Catilina que je vous donneray incessamment. On va la jouer à Paris, et il faut qu'elle soit représentée avant l'impression' (D4763).

His next step was to engage a Parisian publisher to whom he could entrust the responsibility of bringing forth a separate edition of the play: 'J'apprends que l'on va jouer dans quelque tems Rome sauvée', Voltaire wrote to Michel Lambert on 7 February; 'quelque chose qui arrive il faudra que vous en donniez une édition particulière vers pâques' (D4788).

As soon as word reached Voltaire that *Rome sauvée* was a critical success in Paris, he advised Walther that now was the time for him, too, to print the text separately (6 March 1752; D4826). Voltaire proposed a novel, and provocative, packaging of the text: 'Voiez si vous voulez y ajouter le Catilina de Mr. de Crébillon. Ces deux piéces de comparaison pourrait piquer la curiosité du public sur tout lors qu'elles seraient accompagnées de quelques remarques curieuses. On pourra vous envoier le tout avec une préface historique et critique. Cela pourroit faire un petit volume qui serait de défaite'.

From the context of this letter, it appears that Walther already possessed a copy of the play. Within two weeks Voltaire wrote to him again, this time announcing *Rome sauvée*'s success in Paris and his own need to revise two scenes of the text. A separate printing is mentioned once again; so, too, is Walther's new edition of the complete works, in which it was clearly intended by Voltaire that *Rome sauvée* was to be included (D4841). At this point Voltaire had no idea of the extensive revisions that d'Argental was requesting as a result of the early Paris performances; these were not sent to Voltaire until 19 March (D4843). Voltaire immediately agreed not to rush into print: 'Vous avez enterré Rome avec honneur. Ne croyez pas que je veuille la resusciter par l'impression' (D4855). He had then to stall Walther, to whom he had already sent 'la plus grande partie' of the seventh volume of the *œuvres* – destined to contain *Rome sauvée* – but it is unlikely that corrections to the play had been dispatched as well (D4852). Writing to Walther on the same day as to d'Argental, Voltaire claimed that he was waiting to hear from Paris to see whether the play would be given after the Easter *clôture* 'et si je puis la livrer à présent à l'impression. Je dédieray en mon nom cette édition' (D4857). Yet this was not his intention; on 10 April he admitted to Malesherbes that he was not ready to have the play printed (D4863).

This publication strategy placed Voltaire in a highly vulnerable position: the play's success created a market for its text and the longer he withheld his own version the greater the likelihood that the first editions to be issued would be unauthorised and, almost of necessity, faulty. This is precisely what happened. By late May, barely ten weeks after the last performance of *Rome sauvée*, the first of six unauthorised editions to appear in 1752 was being sold in Paris.

Voltaire first announced the appearance of this text in a letter to Walther on 17 June 1752 (D4918):

Il m'est arrivé, ou plutôt à vous, une avanture désagréable. Plusieurs personnes qui avaient retenu de mémoire la plus part des vers de la tragédie de Rome sauvée se sont communiqué les morceaux qu'ils avaient apris par cœur aux représentations. Ils ont supléé au reste comme ils ont pu et ils ont fait imprimer cette rapsodie à Paris. Je l'ay fait saisir, mais il n'a pas laissé de s'en débiter des exemplaires. Je travaille toujours à le corriger et j'y travaille d'autant plus que je la veux rendre absolument différente de la mauvaise édition qu'on en a faitte.

It was believed by Besterman that the edition that Voltaire is describing here bore a Berlin 1752 imprint but was actually printed in France. [143] Thanks to information recently brought to light by André Magnan, however, it now appears that Voltaire was complaining not of the Berlin imprint but of an altogether different edition, unknown to Bengesco and Besterman. [144] A denunciation of the edition that appeared in the Parisian *Annonces, affiches et avis divers*, possibly at the insistence of Mme Denis or d'Argental, adds further details, notably the absence of any place of publication:

Il se répand ici depuis peu une impression furtive de *Rome sauvée*, tragédie de M. de Voltaire, qui fut jouée à Paris le carême dernier. Comme nous nous sommes fait une loi d'annoncer les livres nouveaux qui paraissent intéressants, il est juste aussi de préserver le public des tromperies qu'on peut lui faire. Ainsi nous avons cru devoir avertir que cette édition faite évidemment sans la participation de l'auteur, fourmille de fautes de toute espèce, que la pièce est mutilée en nombre d'endroits et défigurée presque partout, au point qu'elle est à peine reconnaissable. Elle est imprimée sans permission et sans nom de lieu. [145]

---

[143] Bengesco 207 and our 52B1; see D4958, n.2.

[144] This new first edition was described in d'Hémery's journal under the date of 1 June 1752: 'Imp. sans permission par Bonin et la Marche qui ont acheté le manuscrit du S. Moette fils libraire' (Bn, F22157, f.81v). According to Mme de Graffigny, an edition, and probably this one, was circulating in Paris in the first week of June (5 June 1752; G.P., LVIII, 244).

[145] 22 June 1752; cited by Magnan, p.216.

If the description of this edition is accurate – particularly with regard to the absence of a place of publication – we are dealing with one that has remained unknown until the present time. Every other printing of the play as a separate volume bears the name of a publisher as well as a date and place of publication. If Voltaire indeed succeeded in having copies seized by the police, as he indicated to Walther, then its apparent disappearance and the fact that no modern scholar or bibliographer has seen a copy become understandable. It is also possible that reports of this lost edition were based upon the existence of copies of 52B1 lacking the title leaf, which was separately produced.

At least four other separate editions appeared in 1752: three bearing a fictitious Berlin imprint (52B1, 52B2, 52B3) and one by Etienne Ledet in Amsterdam (52A). At least one of these was known to Voltaire. When it came to denouncing the surreptitious editions in the 'Avis au lecteur' to the first authorised edition (53D1), he described two of them as follows: 'Cette pièce est fort différente de celle qui parut il y a plus d'un an en 1752 à Paris sous le même titre. [...] Cette édition était défectueuse d'un bout à l'autre, et on ne manqua pas de l'imiter en Hollande avec beaucoup plus de fautes encore' (below, p.139). Although the chronology is inexact here – only ten months (not more than a year) had passed between the appearance of the above-mentioned Paris printing and Walther's of 1753 – it appears that Voltaire had this, rather than a more recent edition, in mind. The passage also indicates that he knew of, and had possibly seen, Ledet's Amsterdam edition. How much Voltaire knew of the three French 'Berlin' editions of 1752, published under the name of Etienne de Bourdeaux, is less certain. He learned in early August that an edition was being sold in Berlin. 'On vend [...] à Berlin la détestable édition qu'on a faitte frauduleusement de Rome sauvée', he complained to Countess Bentinck from Potsdam. 'C'est une des pirateries des libraires. On a volé une partie du manuscrit à la comédie française. On a rempli comme on a pu ce qui manquait, et on a eu l'impudence de donner sous mon nom cette rapsodie'. [146] While the reference may be to the first of the 'Etienne de Bourdeaux' editions, Voltaire's use of the definite rather than indefinite article could indicate either that the Paris edition was being sold or that Voltaire thought that it was when in fact a genuine Berlin edition (unknown to us) was on the market. Voltaire had used a similar construction a month earlier in denouncing the surreptitious printing of *Rome sauvée* to Hénault: 'L'édition infidèle de Rome sauvée me fait encore plus de peine que celle du Siècle faite à Lyon. Je n'ai d'enfants que mes pauvres ouvrages, et je suis fâché de les voir mutiler si impitoyablement' (D4958). [147]

However well-informed or otherwise Voltaire may have been about the actual number of unauthorised editions published in 1752, his reaction was to urge Walther, without result, to print a denunciation in the *Gazettes* of Utrecht and Amsterdam (22 August; D4989) and to print the play itself at the end of the then projected run in Paris in the autumn of 1752 (6 September; D5009). This would indicate that the revisions advocated by d'Argental in the spring and agreed to by Voltaire were, or were soon to be, completed. *Rome sauvée* was not, as we know, played again in 1752 but a copy of the manuscript was nonetheless sent to Walther at some point in the autumn: on 22 November Voltaire wrote to d'Argental to confess that he had 'aucune nouvelle ny du duc de Foix ny de Rome ny du siècle de Louis i4' (D5082), all of which Walther was supposed to be printing.

Walther appears to have been in no rush to print *Rome sauvée*. In late March 1753 Voltaire signalled his agreement for him to publish the play together with the *Supplément au Siècle de Louis XIV*, which had been sent on 1 February, but he wanted it done

---

[146] D4978, *c.* 15 August; on the revised dating of this letter, see Magnan, p.137.
[147] Voltaire complained again about this edition to Mme Denis on 19 August 1752 (D4984) and remembered the incident with bitterness for some years; see D5009, D5082, D6483, D6501.

quickly and he acknowledged that Bernhard Christoph Breitkopf would be the printer (D5245). Within a month Walther's volume containing the two works was being sold in Paris. [148] Michel Lambert, the only other publisher with whom Voltaire negotiated for an authorised early printing of the play, also brought forth his edition in 1753 (53P), but did so after Walther's and without the 'Avis au lecteur'. The 'Approbation', by Capperonier, is dated 12 February 1753 but when Lambert's shop was searched at the beginning of May, no copies of *Rome sauvée* were found by the police (D5279, commentary). Some uncertain light is thrown on the matter by d'Hémery. He records the appearance of an unspecified edition in the week ending 8 March 1753; his entry for the following week (15 March; Bn F22158, f.18) is more explicit: 'Rome Sauvée tragédie de M. de Voltaire, imprimée in 12 par Lambert avec privilège. Ce libraire n'ose cependant la mettre en vente à cause de quelques difficultés que fait Made Denis de la part de son oncle.' We are not aware of the precise nature of these difficulties, nor of their effect upon the distribution of Lambert's edition.

Two other editions of *Rome sauvée* appeared in 1753 and one apparently nearly did. Antoine Philibert published an edition in Geneva (53D2) and Duchesne appears to have been on the verge of printing another in Paris. As Bonin wrote to Berryer de Ravenonville on 20 May: 'Duchesne, libraire, fait faire chez Ballard une contrefaçon de *Rome sauvée*, à laquelle on assure que Fréron fait une préface. On imprimera demain, fête dieu, pour donner vendredi. Nous supplions monseigneur de faire interrompre cet ouvrage, dont Prault, de Calais, a sa part' (D5291). The appearance of Voltaire's authorised edition no doubt strengthened the market in Paris for sales of *Rome sauvée*, but the printing or distribution of the 1753 Duchesne edition appears to have been halted.

[148] D5279, commentary; for its description see below, p.117-19, siglum 53D1.

Subsequent publications over which Voltaire exercised some control are Walther's 1754 and 1756 volumes in his editions of the *Œuvres* (w48D, w52), Lambert's 1757 *Œuvres* (w57P), Cramer's *Collection complette* of 1756 and new printings thereof (w56, w57G, w64G, w70G, w72X), Cramer's quarto edition of 1768 (w68), and the *encadrée* (w75G). The text of the play underwent few changes between the authorised original and the *encadrée*, although the Latin sections of the 'Préface' were corrected considerably. Voltaire made no annotations to his own copy of the *encadrée*, now in St Petersburg; we have therefore adopted the version contained in w75G as the base text.

The Walther edition of the authorised text contained, in addition to the play itself, two supplementary texts by Voltaire: an 'Avis au lecteur' in which he denounces the first unauthorised edition of 1752; and a 'Préface'. With regard to the first, the correspondence is silent. Given that Voltaire wrote to d'Argental on 22 November 1752 that he was awaiting the appearance of the Walther edition, it is fair to assume that the 'Avis' had been sent to him along with the play's text in the summer or early autumn of that year and that it had been written after the appearance of the first unauthorised editions in Paris in late May.

We have only slightly more evidence to help in dating the composition of the 'Préface'. Voltaire informed Lambert that he had written 'une préface assez curieuse & assez intéressante que j'ai envoyée à madame Denis'.[149] A preface was also promised to Walther (see above, p.105). At the beginning of the following month Voltaire promised to send Walther 'incessament [...] la préface historique' (D4857, 1 April). Neither Walther nor Lambert was to issue the first authoritative editions of *Rome sauvée* and its complementary texts for nearly another year.

---

[149] D4788. The previous day Voltaire had also told d'Alembert that he was sending his niece 'une préface pour Rome en cas que la Noue ne fasse pas sifler cette piéce' (D4787).

It is curious that Voltaire never published a dedication to *Rome sauvée*. He was reminded on 15 September 1750 by the duchesse Du Maine that she was awaiting 'avec impatience ma Rome sauvée et La dédicace que vous m'avés promise' (D4221), a commitment he recalled two years later: 'Si on l'imprime je dois absolument la dédier à madame du Maine. C'est une dette d'honneur, je lui en ai fait mon billet'. [150] Voltaire never acquitted himself of this debt; in fact, at approximately the time when he was mentioning it to his niece, he was also thinking of dedicating the play to Louis xv, no doubt in an effort to facilitate a kinder reception at Versailles should he decide to return to France. He therefore wrote to Mme Denis on 19 February 1752: 'En cas que Rome ait été honnêtement reçue, je voudrais bien la dédier au roy. Faites en demander la permission par Me de Pompadour ou par m^r Dargenson. Il me semble que cette démarche seroit décente' (D4806). The text of such a dedication was sent to d'Argental the following month and is reproduced in appendix 1. Whether it was ever presented for approval is unknown; what is certain is that no further mention of it is made in the correspondence and that, as Voltaire's situation in Berlin was eroded towards the end of 1752 and his thoughts turned to finding a safe haven elsewhere, he proposed to dedicate the play to yet another party: the Supreme Council of Berne. Voltaire made the proposition on 8 November 1752 in a letter that, because of its neglect of appropriate protocols, caused considerable offence (D5064 and commentary). Voltaire recast his proposal to the council on 26 January 1753 (D5177) but it was rejected on 21 February (D5213).

[150] D4836, to Mme Denis, 16 March 1752. The promise had been made as early as November 1749. On the 26th of that month Voltaire penned the following mock-affidavit to the duchesse Du Maine (D4069): 'Je soussigné en présence de mon génie et de ma protectrice, jure de luy dédier avec sa permission Electre et Catilina, et promets que la dédicace sera un long exposé de tout ce que j'ay apris du dit génie dans sa cour.

Fait au palais des arts et des plaisirs,

le protégé'.

10. *Manuscripts and editions*

Manuscripts

One complete and two partial manuscripts of *Rome sauvée* have survived. All are in the collection of the Bibliothèque de la Comédie-Française.

MS1

Année. 1751 / .Vingt Septiéme Rosle. Catilina. / Dans Rome sauvée Tragédie Nouvelle / .De M^r. de Voltaire. /

Contemporary copy, in Lekain's hand, of Catilina's part, bound in a volume entitled *Rôles joués par Lekain et copiés de sa main 1750-1753*; 200 x 317 mm.; 5 sheets and one half-sheet folded and gathered to form 11 leaves; p.1 title, as above; p.2 Personnages; p.3-19 text; p.20-22 blank.

Comédie-Française: MS 20014(15).

MS2

Catilina ou Rome / Sauvée. / [added in pencil by a later hand: par Voltaire C.F. 24 fèvrier 1752.]

Contemporary copy, in a single hand but with corrections by another; 222 x 338 mm.

Act I, paginated in pencil by a later hand [1] [2] 3-17: 3 sheets folded and gathered to form one section of 6 leaves and 1 sheet folded to form a second section of 2 leaves; p.1 title, as above; p.2 Acteurs, with the names Lucullus and Crassus added in pencil; p.18-20 blank.

Act II, paginated in pencil by a later hand [1] [2] 3-13: 4 sheets folded and gathered to form 8 leaves; p.14-16 blank.

Act III, paginated in pencil by a later hand [1] [2] 3-13: 4 sheets folded and gathered to form 8 leaves; p.14-16 blank.

Act IV, paginated in pencil by a later hand [1] [2] 3-15: 4 sheets folded and gathered to form 8 leaves; p.16 blank.

Act v, paginated in pencil by a later hand [1] [2] 3-9 [9 marked 11] [10]: 3 sheets folded and gathered to form 6 leaves; p.11-12 blank.

Comédie-Française: MS 198.

In spite of the date, added by a later hand to this copy, it is not the performance text, as indicated by its variance with MS1 and with the first editions of the play.

MS3

Année. 1761. / Septiéme Rosle .... Cicéron. / Dans Rome Sauvée Tragédie / De M^r. De Voltaire /

Contemporary copy, in Lekain's hand, of Cicéron's part, bound in a volume entitled *Rôles joués par Lekain et copiés de sa main 1760-1767*; 200 x 317 mm.; 4 sheets folded and gathered to form 8 leaves; p.i title, as above; p.ii Personnages; p.1-13 text; p.14 blank.

Comédie-Française: MS 20016(5).

Editions 151

The first six editions of *Rome sauvée* were published without Voltaire's authorisation in 1752. The first of these, reportedly issued in June by the Parisian publishers Bonin and La Marche and suppressed on the urgings of Voltaire's Parisian colleagues, has not come down to us. There then followed three French editions bearing Berlin imprints (52B1, 52B2 and 52B3), an Amsterdam edition by Ledet (52A), and an edition in a collectaneous collection (w50). All five reflect the performance state of the text. They were copied in two later 'Berlin' editions: 60B and 61B. Voltaire's claim that these first editions were based on a manuscript taken from the Comédie-Française at the time of the first performances and on transcriptions made during them is borne out by their general fidelity to MS1. Walther's edition of

---

151 Compiled in collaboration with Andrew Brown.

1753 (53D1) was the first one authorised by Voltaire; Lambert's of the same year (53P) was the second. Subsequent editions produced under Voltaire's control were Walther's 1752 edition of the *Œuvres* (w52, *Rome sauvée* published in 1756), Lambert's 1757 edition of the same (w57P), Cramer's 1756 *Collection complette* and its subsequent re-editions (w56G, w57G1, w57G2, w64G, w70G, w72X), Cramer's quarto edition of 1768 (w68), and the *encadrée* (w75G). The last serves as our base text.

52B1

ROME | SAUVÉE, | TRAGEDIE. | *DE M. DE VOLTAIRE.* | Répréfentée pour la premiére fois à / Paris par les Comédiens Français / Ordinaires du Roy, le Jeudi 24. Fé- / vrier 1752. | [*thick-thin rule, 55 mm*] | *Vincit amor Patriæ laudum que immenfa | cupido. VIRG.* Eneid. VI. | [*thin-thick rule, 54 mm*] | Le Prix eft de 30. fols. | [*type ornament*] | A BERLIN, | *Chez* ETIENNE de BOURDEAUX, | Libraire du Roy & de la Cour. | [*thick-thin rule, 55 mm*] | M. DCC. LII. |

12°. sig. π1 A-I⁶ (− I6); pag. [2] 106 (no errors); sheet catchwords.

[*1*] title; [*2*] Acteurs; [1] 106 Rome sauvée.

Copies were altered on the press: l.9 of the title reads '*Vincet*' in some cases; l.4 of p.6 varies between 'Vous? courez' and 'Vous, courez'.

This is probably the first of the unauthorised editions published in France under a Berlin imprint. It is possible that the leaf bearing the title was printed as I6, and that the 'impression furtive [...] sans nom de lieu' mentioned above (p.107) is in fact this edition minus π1.

Bn: Rés. Z Bengesco 73 ('*Vincit*'; 'Vous? courez'); − 8° Yth 15774 ('*Vincit*'; 'Vous? courez'); − 8° Yth 15775 ('*Vincit*'; 'Vous? courez'); − 8° Yth 15776 ('*Vincit*'; 'Vous, courez'); 8° Yth 15778 ('*Vincit*'; 'Vous? courez'); − 8° Yth 15777 ('*Vincet*'; 'Vous, courez').

52B2

ROME | SAUVÉE | *TRAGEDIE | DE M*ᴿ· DE VOLTAIRE. | Répréfentée pour la premiére fois à Paris / par les Comédiens Français Ordinaires / du Roy, le Jeudi 24. Février 1752. | *REVUE ET*

CORRIGE'E. | [*thick-thin rule, 85 mm*] | *Vincit amor Patriæ laudum que immenſa cupido.* | Virg. Eneid. VI. | [*thin-thick rule, 85 mm*] | [*woodcut, 43 x 28 mm*] | *A BERLIN*, | Chez Etienne de Bourdeaux, Libraire | du Roi & de la Cour. | [*thick-thin rule, 69 mm*] | M. DCC. LII. |

8°. sig. A-G⁴ H²; pag. 60; $2 signed, roman (− A1, H2); sheet catchwords.

[1] title; [2] Acteurs; [3]-60 Rome sauvée.

Taylor: V3 M7 1736 (5)/3.

52B3

ROME | SAUVÉE, | *TRAGEDIE*, | De M. de Voltaire. | Répréſentée pour la premiere fois à Paris par les | Comédiens Français Ordinaires du Roi, au mois | de Février 1752. | [*rule, 92 mm*] | *Vincit amor Patriæ laudumque immenſa cupido.* | Virg. Eneid. VI. | [*rule, 92 mm*] | [*woodcut, 52 x 32 mm*] | A BERLIN, | Chez Etienne de Bourdeaux, Libraire du Roi | & de la Cour. | [*treble rule, 60 mm*] | *M. DCC. LII.* |

8°. sig. A-G⁴; pag. 56; $2 signed, roman (− A1); sheet catchwords.

[1] title; [2] Acteurs; [3]-56 Rome sauvée.

Arsenal: Rf 14449; Taylor: V3 R6 1752 (1); − V3 R6 1752 (2).

52A

ROME | SAUVÉE, | *TRAGÉDIE* | DE | Mᴿ. DE VOLTAIRE. | Répréſentée pour la premiére fois à Paris par | les Comédiens Français Ordinaires du Roi, | le Jeudi 24. Février 1752. | *Vincit amor Patriæ laudumque immenſa cupido.* | VIRG. Eneid. VI. | [*woodcut, 54 x 40 mm*] | A AMSTERDAM, | *Chez ETIENNE LEDET & Compagnie.* | MDCCLII. |

8°. sig. A-F⁸ G²; pag. 99; $5 signed, arabic (− A1, G2); page catchwords.

[1] title; [2] Acteurs; [3]-99 Rome sauvée; 99 [erratum].

The text follows 52B1.

Arsenal: Rf 14450; Taylor: V3 A2 1764 (9).

W48R (1752?)

[Title unknown]. [Rouen, Machuel, 1748-?]. 12 vol. 12°. Bengesco iv.28-31, 68-73; Trapnell 48R, 64R; BnC 27, 145-148.

Volume 11 (1752?): 257 M1r '257 | ROME | SAUVÉE, | *TRAGÉ-DIE*, | Repreſentée pour la premiére fois à Paris, | par les Comédiens Français ordinaires du | Roi, le Jeudi 24 Février 1752. | *Vincit amor Patriæ laudum que immenſa cupido.* | VIRG. Eneid. VI. | M AC-'; [258] Acteurs; [259]-352 Rome sauvée.

Volumes 1-12 of this edition, produced in or soon after 1748, were suppressed at Voltaire's instigation and reissued under new title pages in 1764. No copies with the original titles are known and the dating of this volume is therefore tentative. This edition is related to but not identical with w50 next below: in the case of *Rome sauvée*, the same setting of type served for both.

Bn: Rés. Z Beuchot 26 (11); Gesamthochschul-bibliothek, Kassel: 1948 C 266 (13).

W50 (1752)

La Henriade et autres ouvrages. Londres [Rouen], Société, 1750-1752. 10 vol. (vol. 1-9, 1750 or 1751; vol. 10, 1752). 12°. Bengesco iv.38-42; Trapnell 50R; BnC 39.

Volume 10 (1752): [257] M1r 'ROME | SAUVÉE, | *TRAGÉDIE*, | Repréſentée pour la première fois à Paris, | par les Comédiens Français ordinaires du | Roi, le Jeudi 24 Février 1752. | *Vincit amor Patriæ laudum que immenſa cupido.* | VIRG. Eneid. VI. | VOLT. *Suite du Tome X.* M'; [258] Acteurs; 259-352 Rome sauvée.

Rome sauvée appears in volume 10 of this edition, printed from the same setting of type as w48R, with the addition of direction lines. It is not known which edition appeared first.

Bn: Rés. Z Beuchot 16.

53D1

SUPLEMENT | AU | SIECLE | DE | LOUIS XIV. | CATILINA | TRAGEDIE | ET AUTRES PIECES | DU MEME AUTEUR. | [*type*

SUPLEMENT

AU

SIECLE

DE

LOUIS XIV.

CATILINA

TRAGEDIE

ET AUTRES PIECES

DU MEME AUTEUR.

A DRESDE 1753.

Chez GEORGE CONRAD WALTHER.

LIBRAIRE DU ROI.

AVEC PRIVILEGES.

1. Title-page of the first authorised edition of *Rome sauvée* (53D1), published in Dresden by Walther (Taylor Institution, Oxford).

ornament] | [*rule, 68 mm*] | *A DRESDE 1753.* | Chez GEORGE CONRAD WALTHER. | LIBRAIRE DU ROI. | *AVEC PRIVI-LEGES.* |

8°. *⁸ A-L⁸ M⁴; pag. [*16*] 184 (p.34 numbered '43', 171 '177'); $5 signed, arabic (− *1, A1, M4); page catchwords.

[*1*] title; [2] blank; [*3-16*], [1]-88 other texts; [89] F5*r* 'ROME SAU-VÉE / OU / CATILINA / TRAGÉDIE. / REPRESENTÉE A PARIS / EN FEVRIER MDCCLII. / F5'; [90] blank; [91]-101 Préface; 102 Avis au lecteur; [103] G4*r* 'CATILINA / OU / ROME SAUVÉE / TRAGÉDIE. / G4 PER-'; [104] Personnages; [105]-172 [Rome sauvée]; [173]-184 another text.

The first printing of *Rome sauvée* to be authorised by Voltaire, and the first to include the 'Préface' and the 'Avis au lecteur'.

Bn: 8° Lb³⁷ 86 (3).

53D2

ROME SAUVÉE / OU / CATILINA, / *TRAGE'DIE* / De Mr. De VOLTAIRE, / *REPRESENTE'E A PARIS* / EN FEVRIER MDCCLII. / [*rule, 70 mm*] | NOUVELLE EDITION, / *Suivant la Copie Originale, publiée par* | *l'Auteur, & Augmentée d'une* | PRÉFACE. | [*rule, 70 mm*] | [*woodcut, 38 x 23 mm*] | A DRESDE, | [*rule, 71 mm*] | Et ſe vend à GENEVE / Chez ANTOINE PHILIBERT | *Libraire au Perron.* | [*rule, 45 mm*] | MDCCLIII. |

8°. sig. A-F⁸ (F8 blank); pag. 94 (p.50 numbered 'o' in some copies); $4 signed, roman (− A1); sheet catchwords.

[1] title; [2] Avis au lecteur; III-XV Préface; [16] Personnages; [17]-94 [Rome sauvée].

An edition printed in Geneva, which reproduces the text of 53D1.

Bn: Rés. Z Beuchot 822 (bound after the *Supplément au Siècle de Louis XIV*); − Rés. Z Bengesco 74 (uncut; p.50 correctly numbered); − Rés. Z Bengesco 972; − Yf 6681.

53P

ROME | SAUVÉE, | *TRAGÉDIE.* | Par M. DE VOLTAIRE. | [*rule, 59 mm*] | *Le Prix eſt de 30 ſols.* | [*rule, 59 mm*] | [*woodcut, face in sunburst, 52 x 32 mm*] | *A PARIS,* | Chez LAMBERT, Libraire, rue & à côté | de la Comédie Françoiſe, | au Parnaſſe. | [*thick-thin rule, 46 mm*] | M. DCC. LIII. |

12° (a, A-D) and 8° (E). sig. a⁶ A-D⁸,⁴ E⁸; pag. xj [xii] 64; $4,2 signed, roman (sig. a signed on a2 and a3); sheet catchwords (− A).

[i] title; [ii] blank; iij-xj Préface; [xii] Personnages; [1]-64 Rome sauvée; 64 Approbation [12 February 1753, Capperonier].

This is the second edition to be authorised by Voltaire, but as we have seen (p.110), Mme Denis was reported to have delayed its publication. A slightly different version of the 'Préface' was printed by Lambert; cf. for example l.171-181*v*. The text of the play follows broadly 53D1, but give some readings from 52B1 which do not occur in 53D1: I.24, 40, 67-68, 119, 166, 171, 175, 251, 309; II.252; III.103-106; IV.12, 80, 275; V.240. Other readings are new: I.125, 247, 359-360; II.68, 92, 107-114 (cf. however II.68), 116a-120; III.11, 83-86, 285-288; IV.252; V.16, 210.

Bn: Rés. Z Beuchot 793; − Yf 6685; − Yth 23335; Arsenal: GD 8° 21984 (2); − Rf 14451; − Rf 14452 (sigs A-E only).

T53

Le Théatre de M. de Voltaire. Amsterdam, Richoff, 1753. 4 vol. 8°. Bengesco i.88; BnC 618.

Volume 4: [181] M3*r* 'ROME | SAUVÉE, | *TRAGEDIE.*'; [182] Acteurs; 183-246 Rome sauvée.

First of a series of editions of Voltaire's theatre, attributed to Richoff but probably printed in Rouen. There is nothing to suggest that Voltaire was involved in their production. The text of *Rome sauvée* is similar to that of 53D1.

Bn: Yf 12337.

W48D (1754)

Œuvres de M. de Voltaire. Dresde, Walther, 1748-1754. 10 vol. 8°. Bengesco iv.31-38; Trapnell 48D; BnC 28-35.

Volume 10 (1754): [81] F1*r* 'ROME SAUVÉE / OU / CATILINA / TRAGÉDIE. / REPRESENTÉE A PARIS / EN FEVRIER MDCCLII. / VOLT. Tom. X. F'; [82] blank; [83]-89 Préface; 90 Avis au lecteur à l'édition du Catilina faite à Leipsic en 1753 avec le Supplément du Siècle de Louis XIV; [91] F6*r* 'CATILINA / OU / ROME SAUVÉE / TRAGÉDIE.'; [92] Personnages; [93]-170 Rome sauvée ou Catilina.

Produced with Voltaire's participation. The text of *Rome sauvée* follows that of Walther's 1753 printing (53D1), with few variants.

Bn: Rés. Z Beuchot 12 (10).

55A

ROME / SAUVÉE, / *TRAGÉDIE*. / Par M. DE VOLTAIRE. / *Repréſen-tée pour la premiére fois par les* / *Comédiens ordinaires du Roi, le ...* / [*rule, 39 mm*] / Le prix eſt de trente ſols. / [*rule, 41 mm*] / [*woodcut, 27 x 23 mm*] / A AMSTERDAM, / Chez CHARLES WARLETTHIUS. / MDCCLV. /

12°. sig. A-C¹² D⁶; pag. 84; $6 signed, roman (– A1, D4-6); sheet catchwords.

[1] title; [2] blank; [3]-XI Préface; [12] Personnages; [13]-84 Rome sauvée; 84 Approbation [12 February 1753, Capperonier].

A French edition, similar in style to those of Lambert and perhaps produced by or for him. It follows the text of 53P and 55P, with minor differences. It is printed on paper with the watermark of the Généralité de Rouen.

Bn: 8° Yth 15779; Arsenal: Rf 14453.

55P

ROME / SAUVÉE, / *TRAGÉDIE*, / Par M. DE VOLTAIRE. / [*rule, 59 mm*] / Le Prix eſt de trente ſols. / [*rule, 59 mm*] / [*woodcut, head in sunburst, 52 x 32 mm*] / A PARIS, / Chez MICHEL LAMBERT, Libraire, / rue & à côté de la Comédie Française, / au Parnaſſe. / [*thick-thin rule, 61 mm*] / M. DCC. LV. /

A new issue of the sheets of 53P under a new title.

Bn: Rés. Z Bengesco 75.

w52 (1756)

Œuvres de M. de Voltaire. Dresde, Walther, 1752. 9 vol. 8°. Bengesco iv.46-50; Trapnell 52 (vol. 1-8), 70x (vol. 9); BnC 36-38.

Volume 8 (1756): [65] F1*r* 'ROME SAUVÉE, / OU / CATILINA, / TRAGÉDIE. / *Repréſentée à Paris en Février* 1752. / F *AVER-*'; [66] Avertissement; [67]-79 Préface; [80] Personnages; [81]-144 Catilina ou Rome sauvée.

Based upon w48D, with minor revisions. Produced with the participation of Voltaire.

Vienna: *38.L.i(8).

w56

Collection complette des œuvres de M. de Voltaire. [Genève, Cramer], 1756. 10 vol. 8°. Bengesco iv. 50-63; Trapnell 56, 57G; BnC 55-66.

Volume 9: [313] V5*r* 'ROME SAUVÉE, / OU / CATILINA, / TRAGÉDIE. / *Repréſentée à Paris en Février* 1752. / AVER-'; [314] Avertissement; 315-323 Préface; [324] Personnages; [325]-402 Catilina, ou Rome sauvée, tragédie; 403 Ouvrages dramatiques contenus en ce volume, avec les pièces qui sont relatives à chacun.

The first Cramer collected edition, produced under Voltaire's supervision. The text is based on 53D1. Its errors in the Latin text of the 'Préface' were corrected in later Cramer editions.

Bn: Z 24584.

w57G1

Collection complette des œuvres de M. de Voltaire. [Genève, Cramer], 1757. 10 vol. 8°. Bengesco iv.63; Trapnell 56, 57G; BnC 67-69.

Volume 9: [313] V5*r* 'ROME SAUVÉE, / OU / CATILINA, / TRAGÉDIE. / *Repréſentée à Paris en Février* 1752. / AVER-'; [314]

Avertissement; 315-323 Préface; [324] Personnages; [325]-402 Catilina, ou Rome sauvée, tragédie.

A revised edition of w56, produced with Voltaire's participation.

Taylor: V1 1757 (9).

W57P

Œuvres de M. de Voltaire. [Paris, Lambert], 1757. 22 vol. 12°. Bengesco iv.63-68; Trapnell 57P; BnC 45-54.

Volume 5: [1] A1r 'ROME / SAUVÉE, / *TRAGEDIE.* / Repréſentée pour la première fois le 24 / Février 1752. / *Tome V.* A'; [2] blank; 3-11 Préface; 12 Acteurs; [13]-83 Rome sauvée, tragédie.

Based in part upon w56 and produced with Voltaire's participation.

Bn: Z 24646.

SO58

Supplément aux œuvres de M. de Voltaire. Londres [Paris, Lambert], 1758. 2 vol. 12°. Bengesco iv.45; BnC 42-44.

Volume 1: [1]-9 Préface; [10] Personnages; [11]-84 Rome sauvée.

Produced by Lambert as a supplement to his 1751 *Œuvres*, this collection reproduces his separate edition of *Rome sauvée* (53P). Half of the errors in the Latin text of the 'Préface' are corrected.

Bn: Rés. Z Beuchot 16 *bis* (1).

60B

ROME / SAUVÉE, / *TRAGÉDIE* / DE MR. DE VOLTAIRE. / *Repréſentée, pour la premiere fois, à Paris par / les Comédiens Français Ordinaires du Roi, / au mois de Février 1752.* / [*rule, 90 mm*] / *Vincit amor patriæ, laudumque immenſa cupido.* / Virg. Eneid. VI. / [*rule, 89 mm*] / [*woodcut, 52 x 32 mm*] / A BERLIN, / Chez ÉTIENNE DE BOURDEAUX, Libraire / du Roi & de la Cour. / [*thick-thin rule, 61 mm*] / M. DCC. LX. /

8°. sig. A-G⁴ (G4 presumed blank); pag. 54; $1 signed (– A1); sheet catchwords.

[1] title; [2] Acteurs; [3]-54 Rome sauvée, tragédie.

The text follows that of the 1752 'Bourdeaux' editions.

Taylor: V3 R6 1760 (lacks G4).

61B

ROME / SAUVÉE, / *TRAGÉDIE* / De M. DE VOLTAIRE, / Repréſentée pour la premiere fois à Paris par / les Comédiens Français Ordinaires du Roi, / au mois de Février 1752. | [*rule, 85 mm*] / *Vincet amor Patriæ laudumque immenſa cupido.* / Virg. Eneid. VI. / [*rule, 83 mm*] / [*woodcut, 44 x 30 mm*] / A BERLIN, / Chez ETIENNE de BOURDEAUX, Libraire / du Roi & de la Cour. | [*treble rule, 59 mm*] / M. DCC. LXI. |

8°. sig. A-G⁴; pag. 56; $1 signed (– A1); sheet catchwords.

[1] title; [2] Acteurs; [3]-56 Rome sauvée.

The text follows that of the 1752 'Bourdeaux' editions, probably that of 52B3, see I.177, 321, 363-364v; IV.33, 64, 145.

ImV: D Rome 2/1761/1.

W57G2 (1761?)

Collection complette des œuvres de M. de Voltaire. [Genève, Cramer], 1757. 10 vol. 8°. BnC 69.

Volume 9 (1761?): [313] V5r 'ROME SAUVÉE, / OU / CATILINA, / *TRAGÉDIE.* / *Repréſentée à Paris en Février 1752.* / AVER-'; [314] Avertissement; 315-323 Préface; [324] Personnages; [325]-402 Catilina, ou Rome sauvée, tragédie.

A new edition of W57G1, also dated 1757 but probably published in 1760 or 1761.

Bn: Rés. Z Beuchot 20.

T62

Le Théâtre de M. de Voltaire. Amsterdam, Richoff, 1762-1763. 5 vol. 8°. Bengesco i.88-89; BnC 619.

Volume 3: [265] R5r 'ROME SAUVÉE, / *OU* / CATILINA, /

TRAGEDIE. | *Repréſentée à Paris en Fevrier* 1752.'; [266] Avertisse-
ment; 267-275 Préface; [276] Personnages; 277-342 Catilina, ou Rome
sauvée, tragédie.

Bn: Rés. Z Bengesco 123 (3).

T64A

Le Théâtre de M. de Voltaire. Amsterdam, Richoff, 1764. 5 vol. 12°.

Volume 3: [263] Y4r 'ROME SAUVÉE, | *OU* | CATILINA, |
TRAGEDIE. | *Repréſentée à Paris en Février* 1752.'; [264] Avertisse-
ment; 265-272 Préface; [273] blank; [274] Personnages; 275-340 Catilina, ou Rome sauvée, tragédie.

ImV: BC 1764/1 (3); BL: 11735 aa 1 (3).

T64G

Le Théâtre de M. de Voltaire. Genève, Cramer [*sic*], 1764. 6 vol. 12°.

Volume 5: [117] K5r 'ROME | SΛUVÉE, | *TRAGEDIE.*'; [118]
Acteurs; 119-185 Rome sauvée.

The text of *Rome sauvée* appears to derive from 60B.

Arsenal: Rf 14092 (5).

T64P

Œuvres de théâtre de M. de Voltaire. Paris, Duchesne, 1764. 5 vol. 12°.
Bengesco i.89-90; BnC 620-621.

Volume 4: [1] A1r 'ROME | SAUVÉE, | *OU* | CATILINA, |
TRAGÉDIE | EN CINQ ACTES, | PAR M. DE VOLTAIRE; |
Repréſentée pour la première fois par les | *Comédiens Français ordinaires du*
Roi, | *le 24 Février* 1752. | NOUVELLE ÉDITION, | *Revue & corrigée*
par l'Auteur. | *Tome IV.* A'; [2] blank; 3-4 Avertissement; 5-13 Préface;
14 Personnages; [15]-84 Rome sauvée, tragédie.

The text of *Rome sauvée* in this edition often decried by Voltaire is
generally faithful to the authorised version.

Zentralbibliothek, Luzern: B 2172 (3).

w64g

Collection complette des œuvres de M. de Voltaire. [Genève, Cramer], 1764. 10 vol. 8°. Bengesco iv.60-63; Trapnell 64, 70G; BnC 89.

Volume 9: [339] Y2r 'ROME SAUVÉE, | OU | CATILINA, | *TRAGÉDIE.* | *Repréſentée à Paris en Février* 1752. | Y2 AVER-'; [340] Avertissement; 341-349 Préface; [350] Personnages; [351]-422 Catilina, ou Rome sauvée, tragédie.

A revised edition of w57g, produced with Voltaire's participation.

Taylor: VF.

w64r

Collection complette des œuvres de M. de Voltaire. Amsterdam, Compagnie [Rouen, Machuel?], 1764. 22 tomes in 18 vol. 12°. Bengesco iv. 28-31; Trapnell 64r; BnC 145-148.

A reissue of w48r (see above, under 1752).

t66

Le Théâtre de M. de Voltaire. Amsterdam, Richoff, 1766. 6 vol. 12°.

Volume 3: [267] M2r 'CATILINA, | *OU* | ROME SAUVÉE, | *TRAGÉDIE.* | *Repréſentée à Paris en Février 1752.* | M2'; [268] Avertissement; 269-277 Préface; [278] Personnages; 279-344 Catilina, ou Rome sauvée, tragédie.

University of Aberdeen Library: MH 84256 T (3).

t67

Œuvres de théâtre de M. de Voltaire. Paris, Duchesne, 1767. 7 vol. 12°. Bengesco i.90; BnC 622-625.

A new issue of the sheets of t64p, with some cancels, revised sheets and new texts. The only change affecting *Rome sauvée* appears in the errata and concerns iv.391.

Bn: Rés. Yf 3390.

T68

Le Théâtre de M. de Voltaire. Amsterdam, Richoff, 1768. 6 vol. 12°. Bengesco i.90; BnC 626.

A new issue of the sheets of T66.

Bn: Yf 4259.

w68

Collection complette des œuvres de M. de Voltaire. [Genève, Cramer; Paris, Panckoucke], 1768-1777. 30 vol. 4°. Bengesco iv.73-83; Trapnell 68; BnC 141-144.

Volume 3: [422] Avertissement [to *Rome sauvée*]; [423] Ggg4r 'ROME SAUVÉE, / OU / CATILINA, / *TRAGÉDIE.* / [rule, 119 mm] / *Repréfentée à Paris en Février 1752.* / [rule, 118 mm]'; 424-429 Préface; [430] Personnages; 431-500 Catilina, ou Rome sauvée, tragédie.

Volumes 1-24 were of this edition were produced by Cramer, under Voltaire's supervision. The text of *Rome sauvée* follows that of w64G.

Bn: Rés. m Z 587 (4); Taylor: VF.

T70

Le Théâtre de M. de Voltaire. Amsterdam: Richoff, 1770. 6 vol. 12°. Bengesco i.90; BnC 627.

Volume 3: [267] M2r 'CATILINA, / *OU* / ROME SAUVÉE, / *TRAGÉDIE,* / *Repréfentée à Paris en Février 1752.* / M2'; [268] Avertissement; [269]-277 Préface; [278] Personnages; 279-344 Catilina, ou Rome sauvée, tragédie.

Reproduces the text of T66.

Bn: Yf 4265.

W70G

Collection complette des œuvres de M. de Voltaire. [Genève, Cramer], 1770. 10 vol. 8°. Bengesco iv.60-63; Trapnell 64, 70G; BnC 90-91.

Volume 9: [339] Y2r 'ROME SAUVÉE, / OU / CATILINA, /

TRAGÉDIE. | Repréſentée à Paris en Février 1752.'; [340] Avertisse-
ment; 341-349 Préface; [350] Personnages; [351]-422 Catilina, ou
Rome sauvée. Tragédie.

A new edition of w64G, with no changes to *Rome sauvée*.

Bn: Z 24752; Taylor: V1 1770G/1.

W70L (1772)

Collection complette des œuvres de M. de Voltaire. Lausanne, Grasset,
1770-1781, 57 vol. 8°. Bengesco iv. 83-89; Trapnell 70L; BnC 149-
150

Volume 16 (1772): [291] T2r 'CATILINA, | *OU* | ROME SAUVÉE, |
TRAGÉDIE. | Repréſentée à Paris en Février 1752. | T2'; [292]
Avertissement; 293-301 Préface; [302] Personnages; 303-376 Catilina,
ou Rome sauvée, tragédie.

Some volumes, particularly the theatre, were produced with Voltaire's
participation. The text of *Rome sauvée* follows w64G, with different
readings at I.163; II.39, 284, 297-298; IV.16, 120-121.

Taylor: V1 1770L (16).

W71 (1772)

Collection complète des œuvres de M. de Voltaire. Genève [Liège, Plom-
teux], 1771-1777. 32 vol. 8°. Bengesco iv.89-91; Trapnell 71; BnC
151.

Volume 3 (1772): [356] Avertissement [to *Rome sauvée*]; [357] P11r
'ROME SAUVÉE, | OU | CATILINA, | *TRAGEDIE,* | [ornamented
rule, 66 mm] | *Repréſentée à Paris en Février 1752.* | [ornamented rule,
66 mm]'; 358-364 Préface; [365] Personnages; 366-418 Catilina, ou
Rome sauvée, tragédie.

Reprints the text of w68 or w75G. No evidence of Voltaire's participation.

Taylor: VF.

W72X

Collection complette des œuvres de M. de Voltaire. [Genève, Cramer?], 1772. 10 vol. 8°. Bengesco iv.60-63; Trapnell 72x; BnC 92-110.

Volume 9: [321] X1r 'ROME SAUVÉE, / OU / CATILINA, / *TRAGÉDIE*. / *Repréſentée à Paris en Février 1752*. / *Théâtre*. Tome III. X'; [322] Avertissement; 323-331 Préface; [332] Personnages; [333]-396 Catilina, ou Rome sauvée, tragédie.

A new edition of w70G, probably printed for Cramer, but there is no evidence of Voltaire's participation.

Bn: 16° Z 15081 (9).

T73L

Théâtre complet de Mr de Voltaire. Amsterdam, Libraires associés, 1773. 10 vol. 12°.

Volume 5: [1] A1r 'CATILINA, / OU / ROME SAUVÉE, / *TRAGÉ-DIE*. / [*rule, 60 mm*] / *Repréſentée à Paris en Février 1752*. / [*rule, 59 mm*] / *Tome V*. A'; [2] Avertissement; 3-11 Préface; [12] Personnages; [13]-89 Catilina, ou Rome sauvée, tragédie.

Zentralbibliothek, Solothurn: Qb 2566 (5).

W71P (1773)

Œuvres de M. de V.… Neufchatel [Paris, Panckoucke], 1771-1777. 34 or 40 vol. 8° and 12°. Bengesco iv.91-94; Trapnell 72P; BnC 152-157.

Théâtre, volume 4 (1773): [1] A1r 'ROME SAUVÉE, / *OU* / CATILINA, / *TRAGÉDIE*; / *Repréſentée pour la première fois à Paris*, en *Février 1752*. / Th. *Tome IV*. A'; [2] blank; 3-13 Préface; [14] Personnages; [15]-88 Catilina, ou Rome sauvée, tragédie.

Arsenal: Rf 14095 (4).

W75G

La Henriade, divers autres poèmes et toutes les pièces relatives à l'épopée. [Genève, Cramer & Bardin], 1775. 37 vol. (40 vol. with the *Pièces détachées*). 8°. Bengesco iv.94-105; Trapnell 75G; BnC 158-161.

Volume 5: [1] A1r 'ROME SAUVÉE, / OU / CATILINA, / *TRAGÉ-DIE*. / [*rule, 75 mm*] / *Repréſentée à Paris en Février* 1752. / [*rule, 75 mm*] / *Théatre*. Tom. IV. A'; [2] Avertissement; 3-11 Préface; [12] Personnages; 13-84 Catilina, ou Rome sauvée, tragédie.

The *encadrée* edition was the last to be produced under Voltaire's supervision and provides the base text for the present edition. The text of *Rome sauvée* differs from that printed in w68 at II.80, 287, III.107 and v.6. There are no changes to *Rome sauvée* in the St Petersburg copy corrected by Voltaire.

Taylor: VF.

w75x

Œuvres de Mr de Voltaire. [Lyon?], 1775. 37 vol. (40 vol. with the *Pièces détachées*). 8°. Bengesco 2141; BnC 162-163.

Volume 5: [1] A1r 'ROME SAUVÉE, / *OU* / CATILINA, / *TRAGÉ-DIE*, / [*rule, 78 mm*] / *Repréſentée à Paris en Février* 1752. / [*rule, 78 mm*] / *Théatre*. Tom. IV. A'; [2] Avertissement; 3-11 Préface; [12] Personnages; 13-84 Catilina, ou Rome sauvée, tragédie.

An imitation of w75G, but with texts drawn from a variety of sources. Voltaire was aware of this edition, but there is as yet no evidence that it was prepared with his participation. In the case of *Rome sauvée*, w75x reproduces w75G.

Taylor: VF.

t76G

Théâtre complet de monsieur de Voltaire. Genève, 1776. 9 vol. 8°.

A reissue of the sheets of w75G under a title-page possibly produced by the printer of w75x.

Queen Mary and Westfield College, London: 8605.

t76x

Théâtre complet de monsieur de Voltaire. 1776. 7 vol. 8°.

Volume 3: [1] A1r 'ROME SAUVÉE, / *OU* / CATILINA, / *TRAGÉ-*

DIE. | [*rule, 74 mm*] | *Repréſentée à Paris en Février 1752.* | [*rule, 74 mm*] | *Théat. Tom. III.* A'; [2] Avertissement; [3]-12 Préface; 12 Personnages; [13]-85 Catilina, ou Rome sauvée, tragédie.

Arsenal: Rf 14096 (3).

T77

Théâtre complet de M. de Voltaire. Amsterdam, Libraires associés, 1777. 11 vol. 12°.

Volume 5: [85] D7r 'CATILINA, | *OU* | ROME SAUVÉE, | *TRAGÉ-DIE;* | *Repréſentée à Paris en février* 1752.'; [86] Avertissement; 87-95 Préface; [96] Acteurs; 97-174 Catilina, ou Rome sauvée, tragédie.

An edition based on w70L.

Stockholm: Litt. Fr. Dram.

K84

Œuvres complètes de Voltaire. [Kehl], Société littéraire-typographique, 1784-1789. 70 vol. 8°. Bengesco 2142; BnC 164-193.

Volume 4: [165] L3r 'ROME SAUVÉE, | OU | CATILINA, | TRAGÉDIE. | Repréſentée, pour la première fois, le | 24 février 1752. | L3'; [166] blank; [167]-169 Avertissement des editeurs; [170]-179 Preface; [180] Personnages; [181]-249 Catilina, ou Rome sauvée, tragédie; [250]-266 Variantes de Rome sauvée; 266-268 Notes.

The first issue of the Kehl edition. Another octavo edition appeared in 1785, as did a duodecimo version.

For a discussion of the variants published by the Kehl editors (siglum: K*var*), see above, p.77, n.114.

Taylor: VF.

11. *Translations*

Unlike many of Voltaire's plays, *Rome sauvée* was not widely translated. This list of translations is not exhaustive; further information will be found in various specialised books and articles devoted to Voltaire bibliography. [152]

English

Rome preserv'd. A tragedy. Translated from the French of M. De Voltaire, London, John Curtis, 1760. pag. 60.

Catilina, a tragedy, in *The Dramatic works of Mr de Voltaire*, London 1761-1763, vii.1-93. Translated by T. Smollett and others.

Italian

Roma salvata, in *Tragedie di Saverio Bettinell*, Bassano 1771, p. [263]-332.

Roma salvata, in *Raccolta compiuta delle tragedie del sig. di Voltaire* [...] *edizione seconda veneta*, Venezia 1783, ii.

There were two further editions. The third was issued in Venice in 1791 and the fourth, also in Venice, in 1804.

---

[152] Sources consulted include: Hywel Berwyn Evans, 'A provisional bibliography of English editions and translations of Voltaire', *Studies* 8 (1959), p.9-121, no.483; Theodore Besterman, 'A provisional bibliography of Italian editions and translations of Voltaire', *Studies* 18 (1961), p.269; Francisco Lafarga, *Voltaire en Espagne (1734-1835)*, Studies 261 (1989), p.97-100, 178; Jeroom Vercruysse, 'Bibliographie provisoire des traductions néerlandaises et flamandes de Voltaire', *Studies* 116 (1973), p.47; Hans Fromm, *Bibliographie Deutscher Übersetzungen aus dem Französischen 1700-1948* (Baden-Baden 1950-1953), p.276-77; Paul Wallich and Hans von Müller, *Die Deutsche Voltaire-Literatur des achtzehnten Jahrhunderts* (Berlin 1921).

Spanish

Roma salvada ó Catilina, in *Obras completas de Voltaire*, Valencia 1894, iv.[989]-1001.

Dutch

Katilina, of Rome gered; treurspel, in vyf bedryven, Amsterdam, Pieter Johannes Uylenbroek, 1802, pag. x.74. Translated by H. Tollens.

12. *Editorial principles*

The base text is W75G. Variants are drawn from MS1, MS2, MS3 and the following editions: 52B1, 52B2, 52B3, 52A, 53D1, 53D2, 53P, W52, 55A, W56, W57P, 60B, 61B, W68 and, in a few instances where their interest merits inclusion, W64G and W70L. Unless otherwise stated the siglum 52B1 indicates also 52B2, 52B3, 52A, 60B and 61B; 53D1 indicates also 53D2 and W52; and 53P indicates also 55A. Misprints and differences in punctuation are not recorded.

Modernisation of the base text

The spelling of the names of persons and places in the base text has been respected with one exception: at III.279 Manlius has been changed to Mallius for conformity with the rest of the text (Manlius is historically correct). Italic has not been used for the names of persons.

The punctuation of the base text has been retained with the following exception: hanging quotation marks at the beginning of each line have been replaced by opening and closing quotation marks.

The following aspects of orthography and grammar in the bast text have been modified to conform to modern usage:

1. Consonants
   - the consonant *p* was not used in: tems, nor in its compound: longtems
   - the consonant *t* was not used in syllable endings -*ans* and -*ens*: expirans, momens, sanglans, etc.

- double consonants were used in: allarme, appellés, appercevra, fidelle (but also: fidèle), infidelle, jettant, rejetton, renouvellé
- a single consonant was used in: couroux, embrase, falu, poura, pourons, tranquile (but also: tranquille)
- the archaic form was used in: domté, étendart, hazard, hazarder, indomtable, promte

2. Vowels

- y was used in the place of i in: ayent, ayeux, enyvré, satyriques

3. Accents

The acute accent

- was used in place of the grave in: fidélement, piéce, piége, siécle, siége
- was not used in: deshonore

The circumflex accent

- was used in: avoûrai, coûte, plûpart, toûjours,
- was not used in: ame, abime, idolatre, infame, théatral, théatre

The dieresis

- was used in: éblouïr, évanouïssez, il avouë, païs, poëme, poësie, poëte, ruïnes

4. Capitalisation

- initial capitals were attributed to adjectives denoting nationality and to: Consul, Consulat, Dictateur, Dieux, Empire, Etat, Magistrats, Rois, République, Sénat, Seigneur, Sénateurs, Souverains

5. Points of grammar

- agreement of past participles was not consistent
- the final s was not used in the second person singular of the imperative: appren, condui, connai, di, voi, etc.
- the plural in -x was used in: loix

6. Various

- the ampersand was used
- the circumflex was used as an artifice in the future tense: avoûrai
- the hyphen was used in: grand-homme, par-là, si-tôt

Modernisation of quotations

The spelling, but not the punctuation, of quotations from printed sources has been modernised, except where a specific critical edition is used, in which case the spelling of the edition is followed.

ROME SAUVÉE,

OU

CATILINA,

TRAGÉDIE.

Représentée à Paris en février 1752.

AVERTISSEMENT

Cette pièce est fort différente de celle qui parut en 1752 à Paris sous le même titre. Des copistes l'avaient transcrite aux représentations, et l'avaient toute défigurée. Leurs omissions étaient remplies par des mains étrangères. Il y avait une centaine de vers qui n'étaient pas de l'auteur. On fit de cette copie infidèle une édition furtive. Cette édition était défectueuse d'un bout à l'autre, et on ne manqua pas de l'imiter en Hollande avec beaucoup plus de fautes encore. L'auteur a soigneusement corrigé la présente édition faite sous ses yeux; il y a même changé des scènes entières. On ne cessera de répéter que c'est un grand abus que les auteurs soient imprimés malgré eux. Un libraire se hâte de faire une mauvaise édition d'un livre qui lui tombe entre les mains, et ce libraire se plaint ensuite, quand l'auteur, auquel il a fait tort, donne son véritable ouvrage. Voilà où la littérature en est réduite aujourd'hui.

a-15   53BI-W52, 53P, W57P, SO58, absent (added in 53DI)
a   53DI: Avis au lecteur
1   53DI: parut il y a plus d'un an en
9   53DI: faite à Leipzik par son ordre et sous

PRÉFACE

Deux motifs ont fait choisir ce sujet de tragédie, qui paraît impraticable et peu fait pour les mœurs, pour les usages, la manière de penser et le théâtre de Paris.

On a voulu essayer encore une fois, par une tragédie sans déclarations d'amour, de détruire les reproches que toute l'Europe savante fait à la France, de ne souffrir guère au théâtre que les intrigues galantes; et on a eu surtout pour objet de faire connaître Cicéron aux jeunes personnes qui fréquentent les spectacles.

Les grandeurs passées des Romains tiennent encore toute la terre attentive, et l'Italie moderne met une partie de sa gloire à découvrir quelques ruines de l'ancienne. On montre avec respect la maison que Cicéron occupa. Son nom est dans toutes les bouches, ses écrits dans toutes les mains. Ceux qui ignorent dans leur patrie quel chef était à la tête de ses tribunaux il y a cinquante ans, savent en quel temps Cicéron était à la tête de Rome. Plus le dernier siècle de la république romaine a été bien connu de nous, plus ce grand homme a été admiré. Nos nations modernes trop tard civilisées ont eu longtemps de lui des idées vagues ou fausses. Ses ouvrages servaient à notre éducation; mais on ne savait pas jusqu'à quel point sa personne était respectable. L'auteur était superficiellement connu; le consul était presque ignoré. Les lumières que nous avons acquises, nous ont appris à ne lui comparer aucun des hommes, qui se sont mêlés du gouvernement, et qui ont prétendu à l'éloquence.

a-200   53B1, absent (added in 53D1)
4-5   53P: fois de détruire
5-6   53P: reproches que fait toute l'Europe savante à
7   53P: intrigues d'amour et
9   53P: passées de Rome tiennent
9-10   53P: encore la terre attentive, l'Italie

Il semble que Cicéron aurait été tout ce qu'il aurait voulu être.   25
Il gagna une bataille dans les gorges d'Issus, où Alexandre avait
vaincu les Perses. 1 Il est bien vraisemblable, que s'il s'était donné
tout entier à la guerre, à cette profession qui demande un sens
droit et une extrême vigilance, il eût été au rang des plus illustres
capitaines de son siècle; mais comme César n'eût été que le second   30
des orateurs, Cicéron n'eût été que le second des généraux. Il
préféra à toute autre gloire celle d'être le père de la maîtresse du
monde; 2 et quel prodigieux mérite ne fallait-il pas à un simple
chevalier d'Arpinum, pour percer la foule de tant de grands
hommes, pour parvenir sans intrigue à la première place de   35
l'univers, malgré l'envie de tant de patriciens, qui régnaient à
Rome? 3

Ce qui étonne surtout, c'est que dans le tumulte et les orages
de sa vie, cet homme toujours chargé des affaires de l'Etat et de
celles des particuliers, trouvât encore du temps pour être instruit   40

---

25   53P: Il me semble
27   w70L: Perses et il soumit deux provinces à l'empire romain. Il
38   53P: Ce qui m'étonne

---

1 Cicero saw military service during the so-called Social War (91-88 BC). He
served on the staff of Pompeius Strabo, where it has been speculated that he first
met Pompey, his general's son, and Catiline; see Elizabeth Rawson, *Cicero, a portrait*
(London; Ithaca, NY 1975), p.16. Cicero then served in Sulla's ranks in Campania.
Issus was the site in 333 BC of a battle in which Alexander defeated a Persian army
under Darius III. Under the rubric 'P' la préface de la piè[ce] Rome Sauvée' Voltaire
recorded in his notebooks: 'Cicéron eût été guerrier s'il avoit voulu car il étoit
vigilant, et habile. Il gagna une bataille au même endroit où Alexandre avoit vaincu
les perses, à Issus, qui erat, dit il à Atticus, paulo melior imperator quam tu et ego.
Mais il n'eût eu peut être qu'une gloire obscure, comme Metellus, Petreius, Cintius
et tant d'autres'. The next leaf contains two further entries on the subject: 'Metellus,
Petreius, etc. Cent généraux moins célèbres que luy'; and 'Il a gagné une bataille
et a méprisé cette gloire' (Voltaire 82, p.449-51).
2 An allusion to his title of 'pater patriae'; see above, p.31.
3 On Cicero's origins and the rarity of a man of the equestrian order ascending
to the consulship, see above, p.25.

à fond de toutes les sectes des Grecs, et qu'il fût le plus grand philosophe des Romains, aussi bien que le plus éloquent. Y a-t-il dans l'Europe beaucoup de ministres, de magistrats, d'avocats même un peu employés, qui puissent, je ne dis pas expliquer les admirables découvertes de Newton, et les idées de Leibnitz, comme Cicéron rendait compte des principes de Zénon, de Platon et d'Epicure,⁴ mais qui puissent répondre à une question profonde de philosophie?

Ce que peu de personnes savent, c'est que Cicéron était encore un des premiers poètes d'un siècle où la belle poésie commençait à naître. Il balançait la réputation de Lucrèce. Y a-t-il rien de plus beau que ces vers qui nous sont restés de son poème sur Marius, et qui font tant regretter la perte de cet ouvrage?

> *Hic Jovis altisoni subitò pinnata satelles,*
> *Arboris è trunco, serpentis saucia morsu,*
> *Ipsa feris subigit transfigens unguibus anguem*
> *Semanimum, et varia graviter cervice micantem:*
> *Quem se intorquentem lanians, rostroque cruentans,*
> *Jam satiata animos, jam duros ulta dolores*

45 42   53P: Romains, ainsi que l'orateur le plus
44-46   53P: expliquer les principes de Descartes ou de Newton, comme Cicéron rendait compte de ceux de Zénon,
49   53P: peu de gens savent
54   53D1, 53P, W56, K: Sic Jovis
53D1, 53P, W56: pennata
56   53D1, 53P, W56: Subjugat ipsa feris
53D2: inguibus
57   53D2, 53P, W56: Semianimum

⁴ Voltaire no doubt had in mind Cicero's *Disputationes tusculanae*, as translated by the abbé d'Olivet.

PRÉFACE

Abjicit efflantem, et laceratum affligit in undas,　　　　60
Seque obitu a solis nitidos convertit ad ortus.[5]

Je suis de plus en plus persuadé, que notre langue est impuissante
à rendre l'harmonieuse énergie des vers latins comme des vers
grecs; mais j'oserai donner une légère esquisse[6] de ce petit tableau,
peint par le grand homme que j'ai osé faire parler dans *Rome*　　65
sauvée, et dont j'ai imité en quelques endroits les *Catilinaires*.

```
60    53D1, w56:  et moribundum affligit
      53P:   et laniatum affligit
      53D1, 53P, w56:  in unda
61    53D1, 53P, w56, absent
```

[5] The full text of Cicero's semi-historical poem on the life of his fellow-
townsman and political and military leader Gaius Marius (*c.* 157-86 BC) has not
survived, but Cicero included an excerpt of thirteen lines from it in *De divinatione*
(i.106 ff.) and one line in *De legibus* (i.i.1). G. B. Townend has noted that the
omen of the eagle and serpent is based on a famous passage of Homer (*Iliad*,
xii.200-229) and that 'Cicero had modelled his treatment largely on Ennius, as the
master of Roman epic' (*Cicero*, ed. T. A. Dorey, London 1964, p.123). Voltaire
chose to use only the first eight lines in his demonstration of Cicero's poetic
powers. All but the eighth are included in the notebook entry mentioned in note
1. Minor variants exist between this entry and the text of the first edition of the
'Préface'.

[6] Voltaire tried his hand at translating this excerpt before he recorded the Latin
text in his notebooks: the recto of the leaf bearing Cicero's original contains
Voltaire's apparent first attempt at a rendering of it in French, in this instance into
ten lines (Voltaire 82, p.448):

> Ainsi par un serpent de la terre élancé
> L'oiseau de Jupiter est quelquefois percé blessé.
> Il s'élance dans l'air, il emporte, il dévore
> L'ennemy menaçant qui le combat encore.
> Il le perce, il le tient sous ses ongles vainqueurs,
> Il déchire sa proye, il vange ses douleurs.
> Le monstre tout sanglant en expirant se débat, se replie.
> Il exhale en poisons les restes de sa vie,
> Et l'aigle sanglant, fier et victorieux
> Le rejette, s'envole, et plane au haut des cieux.

Tel on voit cet oiseau, qui porte le tonnerre,
Blessé par un serpent élancé de la terre:
Il s'envole, il entraîne au séjour azuré
L'ennemi tortueux dont il est entouré.   70
Le sang tombe des airs, il déchire, il dévore
Le reptile acharné qui le combat encore;
Il le perce, il le tient sous ses ongles vainqueurs;
Par cent coups redoublés il venge ses douleurs.
Le monstre en expirant se débat, se replie;   75
Il exhale en poisons les restes de sa vie,
Et l'aigle tout sanglant, fier et victorieux,
Le rejette en fureur, et plane au haut des cieux.

Pour peu qu'on ait la moindre étincelle de goût, on apercevra
dans la faiblesse de cette copie la force du pinceau de l'original. 80
Pourquoi donc Cicéron passe-t-il pour un mauvais poète? Parce
qu'il a plu à Juvénal de le dire, parce qu'on lui a imputé un vers
ridicule,

> *O fortunatam natam me consule Romam!*[7]

C'est un vers si mauvais, que le traducteur, qui a voulu en   85
exprimer les défauts en français, n'a pu même y réussir:

76   53P: le reste de
85   53P: qui en a voulu
86   53P: n'a pu y

---

[7] The line is taken from Cicero's autobiographical poem *De consulatu*, written
in 60 BC. As Townend has noted, the line 'inevitably invited criticism by its
excessive assonance as well as its pomposity (Quintilian, ix.4.41; Juvenal, *Satires*,
10.122)' (*Cicero*, ed. Dorey, p.119). He shares the view that the line may not even
be by Cicero. Walter Allen has argued that there is no contemporary evidence that
the line as usually quoted was associated with Cicero. He further argues that *natam*
did not form part of the original line, that the pronoun was originally not *me* but
te, and that the line was addressed to Cicero by one of the deities of the epic
apparatus, in some form such as 'O fortunatam, Tulli, te consule Romam' (W. Allen,
'O fortunatam natam', *Transactions of the American philological association* 87, 1956,
p.136).

O Rome fortunée
Sous mon consulat née!

ne rend pas à beaucoup près le ridicule du vers latin.

Je demande s'il est possible que l'auteur du beau morceau de 90
poésie que je viens de citer, ait fait un vers si impertinent? Il y a
des sottises qu'un homme de génie et de sens ne peut jamais dire.
Je m'imagine que le préjugé, qui n'accorde presque jamais deux
genres à un seul homme, fit croire Cicéron incapable de la poésie
quand il y eut renoncé. Quelque mauvais plaisant, quelque ennemi 95
de la gloire de ce grand homme, imagina ce vers ridicule, et
l'attribua à l'orateur, au philosophe, au père de Rome. Juvénal
dans le siècle suivant adopta ce bruit populaire, et le fit passer à
la postérité dans ses déclamations satiriques;[8] et j'ose croire que
beaucoup de réputations bonnes ou mauvaises se sont ainsi établies. 100

On impute, par exemple, au père Mallebranche, ces deux vers:

Il fait en ce beau jour le plus beau temps du monde,
Pour aller à cheval sur la terre et sur l'onde.

On prétend qu'il les fit pour montrer qu'un philosophe peut,
quand il veut, être poète. Quel homme de bon sens croira que le 105
père Mallebranche ait fait quelque chose de si absurde? Cependant
qu'un écrivain d'anecdotes, un compilateur littéraire, transmette
à la postérité cette sottise, elle s'accréditera avec le temps; et si le
père Mallebranche était un grand homme, on dirait un jour: Ce
grand homme devenait un sot quand il était hors de sa sphère.[9] 110

On a reproché à Cicéron trop de sensibilité, trop d'affliction
dans ses malheurs. Il confie ses justes plaintes à sa femme et à son

89   53D1:   pas beaucoup [53D2, W52: β]
91-93   53P: impertinent. Cicéron ne pouvait pas dire une sottise. Je

[8] Juvenal, *Satires*, x.122.
[9] Voltaire made the same argument in the notebooks, where the first line of the
Malebranche couplet reads, 'Il fut le plus beau temps du monde' (Voltaire 82,
p.450).

ami,[10] et on impute à lâcheté sa franchise. Le blâme qui voudra d'avoir répandu dans le sein de l'amitié les douleurs qu'il cachait à ses persécuteurs: je l'en aime davantage. Il n'y a guère que les 115 âmes vertueuses de sensibles. Cicéron, qui aimait tant la gloire, n'a point ambitionné celle de vouloir paraître ce qu'il n'était pas. Nous avons vu des hommes mourir de douleur, pour avoir perdu de très petites places, après avoir affecté de dire qu'ils ne les regrettaient pas; quel mal y a-t-il donc à avouer à sa femme et à 120 son ami, qu'on est fâché d'être loin de Rome qu'on a servie, et d'être persécuté par des ingrats et par des perfides? Il faut fermer son cœur à ses tyrans, et l'ouvrir à ceux qu'on aime.

Cicéron était vrai dans toutes ses démarches; il parlait de son affliction sans honte, et de son goût pour la vraie gloire sans détour. 125 Ce caractère est à la fois naturel, haut et humain. Préférerait-on la politique de César, qui dans ses Commentaires dit qu'il a offert la paix à Pompée, et qui dans ses lettres avoue qu'il ne veut pas la lui donner?[11] César était un grand homme; mais Cicéron était un homme vertueux. 130

113   53P: et on lui en fait un crime. Le blâme
117   53P: n'ambitionne point celle
117-118 53P: n'était pas. Il dédaigne cette gloire fausse et honteuse. Nous
120-121 53P: avouer qu'on
122-124 53P: perfides? Cicéron
129-131 53P: César était un héros, Cicéron était un citoyen vertueux. Mais
que ce consul

[10] Cicero's letters to his wife Terentia were published in the *Epistolae ad familiares* and those to his friend Atticus in the *Epistolae ad Atticum*.

[11] Voltaire's source is no doubt Cicero's letters to Atticus. On *c.* 23 March 49 BC Balbus sent Cicero a copy of a letter by Caesar indicating that he hoped to negotiate a peace treaty with Pompey at Brundisium. On 25 March Cicero said in a letter to Atticus that he had just received the contents of a totally contradictory letter in which Caesar informed Qunitus Pedius on the 14th that he intended a military defeat of Pompey at Brundisium (*Epistolae ad Atticum*, ix.13a, 14). Voltaire included an entry on this matter in his notebooks: 'J'aime encor mieux Cicéron qui se plaint tendrement de ses amis infidèles, que César qui dit dans ses commentaires que c'est Pompée qui ne veut pas la paix, et qui avoue dans une de ses lettres, que c'est luy

Que ce consul ait été un bon poète, un philosophe qui savait douter, un gouverneur de province parfait, un général habile, que son âme ait été sensible et vraie, ce n'est pas là le mérite dont il s'agit ici. Il sauva Rome malgré le sénat, dont la moitié était animée contre lui par l'envie la plus violente. Il se fit des ennemis 135 de ceux mêmes dont il fut l'oracle, le libérateur et le vengeur. Il prépara sa ruine par le service le plus signalé que jamais homme ait rendu à sa patrie. Il vit cette ruine, et il n'en fut point effrayé. C'est ce qu'on a voulu représenter dans cette tragédie: c'est moins encore l'âme farouche de Catilina, que l'âme généreuse et noble 140 de Cicéron qu'on a voulu peindre.

Nous avons toujours cru, et on s'était confirmé plus que jamais dans l'idée, que Cicéron est un des caractères qu'il ne faut jamais mettre sur le théâtre. Les Anglais, qui hasardent tout sans même savoir qu'ils hasardent, ont fait une tragédie de la conspiration 145 de Catilina. Ben-Johnson n'a pas manqué, dans cette tragédie historique, de traduire sept ou huit pages des *Catilinaires*, et même il les a traduites en prose, ne croyant pas que l'on pût faire parler Cicéron en vers. [12] La prose du consul, et les vers des autres personnages, font à la vérité un contraste digne de la barbarie du 150 siècle de Ben-Johnson; mais pour traiter un sujet si sévère, dénué de ces passions qui ont tant d'empire sur le cœur, il faut avouer

---

133   53P: sensible, ce
134   w52:   Il sauve Rome
       53P: le sénat même, dont
138   53P: et n'en fut
138-139   53P: effrayé. Voilà ce qu'on
142-143   53P: on pense surtout aujourd'hui plus que jamais que
143   53P: un de ces
150   53P: font un contraste
151   53D1, 53P, w56, w64G, w70L: sévère, si dénué

---

même qui ne la veut pas' (Voltaire 82, p.449).
[12] Jonson's *Catiline* is entirely in verse.

qu'il fallait avoir à faire à un peuple sérieux et instruit, digne en quelque sorte qu'on mît sous ses yeux l'ancienne Rome.

Je conviens que ce sujet n'est guère théâtral pour nous, qui ayant beaucoup plus de goût, de décence, de connaissance du théâtre que les Anglais, n'avons généralement pas des mœurs si fortes. On ne voit avec plaisir au théâtre que le combat des passions qu'on éprouve soi-même. Ceux qui sont remplis de l'étude de Cicéron et de la république romaine, ne sont pas ceux qui fréquentent les spectacles. Ils n'imitent point Cicéron, qui y était assidu. Il est étrange qu'ils prétendent être plus graves que lui. Ils sont seulement moins sensibles aux beaux-arts, ou retenus par un préjugé ridicule. Quelques progrès que ces arts aient faits en France, les hommes choisis qui les ont cultivés, n'ont point encore communiqué le vrai goût à toute la nation. C'est que nous sommes nés moins heureusement que les Grecs et les Romains. On va au spectacle plus par oisiveté que par un véritable amour de la littérature.

Cette tragédie paraît plutôt faite pour être lue par les amateurs de l'antiquité que pour être vue par le parterre. Elle y fut à la vérité applaudie, et beaucoup plus que *Zayre*; mais elle n'est pas d'un genre à se soutenir comme *Zayre* sur le théâtre. Elle est beaucoup plus fortement écrite; et une seule scène entre César et Catilina était plus difficile à faire, que la plupart des pièces où l'amour domine. Mais le cœur ramène à ces pièces; et l'admiration pour les anciens Romains s'épuise bientôt. Personne ne conspire aujourd'hui, et tout le monde aime.

D'ailleurs les représentations de *Catilina* exigent un trop grand nombre d'acteurs, un trop grand appareil.

155
160
165
170
175
180

156   53P: de goût, de politesse, de connaissance
163   55A: lui. La véritable raison en est que les uns sont moins sensibles aux beaux-arts; les autres sont retenus
170-171   53P: par les savants, que pour
171-181   53P: parterre. Les savants n'y trouveront pas
179   w52: les présentations de

PRÉFACE

Les savants ne trouveront pas ici une histoire fidèle de la conjuration de Catilina. Ils sont assez persuadés qu'une tragédie n'est pas une histoire; mais ils y verront une peinture vraie des mœurs de ce temps-là. Tout ce que Cicéron, Catilina, Caton, César ont fait dans cette pièce n'est pas vrai; mais leur génie et leur caractère y sont peints fidèlement. 185

Si on n'a pu y développer l'éloquence de Cicéron, on a du moins étalé toute sa vertu et tout le courage qu'il fit paraître dans le péril. On a montré dans Catilina ces contrastes de férocité et de séduction qui formaient son caractère; on a fait voir César 190 naissant, factieux et magnanime, César fait pour être à la fois la gloire et le fléau de Rome.

On n'a point fait paraître les députés des Allobroges, qui n'étaient point des ambassadeurs de nos Gaules, mais des agents d'une petite province d'Italie soumise aux Romains, [13] qui ne firent 195 que le personnage de délateurs, et qui par là sont indignes de figurer sur la scène avec Cicéron, César et Caton.

Si cet ouvrage paraît au moins passablement écrit, et s'il fait connaître un peu l'ancienne Rome, c'est tout ce qu'on a prétendu, et tout le prix qu'on attend. 200

187 53P: y déployer l'éloquence
189 53P: ce péril.
190 53P: qui forment son
191-192 53P: être la gloire

[13] On the contrary, the Allobroges were a Gallic people and their ambassadors played a role of some consequence in Cicero's victory over Catiline; see above, p.29.

149

PERSONNAGES

Cicéron.	Crassus.
César.	Clodius.
Catilina.	Céthégus.
Aurélie.	Lentulus-Sura.
Caton.	Conjurés.
Lucullus.	Licteurs.

Le théâtre représente d'un côté le palais d'Aurélie, de l'autre le temple de Tellus, où s'assemble le sénat. On voit dans l'enfoncement une galerie qui communique à des souterrains qui conduisent du palais d'Aurélie au vestibule du temple.[1]

a MS2: Acteurs

1-6 MS1: Cicéron. Mr Delanoüe / Caton. Mr Sarasin / Catilina. LeKaïn / César. Mr Grandval / Aurélie. Mlle. Clairon / Cétegus. Mr Dubois / Lentulus. Mr Paulin / Auside. Mr Legrand / Martian. M^r De bonneval / Clodius. Mr Dubreuil / Conjurés, Senateurs, Licteurs – assistants

MS3: Cicéron...consul. Le Kain / César...Senateur. Mr Grandval / Catilina...Senateur. M^r De bellecourt / Caton et Crassus Réunis...Senateurs. Mr Brisard / Martian et Statilius, Réunis, affranchis. M^r D'auberval / Clodius. Mr Blainville / Cetégus. Mr Dubois / Lentulus Sura. Mr Paulin / Auside. Chef des licteurs. Mr Molé / Aurélie. Mlle Dubois / Septime affranchi / Lucullus, Crassus, Conjurés, Senateurs, Licteurs – assistants

7-10 MS1, MS3: La scène est à Rome.

[1] Cf. Lekain's instructions: 'La scene se passe au premier, second et troisième acte dans une gallerie du palais d'Aurélie contiguë au Temple de Tellus; le quatrième et le cinquième acte se passent dans le Temple de Tellus, ou s'assemble le sénat' (*Registre manuscrit*, p.140).

ACTE PREMIER [1]

SCÈNE PREMIÈRE

CATILINA
SOLDATS *dans l'enfoncement.* [2]

Orateur insolent, qu'un vil peuple seconde,
Assis au premier rang des souverains du monde, [3]
Tu vas tomber du faîte où Rome t'a placé.
Inflexible Caton, vertueux insensé,
Ennemi de ton siècle, esprit dur et farouche,   5
Ton terme est arrivé, ton imprudence y touche. [4]
Fier sénat de tyrans, qui tiens le monde aux fers,
Tes fers sont préparés, tes tombeaux sont ouverts.
Que ne puis-je en ton sang, impérieux Pompée,

---

c-d   52B1:   CATILINA *assis, tenant la liste des proscrits.*
d   MS2:   *Soldats dans le fond.*
2   52B1:   des citoyens du

---

[1] 'Dans le commencement du premier acte, le théatre est dans l'obscurité' (Lekain, *Registre manuscrit*, p.141). The lighting does not come on until scene 3.
[2] 'Six soldats dévoués au parti de Catilina, occupent, par égale division, le fonds du Portique' (Lekain, *Registre manuscrit*, p.141). On the staging of the supernumeraries, see above, p.85.
[3] In January 1752 Voltaire altered his opening couplet to avoid repetition of the line 'Assis dans le rang des maîtres de la terre', which apparently appeared twice (D4760). It has now disappeared from both places. Line 1 keeps the reading of D4760; Voltaire's preference for line 2 at that stage was: 'Plébéien qui régis les souverains du monde'.
[4] Cf. Crébillon's characterisation of Caton (*Catilina*, I.ii):
Pour Caton, je n'y vois qu'un courage insensé,
Un faste de vertu qu'on a trop encensé.

Eteindre de ton nom la splendeur usurpée?[5]   10
Que ne puis-je opposer à ton pouvoir fatal,
Ce César si terrible, et déjà ton égal?
Quoi! César comme moi factieux dès l'enfance,
Avec Catilina n'est pas d'intelligence?
Mais le piège est tendu; je prétends qu'aujourd'hui   15
Le trône qui m'attend soit préparé par lui.
Il faut employer tout, jusqu'à Cicéron même,
Ce César que je crains, mon épouse que j'aime.
Sa docile tendresse, en cet affreux moment,
De mes sanglants projets est l'aveugle instrument.   20
Tout ce qui m'appartient doit être mon complice.
Je veux que l'amour même à mon ordre obéisse.
Titres chers et sacrés et de père et d'époux,

11-12   K*var*:
        Mais surtout que ne puis-je à mes vastes desseins
        Du courageux César associer les mains!
11   52B1:   ton éclat fatal,
12   52B1:   Ce César que tu crains, et déjà ton rival!
14   52B1, 55A: n'est point d'intelligence?
19-24   K*var*:
        Il faut que l'artifice aiguise dans mes mains
        Ce fer qui va nager dans le sang des Romains.
        Aurélie à mon cœur en est encor plus chère;
        Sa tendresse docile, empressée à me plaire,
        Est l'aveugle instrument d'un ouvrage d'horreurs.
        Tout ce qui m'appartient doit servir mes fureurs.
20   52A: est l'aveu, l'instrument

[5] The renown of Pompey (106-48 BC) as a brilliant military campaigner derived from his success in ridding the Mediterranean shipping lanes in 67 of the Cretan pirates who had been preying on Roman vessels, and from his conclusion of the Mithridatic wars by his defeat of Mithridates VI of Pontus in 63. The allusion to a 'splendeur usurpée' refers to the fact that Pompey's victory over the pirates followed on that of Metellus Creticus. It was Pompey, however, who was given a triumph by the senate for his efforts. The rivalry between the two generals was described by Middleton (*Histoire de Cicéron*, i.353-55).

Faiblesses des humains, évanouissez-vous.[6]

SCÈNE II

CATILINA, CÉTHÉGUS, AFFRANCHIS[7] ET SOLDATS *dans le lointain.*

CATILINA

Eh bien, cher Céthégus, tandis que la nuit sombre   25
Cache encor nos destins, et Rome dans son ombre,
Avez-vous réuni les chefs des conjurés?

CÉTHÉGUS

Ils viendront dans ces lieux du consul ignorés,
Sous ce portique même, et près du temple impie,
Où domine un sénat tyran de l'Italie.   30
Ils ont renouvelé leurs serments et leur foi.
Mais tout est-il prévu? César est-il à toi?
Seconde-t-il enfin Catilina qu'il aime?

24 MSI, 52BI, 53P: L'ambition l'emporte: évanouissez-vous.
24c 52BI, absent
26 MSI: nos desseins, et

6 Cf. Corneille, *Rodogune*, II.i: 'Vains fantômes d'Etat, évanouissez-vous.' Voltaire was aware of the similarity, but argued that 'ce mot *évanouissez vous* apartient à tout le monde. Dieu me garde de voler *vains fantômes d'état*! Je ne sçai pas ce que c'est qu'un fantôme d'état. Plus je lis ce Corneille plus je le trouve le père du galimatias aussi bien que le père du téâtre' (D4579).

7 'Les trois affranchis de Cethégus se rangent en scène, à la gauche de leur conducteur' (Lekain, *Registre manuscrit*, p.141).

CATILINA

Cet esprit dangereux n'agit que pour lui-même.

CÉTHÉGUS

Conspirer sans César!

CATILINA

Ah, je l'y veux forcer.   35
Dans ce piège sanglant je veux l'embarrasser.
Mes soldats en son nom vont surprendre Préneste. [8]
Je sais qu'on le soupçonne, et je réponds du reste.
Ce consul violent va bientôt l'accuser;
Pour se venger de lui César peut tout oser.   40
Rien n'est si dangereux que César qu'on irrite; [9]
C'est un lion qui dort, et que ma voix excite.
Je veux que Cicéron réveille son courroux,

35   6OB:
          Conspirer sans César? Tu ne peux t'en passer,
          Il faut qu'il te seconde.
                    CATILINA
                  Ah! je veux l'y forcer.
36   52BI, absent
     MSI, 53P: je vais l'embarrasser.
38   52BI: César est soupçonné, je te réponds
39   MSI: osera l'accuser
40   MSI, 52BI, 53P: César va tout
42   52BI: ma main excite,

[8] See Middleton, *Histoire de Cicéron*, i.289.
[9] Cf. Crébillon, *Catilina*, v.ii: 'Rien n'est si dangereux que César qui se tait.'

Et force ce grand homme à combattre pour nous.

CÉTHÉGUS

Mais Nonnius enfin dans Préneste est le maître;   45
Il aime la patrie, et tu dois le connaître.
Tes soins pour le tenter ont été superflus.
Que faut-il décider du sort de Nonnius?

CATILINA

Je t'entends, tu sais trop que sa fille m'est chère.
Ami, j'aime Aurélie en détestant son père.   50
Quand il sut que sa fille avait conçu pour moi

44   52BI: Et le force lui-même à
    Kvar, between 44 and 44a:
        Crois-moi, quand il verra qu'avec lui je partage
        De ces grands changements le premier avantage,
        La fière ambition qu'il couve dans son cœur
        Lui parlera sans doute avec plus de hauteur.
50   52BI: Aurélie, et ne crains point son
51-70 Kvar:
        Ne me reproche rien: l'amour m'a bien servi.
        C'est chez ce Nonnius, c'est chez mon ennemi.
        Près des murs du sénat, sous la voûte sacrée,
        Que de tous nos tyrans la perte est préparée.
        Ce souterrain secret au sénat nous conduit:
        C'est là qu'en sûreté j'ai moi-même introduit
        Les armes, les flambeaux, l'appareil du carnage.
        Du succès que j'attends mon hymen est le gage,
        L'ami de Cicéron, l'austère Nonnius,
        M'outragea trop longtemps par ses tristes vertus.
        Contre lui-même enfin j'arme ici sa famille;
        Je séduis tous les siens, je lui ravis sa fille;
        Et sa propre maison, par un heureux effort,
        Est un rempart secret d'où va partir la mort.
        Préneste en ce jour même à mon ordre est remise.
        Nonnius, arrêté dans Préneste soumise,
        Saura, quand il verra l'univers embrasé,
        Quel gendre et quel ami le lâche a refusé.

Ce tendre sentiment qui la tient sous ma loi,
Quand sa haine impuissante, et sa colère vaine,
Eurent tenté sans fruit de briser notre chaîne;
A cet hymen secret quand il a consenti,   55
Sa faiblesse a tremblé d'offenser son parti.
Il a craint Cicéron; mais mon heureuse adresse
Avance mes desseins par sa propre faiblesse.
J'ai moi-même exigé, par un serment sacré,
Que ce nœud clandestin fût encore ignoré.   60
Céthégus et Sura sont seuls dépositaires
De ce secret utile à nos sanglants mystères.
Le palais d'Aurélie au temple nous conduit;
C'est là qu'en sûreté j'ai moi-même introduit
Les armes, les flambeaux, l'appareil du carnage.   65
De nos vastes succès mon hymen est le gage.
Vous m'avez bien servi, l'amour m'a servi mieux.
C'est chez Nonnius même, à l'aspect de ses dieux,
Sous les murs du sénat, sous sa voûte sacrée,
Que de tous nos tyrans la mort est préparée.   70

            (aux conjurés qui sont dans le fond.)

Vous, courez dans Préneste, où nos amis secrets
Ont du nom de César voilé nos intérêts;
Que Nonnius surpris ne puisse se défendre.
Vous, près du Capitole allez soudain vous rendre;
Songez qui vous servez, et gardez vos serments.   75

52   52B1: Le tendre
53   52B1: sa douleur injuste et
55   52B1: hymen enfin, quand
61   MS1, 52B1: Toi seul et Lentulus êtes dépositaires
67-68   MS1, 52B1, 53P:
            Plus que nos conjurés mon amour m'a servi:
            C'est à l'aspect des dieux d'un indigne ennemi
70a   52B1: *sont au fond du théâtre.*
72   52B1: leurs intérêts?
75   52B1: Rassemblez en secret vos braves vétérans?

ACTE I, SCÈNE II

(à Céthégus.)

Toi, conduis d'un coup d'œil tous ces grands
                                        mouvements. [10]

SCÈNE III

AURÉLIE, CATILINA

AURÉLIE

Ah! calmez les horreurs dont je suis poursuivie,
Cher époux, essuyez les larmes d'Aurélie.
Quel trouble, quel spectacle, et quel réveil affreux!
Je vous suis en tremblant sous ces murs ténébreux.   80
Ces soldats que je vois redoublent mes alarmes.
On porte en mon palais des flambeaux et des armes!
Qui peut nous menacer? Les jours de Marius,

79 52B1, 55A: Quel trouble, juste ciel! et
    53P: Quels troubles, juste ciel! et
82 MS2: ↑palais des+

[10] 'Les trois soldats de la droite sortent de ce même coté, à la fin du dernier hémistiche du troisième vers de la replique [l.73]. Les trois soldats de la gauche sortent de ce même coté, à la fin du dernier hemistiche du second vers de la replique [l.75]. Les trois affranchis de Cethégus sortent avec luy, par la droite du théatre. [...] N^a. A la fin de la scène seconde du premier acte, il faut déshabiller les six soldats qui ont servi pour Catilina, et leur donner des vétements de licteurs, pour augmenter le nombre de ces derniers' (Lekain, *Registre manuscrit*, p.142, 141).

De Carbon, de Sylla, sont-ils donc revenus?[11]
De ce front si terrible éclaircissez les ombres.   85
Vous détournez de moi des yeux tristes et sombres.
Au nom de tant d'amour, et par ces nœuds secrets,
Qui joignent nos destins, nos cœurs, nos intérêts,
Au nom de notre fils, dont l'enfance est si chère,
(Je ne vous parle point des dangers de sa mère,   90
Et je ne vois hélas! que ceux que vous courez:)
Ayez pitié du trouble où mes sens sont livrés:
Expliquez-vous.

CATILINA

                Sachez que mon nom, ma fortune,
Ma sûreté, la vôtre, et la cause commune,[12]
Exigent ces apprêts qui causent votre effroi.   95
Si vous daignez m'aimer, si vous êtes à moi,
Sur ce qu'ont vu vos yeux observez le silence.
Des meilleurs citoyens j'embrasse la défense.

93   52B1: L'honneur, mon état, la fortune,
95-98 Kvar:
            Exigent ces apprêts qui vous glacent d'effroi;
            Mais vous, si vous songez que vous êtes à moi,
            Tremblez que d'un coup d'œil l'indiscrète imprudence
            Ose de votre époux trahir la confiance.

[11] The reference is to recent periods of Roman history when the basic civil and political order was abandoned, military force was used to control the government of the republic, and autocratic rulers purged Rome of their enemies. Gaius Marius and Gnaius Papirius Carbo (?-82 BC) were the main opponents of Lucius Cornelius Sulla (138-78 BC), whose dictatorship of the years 82-79 not only supplanted the civil governance of the republic but led to the strengthening of the senatorial class at the expense of the equestrian order. It was against the Sullan oligarchy controlling the senate that Catiline rebelled.

[12] This is Lekain's cue for the raising of the stage lighting 'par dégrés insensibles' (*Registre manuscrit*, p.141).

Vous voyez le sénat, le peuple, divisés,
Une foule de rois l'un à l'autre opposés: [13]   100
On se menace, on s'arme; et dans ces conjonctures,
Je prends un parti sage, et de justes mesures.

AURÉLIE

Je le souhaite au moins. Mais me tromperiez-vous?
Peut-on cacher son cœur aux cœurs qui sont à nous?
En vous justifiant vous redoublez ma crainte.   105
Dans vos yeux égarés trop d'horreur est empreinte.
Ciel! que fera mon père alors que dans ces lieux
Ces funestes apprêts viendront frapper ses yeux?
Souvent les noms de fille et de père et de gendre,
Lorsque Rome a parlé, n'ont pu se faire entendre.   110
Notre hymen lui déplut, vous le savez assez.
Mon bonheur est un crime à ses yeux offensés.
On dit que Nonnius est mandé de Préneste.
Quels effets il verra de cet hymen funeste!
Cher époux, quel usage affreux, infortuné,   115
Du pouvoir que sur moi l'amour vous a donné!
Vous avez un parti; mais Cicéron, mon père,
Caton, Rome, les dieux sont du parti contraire.
Peut-être Nonnius vient vous perdre aujourd'hui.

---

100   52BI: Cette foule de rois
101   52BI: L'Italie est en flamme et dans
103   52BI: souhaite moins! mais
108   52BI: Ces horribles apprêts
111   52BI: lui déplaît, vous
114   53P: verra dans cet
119   52BI, 53P: Nonnius va vous

[13] The descendants of the former kings of Rome who made up the patrician
families of the republic.

CATILINA

Non, il ne viendra point, ne craignez rien de lui.   120

AURÉLIE

Comment?

121-130   K*var*:
           Vous nous perdez tous deux; tout sera reconnu.[14]
                         CATILINA
           Croyez-moi, dans Préneste il sera retenu.
                         AURÉLIE
           Qui? mon père! osez-vous... que votre âme amollie...
                         CATILINA
           Vous l'affaiblissez trop: je vous aime, Aurélie;
           Mais que votre intérêt s'accorde avec le mien;
           Lorsque j'agis pour vous ne me reprochez rien:
           Ce qui fait aujourd'hui votre crainte mortelle,
           Sera pour vous de gloire une source éternelle.

[14] It is not easy to determine how much of the base text this variant replaced,
although the resumption at line 131 seems clear. An early state of the *tirade*, i.e.
before September 1751, contained the line: 'Vous nous perdez tous trois je vous
en avertis.' D'Argental, and possibly others, objected to it. Although Voltaire
defended the rhyme *averti* / *démenti*, he revised it and added several lines after it:
           Ne vous aveuglez point, vous nous perdez tous trois.
           Je sçai qu'en vos conseils on compte peu ma voix,
           Qu'on y ménage à peine une épouse timide.
           Je sçai Catilina que ton âme intrépide
           Sacrifiera sans trouble et ta femme et ton fils
           A l'espoir incertain d'accabler ton pays.
           ....
           Tu n'es plus qu'un tiran, tu ne vois plus en moy
           Qu'une épouse tremblante indigne de ta foi.
These lines, with several other changes, were sent to d'Argental on 25 September
1751 with a request that they should be passed to Mme Denis and that she should
have the play recopied (D4579). In the event, this entire speech was later reworked
and none of the above lines survived.

CATILINA

Aux murs de Rome il ne pourra se rendre,
Que pour y respecter et sa fille et son gendre.
Je ne peux m'expliquer, mais souvenez-vous bien,
Qu'en tout son intérêt s'accorde avec le mien.
Croyez, quand il verra qu'avec lui je partage   125
De mes justes projets le premier avantage,
Qu'il sera trop heureux d'abjurer devant moi
Les superbes tyrans dont il reçut la loi.
Je vous ouvre à tous deux, et vous devez m'en croire,
Une source éternelle et d'honneur et de gloire.   130

AURÉLIE

La gloire est bien douteuse, et le péril certain. [15]
Que voulez-vous? pourquoi forcer votre destin?
Ne vous suffit-il pas, dans la paix, dans la guerre,
D'être un des souverains sous qui tremble la terre?
Pour tomber de plus haut où voulez-vous monter?   135
De noirs pressentiments viennnent m'épouvanter.
J'ai trop chéri le joug où je me suis soumise.
Voilà donc cette paix que je m'étais promise,
Ce repos de l'amour que mon cœur a cherché.
Les dieux m'en ont punie, et me l'ont arraché.   140
Dès qu'un léger sommeil vient fermer mes paupières,
Je vois Rome embrasée, et des mains meurtrières,
Des supplices, des morts, des fleuves teints de sang;
De mon père au sénat je vois percer le flanc:

123   w52, absent
125   53P: il saura qu'avec
128   MS2: Ces superbes
130   MS2, 53D2, w52, 53P, w56: d'honneurs et

[15] Cf. Corneille, *Cinna*, I.i: 'La gloire est douteuse, et le péril certain.'

Vous-même environné d'une troupe en furie,   145
Sur des monceaux de morts exhalant votre vie;
Des torrents de mon sang répandus par vos coups,
Et votre épouse enfin mourante auprès de vous.
Je me lève, je fuis ces images funèbres;
Je cours, je vous demande au milieu des ténèbres: 150
Je vous retrouve hélas! et vous me replongez
Dans l'abîme des maux qui me sont présagés.

CATILINA

Allez, Catilina ne craint point les augures;
Et je veux du courage, et non pas des murmures,
Quand je sers et l'Etat, et vous, et mes amis.   155

AURÉLIE

Ah cruel! est-ce ainsi que l'on sert son pays?

146 53D1, 55A: Sur de monceaux [53D2, w52: β]
147 w52: Des larmes de
154 52B1: du carnage, et non point des
154-155 Kvar:
         Etouffez le reproche, et cessez vos murmures;
         Ils me percent le cœur, mais ils sont superflus.
             (*Il prend sur la table le papier qu'il écrivait,
             et le donne à un soldat qu'il fait approcher.*)
         Vous, portez cet écrit au camp de Mallius.
             (*à un autre.*)
         Vous, courez vers Lecca dans les murs de Préneste;
         Des vétérans, dans Rome, observez ce qui reste.
         Allez: je vous joindrai quand il en sera temps;
         Songez qui vous servez, et gardez vos serments.
                                          (*Les soldats sortent.*)
                  AURÉLIE
         Vous me faites frémir; chaque mot est un crime.
                  CATILINA
         Croyez qu'un prompte succès rendra tout légitime:
         Quand je sers

J'ignore à quels desseins ta fureur s'est portée;
S'ils étaient généreux, tu m'aurais consultée: [16]
Nos communs intérêts semblaient te l'ordonner.
Si tu feins avec moi, je dois tout soupçonner.   160
Tu te perdras, déjà ta conduite est suspecte
A ce consul sévère, et que Rome respecte.

CATILINA

Cicéron respecté! lui mon lâche rival!

160   52B1: dois te soupçonner
162a-173   Kvar:
            Je le crains; son génie est au tien trop fatal.
                    CATILINA
            Ne vous abaissez pas à craindre mon rival;
            Allez, souvenez-vous
163   W70L:
            Cicéron respecté! Cicéron mon rival!
            Qui! lui!

[16] This couplet was sent to d'Argental in December 1751 (D4620) to replace an earlier version: 'le nez à la romaine doit être allongé de quelques lignes, car notre Enolie ne dit plus,
            Ne suis-je qu'une esclave au silence réduitte
            Par un maitre absolu dans le piège conduitte?
                            ny
            Une esclave trop tendre, encor trop peu soumise.'
The name Enolie was a curious lapse for Aurélie. See above, p.57, for the difficulties that Voltaire had with her role.

SCÈNE IV

CATILINA, AURÉLIE, MARTIAN *l'un des conjurés.*

MARTIAN

Seigneur, Cicéron vient près de ce lieu fatal.
Par son ordre bientôt le sénat se rassemble: 165
Il vous mande en secret.

AURÉLIE

          Catilina, je tremble
A cet ordre subit, à ce funeste nom.

CATILINA

Mon épouse trembler au nom de Cicéron!
Que Nonnius séduit le craigne et le révère;
Qu'il déshonore ainsi son rang, son caractère;   170
Qu'il serve, il en est digne, et je plains son erreur:
Mais de vos sentiments j'attends plus de grandeur.
Allez, souvenez-vous que vos nobles ancêtres
Choisissaient autrement leurs consuls et leurs maîtres.
Quoi, vous femme et Romaine, et du sang d'un Néron,[17]   175
Vous seriez sans orgueil et sans ambition?

163b   52BI: MARTIAN//
166   52BI, 53D2, 53P: Il prétend vous parler.
170   52BI: Qu'il flétrisse à son gré son rang,
171   MSI, 52BI, 53P: serve, s'il le veut, je plaindrai son
175   52BI, 53P: de Néron

[17] Nero was a cognomen of the Claudia *gens*, one of the great patrician houses
of Rome and a family that had produced two consuls by this time.

Il en faut aux grands cœurs.

AURÉLIE

                    Tu crois le mien timide;
La seule cruauté te paraît intrépide.
Tu m'oses reprocher d'avoir tremblé pour toi.
Le consul va paraître, adieu, mais connais-moi.   180
Apprends que cette épouse à tes lois trop soumise,
Que tu devais aimer, que ta fierté méprise,
Qui ne peut te changer, qui ne peut t'attendrir,
Plus romaine que toi, peut t'apprendre à mourir.

CATILINA

Que de chagrins divers il faut que je dévore!   185
Cicéron que je vois est moins à craindre encore.

177   52B3, 61B: Il ne faut aux
180   52B1: adieu, méconnais-moi:
182   52B1: devrais aimer,

SCÈNE V[18]

CICÉRON *dans l'enfoncement,*
LE CHEF DES LICTEURS,[19] CATILINA

CICÉRON *au chef des licteurs.*

Suivez mon ordre, allez, de ce perfide cœur
Je prétends sans témoin sonder la profondeur.
La crainte quelquefois peut ramener un traître.

CATILINA

Quoi, c'est ce plébéien dont Rome a fait son maître!   190

CICÉRON

Avant que le sénat se rassemble à ma voix,

186b-c 52B1: CICÉRON, CATILINA
186d 52B1, no stage direction
187-190 52B1, absent
188 MS3, 53D1, 53D2, 53P, W56: sans témoins

[18] In June 1750 Voltaire temporarily shifted this scene from the first act to the second in deference to the wishes of the duchesse Du Maine (D4154). The results were unsatisfactory, as he told her: 'La scène de Ciceron avec Catilina étoit digne de votre suffrage, quand elle étoit placée au premier acte, avant que Catilina eût pris les dernières résolutions. Mais quand ces résolutions sont prises, quand l'action est commencée, cette scène renvoyée au second acte ne fait plus le même effet. Ciceron doit soupçonner, avant que le spectateur ait vu Catilina agir. Il est très aisé de remettre les choses en leur lieu. Mais ce ne peut être pour lundy. Ainsi votre altesse aura la bonté, quand elle entendra au second acte ce bavard de Ciceron, de supposer que c'est au premier acte qu'il pérore' (D4159).
[19] 'Six des licteurs préposés à la garde de Cicéron, et précédés de leur chef, se postent sous le portique, par égale division de droite et de gauche; le chef se tient à la tête de l'une des deux divisions' (Lekain, *Registre manuscrit*, p.142).

Je viens, Catilina, pour la dernière fois,
Apporter le flambeau sur le bord de l'abîme,
Où votre aveuglement vous conduit par le crime.

CATILINA

Qui vous?

CICÉRON

Moi.

CATILINA

C'est ainsi que votre inimitié...   195

CICÉRON

C'est ainsi que s'explique un reste de pitié.
Vos cris audacieux, [20] votre plainte frivole,
Ont assez fatigué les murs du Capitole.
Vous feignez de penser que Rome et le sénat
Ont avili dans moi l'honneur du consulat.   200

193   MS1:   J'apporte le flambeau
197-202   Kvar:
          A l'aspect des faisceaux dont le peuple m'honore,
          Je sais quel vain dépit vous presse et vous dévore;
          Je sais dans quel excès, dans quels égarements,
          Vous ont précipité vos fiers ressentiments.
          Concurrent malheureux à cette place insigne,
          Pour me la disputer il en faut être digne.
197   52B1:   cris injurieux,
200   52B1:   avili par moi

[20] Although this wording does not figure in the early editions, Voltaire suggested it in March 1752: 'Ciceron doit dire, (acte 1er) Vos cris *audacieux*, votre plainte frivole, et non pas *injurieux*, qui est répété ailleurs' (to d'Argental, c. 20 March; D4845).

Concurrent malheureux à cette place insigne,
Votre orgueil l'attendait; mais en étiez-vous digne?
La valeur d'un soldat, le nom de vos aïeux,
Ces prodigalités d'un jeune ambitieux,
Ces jeux et ces festins qu'un vain luxe prépare,   205
Etaient-ils un mérite assez grand, assez rare,
Pour vous faire espérer de dispenser des lois
Au peuple souverain qui règne sur les rois?
A vos prétentions j'aurais cédé peut-être,
Si j'avais vu dans vous ce que vous deviez être.   210
Vous pouviez de l'Etat être un jour le soutien:
Mais pour être consul devenez citoyen.
Pensez-vous affaiblir ma gloire et ma puissance,
En décriant mes soins, mon état, ma naissance?
Dans ces temps malheureux, dans nos jours corrompus,   215
Faut-il des noms à Rome? il lui faut des vertus.
Ma gloire (et je la dois à ces vertus sévères)
Est de ne rien tenir des grandeurs de mes pères.
Mon nom commence en moi: de votre honneur jaloux,
Tremblez que votre nom ne finisse dans vous. [21]   220

CATILINA

Vous abusez beaucoup, magistrat d'une année,
De votre autorité passagère et bornée.

203   MS3: de nos aïeux
204   52BI: Les prodigalités
213   52BI: Croyez-vous affaiblir
221   52BI: souverain d'une année,

[21] This couplet is traditionally seen as a rephrasing of Voltaire's well-known reply to the chevalier de Rohan. Sallust (xxxi.7) and Middleton (i.295) both recounted Catiline's attempt to belittle Cicero in the senate by criticising his humble origins.

CICÉRON [22]

Si j'en avais usé, vous seriez dans les fers,
Vous l'éternel appui des citoyens pervers;
Vous, qui de nos autels souillant les privilèges,   225
Portez jusqu'aux lieux saints vos fureurs sacrilèges, [23]
Qui comptez tous vos jours, et marquez tous vos pas,
Par des plaisirs affreux, ou des assassinats; [24]
Qui savez tout braver, tout oser et tout feindre:
Vous enfin, qui sans moi seriez peut-être à craindre,   230
Vous avez corrompu tous les dons précieux, [25]
Que pour un autre usage ont mis en vous les dieux;
Courage, adresse, esprit, grâce, fierté sublime,
Tout dans votre âme aveugle est l'instrument du crime.
Je détournais de vous des regards paternels,   235
Qui veillaient au destin du reste des mortels.

228   52B1:   affreux et des
229   52B1:   oser, tout enfreindre;
      MS2:   qui savez braver tout
233   52B1:   grâces, fierté
235   52B1:   vous mes regards
236   52B1:   aux destins du

[22] Voltaire here summarises the principal elements of Cicero's first oration against Catiline, in which he condemned Catiline's immorality and spoke of his own knowledge of the plot to overthrow the republic and of his command of the political, judicial, and military resources of the republic.

[23] The accusation that Catiline was guilty of a sexual liaison with one of the Vestal virgins, Fabia, half-sister of Cicero's wife Terentia, is mentioned by Sallust (xv.1) and Middleton (i.241).

[24] Cicero's denunciation of Catiline in *Orationes in Catilinam* includes the allegation that Catiline was responsible for the death of his former wife and their son (i.v.28).

[25] Cf. Crébillon, *Catilina*, ii.iii:

Encor, si quelquefois vous daigniez vous contraindre;
Que, mettant à profit tant de dons précieux,
Vous affectassiez moins un orgueil odieux.

Ma voix que craint l'audace, et que le faible implore,
Dans le rang des Verrès ne vous mit point encore; [26]
Mais devenu plus fier par tant d'impunité,
Jusqu'à trahir l'Etat vous avez attenté.   240
Le désordre est dans Rome, il est dans l'Etrurie.
On parle de Préneste, on soulève l'Ombrie. [27]
Les soldats de Sylla de carnage altérés,
Sortent de leur retraite aux meurtres préparés.
Mallius en Toscane arme leurs mains féroces.   245
Les coupables soutiens de ces complots atroces
Sont tous vos partisans déclarés ou secrets;
Partout le nœud du crime unit vos intérêts.
Ah! sans qu'un jour plus grand éclaire ma justice,
Sachez que je vous crois leur chef ou leur complice;   250
Que j'ai partout des yeux, que j'ai partout des mains,
Que malgré vous encore il est de vrais Romains;
Que ce cortège affreux d'amis vendus au crime
Sentira comme vous l'équité qui m'anime.

238   52B1: mit pas encore
244   52B1: au meurtre préparés
246   MS2, MS3, 53D2, 53P, W52, W56: de vos complots
        52B1: de leurs crimes atroces [52B2, 52B3: β]
247   53P: Les rebelles, sont tous vos partisans secrets
        55A: Les rebelles, sont tous partisans secrets
251   MS3, 52B1, 53P: yeux qui percent vos desseins,
        MS2: qu⟨e⟩i ⟨j'ai partout des mains⟩ ↑qui percent vos desseins⁺

[26] As propraetor in Sicily from 73 to 71, Gaius Verres had reputedly despoiled the entire island. It was through his successful prosecution of Verres on the charge of extortion in 70 that Cicero rose to occupy the pre-eminent position in the Roman bar. The affair is treated extensively by Middleton (i.134-47) and is mentioned by Plutarch (*Cicero*, v).

[27] The ancient province of Etruria lay to the west of the Tiber and the Apennines, extending to the sea and including the valley of the Anio. Catiline did indeed have supporters there; Voltaire departed from the historical record in creating disturbances in Umbria and did so clearly for the sake of the rhyme in this couplet.

Vous n'avez vu dans moi qu'un rival de grandeur,   255
Voyez-y votre juge, et votre accusateur,
Qui va dans un moment vous forcer de répondre
Au tribunal des lois qui doivent vous confondre,
Des lois qui se taisaient sur vos crimes passés,
De ces lois que je venge, et que vous renversez.   260

CATILINA

Je vous ai déjà dit, seigneur, que votre place
Avec Catilina permet peu cette audace.
Mais je veux pardonner des soupçons si honteux,
En faveur de l'Etat que nous servons tous deux.
Je fais plus, je respecte un zèle infatigable,   265
Aveugle, je l'avoue, et pourtant estimable.
Ne me reprochez plus tous mes égarements,
D'une ardente jeunesse impétueux enfants;
Le sénat m'en donna l'exemple trop funeste.
Cet emportement passe, et le courage reste.   270
Ce luxe, ces excès, ces fruits de la grandeur,
Sont les vices du temps, et non ceux de mon cœur.[28]

255 52B2: Vous n'avez vu en moi
     52A: Vous ne voyez en moi
257-260 Kvar:
          Les soupçons du sénat sont assez légitimes.
          Je ne veux point vous perdre, et malgré tous vos crimes,
          Je vous protégerai si vous vous repentez;
          Mais vous êtes perdu si vous me résistez.
          A qui parlé-je enfin? faut-il que je vous nomme
          Un des pères du monde, ou l'opprobre de Rome?
          Profitez des moments qui vous sont accordés:
          Tout est entre vos mains; choisissez, répondez.
260 MS2: et que vous outragez.
261 MS2: que ⟨cette⟩ ↑votre⁺ place
267 MS1: reprochez point tous
272 52B1: et non pas de mon cœur

[28] Cf. Crébillon, *Catilina*, I.i: 'Sont de ma politique et non pas de mon cœur.'

Songez que cette main servit la république;
Que soldat en Asie, et juge dans l'Afrique,[29]
J'ai malgré nos excès et nos divisions,   275
Rendu Rome terrible aux yeux des nations.
Moi je la trahirais, moi qui l'ai su défendre?

CICÉRON

Marius et Sylla, qui la mirent en cendre,
Ont mieux servi l'Etat, et l'ont mieux défendu.
Les tyrans ont toujours quelque ombre de vertu;   280
Ils soutiennent les lois avant de les abattre.

CATILINA

Ah! si vous soupçonnez ceux qui savent combattre,
Accusez donc César, et Pompée, et Crassus.[30]
Pourquoi fixer sur moi vos yeux toujours déçus?
Parmi tant de guerriers, dont on craint la puissance,   285

273   52B1: main servait la
274   52B1: Que tribun en Asie, et préteur en Afrique,
277   52B1: moi qui l'ai défendue. [52B2, 52B3: β]

[29] Catiline saw early service as a member of the staff of the consul Gnaeus Pompeius Strabo at the siege of Asculum in 89. He became governor of Africa – modern Tunisia – after obtaining the praetorship in 68. Upon his return to Rome in mid-66, he was accused of extortion during his term of office as provincial governor but was acquitted of the charge. Cf. Crébillon's description of him (*Catilina*, II.iii):
                 Politique, orateur, capitaine, soldat,
                 Vos défauts des vertus ont même encor l'éclat.
[30] Each of whom had already achieved notable successes in the field: Pompey had rid the Mediterranean of pirates and was at this point consolidating his victories in the east; M. Licinius Crassus had secured the republic's safety by his brutal suppression in 71 of the insurrection of slaves led by Spartacus; Caesar had already seen service in Asia, had been military tribune, and had served as quaestor in Further Spain in 68.

Pourquoi suis-je l'objet de votre défiance?
Pourquoi me choisir, moi? par quel zèle emporté?...

CICÉRON

Vous-même jugez-vous, l'avez-vous mérité?

CATILINA

Non, mais j'ai trop daigné m'abaisser à l'excuse;
Et plus je me défends, plus Cicéron m'accuse.   290
Si vous avez voulu me parler en ami,
Vous vous êtes trompé, je suis votre ennemi;
Si c'est en citoyen, comme vous je crois l'être:
Et si c'est en consul, ce consul n'est pas maître,
Il préside au sénat, et je peux l'y braver.   295

CICÉRON

J'y punis les forfaits, tremble de m'y trouver.
Malgré toute ta haine à mes yeux méprisable,
Je t'y protégerai, si tu n'es point coupable:
Fuis Rome, si tu l'es. [31]

CATILINA

C'en est trop; arrêtez.

288   52B1: vous l'avez mérité.
295   52B1: sénat, mais je veux l'y
298   52B1: n'es pas coupable, [52B2: β]

[31] The main element in Cicero's strategy to protect Rome from Catiline was indeed to secure his departure from the city; the first oration against Catiline achieved this end. Voltaire was deliberately faithful to the facts here: 'Ne me faittes point de procez [...] sur ce que Ciceron dit à Catilina. [...] C'est précisément ce que Ciceron a dit de son vivant, ce sont des mots consacrez, et assurément ils sont bien raisonnables' (D4620).

C'est trop souffrir le zèle où vous vous emportez.   300
De vos vagues soupçons j'ai dédaigné l'injure;
Mais après tant d'affronts que mon orgueil endure,
Je veux que vous sachiez que le plus grand de tous
N'est pas d'être accusé, mais protégé par vous.

CICÉRON *seul.*

Le traître pense-t-il, à force d'insolence,   305
Par sa fausse grandeur prouver son innocence?
Tu ne peux m'imposer, perfide, ne crois pas
Eviter l'œil vengeur attaché sur tes pas.

SCÈNE VI[32]

CICÉRON, CATON

CICÉRON

Eh bien, ferme Caton, Rome est-elle en défense?[33]

304   52B1: Est d'être protégé d'un homme tel que vous.
      MS1, 53P, with stage direction: *Il sort.*
      MS2, with stage direction: *Il s'en va.*
304a MS1, 52B1: SCÈNE VI / CICÉRON
304a-308 Kvar, see appendix II, version B (p.273)
308a MS1, 52B1: SCÈNE VII
309   52B1, 53P: sage Caton,

[32] The Kehl editors note that scene 6, between Cicéron and Caton, once preceded scene 5, between Cicéron and Catilina, and that it opened the second act, making the scene between Catilina and Céthégus (that now opens act II) scene 3 of that act; see above, p.77, n.114, and below, appendix II, version B (p.273-76).

[33] 'Quel est l'homme qui prononcera, *eh bien, ferme Caton* comme on prononcerait, *allons, ferme, Caton?* On peut aisément prévenir Le ridicule où un acteur pourait tomber en récitant ce vers' (D4620).

174

CATON

Vos ordres sont suivis. Ma prompte vigilance   310
A disposé déjà ces braves chevaliers,
Qui sous vos étendards marcheront les premiers.
Mais je crains tout du peuple, et du sénat lui-même.

CICÉRON

Du sénat?

CATON

Enivré de sa grandeur suprême,
Dans ses divisions il se forge des fers.   315

CICÉRON

Les vices des Romains ont vengé l'univers.
La vertu disparaît: la liberté chancelle:[34]
Mais Rome a des Catons, j'espère encor pour elle.

310   MS2:   ↑sont⁺
311   52B1:   A dispersé déjà
315   52B1:   Dans la division il
316   Kvar:
            Il est trop vrai, Caton, nous méritons des maîtres;
            Nous dégénérons trop des mœurs de nos ancêtres;
            Le luxe et l'avarice ont préparé nos fers.
            Les vices des Romains
317   52B1:   Je le sais, je le vois, la

[34] Voltaire asked d'Argental to make this change in March 1752 (D4845): 'Je n'aime pas *je le scai, je le vois*. J'aimerais mieux:
            Quand l'honneur est tombé, la liberté chancelle
                            ou
            La vertu disparait, la liberté chancelle.'

CATON

Ah! qui sert son pays sert souvent un ingrat.
Votre mérite même irrite le sénat;   320
Il voit d'un œil jaloux cet éclat qui l'offense.

CICÉRON

Les regards de Caton seront ma récompense.
Au torrent de mon siècle, à son iniquité,
J'oppose ton suffrage, et la postérité.
Faisons notre devoir: les dieux feront le reste.   325

CATON

Eh, comment résister à ce torrent funeste,
Quand je vois dans ce temple aux vertus élevé,
L'infâme trahison marcher le front levé?
Croit-on que Mallius, cet indigne rebelle,
Ce tribun des soldats, subalterne infidèle,   330
De la guerre civile arborât l'étendard,
Qu'il osât s'avancer vers ce sacré rempart,
Qu'il eût pu fomenter ces ligues menaçantes,
S'il n'était soutenu par des mains plus puissantes,
Si quelque rejeton de nos derniers tyrans   335
N'allumait en secret des feux plus dévorants?
Les premiers du sénat nous trahissent peut-être;

319-322   Kvar:
          Que me sert la justice? elle a trop d'ennemis;
          Et je vois trop d'ingrats que vous avez servis.
          Il en est au sénat.
                    CICÉRON
                    Qu'importe ce qu'il pense.
321   52B1: jaloux un mérite qui
       52A: jaloux mérite qui
       52B2, 52B3, 60B, 61B: jaloux un éclat
330   52B1, 53D1, 53P, W56: tribun de soldats

Des cendres de Sylla les tyrans vont renaître.
César fut le premier que mon cœur soupçonna.
Oui, j'accuse César.

CICÉRON

Et moi Catilina.   340
De brigues, de complots, de nouveautés avide,
Vaste dans ses projets, impétueux, perfide,
Plus que César encor je le crois dangereux,
Beaucoup plus téméraire, et bien moins généreux.
Je viens de lui parler, j'ai vu sur son visage, [35]   345

338   52B1:   Sylla, des tyrans
342   Kvar: projets, dans le crime intrépide,
344   52B1, Kvar, between 344 and 345:
       Avec art quelquefois, souvent à force ouverte,
       Vain rival de ma gloire, il conspira [52B2, 52A: conspire] ma perte,
       Aujourd'hui qu'il médite un plus grand attentat,
       Je ne crains rien pour moi, je crains tout pour l'Etat.
345-368 Kvar:
       Je vois sa trahison, j'en cherche les complices:
       Tous ses crimes passés sont mes premiers indices.
       Il faut tout prévenir. Des chevaliers romains
       Déjà du champ de Mars occupent les chemins.
       J'ai placé Pétréius à la porte Colline,
       Je mets en sûreté Préneste et Terracine.
       J'observe le perfide en tout temps, en tous lieux.
       Je sais que ce matin ses amis odieux
       L'accompagnaient en foule au lieu même où nous sommes...
       Martian l'affranchi, ministre des forfaits,
       S'est échappé soudain, chargé d'ordres secrets.
       Ai-je enfin sur ce monstre un soupçon légitime?
                         CATON
       Votre œil inévitable a démêlé le crime;
       Mais surtout redoutez César et Clodius.

[35] Lines 345-348 were among several additions and corrections sent to Mme
Denis during the winter of 1751-1752; the letter containing them has not survived.
Voltaire believed d'Argental to be unaware of the changes and repeated them,
including these lines, in a letter of 8 January 1752 (D4760).

J'ai vu dans ses discours son audace et sa rage,
Et la sombre hauteur d'un esprit affermi,
Qui se lasse de feindre, et parle en ennemi.
De ses obscurs complots je cherche les complices.
Tous ses crimes passés sont mes premiers indices.   350
J'en préviendrai la suite.

CATON

Il a beaucoup d'amis;
Je crains pour les Romains des tyrans réunis.

[line missing]
Clodius implacable en sa sombre furie,
Jaloux de vos honneurs, hait en vous la patrie.
Du fier Catilina tous deux sont les amis.
Je crains pour les Romains trois tyrans réunis.
L'armée est en Asie, et le crime est dans Rome;
Mais pour sauver l'Etat, il suffit d'un grand homme.
        CICÉRON
Sylla poursuit encor cet Etat déchiré;
Je le vois tout sanglant, mais non désespéré.
J'attends Catilina: son âme inquiétée
Semble depuis deux jours incertaine, agitée;
Peut-être qu'en secret il redoute aujourd'hui
La grandeur d'un dessein trop au-dessus de lui.
Reconnu, découvert, il tremblera peut-être.
La crainte quelquefois peut ramener un traître.
Toi, ferme et noble appui de notre liberté,
Va de nos vrais Romains ranimer la fierté;
Rallume leur courage au feu de ton génie,
Et fais, en passant, trembler la tyrannie.

349-356 52B1:
Je préviendrai sa rage.
        CATON
Oui, le crime est dans Rome,
Mais pour sauver l'Etat il suffit d'un grand homme.
        CICÉRON
Si Caton me seconde il suffit de nous deux,
Les méchants réunis en sont moins dangereux.

L'armée est en Asie, et le crime est dans Rome;
Mais pour sauver l'Etat il suffit d'un grand homme.

CICÉRON

Si nous sommes unis, il suffit de nous deux.   355
La discorde est bientôt parmi les factieux.
César peut conjurer, mais je connais son âme;
Je sais quel noble orgueil le domine et l'enflamme.
Son cœur ambitieux ne peut être abattu,
Jusqu'à servir en lâche un tyran sans vertu.   360
Il aime Rome encore, il ne veut point de maître;
Mais je prévois trop bien qu'un jour il voudra l'être.
Tous deux jaloux de plaire, et plus de commander,
Ils sont montés trop haut pour jamais s'accorder.
Par leur désunion Rome sera sauvée.   365
Allons, n'attendons pas que de sang abreuvée,
Elle tende vers nous ses languissantes mains,
Et qu'on donne des fers aux maîtres des humains. [36]

Fin du premier acte.

357   52B1: peut conspirer, mais
359   52B1: Ce cœur
359-360 53P:
        Son cœur est trop altier, ses desseins sont trop grands
        Pour servir de degrés au trône des tyrans
360   52B1: servir un lâche, un tyran
362   MS3, 52B1: il pourra l'être,
363-364 52B1:
        Si le traître l'entraîne en [52B3, 61B: à] son parti fatal,
        S'il se joint à César, il se donne un rival,
368   52B1: fers au reste des

[36] 'Le chef des licteurs quitte le portique, replie ses deux divisions, à trois
hommes d'hauteur, et précéde Cicéron qui sort par la droite du théatre' (Lekain,
Registre manuscrit, p.142).

ACTE II

SCÈNE PREMIÈRE[1]

CATILINA, CÉTHÉGUS

CÉTHÉGUS

Tandis que tout s'apprête, et que ta main hardie
Va de Rome et du monde allumer l'incendie,
Tandis que ton armée approche de ces lieux,
Sais-tu ce qui se passe en ces murs odieux?

CATILINA

Je sais que d'un consul la sombre défiance   5
Se livre à des terreurs qu'il appelle prudence.
Sur le vaisseau public ce pilote égaré
Présente à tous les vents un flanc mal assuré;
Il s'agite au hasard, à l'orage il s'apprête,
Sans savoir seulement d'où viendra la tempête.   10
Ne crains rien du sénat: ce corps faible et jaloux
Avec joie en secret l'abandonne à nos coups.
Ce sénat divisé, ce monstre à tant de têtes,
Si fier de sa noblesse, et plus de ses conquêtes,
Voit avec les transports de l'indignation   15
Les souverains des rois respecter Cicéron.
César n'est point à lui, Crassus le sacrifie.

---

a-120   MS1, 52B1, see appendix II, version A (p.267).

---

[1] In an early state, including that used in the initial performances, this scene was
considerably different; see appendix II.

J'attends tout de ma main, j'attends tout de l'envie.
C'est un homme expirant qu'on voit d'un faible effort
Se débattre et tomber dans les bras de la mort.   20

CÉTHÉGUS

Il a des envieux, mais il parle, il entraîne;
Il réveille la gloire, il subjugue la haine;
Il domine au sénat.

CATILINA

           Je le brave en tous lieux;
J'entends avec mépris ses cris injurieux;
Qu'il déclame à son gré jusqu'à sa dernière heure,   25
Qu'il triomphe en parlant, qu'on l'admire, et qu'il meure.
De plus cruels soucis, des chagrins plus pressants,
Occupent mon courage, et règnent sur mes sens.

CÉTHÉGUS

Que dis-tu? qui t'arrête en ta noble carrière?
Quand l'adresse et la force ont ouvert la barrière,   30
Que crains-tu?

CATILINA

           Ce n'est pas mes nombreux ennemis;
Mon parti seul m'alarme, et je crains mes amis;
De Lentulus-Sura l'ambition jalouse,[2]
Le grand cœur de César, et surtout mon épouse.

[2] Cicero, Sallust and Middleton all state that Lentulus Sura had announced publicly that according to the Sibylline oracle he was the third member of the Cornelian family – after Sulla and Cinna – to whom the kingship and sovereignty of Rome were destined to fall (*Orationes in Catilinam*, III.ii; *Bellum Catilinae*, xlvii.2; *Histoire de Cicéron*, i.284). Crébillon depicts Lentulus as a faithful subordinate of Catiline; see in particular *Catilina*, I.i.

CÉTHÉGUS

Ton épouse? tu crains une femme et des pleurs?   35
Laisse-lui ses remords, laisse-lui ses terreurs;
Tu l'aimes, mais en maître, et son amour docile
Est de tes grands desseins un instrument utile.

CATILINA

Je vois qu'il peut enfin devenir dangereux.
Rome, un époux, un fils partagent trop ses vœux.   40
O Rome, ô nom fatal, ô liberté chérie,
Quoi, dans ma maison même on parle de patrie!
Je veux, qu'avant le temps fixé pour le combat,
Tandis que nous allons éblouir le sénat,
Ma femme, avec mon fils, de ces lieux enlevée,   45
Abandonne une ville aux flammes réservée,
Qu'elle parte, en un mot. Nos femmes, nos enfants,
Ne doivent point troubler ces terribles moments.
Mais César!

CÉTHÉGUS

               Que veux-tu? Si par ton artifice
Tu ne peux réussir à t'en faire un complice,   50
Dans le rang des proscrits faut-il placer son nom?
Faut-il confondre enfin César et Cicéron?

CATILINA

C'est là ce qui m'occupe, et s'il faut qu'il périsse,
Je me sens étonné de ce grand sacrifice.
Il semble qu'en secret respectant son destin,   55
Je révère dans lui l'honneur du nom romain.
Mais Sura viendra-t-il?

37 MS2: et ton amour

CÉTHÉGUS

Compte sur son audace:
Tu sais comme ébloui des grandeurs de sa race,
A partager ton règne il se croit destiné.

CATILINA

Qu'à cet espoir trompeur il reste abandonné.   60
Tu vois avec quel art il faut que je ménage
L'orgueil présomptueux de cet esprit sauvage,
Ses chagrins inquiets, ses soupçons, son courroux.
Sais-tu que de César il ose être jaloux?
Enfin j'ai des amis moins aisés à conduire   65
Que Rome et Cicéron ne coûtent à détruire.
O d'un chef de parti dur et pénible emploi!

CÉTHÉGUS

Le soupçonneux Sura s'avance ici vers toi.

60-62 Kvar:
        Qu'à cet espoir frivole il reste abandonné.
        Conjuré sans génie, et soldat intrépide,
        Il est fait pour servir sous la main qui le guide.
68 53P, after 68:
        Va, prépare en secret le départ d'Aurélie.
        Que des seuls conjurés sa maison soit remplie.
        De ces lieux cependant qu'on écarte ses pas:
        Craignons de son amour les funestes éclats.
        [in 55A, the last two lines given to Catilina]

SCÈNE II

CATILINA, CÉTHÉGUS, LENTULUS-SURA

SURA

Ainsi malgré mes soins et malgré ma prière,
Vous prenez dans César une assurance entière. 70
Vous lui donnez Préneste, il devient notre appui.
Pensez-vous me forcer à dépendre de lui?

CATILINA

Le sang des Scipions n'est point fait pour dépendre. [3]
Ce n'est qu'au premier rang que vous devez prétendre.
Je traite avec César, mais sans m'y confier. 75
Son crédit peut nous nuire, il peut nous appuyer.
Croyez qu'en mon parti s'il faut que je l'engage,
Je me sers de son nom, mais pour votre avantage.

SURA

Ce nom est-il plus grand que le vôtre et le mien?
Pourquoi vous abaisser à briguer ce soutien? 80
On le fait trop valoir, et Rome est trop frappée
D'un mérite naissant qu'on oppose à Pompée.
Pourquoi le rechercher alors que je vous sers?
Ne peut-on sans César subjuguer l'univers?

CATILINA

Nous le pouvons, sans doute, et sur votre vaillance 85

80 MS2, 53DI, 53P, W56, W64G, W68: Pourquoi nous abaisser

[3] Scipio Africanus Major, one of Rome's greatest heroes and conqueror of Hannibal in the Punic wars, belonged, as did Lentulus Sura, to the *gens* Cornelia.

J'ai fondé dès longtemps ma plus forte espérance.
Mais César est aimé du peuple et du sénat;
Politique, guerrier, pontife, magistrat,
Terrible dans la guerre, et grand dans la tribune,[4]
Par cent chemins divers il court à la fortune.   90
Il nous est nécessaire.

SURA

                Il nous sera fatal,
Notre égal aujourd'hui, demain notre rival,
Bientôt notre tyran, tel est son caractère;
Je le crois du parti le plus grand adversaire.
Peut-être qu'à vous seul il daignera céder,   95
Mais croyez qu'à tout autre il voudra commander.
Je ne souffrirai point, puisqu'il faut vous le dire,
De son fier ascendant le dangereux empire.
Je vous ai prodigué mon service et ma foi,
Et je renonce à vous, s'il l'emporte sur moi.   100

CATILINA

J'y consens; faites plus, arrachez-moi la vie,
Je m'en déclare indigne, et je la sacrifie,
Si je permets jamais, de nos grandeurs jaloux,
Qu'un autre ose penser à s'élever sur nous.
Mais souffrez qu'à César votre intérêt me lie;   105
Je le flatte aujourd'hui, demain je l'humilie:
Je ferai plus peut-être; en un mot vous pensez

92   53P: Aujourd'hui votre ami, demain
107-114   53P, absent

4 Caesar had been elected pontifex maximus, or head of the Roman state cult, in 63; his election to the praetorship, or magistracy, dated from the same year. See appendix v for the likely sources of this detail.

Que sur nos intérêts mes yeux s'ouvrent assez.

(à *Céthégus*.)

Va, prépare en secret le départ d'Aurélie;
Que des seuls conjurés sa maison soit remplie. 110
De ces lieux cependant qu'on écarte ses pas;
Craignons de son amour les funestes éclats.
Par un autre chemin tu reviendras m'attendre,
Vers ces lieux retirés où César va m'entendre.

SURA

Enfin donc sans César vous n'entreprenez rien? 115
Nous attendrons le fruit de ce grand entretien.

CATILINA

Allez, j'espère en vous plus que dans César même.

CÉTHÉGUS

Je cours exécuter ta volonté suprême:
Et sous tes étendards à jamais réunir
Ceux qui mettent leur gloire à savoir t'obéir. 120

SCÈNE III⁵

CATILINA, CÉSAR

CATILINA

Eh bien, César, eh bien! toi de qui la fortune

116a-120   53P, absent

⁵ Voltaire defended this scene to d'Argental as early as August 1749: 'Comptez
que la scène de Cesar et de Catilina fera plaisir à tout le monde [...]. Soyez sûr
que tous ceux qui ont un peu de teinture de l'histoire romaine ne seront pas fâchéz
d'en avoir un tableau fidèle' (D3992).

Dès le temps de Sylla me fut toujours commune,
Toi, dont j'ai présagé les éclatants destins,
Toi né pour être un jour le premier des Romains,
N'es-tu donc aujourd'hui que le premier esclave   125
Du fameux plébéien qui t'irrite et te brave?
Tu le hais, je le sais, et ton œil pénétrant
Voit pour s'en affranchir ce que Rome entreprend.
Et tu balancerais? et ton ardent courage
Craindrait de nous aider à sortir d'esclavage?   130
Des destins de la terre il s'agit aujourd'hui,
Et César souffrirait qu'on les changeât sans lui?
Quoi! n'es-tu plus jaloux du nom du grand Pompée?
Ta haine pour Caton s'est-elle dissipée?
N'es-tu pas indigné de servir les autels,   135
Quand Cicéron préside au destin des mortels?
Quand l'obscur habitant des rives du Fibrêne [6]
Siège au-dessus de toi sur la pourpre romaine?
Souffriras-tu longtemps tous ces rois fastueux,
Cet heureux Lucullus, brigand voluptueux,   140
Fatigué de sa gloire, énervé de mollesse;
Un Crassus étonné de sa propre richesse,
Dont l'opulence avide osant nous insulter,

122   MS1:   Dans ces temps de
123   MS1:   les étonnants destins
124   52B1:   né peut-être un
130   52B2:   à sortir d'esclave
137   MS1:   l'obscur plébéien des
139   52B1:   Serviras-tu longtemps sous ces
141   52B1:   gloire, enivré de

[6] According to Middleton the river Fibrenus flowed past Cicero's birthplace, about a league from Arpinum (i.7).

187

Asservirait l'Etat, s'il daignait l'acheter? [7]

Ah! de quelque côté que tu jettes la vue,   145
Vois Rome turbulente, ou Rome corrompue.
Vois ces lâches vainqueurs en proie aux factions,
Disputer, dévorer le sang des nations.
Le monde entier t'appelle, et tu restes paisible!
Veux-tu laisser languir ce courage invincible?   150
De Rome qui te parle as-tu quelque pitié?
César est-il fidèle à ma tendre amitié?

CÉSAR

Oui, si dans le sénat on te fait injustice,
César te défendra, compte sur mon service.
Je ne peux te trahir, n'exige rien de plus.   155

CATILINA

Et tu bornerais là tes vœux irrésolus?
C'est à parler pour moi que tu peux te réduire?

CÉSAR

J'ai pesé tes projets, je ne veux pas leur nuire;
Je peux leur applaudir, je n'y veux point entrer.

CATILINA

J'entends, pour les heureux tu veux te déclarer.   160
Des premiers mouvements spectateur immobile,

159   52B1: veux pas entrer.
      MS2:   veux ⟨pas⟩ ↑point +

[7] Cf. Crébillon's description of Crassus (*Catilina*, I.ii):
    Crassus, plein de désirs indignes d'un grand cœur,
    Borne à de vils trésors les soins de sa grandeur.

Tu veux ravir les fruits de la guerre civile,
Sur nos communs débris établir ta grandeur.

CÉSAR

Non, je veux des dangers plus dignes de mon cœur.
Ma haine pour Caton, ma fière jalousie   165
Des lauriers dont Pompée est couvert en Asie,
Le crédit, les honneurs, l'éclat de Cicéron,
Ne m'ont déterminé qu'à surpasser leur nom.
Sur les rives du Rhin, de la Seine et du Tage,
La victoire m'appelle, et voilà mon partage.   170

CATILINA

Commence donc par Rome, et songe que demain
J'y pourrais avec toi marcher en souverain.

CÉSAR

Ton projet est bien grand, peut-être téméraire;
Il est digne de toi; mais pour ne te rien taire,
Plus il doit t'agrandir, moins il est fait pour moi.   175

CATILINA

Comment?

CÉSAR

Je ne veux pas servir ici sous toi.

CATILINA

Ah! crois qu'avec César on partage sans peine.

163   MS2: ⟨élever⟩ ↑établir⁺ ta grandeur
166   W70L: Les lauriers dont
167   52BI: honneurs, l'état de

CÉSAR

On ne partage point la grandeur souveraine.
Va, ne te flatte pas que jamais à son char
L'heureux Catilina puisse enchaîner César.   180
Tu m'as vu ton ami, je le suis, je veux l'être:
Mais jamais mon ami ne deviendra mon maître.
Pompée en serait digne, et s'il l'ose tenter,
Ce bras levé sur lui l'attend pour l'arrêter.
Sylla dont tu reçus la valeur en partage,   185
Dont j'estime l'audace, et dont je hais la rage,
Sylla nous a réduits à la captivité.
Mais s'il ravit l'empire, il l'avait mérité.
Il soumit l'Hellespont, il fit trembler l'Euphrate,
Il subjugua l'Asie, il vainquit Mithridate. [8]   190
Qu'as-tu fait? quels Etats, quels fleuves, quelles mers,
Quels rois par toi vaincus ont adoré nos fers?
Tu peux avec le temps être un jour un grand homme;
Mais tu n'as pas acquis le droit d'asservir Rome:
Et mon nom, ma grandeur, et mon autorité   195

179   52BI: à ton char
180   52BI: puisse attacher César,
193-194   52BI, Kvar:
          Quels triomphes encore ont signalé ta vie?
          Pour oser dompter Rome il faut l'avoir servie.
195-198   52BI, Kvar, absent
199-201   Kvar:
          Marius a régné: peut-être quelque jour
          Je pourrai des Romains triompher à mon tour.
          Mais avant d'obtenir

[8] In the course of the first Mithridatic war (88-84), Sulla defeated the Pontic forces of Mithridates VI in 86; he then moved through Macedonia with his army to the Dardanelles, or Hellespont. In the summer of 85 Sulla crossed the strait and negotiated a treaty with Mithridates at Dardanus, near the site of Troy. The whole of Asia Minor and Turkey, including those territories of Mithridates traversed by the Euphrates, readily submitted to Sulla.

N'ont point encor l'éclat et la maturité,
Le poids qu'exigerait une telle entreprise.
Je vois que tôt ou tard Rome sera soumise,
J'ignore mon destin; mais si j'étais un jour
Forcé par les Romains de régner à mon tour,   200
Avant que d'obtenir une telle victoire,
J'étendrai, si je puis, leur empire et leur gloire;
Je serai digne d'eux, et je veux que leurs fers
D'eux-mêmes respectés de lauriers soient couverts.

CATILINA

Le moyen que je t'offre est plus aisé peut-être.   205
Qu'était donc ce Sylla, qui s'est fait notre maître?
Il avait une armée; et j'en forme aujourd'hui;
Il m'a fallu créer ce qui s'offrait à lui;
Il profita des temps, et moi je les fais naître.
Je ne dis plus qu'un mot: il fut roi; veux-tu l'être?   210
Veux-tu de Cicéron subir ici la loi,
Vivre son courtisan, ou régner avec moi?

CÉSAR

Je ne veux l'un ni l'autre: il n'est pas temps de feindre.
J'estime Cicéron, sans l'aimer, ni le craindre.
Je t'aime, je l'avoue, et je ne te crains pas.   215
Divise le sénat, abaisse des ingrats,
Tu le peux, j'y consens; mais si ton âme aspire
Jusqu'à m'oser soumettre à ton nouvel empire,
Ce cœur sera fidèle à tes secrets desseins,

202   52B1, absent
      52B2: Avant qu'un sort heureux m'élève à tant de gloire
      60B: J'aurai par mes exploits mis le comble à leur gloire
210   52B1: je veux l'être;

Et ce bras combattra l'ennemi des Romains. 220

(*Il sort.*)

SCÈNE IV

CATILINA

Ah! qu'il serve, s'il l'ose, au dessein qui m'anime,
Et s'il n'en est l'appui, qu'il en soit la victime.
Sylla voulait le perdre, il le connaissait bien. [9]
Son génie en secret est l'ennemi du mien.
Je ferai ce qu'enfin Sylla craignit de faire. 225

221   w70G: qui m'aime
223-225 Kvar:
          Et s'il en est l'appui, qu'il en soit la victime.
          Plus César devient grand, moins je dois l'épargner;
          Et je n'ai point d'amis alors qu'il faut régner.
          Sylla dont il me parle, et qu'il prend pour modèle,
          Qu'était-il, après tout, qu'un général rebelle?
          Il avait une armée, et j'en forme aujourd'hui;
          Il m'a fallu créer ce qui s'offrait à lui;
          Il profita des temps, et moi je les fais naître;
          Il subjugua vingt rois, je vais dompter leur maître.
          C'est là mon premier pas: le sénat va périr,
          Et César n'aura point le temps de le servir.

[9] When Caesar refused Sulla's order in 82 to divorce his wife Cornelia, the daughter of Sulla's enemy Cinna, his name was entered on the lists of citizens proscribed by the dictator. Voltaire may have taken this detail from Middleton (i.54).

SCÈNE V

CATILINA, CÉTHÉGUS, LENTULUS-SURA

SURA

César s'est-il montré favorable ou contraire?

CATILINA

Sa stérile amitié nous offre un faible appui.
Il faut et nous servir, et nous venger de lui.
Nous avons des soutiens plus sûrs et plus fidèles.
Les voici ces héros vengeurs de nos querelles.   230

SCÈNE VI

CATILINA, LES CONJURÉS[10]

CATILINA[11]

Venez, noble Pison, vaillant Autronius,

225C-226 MS1:

CÉTHÉGUS
Eh bien, à tes desseins César est-il contraire?
226   52B1: César nous serait-il favorable
228   52B1: Il faut et nous venger et nous servir de lui.
230   52B1: voici les héros
231   MS1, 52B1: vaillant Statilius

[10] 'Les trois sénateurs conjurés, sans y comprendre les acteurs, et désignés sous les noms de Pison, d'Autronius, et de Vargonte, se rangent, de droite et de gauche en quart de cercle, autour de Catilina. Les trois affranchis de Céthégus, et Septime l'affranchi de Cinna [Catilina], font la même manœuvre' (Lekain, *Registre manuscrit*, p.142). Pison, Autronius and Vargonte are named on several occasions but have non-speaking roles. Lekain describes them as 'jeunes patriciens du parti de Catilina' (p.140).
[11] Lines 231-308 are inspired by Sallust's account of the speech delivered to the

193

Intrépide Vargonte, ardent Statilius,
Vous tous braves guerriers de tout rang, de tout âge,
Des plus grands des humains redoutable assemblage;
Venez, vainqueurs des rois, vengeurs des citoyens,   235
Vous tous mes vrais amis, mes égaux, mes soutiens.
Encor quelques moments; un dieu, qui vous seconde,
Va mettre entre vos mains la maîtresse du monde.
De trente nations malheureux conquérants,
La peine était pour vous, le fruit pour vos tyrans.   240
Vos mains n'ont subjugué Tigrane et Mithridate,
Votre sang n'a rougi les ondes de l'Euphrate,
Que pour enorgueillir d'indignes sénateurs,
De leurs propres appuis lâches persécuteurs,
Grands par vos travaux seuls, et qui pour récompense   245
Vous permettaient de loin d'adorer leur puissance.
Le jour de la vengeance est arrivé pour vous.
Je ne propose point à votre fier courroux
Des travaux sans périls et des meurtres sans gloire:
Vous pourriez dédaigner une telle victoire.   250
A vos cœurs généreux je promets des combats;
Je vois vos ennemis expirants sous vos bras.
Entrez dans leurs palais; frappez, mettez en cendre
Tout ce qui prétendra l'honneur de se défendre;

232   MS1, 52BI: ardent Septimius
237   52BI: qui nous seconde
238   MS1, 52BI: mains les dépouilles du
239-246 MS1, absent
240   MS2: le fruit ⟨de⟩ ↑pour⁺ vos tyrans
246   52BI: Vous permettent
249   MS1, 52BI: sans péril et
252   MS1, 52BI, 53P: Que tous vos ennemis soient livrés au trépas.

conspirators by Catiline before his first confrontation with Cicero in the senate
(*Bellum Catilinae*, xx.3).

Mais surtout qu'un concert unanime et parfait   255
De nos vastes desseins assure en tout l'effet.
A l'heure où je vous parle on doit saisir Préneste;
Des soldats de Sylla le redoutable reste,
Par des chemins divers et des sentiers obscurs,
Du fond de la Toscane avance vers ces murs.   260
Ils arrivent, je sors, et je marche à leur tête.
Au dehors, au dedans, Rome est votre conquête.
Je combats Pétréius, et je m'ouvre en ces lieux,
Au pied du Capitole, un chemin glorieux.
C'est là que par les droits que vous donne la guerre,   265
Nous montons en triomphe au trône de la terre,
A ce trône souillé par d'indignes Romains,
Mais lavé dans leur sang, et vengé par vos mains.
Curius et les siens doivent m'ouvrir les portes.

    (*Il s'arrête un moment, puis il s'adresse à un conjuré.*)

Vous, des gladiateurs aurons-nous les cohortes? [12]   270
Leur joignez-vous surtout ces braves vétérans,
Qu'un odieux repos fatigua trop longtemps?

LENTULUS

Je dois les amener, sitôt que la nuit sombre
Cachera sous son voile et leur marche et leur nombre.

---

260   53P, 61B: Toscane avancent vers
262   MS1, 52B1: est notre conquête,
265   52B1: que nous donne la
268   MS1, 52B1: par nos mains;
269   52B1: Cassius et
269a   MS2: *à un des conjurés*
        52B1, no stage direction
272   52B1: repos fatigue trop

---

[12] The rhyme *portes / cohortes* was used five times by Crébillon in *Catilina*: I.i; IV.ii; IV.iii (twice); and V.iii.

Je les armerai tous dans ce lieu retiré.   275

CATILINA

Vous, du mont Célius êtes-vous assuré?

STATILIUS

Les gardes sont séduits, on peut tout entreprendre.

CATILINA

Vous, au mont Aventin que tout soit mis en cendre.
Dès que de Mallius vous verrez les drapeaux,
De ce signal terrible allumez les flambeaux.   280
Aux maisons des proscrits que la mort soit portée.
La première victime à mes yeux présentée,
Vous l'avez tous juré, doit être Cicéron.
Immolez César même, oui César et Caton.
Eux morts, le sénat tombe, et nous sert en silence.   285
Déjà notre fortune aveugle sa prudence;
Dans ces murs, sous son temple, à ses yeux, sous ses pas,
Nous disposons en paix l'appareil du trépas.
Surtout avant le temps ne prenez point les armes.

276a MS1, 52B1: MARTIAN
278   MS2: en cendres
279   52B2: Manlius [passim]
280   MS1, 52B1: A ce signal
283   MS1: Vous l'avez juré tous
284   MS1, 53P: Sacrifiez César, faites périr Caton.
      52B1: Sacrifiez César, vengez-vous de Caton.
      W70L: STATILIUS
         Faut-il frapper César?
                     CATILINA
                  Oui, César et Caton
287   MS1, MS2, 52B1, 53D1, 53P, W56, W68, W70L: Dans ses murs

Que la mort des tyrans précède les alarmes; 290

Que Rome et Cicéron tombent du même fer;

Que la foudre en grondant les frappe avec l'éclair. [13]

Vous avez dans vos mains le destin de la terre;

Ce n'est point conspirer, c'est déclarer la guerre,

C'est reprendre vos droits, et c'est vous ressaisir 295

De l'univers dompté qu'on osait vous ravir...

290   52B1, absent
  52B2: Il faut de nos tyrans prévenir les alarmes
  60B: Que la mort des proscrits devance les alarmes
291-292   52B1:
  Que dans le même temps attaqués et vaincus,
  Ils tombent sous les coups qu'ils n'auront pas prévus.

[13] In his revisions of September 1751 Voltaire agreed with d'Argental's criticism of a hemistiche placed at approximately the position of line 292 which read: 'ont écrit dans le sang'. He substituted the following lines, which rejoin the base text at line 305 (D4579):

  Achevez son naufrage, allez braves amis
  Les destins du sénat en vos mains sont remis,
  Songez que ces destins font celuy de la terre.
  Ce n'est point conspirer, c'est déclarer la guerre;
  C'est reprendre vos droits et c'est vous ressaisir
  De l'univers dompté qu'on osait vous ravir,
  L'univers votre bien, le prix de votre épée.
  Au sein de vos tirans je vais la voir trempée.
  Jurez tous de périr ou de vaincre avec moi.
                  UN CONJURÉ
  Nous attestons Silla, nous en jurons par toy.
                  UN CONJURÉ
  Périsse le sénat!
                  UN AUTRE
              Périsse l'infidèle!

ROME SAUVÉE, TRAGÉDIE

(à *Céthégus et à Lentulus-Sura*.)

Vous, de ces grands desseins les auteurs magnanimes
Venez dans le sénat, venez voir vos victimes.
De ce consul encor nous entendrons la voix;
Croyez qu'il va parler pour la dernière fois.
Et vous, dignes Romains, jurez par cette épée,
Qui du sang des tyrans sera bientôt trempée,
Jurez tous de périr ou de vaincre avec moi. [14]

300

MARTIAN

Oui, nous le jurons tous par ce fer et par toi.

296a 52B1: (à *Céthégus et Lentulus*.)
297 52A: grands destins les
297-298 W70L:
        LENTULUS-SURA
    Allons dans le sénat et marquons nos victimes.
        CATILINA
    Allez, je vous suivrai, conjurés magnanimes.
299 52B1: vous entendrez la.
300 MS1, with stage direction: *aux autres conjurés*.
301 MS1, 52B1: sur cette épée,
303a MS1, 52B1: CÉTHÉGUS
304 52B1: et par Rome et par toi

[14] Descriptions of the oath-taking by Catiline's co-conspirators nearly always contain an element of gore. According to Sallust the conspirators drank from bowls of human blood (*Bellum Catilinae*, xxii). Plutarch recounts that their pledges included the sacrifice of a man and the tasting of his flesh (*Cicero*, x.4), while Dio Cassius holds that Catiline sacrificed a boy, administered the oath over his vitals, and ate these in company with the others (*Roman history*, xxxvii.30). Both Pellegrin (*Catilina*, p.120) and Crébillon (*Catilina*, IV.iii) say that the conspirators swore their fealty to Catiline over a cup of human blood. Crébillon contents himself with describing the incident, in which the conspirators drink from a vessel filled with Nonius' blood (*Catilina*, IV.iii). Voltaire registered his objection to this scene many years later in the *Sentiment d'un académicien de Lyon* (1775; M.xxix.320). Lekain gives instructions for the more restrained oath here: 'Les sénateurs, et affranchis désignés au dessus se réunissent autour de Catilina, posent la main sur son épée, et se remettent aussitôt à leur place' (*Registre manuscrit*, p.142).

ACTE II, SCÈNE VI

UN AUTRE CONJURÉ

Périsse le sénat!

MARTIAN

Périsse l'infidèle,   305
Qui pourra différer de venger ta querelle!
Si quelqu'un se repent, qu'il tombe sous nos coups!

CATILINA

Allez, et cette nuit Rome entière est à vous. [15]

Fin du second acte.

305a MSI, 52BI: CÉTHÉGUS
306   52BI: Qui pourrait différer de venger la querelle.
307   MSI, 52BI: Si quelqu'un balançait, qu'il
308   MS2, 52BI: est à nous.

[15] 'Les sénateurs et affranchis désignés au dessus, sortent tous pêle mêle, les uns
par la droite du théatre avec Cethégus, les autres, par la gauche avec Lentulus Sura;
Catilina lui seul sort par le fonds' (Lekain, *Registre manuscrit*, p.142).

ACTE III

SCÈNE PREMIÈRE

CATILINA, CÉTHÉGUS, AFFRANCHIS, MARTIAN, SEPTIME[1]

CATILINA

Tout est-il prêt? enfin l'armée avance-t-elle?

MARTIAN

Oui, seigneur, Mallius à ses serments fidèle,
Vient entourer ces murs aux flammes destinés.
Au dehors, au dedans, les ordres sont donnés.
Les conjurés en foule au carnage s'excitent,   5
Et des moindres délais leurs courages s'irritent.
Prescrivez le moment où Rome doit périr.

CATILINA

Sitôt que du sénat vous me verrez sortir,
Commencez à l'instant nos sanglants sacrifices;
Que du sang des proscrits les fatales prémices   10

---

1   52B1:   prêt enfin, l'armée s'avance-t-elle?
      60B, 61B: prêt enfin, l'armée
9   52B1:   l'instant vos sanglants
10   52B1:   les barbares prémices

1 'Septime l'affranchi de Catilina, et les trois autres affranchis de Céthégus, se tiennent en scène, l'un à coté de Catilina, et les trois autres à coté de leur patron' (Lekain, *Registre manuscrit*, p.142).

Consacrent sous vos mains ce redoutable jour.
Observez, Martian, vers cet obscur détour,
Si d'un consul trompé les ardents émissaires
Oseraient épier nos terribles mystères.

CÉTHÉGUS

Peut-être avant le temps faudrait-il l'attaquer, [2]   15
Au milieu du sénat qu'il vient de convoquer;
Je vois qu'il prévient tout, et que Rome alarmée...

CATILINA

Prévient-il Mallius? prévient-il mon armée?
Connaît-il mes projets? sait-il, dans son effroi,
Que Mallius n'agit, n'est armé que pour moi?   20
Suis-je fait pour fonder ma fortune et ma gloire
Sur un vain brigandage, et non sur la victoire?
Va, mes desseins sont grands, autant que mesurés;
Les soldats de Sylla sont mes vrais conjurés.
Quand des mortels obscurs, et de vils téméraires,   25
D'un complot mal tissu forment les nœuds vulgaires,
Un seul ressort qui manque à leurs pièges tendus,
Détruit l'ouvrage entier, et l'on n'y revient plus.

11   53P: vos coups ce
13   MS1, 52B1: consul troublé les
14   52B1: épier ces terribles
19   MS2: mon projet?
          52B1: sait-il donc sans effroi
          W64G: faut-il dans
25   MS1, 52B1: obscurs ou de vils

[2] The reference is to Catiline's having reportedly sent Cornelius and Vargunteius to Cicero's house to assassinate him. They found the residence heavily guarded and were forced to abandon their plan. The episode is described by Sallust (xxviii.9) and Middleton (i.287-88).

Mais des mortels choisis, et tels que nous le sommes,
Ces desseins si profonds, ces crimes de grands hommes,　30
Cette élite indomptable, et ce superbe choix
Des descendants de Mars et des vainqueurs des rois,
Tous ces ressorts secrets, dont la force assurée
Trompe de Cicéron la prudence égarée,
Un feu dont l'étendue embrase au même instant　35
Les Alpes, l'Apennin, l'aurore et le couchant,
Que Rome doit nourrir, que rien ne peut éteindre:
Voilà notre destin, dis-moi s'il est à craindre.

CÉTHÉGUS

Sous le nom de César Préneste est-elle à nous?

CATILINA

C'est là mon premier pas; c'est un des plus grands coups,　40
Qu'au sénat incertain je porte en assurance.
Tandis que Nonnius tombe sous ma puissance,
Tandis qu'il est perdu, je fais semer le bruit,
Que tout ce grand complot par lui-même est conduit.
La moitié du sénat croit Nonnius complice.　45
Avant qu'on délibère, avant qu'on s'éclaircisse,
Avant que ce sénat, si lent dans ses débats,
Ait démêlé le piège où j'ai conduit ses pas,

30　MS1, 52B1:　crimes des grands
32　W52:　Ces descendants de Mars et ces vainqueurs
35　52B1:　embrase en un instant
38　52B1:　destin, est-ce à nous à rien craindre?
41　52B1:　Qu'au consul incertain
43　52B1:　fais courir le
47　52B1:　que le sénat,

Mon armée est dans Rome, et la terre asservie.
Allez, que de ces lieux on enlève Aurélie,　　　　　50
Et que rien ne partage un si grand intérêt.

SCÈNE II

AURÉLIE, CATILINA, CÉTHÉGUS, *etc.*

AURÉLIE (*une lettre à la main.*)

Lis ton sort et le mien, ton crime et ton arrêt,
Voilà ce qu'on m'écrit.

CATILINA

　　　　　Quelle main téméraire...
Eh bien, je reconnais le seing de votre père.

AURÉLIE

Lis...

49-51　52BI:
　　　　　　　　terre est soumise
　　J'ai droit de l'espérer, mais dans cette entreprise,
　　S'il est quelque péril que je dois dédaigner
　　A la tendre Aurélie il les faut épargner
　　Ne souffrons en ces lieux rien qui touche notre âme
　　Je fais partir de Rome et mon fils et ma femme,
　　Et dégagé des soins d'un trop tendre intérêt.
54　52BI: j'y reconnais celle de

CATILINA *lit la lettre.*

'La mort trop longtemps a respecté mes jours,   55
Une fille que j'aime en termine le cours.
Je suis trop bien puni, dans ma triste vieillesse,
De cet hymen affreux qu'a permis ma faiblesse.
Je sais de votre époux les complots odieux.
César qui nous trahit veut enlever Préneste.   60
Vous avez partagé leur trahison funeste.
Repentez-vous, ingrate, ou périssez comme eux...'
Mais comment Nonnius aurait-il pu connaître
Des secrets qu'un consul ignore encor peut-être?

CÉTHÉGUS

Ce billet peut vous perdre.

CATILINA *à Céthégus.*

Il pourra nous servir.   65

55a   52BI: *lit.||*
55-62   Kvar:
         La mort trop longtemps épargna mes vieux jours:
         Vous seule, fille ingrate, en terminez le cours.
         De nos cruels tyrans vous servez la furie:
         Catilina, César, ont trahi la patrie.
         Pour comble de malheur un traître vous séduit.
         Le fléau de l'Etat, l'est donc de ma famille?
         Frémissez, malheureuse; un père trop instruit
         Vient sauver, s'il le peut, sa patrie et sa fille.
57   52BI: puni en ma
60   MSI: veut surprendre Prénestre.
      52BI: veut m'enlever Prénestre,
62   MSI: Méritez votre grâce, ou périssez comme eux
63   52BI, with stage direction: (*à Céthégus.*)
63   52BI: Nonnius aura-t-il pu
65   52BI, W70L: Il peut nous

204

(*à Aurélie.*)

Il faut tout vous apprendre, il faut tout éclaircir.

66   52B1: Il n'est plus temps de feindre, il
66-90 Kvar:

      Il n'est plus temps de feindre, il faut tout éclaircir;
      Je vais armer le monde, et c'est pour ma défense.
      On poursuit mon trépas; je poursuis ma vengeance.
      J'ai lieu de me flatter que tous mes ennemis
      Vont périr à mes pieds, ou vont ramper soumis.
      Et mon seul déplaisir est de voir votre père
      Jeté par son destin dans le parti contraire.
      Mais un père à vos yeux est-il plus qu'un époux?
      Osez-vous me chérir? puis-je compter sur vous?
                AURÉLIE
      Eh bien, qu'exiges-tu?
                CATILINA
                      Qu'à mon sort engagée,
      Votre âme soit plus ferme, et soit moins partagée.
      Souvenez-vous surtout que vous m'avez promis
      De ne trahir jamais ni moi ni mes amis.
                AURÉLIE
      Je te le jure encor: va, crois-en ma tendresse;
      Elle n'a pas besoin de nouvelle promesse.
      Quand tu reçus ma foi, tu sais qu'en ces moments,
      Le serment que je fis valut tous les serments.
      Ah! quelques attentats que ta fureur prépare,
      Je ne puis te trahir… ni t'approuver, barbare.
                CATILINA
      Vous approuverez tout, lorsque nos ennemis
      Viendront à vos genoux, désarmés et soumis,
      Implorer, en tremblant, la clémence d'un homme
      Dont dépendra leur vie et le destin de Rome.
      Laissez-moi préparer ma gloire et vos grandeurs;
      Espérez tout, allez.
                AURÉLIE
                    Laisse-moi mes terreurs.
      Tu n'es qu'ambitieux, je ne suis que sensible,
      Et je vois mieux que toi dans quel état horrible
      Tu vas plonger des jours que j'avais crus heureux.
      Poursuis, trame sans moi tes complots ténébreux,
      Méprise mes conseils, accable un cœur trop tendre,

Je vais armer le monde, et c'est pour ma défense.
Vous, dans ce jour de sang marqué pour ma puissance,
Voulez-vous préférer un père à votre époux?
Pour la dernière fois dois-je compter sur vous? 70

AURÉLIE

Tu m'avais ordonné le silence et la fuite;
Tu voulais à mes pleurs dérober ta conduite;

Creuse à ton gré l'abîme où tu nous fais descendre.
J'en vois toute l'horreur, et j'en pâlis d'effroi;
Mais en te condamnant, je m'y jette après toi.

CATILINA

Faites plus: Aurélie, écartez vos alarmes,
Jouissez avec nous du succès de nos armes,
Prenez des sentiments tels qu'en avaient conçus
L'épouse de Sylla, celle de Marius;
Tels que mon nom, ma gloire et mon cœur les demandent.
Regardez d'un œil sec les périls qui m'attendent:
Soyez digne de moi. Le sceptre des humains
N'est point fait pour passer en de tremblantes mains.
Apprenez que mon camp, qui s'approche en silence,
Dans une heure, au plus tard, attend votre présence.
Que l'auguste moitié du premier des humains
S'accoutume à jouir des honneurs souverains;
Que mon fils au berceau, mon fils né pour la guerre,
Soit porté dans vos bras aux vainqueurs de la terre;
Que votre père enfin reconnaisse aujourd'hui
Les intérêts sacrés qui m'unissent à lui;
Qu'il respecte son gendre, et qu'il n'ose me nuire.
Mais avant qu'en mon camp je vous fasse conduire,
Je veux qu'à ce consul, à mon lâche rival,
Vous fassiez parvenir ce billet si fatal.
J'ai mes raisons, je veux qu'il apprenne à connaître
Et tout ce qu'est César, et tout ce qu'il peut être.
Laissez, sans vous troubler, tout le reste à mes soins:
Vainqueur et couronné, cette nuit vous joins.

68 52B1: marqué par ma
70 MS1, MS2, 52B1: fois puis-je compter
71-72 52B1, absent

Eh bien, que prétends-tu?

CATILINA

              Partez au même instant;
Envoyez au consul ce billet important.
J'ai mes raisons, je veux qu'il apprenne à connaître   75
Que César est à craindre, et plus que moi peut-être:
Je n'y suis point nommé; César est accusé,
C'est ce que j'attendais; tout le reste est aisé.
Que mon fils au berceau, mon fils né pour la guerre,
Soit porté dans vos bras aux vainqueurs de la terre.[3]   80
Ne rentrez avec lui dans ces murs abhorrés,
Que quand j'en serai maître, et quand vous régnerez.
Notre hymen est secret, je veux qu'on le publie

73-74   MS1, 52B1:
              Qu'à mon sort engagée,
     Votre âme désormais ne soit point partagée.

75-79   52B1:
     Prenez des sentiments tels qu'en avaient conçus
     L'épouse de Sylla et celle de Marius.
     [52B3, 60B, 61B: L'épouse de Sylla, celle de Marius]
     Apprenez que mon camp qui s'approche en silence
     Dans une heure au plus tard atteint votre présence;
     Que l'auguste moitié du premier des Romains
     S'accoutume à jouir des honneurs souverains.
     Partez, et que mon fils destiné pour la guerre

75-76   MS1:
     Envoyez au consul ce billet important.
     J'ai mes raisons, je veux qu'il parte au même instant.

76   w52: craindre, plus que

77-90   MS1, absent

83-90   52B1, absent

83-86   53P, absent

[3] In response to a suggestion from d'Argental Voltaire added this couplet in January 1752 (D4760).

Au milieu de l'armée, aux yeux de l'Italie.
Je veux que votre père, humble dans son courroux,   85
Soit le premier sujet qui tombe à vos genoux.
Partez, daignez me croire, et laissez-vous conduire;
Laissez-moi mes dangers, ils doivent me suffire:
Et ce n'est pas à vous de partager mes soins.
Vainqueur et couronné cette nuit je vous joins.   90

AURÉLIE

Tu vas ce jour dans Rome ordonner le carnage?

CATILINA

Oui, de nos ennemis j'y vais punir la rage.
Tout est prêt, on m'attend.

AURÉLIE

Commence donc par moi,

92 MS1: de mes ennemis
    52B1: de mes ennemis je vais
93-96 Kvar:

AURÉLIE
Commence donc par moi, qu'il faudra désarmer;
Malheureux, punis-moi du crime de t'aimer.
Tu m'oses reprocher d'être faible et timide!
Eh bien! cruel époux, dans le crime intrépide,
Frappe ce lâche cœur qui t'a gardé sa foi,
Qui déteste ta rage, et qui meurt tout à toi!
Frappe, ingrat, j'aime mieux, avant que tout périsse,
Voir en toi mon bourreau que d'être ta complice.
    CATILINA
Aurélie! à ce point pouvez-vous m'outrager?
    AURÉLIE
Je t'outrage et te sers, et tu peux t'en venger.
Oui, je vais arrêter ta fureur meurtrière;
Et c'est moi que tes mains combattront la première.

208

Commence par ce meurtre, il est digne de toi:
Barbare, j'aime mieux, avant que tout périsse,   95
Expirer par tes mains, que vivre ta complice.

CATILINA

Qu'au nom de nos liens votre esprit raffermi...

CÉTHÉGUS

Ne désespérez point un époux, un ami.
Tout vous est confié, la carrière est ouverte;
Et reculer d'un pas, c'est courir à sa perte.   100

AURÉLIE

Ma perte fut certaine, au moment où mon cœur
Reçut de vos conseils le poison séducteur;
Quand j'acceptai sa main, quand je fus abusée,
Attachée à son sort, victime méprisée;
Vous pensez que mes yeux timides, consternés,   105
Respecteront toujours vos complots forcenés.
Malgré moi sous vos pas vous m'avez su conduire.
J'aimais; il fut aisé, cruels, de me séduire!
Et c'est un crime affreux dont on doit vous punir,
Qu'à tant d'atrocités l'amour ait pu servir.   110
Dans mon aveuglement, que ma raison déplore,
Ce reste de raison m'éclaire au moins encore.
Il fait rougir mon front de l'abus détesté

95   MSI, 52BI: Frappe, ingrat, j'aime
97   MSI, 52BI: esprit affermi.
101   52BI: moment que mon
103-106 52BI, 53P, absent
107   MS2, 52BI, 53DI, 53P, W56, W64G, W68: moi sur vos
109   MS2: dont on †doit⁺ vous doit
112   52BI: du moins m'éclaire encore,
113   52BI: Et fait rougir

Que vous avez tous fait de ma crédulité.
L'amour me fit coupable, et je ne veux plus l'être;   115
Je ne veux point servir les attentats d'un maître;
Je renonce à mes vœux, à ton crime, à ta foi;
Mes mains, mes propres mains s'armeront contre toi.
Frappe et traîne dans Rome embrasée et fumante,
Pour ton premier exploit, ton épouse expirante.   120
Fais périr avec moi l'enfant infortuné,
Que les dieux en courroux à mes vœux ont donné;
Et couvert de son sang, libre dans ta furie,
Barbare, assouvis-toi du sang de ta patrie.

CATILINA

C'est donc là ce grand cœur, et qui me fut soumis?   125
Ainsi vous vous rangez parmi mes ennemis?
Ainsi dans la plus juste et la plus noble guerre,
Qui jamais décida du destin de la terre,
Quand je brave un consul, et Pompée, et Caton,
Mes plus grands ennemis seront dans ma maison?   130
Les préjugés romains de votre faible père
Arment contre moi-même une épouse si chère?
Et vous mêlez enfin la menace à l'effroi?

116   53P: d'un traître
       52B1: veux plus servir [...] d'un traître
117   52B1: à toi-même, à ta foi.
118   52B1: contre moi:
120   52B1: Pour le premier
121-124 MS1, absent
122   52B1: en fureur à
123-124 52B1:
           Que l'horrible destin du nœud qui nous rassemble
           Ne laisse point à Rome un fils qui te ressemble.
125   MS1, 52B1: Et c'est donc là ce cœur qui me fut si soumis;
126   MS2: parmi ⟨des⟩ ↑mes↑ ennemis
127-130 MS1, absent

AURÉLIE

Je menace le crime... et je tremble pour toi.
Dans mes emportements vois encor ma tendresse,   135
Frémis d'en abuser, c'est ma seule faiblesse.
Crains...

CATILINA

    Cet indigne mot n'est pas fait pour mon cœur.
Ne me parlez jamais de paix ni de terreur:
C'est assez m'offenser. Ecoutez, je vous aime;
Mais ne présumez pas que m'oubliant moi-même,   140
J'immole à mon amour ces amis généreux,
Mon parti, mes desseins et l'empire avec eux.
Vous n'avez pas osé regarder la couronne.
Jugez de mon amour, puisque je vous pardonne;
Mais sachez...

AURÉLIE

    La couronne où tendent tes desseins,   145
Cet objet du mépris du reste des Romains,
Va, je l'arracherais sur mon front affermie,
Comme un signe insultant d'horreur et d'infamie.
Quoi, tu m'aimes assez pour ne te pas venger,
Pour ne me punir pas de t'oser outrager,   150
Pour ne pas ajouter ta femme à tes victimes?

148   MSI: insultant de honte et d'infamie
149   52BI: ne te point venger?
150   MS2:   ne me pas punir

Et moi, je t'aime assez pour arrêter tes crimes.
Et je cours...

SCÈNE III

CATILINA, CÉTHÉGUS, LENTULUS-SURA, AURÉLIE *etc.*

SURA

C'en est fait, et nous sommes perdus;
Nos amis sont trahis, nos projets confondus.
Préneste entre nos mains n'a point été remise;   155
Nonnius vient dans Rome, il sait notre entreprise.
Un de nos confidents dans Préneste arrêté
A subi les tourments, et n'a pas résisté.

153   MS1: Cesse de m'outrager
153-156   52B1:
       Et je cours de ce pas.
                SCÈNE III
       CATILINA, AURÉLIE, LENTULUS, CÉTHÉGUS
                    LENTULUS
                       Tout est désespéré?
                    CATILINA
          Que nous dis-tu?
                    LENTULUS
                       Son père en nos murs est entré.
                    AURÉLIE
          Lui?
                    CATILINA
          Préneste en mes mains ne serait pas remise!
                    LENTULUS
          Préneste est en défense; il sait notre entreprise
159   52B1: Nonnius a tout su; rien

212

Nous avons trop tardé, rien ne peut nous défendre.
Nonnius au sénat vient accuser son gendre.   160
Il va chez Cicéron, qui n'est que trop instruit.

AURÉLIE

Eh bien, de tes forfaits tu vois quel est le fruit.
Voilà ces grands desseins, où j'aurais dû souscrire,
Ces destins de Sylla, ce trône, cet empire!
Es-tu désabusé? tes yeux sont-ils ouverts?   165

165-195 Kvar:
        Es-tu désabusé? tu nous as perdus tous.
                    CATILINA
        Dans ces affreux moments puis-je compter sur vous?
        Vous serai-je encor cher?
                    AURÉLIE
                            Oui, mais il faut me croire.
        Je défendrai tes jours, je défendrai ta gloire.
        J'ai haï tes complots, j'en ai craint le danger;
        Ce danger est venu, je vais le partager.
        Je n'ai point tes fureurs, mais j'aurai ton courage;
        L'amour en donne au moins; et malgré ton outrage,
        Malgré tes cruautés, constant dans ses bienfaits,
        Cet amour est encor plus grand que tes forfaits.
                    CATILINA
        Eh bien! que voulez-vous? que prétendez-vous faire?
                    AURÉLIE
        Mourir, ou te sauver. Tu sais quel est mon père:
        En moi de ses vieux ans il voit l'unique appui,
        Il est sensible, il m'aime, et le sang parle en lui.
        Je vais lui déclarer le saint nœud qui nous lie,
        Il saura que mes jours dépendent de ta vie.
        Je peindrai tes remords: il craindra devant moi
        D'armer le désespoir d'un gendre tel que toi;
        Et je te donne au moins, quoi qu'il puisse entreprendre,
        Le temps de quitter Rome, ou d'oser t'y défendre.
        J'arrêterai mon père au péril de mes jours.
        CATILINA (après un moment de recueillement.)
        Je reçois vos conseils ainsi que vos secours,
        Je me rends... le sort change... il faut vous satisfaire.

CATILINA (*après un moment de silence.*)

Je ne m'attendais pas à ce nouveau revers.
Mais... me trahiriez-vous?

AURÉLIE

Je le devrais peut-être.
Je devrais servir Rome, en la vengeant d'un traître:
Nos dieux m'en avoueraient. Je ferai plus; je veux
Te rendre à ton pays, et vous sauver tous deux.   170
Ce cœur n'a pas toujours la faiblesse en partage.
Je n'ai point tes fureurs, mais j'aurai ton courage;
L'amour en donne au moins. J'ai prévu le danger,
Ce danger est venu, je vais le partager.
Je vais trouver mon père; il faudra que j'obtienne   175
Qu'il m'arrache la vie, ou qu'il sauve la tienne.
Il m'aime, il est facile, il craindra devant moi
D'armer le désespoir d'un gendre tel que toi.
J'irai parler de paix à Cicéron lui-même.
Ce consul qui te craint, ce sénat où l'on t'aime,   180
Où César te soutient, où ton nom est puissant,
Se tiendront trop heureux de te croire innocent.
On pardonne aisément à ceux qui sont à craindre.
Repens-toi seulement; mais repens-toi sans feindre:
Il n'est que ce parti quand on est découvert.   185
Il blesse ta fierté, mais tout autre te perd.
Et je te donne au moins, quoiqu'on puisse entreprendre,

167 52BI: me trahissez-vous?
169 52BI: Mes dieux
170 52BI: à la patrie, et
182 52BI: tiendront fort heureux
185 MSI: ce moyen quand

214

Le temps de quitter Rome, ou d'oser t'y défendre. [4]
Plus de reproche ici sur tes complots pervers;
Coupable je t'aimais, malheureux je te sers: 190
Je mourrai pour sauver et tes jours et ta gloire.
Adieu. Catilina doit apprendre à me croire:
Je l'avais mérité.

CATILINA (*l'arrêtant.*)

        Que faire, et quel danger?
Ecoutez... le sort change, il me force à changer...
Je me rends... je vous cède... il faut vous satisfaire...   195
Mais... songez qu'un époux est pour vous plus
                        qu'un père,
Et que dans le péril dont nous sommes pressés,
Si je prends un parti, c'est vous qui m'y forcez.

AURÉLIE

Je me charge de tout, fût-ce encor de ta haine.
Je te sers, c'est assez. Fille, épouse et Romaine,   200
Voilà tous mes devoirs, je les suis, et le tien

192   MSI, 52BI: Catilina dut apprendre
193a   52BI, no stage direction
194   MSI, 52BI: Arrêtez...
197   MSI: dans ce péril
200   MSI, 52BI: épouse, Romaine

[4] In his revisions of September 1751 Voltaire attempted to correct the uncertainties surrounding Nonnius' death. He first added lines 187-188, with a slight variant in the latter, and a variant form of 193. Lines 189-192 were added later. He explained that: 'Cette promesse de revenir fait déjà voir qu'elle ne sera pas longtemps avec son père, et donne à Catilina le loisir d'exécuter son projet dès qu'Aurélie aura quitté Nonnius. Il faut qu'on sente aussi qu'il ne compte point du tout sur le pouvoir de sa femme auprès de Nonnius' (D4579). The latter point was accomplished by adding lines 193-196, with a slight variant in the first, to Catilina's next speech.

Est d'égaler un cœur aussi pur que le mien.

SCÈNE IV

CATILINA, CÉTHÉGUS, AFFRANCHIS, LENTULUS-SURA

SURA

Est-ce Catilina que nous venons d'entendre?
N'es-tu de Nonnius que le timide gendre?
Esclave d'une femme, et d'un seul mot troublé,   205
Ce grand cœur s'est rendu sitôt qu'elle a parlé.

CÉTHÉGUS

Non, tu ne peux changer, ton génie invincible
Animé par l'obstacle en sera plus terrible.
Sans ressource à Préneste, accusés au sénat,
Nous pourrions être encor les maîtres de l'Etat;   210
Nous le ferions trembler, même dans les supplices.
Nous avons trop d'amis, trop d'illustres complices,
Un parti trop puissant, pour ne pas éclater.

SURA

Mais avant le signal on peut nous arrêter.
C'est lorsque dans la nuit le sénat se sépare,   215

202d-206 52B1, absent
208 52B1: l'obstacle il sera
211 52B1: le ferons trembler
214 52B1: on nous peut
215 52B2: sénat sépare,

216

Que le parti s'assemble, et que tout se déclare.
Que faire?

CÉTHÉGUS *à Catilina*.

Tu te tais, et tu frémis d'effroi?

CATILINA

Oui, je frémis du coup que mon sort veut de moi.

SURA

J'attends peu d'Aurélie, et dans ce jour funeste,
Vendre cher notre vie est tout ce qui nous reste.   220

CATILINA

Je compte les moments, et j'observe les lieux.
Aurélie en flattant ce vieillard odieux,
En le baignant de pleurs, en lui demandant grâce,
Suspendra pour un temps sa course et sa menace.
Cicéron que j'alarme est ailleurs arrêté;   225
C'en est assez, amis, tout est en sûreté.
Qu'on transporte soudain les armes nécessaires;
Armez tout, affranchis, esclaves et sicaires; [5]
Débarrassez l'amas de ces lieux souterrains,
Et qu'il en reste encor assez pour mes desseins.   230
Vous, fidèle affranchi! brave et prudent Septime,

217a   52B1, no stage direction
230   MS1:   Mais surtout qu'il en reste assez

[5] Prévost's translation of Middleton is the likely source of Voltaire's use of *sicaires*: 'J. César était cette année un des juges assistants du préteur, sa commission regardait les *Sicaires*, c'est-à-dire, ceux qui étaient accusés d'avoir ôté la vie à quelqu'un, ou de porter un poignard dans cette intention' (i.239).

Et vous, cher Martian, qu'un même zèle anime,
Observez Aurélie, observez Nonnius:
Allez, et dans l'instant qu'ils ne se verront plus,
Abordez-le en secret de la part de sa fille;   235
Peignez-lui son danger, celui de sa famille;
Attirez-le en parlant vers ce détour obscur, [6]
Qui conduit au chemin de Tibur [7] et d'Anxur: [8]
Là, saisissant tous deux le moment favorable,
Vous... Ciel, que vois-je?

232   MS1, 52B1: Et toi, cher
235   52B1: secret, parlez-lui de
236   52B1, absent
      52B2: Peignez-lui l'intérêt de toute sa
      60B: En vous montrant zélé pour lui, pour sa famille
238   52B1: de Tibure et d'Auxure

[6] Voltaire added lines 231-237, with variants in 232 and 235, as part of his revisions in connection with Nonnius: 'Il me semble qu'à présent tout est éclairci. Vous savez qu'il a dit quelques vers auparavant que l'entretien de Nonnius et d'Aurélie luy donneraient le temps nécessaire à son dessein. C'est donc cet entretien qui facilite évidemment la mort de Nonnius. Aurélie a donc très grande raison de dire, que c'est en demandant grâce à son père qu'elle l'a conduit à la mort, et alors ces ceux vers

Et pour mieux l'égorger le prenant dans mes bras
J'ay présenté sa tête à ta main sanguinaire. [IV.vi.254-255]

Ces deux vers, dis-je, n'ont plus de sens équiyoque, et en ont un très touchant' (D4579).
[7] Now known as Tivoli, one of Latium's most ancient towns, some 20 kilometres north-east of Rome on the left bank of the Anio.
[8] Present day Terracina, 55 kilometres south-east of Rome on the via Appia.

SCÈNE V

CICÉRON, LES PRÉCÉDENTS

CICÉRON

Arrête, audacieux coupable, [9]   240
Où portes-tu tes pas? Vous, Céthégus, parlez...
Sénateurs, affranchis, qui vous a rassemblés?

CATILINA

Bientôt dans le sénat nous pourrons te l'apprendre.

CÉTHÉGUS

De ta poursuite vaine on saura s'y défendre.

SURA

Nous verrons si toujours prompt à nous outrager,   245
Le fils de Tullius nous ose interroger.

CICÉRON

J'ose au moins demander qui sont ces téméraires?
Sont-ils ainsi que vous des Romains consulaires,
Que la loi de l'Etat me force à respecter,
Et que le sénat seul ait le droit d'arrêter?   250

247 52B1: demander quels sont
250 52B1: ait droit d'arrêter [52B2, 52B3: β]

[9] 'Le chef des licteurs suivi de dix-huit licteurs se rangent en scène en deçà du portique, sçavoir huit à droite à quatre hommes de hauteur, et dix à gauche à cinq hommes de hauteur; les deux divisions faisant face au public; le chef est à la tète de la division gauche' (Lekain, *Registre manuscrit*, p.143).

Qu'on les charge de fers, allez qu'on les entraîne.[10]

CATILINA

C'est donc toi qui détruis la liberté romaine?
Arrêter des Romains sur tes lâches soupçons!

CICÉRON

Ils sont de ton conseil, et voilà mes raisons.
Vous-même, frémissez. Licteurs, qu'on m'obéisse.[11]   255

(On emmène Septime et Martian.)

CATILINA

Implacable ennemi, poursuis ton injustice;
Abuse de ta place, et profite du temps.
Il faudra rendre compte, et c'est où je t'attends.

CICÉRON

Qu'on fasse à l'instant même interroger ces traîtres.
Va, je pourrai bientôt traiter ainsi leurs maîtres.   260
J'ai mandé Nonnius, il sait tous tes desseins.

---

253   MS3: sur de simples soupçons
255   w52: Vous-mêmes,
255a 52BI, no stage direction

---

[10] 'Le chef des licteurs détache quatre hommes de chacune de ses divisions, et les poste, de droite et de gauche, derrière les affranchis que désigne Cicéron; le chef se trouve au centre de ces deux dernières divisions' (Lekain, *Registre manuscrit*, p.143).

[11] 'Les deux divisions amenées envelopent les affranchis, de droite et de gauche, et les entraîne hors de la scène, par la gauche du théatre; le chef se remet, ensuite à la tete de la division droite qui reste en scène dans la mème position' (Lekain, *Registre manuscrit*, p.143).

ACTE III, SCÈNE V

J'ai mis Rome en défense, et Préneste en mes mains. [12]
Nous verrons qui des deux emporte la balance,
Ou de ton artifice, ou de ma vigilance.
Je ne te parle plus ici de repentir;   265
Je parle de supplice, et veux t'en avertir.
Avec les assassins, sur qui tu te reposes,
Viens t'asseoir au sénat; et suis-moi, si tu l'oses. [13]

SCÈNE VI

CATILINA, CÉTHÉGUS, LENTULUS-SURA

CÉTHÉGUS

Faut-il donc succomber sous les puissants efforts

263   52B3: qui de deux
268   52B1: sénat, ou suis-moi,
268a-269   53P:
                    CATILINA
          Je t'y suivrai.
                    SCÈNE VI
                    CÉTHÉGUS
          Comment résister aux efforts
MS1, this variant begins scene 6.

[12] This is reminiscent of Cicero's first oration against Catiline: 'Cum te Praeneste Kal. ipsis Nov. occupaturum nocturno impetu esse confideres, sensistine illam coloniam meo iussu meis praesidiis, custodiis, vigiliis esse munitam?' ('When you thought by a night attack you would seize Praeneste actually on the first of November, did you know that the colony was fortified at my command by my guards, my forces, and my troops?') (*Orationes in Catilinam*, 1.iii.8, trans. L. E. Lord in *Cicero, the speeches*, Cambridge and London, 1953, p.21).

[13] 'Le chef des licteurs replie, à deux hommes de hauteur, le reste de ses deux divisions, et précéde Cicéron qui sort par la droite du théatre' (Lekain, *Registre manuscrit*, p.143).

221

D'un bras habile et prompt, qui rompt tous nos ressorts? 270
Faut-il qu'à Cicéron le sort nous sacrifie?

CATILINA

Jusqu'au dernier moment ma fureur le défie.
C'est un homme alarmé, que son trouble conduit,
Qui cherche à tout apprendre, et qui n'est pas instruit:
Nos amis arrêtés vont accroître ses peines; 275
Ils sauront l'éblouir de clartés incertaines.
Dans ce billet fatal César est accusé.
Le sénat en tumulte est déjà divisé.
Mallius et l'armée aux portes vont paraître.
Vous m'avez cru perdu; marchez, et je suis maître. 280

SURA

Nonnius du consul éclaircit les soupçons.

CATILINA

Il ne le verra pas; c'est moi qui t'en réponds.
Marchez, dis-je, au sénat, parlez en assurance,
Et laissez-moi le soin de remplir ma vengeance.
Allons... Où vais-je?

CÉTHÉGUS

Eh bien?

CATILINA

Aurélie! ah grands dieux! 285

275-278 MS1, absent
279 53P: va paraître
285-288 MS1, 53P, absent

222

Qu'allez-vous ordonner de ce cœur furieux?
Ecartez-la surtout. Si je la vois paraître,
Tout prêt à vous servir je tremblerai peut-être.

Fin du troisième acte. [14]

286-288   Kvar:

Remords, approchez-vous de ce cœur furieux...
Ecartez-la surtout: si je la vois paraître,
Tout prêt à vous servir, je tremblerai peut-être.
CÉTHÉGUS
Voilà votre chemin.
CATILINA
Je m'égarais, je sors:
C'est le chemin du crime, et j'y cours sans remords.
287-288   52B1:

Eloignez-la surtout: si je la vois paraître,
Prêt à vous venger tous, je tremblerai peut-être.

[14] 'Il faut baisser le rideau à la fin du troisième acte, pour le changement de décoration, et pour préparer le lieu du sénat' (Lekain, *Registre manuscrit*, p.141).

ACTE IV

SCÈNE PREMIÈRE

Le théâtre doit représenter le lieu préparé pour le sénat.
Cette salle laisse voir une partie de la galerie qui conduit
du palais d'Aurélie au temple de Tellus. Un double rang
de sièges forme un cercle dans cette salle; le siège de
Cicéron, plus élevé, est au milieu. [1]

CÉTHÉGUS, LENTULUS-SURA,
retirés vers le devant.

SURA

Tous ces pères de Rome au sénat appelés,
Incertains de leur sort, et de soupçons troublés,
Ces monarques tremblants tardent bien à paraître.

c-g 52B1: *Le théâtre représente le lieu préparé pour le sénat.||*
e-g MS2: *au palais d'Aurélie||*
h 52B1: *devant du théâtre.*

[1] Lekain's instructions for the temple of Tellus tell us that 'l'intérieur de la coupole du temple doit être éclairé par des lampadaires antiques, par ce que le jour est alors sur son déclin'. For the meeting of the senate his instructions for the 'premier garçon de théâtre' are explicit: 'Placer, dans l'intervale du troisième au quatrième acte, deux banquettes sur les parties latérales de l'avant scène, chacune de forme demy cintrée, et de quinse pieds de long; plus un seul fauteuil sur la droite, près du bord du théâtre pour le consul; il faut faire en sorte que le centre de l'avant scène soit libre, pour le passage de Catalina et d'Aurélie' (*Registre manuscrit*, p.141).

ACTE IV, SCÈNE I

CÉTHÉGUS

L'oracle des Romains, ou qui du moins croit l'être,
Dans d'impuissants travaux sans relâche occupé,   5
Interroge Septime, et par ses soins trompé,
Il a retardé tout par ses fausses alarmes.

SURA

Plût au ciel que déjà nous eussions pris les armes!
Je crains, je l'avouerai, cet esprit du sénat,
Ces préjugés sacrés de l'amour de l'Etat,   10
Cet antique respect, et cette idolâtrie,
Que réveille en tout temps le nom de la patrie.

CÉTHÉGUS

La patrie est un nom sans force et sans effet;
On le prononce encor, mais il n'a plus d'objet.
Le fanatisme usé des siècles héroïques   15
Se conserve, il est vrai, dans des âmes stoïques;
Le reste est sans vigueur, ou fait des vœux pour nous;
Cicéron respecté n'a fait que des jaloux;
Caton est sans crédit; César nous favorise.
Défendons-nous ici, Rome sera soumise.   20

4   MS2:   ou du moins qui croit
8   52B1, spoken by Céthégus
12 MS2, 52B1, 53P: l'amour de la patrie.
15 52B1: Ce fanatisme
16 W70L: Brille encor quelquefois dans
17 MS2: Le reste †est+ sans vigueur
    52B1: vigueur, et fait
    53D2, W52: vigueur on fait

SURA

Mais si Catilina, par sa femme séduit,
De tant de nobles soins nous ravissait le fruit!
Tout homme a sa faiblesse, et cette âme hardie
Reconnaît en secret l'ascendant d'Aurélie.
Il l'aime, il la respecte, il pourra lui céder.

25

CÉTHÉGUS

Sois sûr qu'à son amour il saura commander.

SURA

Mais tu l'as vu frémir; tu sais ce qu'il en coûte,
Quand de tels intérêts...

CÉTHÉGUS (*en le tirant à part.*)

Caton approche, écoute.

(*Lentulus et Céthégus s'asseyent à un bout de la salle.*)

21-28   52B1:

LENTULUS
Que fait Catilina? peut-être qu'il se perd.
CÉTHÉGUS
Tu le verras bientôt, il nous venge, il nous sert.
LENTULUS
Cependant Nonnius que lui-même il redoute.
CÉTHÉGUS
Ami, ne poursuis pas, Caton approche: écoute.

SCÈNE II

CATON *entre au sénat avec* LUCULLUS, CRASSUS,
FAVONIUS, CLODIUS, MURÉNA, CÉSAR,
CATULLUS, MARCELLUS *etc.*[2]

CATON (*en regardant les deux conjurés.*)

Lucullus, je me trompe, ou ces deux confidents
S'occupent en secret de soins trop importants.   30
Le crime est sur leur front, qu'irrite ma présence.
Déjà la trahison marche avec arrogance.
Le sénat qui la voit cherche à dissimuler.
Le démon de Sylla semble nous aveugler.
L'âme de ce tyran dans le sénat respire.   35

CÉTHÉGUS

Je vous entends assez, Caton, qu'osez-vous dire?[3]

28c-d   MS2, adds Lentulus and Céthégus
28f   MS2: *regardant les conjurés.*
33   52B3, 61B: Ce sénat

[2] 'Les sénateurs désignés sous les noms de Lucullus, Crassus, Favonius, Muréna, Catullus, Marcellus, Pison, Autronius, Vargonte se rangent en scène, sçavoir cinq à droite, et quatre à gauche' (Lekain, *Registre manuscrit*, p.143). On the last three see above, p.193, n.10. Lekain describes the first six as 'Patriciens vétérants du parti de la république' (p.140). These are also non-speaking roles.

[3] 'Les sénateurs désignés cy dessus, prennent leur place sur les banquettes, de droite et de gauche' (Lekain, *Registre manuscrit*, p.143).

CATON (*en s'asseyant,*
tandis que les autres prennent place.)

Que les dieux du sénat, les dieux de Scipion, [4]
Qui contre toi peut-être ont inspiré Caton,
Permettent quelquefois les attentats des traîtres;
Qu'ils ont à des tyrans asservi nos ancêtres;   40
Mais qu'ils ne mettront pas en de pareilles mains
La maîtresse du monde et le sort des humains.
J'ose encore ajouter, que son puissant génie,
Qui n'a pu qu'une fois souffrir la tyrannie,
Pourra dans Céthégus, et dans Catilina,   45
Punir tous les forfaits qu'il permit à Sylla. [5]

CÉSAR

Caton, que faites-vous? et quel affreux langage!
Toujours votre vertu s'explique avec outrage.
Vous révoltez les cœurs, au lieu de les gagner.

36a 52B1: *pendant que*
41   52B1: qu'ils ne mettent pas
49a 52B1: (*César s'assied et laisse une place vide entre Caton et lui.*)

[4] Scipio had from an early age considered himself inspired by the gods. In *Catilina*, IV.i, Crébillon described him as:
        Scipion, qui des dieux fut le plus digne ouvrage,
        Scipion, ce vainqueur du héros du Carthage.
[5] Caton's speech in act IV of Crébillon's *Catilina* contains much of the content of Voltaire's lines 29-46, in particular the references to Scipion and Sylla. The parallels become particularly distinct in the concluding lines of each speech; compare l.43-46 with the conclusion of Caton's speech in Crébillon:
        Si vous eussiez puni le barbare Sylla,
        Vous ne trembleriez point devant Catilina:
        Par-là vous étouffez ce monstre en sa naissance,
        Ce monstre qui n'est né que de votre indolence.

(César s'assied.)

CATON *à César*.

Sur les cœurs corrompus vous cherchez à régner.   50
Pour les séditieux César toujours facile,
Conserve en nos périls un courage tranquille.

CÉSAR

Caton, il faut agir dans les jours des combats;
Je suis tranquille ici, ne vous en plaignez pas.

CATON

Je plains Rome, César, et je la vois trahie.   55
O ciel, pourquoi faut-il qu'aux climats de l'Asie
Pompée en ces périls soit encore arrêté?

CÉSAR

Quand César est pour vous Pompée est regretté?

CATON

L'amour de la patrie anime ce grand homme.

CÉSAR

Je lui dispute tout, jusqu'à l'amour de Rome.   60

53   MS2, 52B1: jours de combats,
     53P: jours de combat

SCÈNE III

CICÉRON *arrivant avec précipitation,*
tous les sénateurs se lèvent. [6]

CICÉRON

Ah! dans quels vains débats perdez-vous ces instants?
Quand Rome à son secours appelle ses enfants,
Qu'elle vous tend les bras, et que ses sept collines
Se couvrent à vos yeux de meurtres, de ruines,
Qu'on a déjà donné le signal des fureurs,   65
Qu'on a déjà versé le sang des sénateurs?

LUCULLUS

O ciel!

CATON

Que dites-vous?

60b-c 52B1: LES MÊMES ACTEURS, CICÉRON *arrivant avec précipita-*
tion.||
  63   55A: le bras
  64   52B3, 61B: meurtres, et de ruines
       MS2: ⟨et⟩ de ruines
66a-67 52B1:

CATON
O ciel! que dites-vous?

[6] 'Les sénateurs se levent tous indistinctement, à l'arrivée du consul, et les dix-
huit licteurs précédés de leur chef, lesquels sont entrés avec Cicéron, se tiennent
dans le fonds de la coupole du temple, de droite et de gauche, en quart de cercle;
en observant de ne point couvrir la statue de Jupiter qui est au centre' (Lekain,
Registre manuscrit, p.143).

230

CICÉRON *debout.*

      J'avais d'un pas rapide
Guidé des chevaliers la cohorte intrépide,
Assuré des secours aux postes menacés,
Armé les citoyens avec ordre placés.   70
J'interrogeais chez moi ceux qu'en ce trouble extrême,
Aux yeux de Céthégus, j'avais surpris moi-même.
Nonnius mon ami, ce vieillard généreux,
Cet homme incorruptible, en ces temps malheureux,
Pour sauver Rome et vous, arrive de Préneste.   75
Il venait m'éclairer dans ce trouble funeste,
M'apprendre jusqu'aux noms de tous les conjurés,
Lorsque de notre sang deux monstres altérés,
A coups précipités frappent ce cœur fidèle,
Et font périr en lui tout le fruit de mon zèle;   80
Il tombe mort. On court, on vole, on les poursuit;
Le tumulte, l'horreur, les ombres de la nuit,
Le peuple qui se presse, et qui se précipite,
Leurs complices enfin favorisent leur fuite.
J'ai saisi l'un des deux, qui le fer à la main,   85
Egaré, furieux, se frayait un chemin.
Je l'ai mis dans les fers, et j'ai su que ce traître
Avait Catilina pour complice et pour maître.

  (Cicéron s'assied avec le sénat.)[7]

76 52BI: Il venait m'éclaircir
77 MS3, 52BI: jusqu'au nom
80 52BI, 53P: de son zèle
81-84 52BI, absent
88a 52BI, no stage direction

[7] 'Les sénateurs se rasseient de nouveau' (Lekain, *Registre manuscrit*, p.143).

SCÈNE IV[8]

CATILINA *debout entre* CATON et CÉSAR.
CÉTHÉGUS *est auprès de César, le sénat assis.*

CATILINA

Oui, sénat, j'ai tout fait, et vous voyez la main
Qui de votre ennemi vient de percer le sein.   90
Oui, c'est Catilina qui venge la patrie,
C'est moi qui d'un perfide ai terminé la vie.

CICÉRON

Toi, fourbe, toi barbare?

CATON

Oses-tu te vanter?...

CÉSAR

Nous pourrons le punir, mais il faut l'écouter.

88b-d 52B1: LES ACTEURS PRÉCÉDENTS / CATILINA, *entre César et Caton, auprès de Céthégus.*
94 52B1: Nous pouvons

8 Voltaire had a strong sense of the dramatic interest of this scene: 'Je crois qu'au quatrième acte avant qu'Aurélie arrive, on peut augmenter encore la chaleur de la contestation sans faire sortir Cesar de son caractère, et donner une espèce de triomphe à Catilina afin que L'arrivée d'Aurélie produise un plus grand coup de téâtre, mais il faut que ce débat soit court et vif. On m'a cité bien mal à propos la délibération de la scène d'Auguste avec Cinna et Maxime. Les cas sont bien différents, et le goust consiste à mettre les choses à leur place' (D4518). His intentions with regard to Catilina were equally explicit: 'je crois qu'il est absolument nécessaire que Catilina ait dans le sénat un si grand parti, qu'il puisse s'évader impunément, lors même que sa femme l'a convaincu'.

CÉTHÉGUS

Parle, Catilina, parle et force au silence,   95
De tous tes ennemis l'audace et l'éloquence.

CICÉRON

Romains, où sommes-nous?

CATILINA

                              Dans les temps du malheur,
Dans la guerre civile, au milieu de l'horreur,
Parmi l'embrasement qui menace le monde,
Parmi des ennemis qu'il faut que je confonde.   100
Les neveux de Sylla séduits par ce grand nom, 9
Ont osé de Sylla montrer l'ambition.
J'ai vu la liberté dans les cœurs expirante,

95   52B1: parle: force au
97   52B1: Dans des temps de malheur
103-118   Kvar:
            Mallius, un soldat qui n'a que du courage,
            Un aveugle instrument de leur secrète rage,
            Descend comme un torrent du haut des Apennins;
            Jusqu'aux remparts de Rome il s'ouvre les chemins.
            Le péril est partout; l'erreur, la défiance,
            M'accusaient avec eux de trop d'intelligence.
            Je voyais à regret vos injustes soupçons,
            Dans vos cœurs prévenus tenir lieu de raisons.
            Mais si vous m'avez fait cette injure cruelle,
            Le danger vous excuse, et surtout votre zèle.
            Vous le savez, César, vous le savez, sénat,
            Plus on est soupçonné, plus on doit à l'Etat.
            Cicéron plaint les maux dont Rome est affligée:
            Il vous parlait pour elle, et moi je l'ai vengée.

9 Although the reference here is to those members of the Sullan oligarchy in
general who retained substantial control of the senate, it also happened that two
of Sulla's relations, the brothers Publius and Servius Sulla, were members of the
conspiracy (Sallust, *Bellum Catilinae*, xvii.3).

Le sénat divisé, Rome dans l'épouvante,
Le désordre en tous lieux, et surtout Cicéron   105
Semant ici la crainte, ainsi que le soupçon.
Peut-être il plaint les maux dont Rome est affligée:
Il vous parle pour elle; et moi je l'ai vengée.
Par un coup effrayant, je lui prouve aujourd'hui,
Que Rome et le sénat me sont plus chers qu'à lui.   110
Sachez que Nonnius était l'âme invisible,
L'esprit qui gouvernait ce grand corps si terrible,
Ce corps de conjurés, qui des monts Apennins
S'étend jusqu'où finit le pouvoir des Romains.
Les moments étaient chers, et les périls extrêmes.   115
Je l'ai su, j'ai sauvé l'Etat, Rome et vous-mêmes.
Ainsi par un soldat fut puni Spurius;

Par un coup effrayant je lui prouve aujourd'hui
Que Rome et le sénat me sont plus chers qu'à lui.
Sachez que Nonnius était l'âme invisible,
L'esprit qui gouvernait ce grand corps si terrible,
Ce corps de conjurés, qui des monts Apennins
S'étend jusqu'où finit le pouvoir des Romains.
Il venait consommer ce qu'on ose entreprendre,
Allumer les flambeaux qui mettaient Rome en cendre,
Egorger les consuls à vos yeux éperdus:
Caton était proscrit, et Rome n'était plus.
Les moments étaient chers, et les périls extrêmes.
Je l'ai su, j'ai sauvé l'Etat, Rome, et vous-mêmes.
Ainsi par Scipion fut immolé Gracchus;
Ainsi par un soldat fut puni Spurius;
Ainsi ce fier Caton qui m'écoute et me brave,
Caton né sous Sylla, Caton né son esclave,
Demandait une épée, et de ses faibles mains
Voulait, sur un tyran, venger tous les Romains.

109   MSI: coup imprévu je
112   52BI: ce grand coup [52B2: β]

ACTE IV, SCÈNE IV

Ainsi les Scipions ont immolé Gracchus. [10]
Qui m'osera punir d'un si juste homicide?
Qui de vous peut encor m'accuser?

CICÉRON

               Moi, perfide,   120
Moi, qu'un Catilina se vante de sauver,
Moi qui connais ton crime, et qui vais le prouver.
Que ces deux affranchis viennent se faire entendre. [11]
Sénat, voici la main qui mettait Rome en cendre;
Sur un père de Rome il a porté ses coups;   125
Et vous souffrez qu'il parle, et qu'il s'en vante à vous?
Vous souffrez qu'il vous trompe, alors qu'il vous opprime,
Qu'il fasse insolemment des vertus de son crime?

CATILINA

Et vous souffrez, Romains, que mon accusateur
Des meilleurs citoyens soit le persécuteur?   130

121-122 W70L:
    Moi, qu'un Catilina se vante de servir,
    Moi, qui connais ton crime, et vais le punir.
122 52B1: qui va le
124 52B1: mettait tout en cendre

[10] Voltaire here gives to Catilina an argument used by Cicero in claiming justification for taking Catiline's life (*Orationes in Catilinam*, i.i.3; ii.4). He cited two precedents wherein an individual, acting to protect the welfare of the state, slew a would-be dictator: Caius Servilius Ahala took it upon himself to murder Spurius Maelius in 439 for selling grain cheaply with alleged revolutionary intentions; and Publius Scipio Nasica, a former consul, led a group of senators in 133 in slaying Tiberius Gracchus, a tribune of the people in that year and the initiator of far-reaching land reforms.

[11] 'Le chef des licteurs détache de droite et de gauche, un homme de chaque division qui sortent par la droite du temple; le chef reste toujours posté à coté du soc de la statue' (Lekain, *Registre manuscrit*, p.143).

Apprenez des secrets que le consul ignore;
Et profitez-en tous, s'il en est temps encore.
Sachez qu'en son palais, et presque sous ces lieux,
Nonnius enfermait l'amas prodigieux
De machines, de traits, de lances et d'épées,   135
Que dans des flots de sang Rome doit voir trempées.
Si Rome existe encore, amis, si vous vivez,
C'est moi, c'est mon audace à qui vous le devez.
Pour prix de mon service approuvez mes alarmes;
Sénateurs, ordonnez qu'on saisisse ces armes.   140

CICÉRON *aux licteurs*.

Courez chez Nonnius, allez, et qu'à nos yeux,
On amène sa fille en ces augustes lieux. [12]
Tu trembles à ce nom?

CATILINA

                    Moi trembler? je méprise
Cette ressource indigne où ta haine s'épuise.
Sénat, le péril croît, quand vous délibérez.   145
Eh bien, sur ma conduite êtes-vous éclairés?

139   MSI, 52BI: de ce bienfait approuvez [52B2: β]
140a MSI: *au chef des licteurs*.
141   MSI: qu'à mes yeux
      MS3:   qu'à ses yeux
143   MSI, with stage direction: (*à Catilina*)
144   MSI: Cette indigne ressource
145   52BI: péril presse, quand
      52B3, 60B, 61B: péril presse, et vous
146   MSI, 52BI: Parlez, sur ma conduite

12 'Le chef des licteurs détache encor de chaque division, deux hommes de la
droite, et deux de la gauche qui sortent par la gauche du temple' (Lekain, *Registre
manuscrit*, p.144).

236

CICÉRON

Oui, je le suis, Romains, je le suis sur son crime.
Qui de vous peut penser qu'un vieillard magnanime
Ait formé de si loin ce redoutable amas,
Ce dépôt des forfaits et des assassinats?   150
Dans ta propre maison ta rage industrieuse
Craignait de mes regards la lumière odieuse.
De Nonnius trompé tu choisis le palais,
Et ton noir artifice y cacha tes forfaits.
Peut-être as-tu séduit sa malheureuse fille.   155
Ah! cruel, ce n'est pas la première famille,
Où tu portas le trouble, et le crime, et la mort.
Tu traites Rome ainsi: c'est donc là notre sort!
Et tout couvert d'un sang qui demande vengeance,
Tu veux qu'on t'applaudisse, et qu'on te récompense.   160
Artisan de la guerre, affreux conspirateur,
Meurtrier d'un vieillard, et calomniateur,
Voilà tout ton service, et tes droits et tes titres. [13]
O vous des nations jadis heureux arbitres,
Attendez-vous ici, sans force et sans secours,   165
Qu'un tyran forcené dispose de vos jours?
Fermerez-vous les yeux au bord des précipices?
Si vous ne vous vengez, vous êtes ses complices.
Rome ou Catilina doit périr aujourd'hui.
Vous n'avez qu'un moment; jugez entre elle et lui.   170

150 MS2: dépôt de forfaits
157 W52: tu portes le
159-166 52B1, absent
166 MS3: de nos jours
167 52B1, with stage direction: (aux sénateurs.)

[13] D'Argental apparently objected to an early version of this line: 'Vous n'aimez pas, *voylà tout ton service et voylà tous les titres*', Voltaire wrote on 25 September 1751. 'Aimez vous mieux, ce sont là tes exploits, ton service et tes titres?' (D4579).

CÉSAR

Un jugement trop prompt est souvent sans justice.
C'est la cause de Rome, il faut qu'on l'éclaircisse.
Aux droits de nos égaux est-ce à nous d'attenter?
Toujours dans ses pareils il faut se respecter.
Trop de sévérité tient de la tyrannie.   175

CATON

Trop d'indulgence ici tient de la perfidie.
Quoi, Rome est d'un côté, de l'autre un assassin,
C'est Cicéron qui parle, et l'on est incertain?

CÉSAR

Il nous faut une preuve, on n'a que des alarmes.
Si l'on trouve en effet ces parricides armes,   180
Et si de Nonnius le crime est avéré,
Catilina nous sert, et doit être honoré.
     (à Catilina.)
Tu me connais: en tout je te tiendrai parole.

CICÉRON

O Rome! ô ma patrie! ô dieux du Capitole!
Ainsi d'un scélérat un héros est l'appui!   185
Agissez-vous pour vous, en nous parlant pour lui?
César, vous m'entendez; et Rome trop à plaindre
N'aura donc désormais que ses enfants à craindre?

170a-178 52B1, absent
183 52B1: je tiendrai ma parole.
184 MS3: ô murs du Capitole
186 52B1: en lui parlant [52B2: β]
187 MS2: Rome ⟨est⟩ trop

ACTE IV, SCÈNE IV

CLODIUS

Rome est en sûreté, César est citoyen.
Qui peut avoir ici d'autre avis que le sien?   190

CICÉRON

Clodius, achevez: que votre main seconde
La main qui prépara la ruine du monde.
C'en est trop, je ne vois dans ces murs menacés
Que conjurés ardents et citoyens glacés.
Catilina l'emporte, et sa tranquille rage   195
Sans crainte et sans danger médite le carnage.
Au rang des sénateurs il est encore admis;
Il proscrit le sénat, et s'y fait des amis;
Il dévore des yeux le fruit de tous ses crimes:
Il vous voit, vous menace, et marque ses victimes: 200
Et lorsque je m'oppose à tant d'énormités,
César parle de droits et de formalités;
Clodius à mes yeux de son parti se range;
Aucun ne veut souffrir que Cicéron le venge.
Nonnius par ce traître est mort assassiné.   205
N'avons-nous pas sur lui le droit qu'il s'est donné?
Le devoir le plus saint, la loi la plus chérie,
Est d'oublier la loi pour sauver la patrie.
Mais vous n'en avez plus.

190   MS2: d'autre⟨s⟩ avis
195   52B1: l'emporte, il jouit de ses crimes
196-199   52B1, absent
198   MS2, line added in a second hand
203   52B1: La moitié du sénat de
208   52B1: pour servir la

239

SCÈNE V

LE SÉNAT, AURÉLIE [14]

AURÉLIE

O vous, sacrés vengeurs,
Demi-dieux sur la terre, et mes seuls protecteurs,   210
Consul, auguste appui, qu'implore l'innocence,
Mon père par ma voix vous demande vengeance.
J'ai retiré ce fer enfoncé dans son flanc.

(en voulant se jeter aux pieds de Cicéron qui la relève.)

Mes pleurs mouillent vos pieds arrosés de son sang.
Secourez-moi, vengez ce sang qui fume encore,   215
Sur l'infâme assassin que ma douleur ignore.

CICÉRON *(en montrant Catilina.)*

Le voici.

AURÉLIE

Dieux!

CICÉRON

C'est lui, lui qui l'assassina,
Qui s'en ose vanter.

209a-302   Kvar, see appendix III (p.277)
213a   MS2:   *Elle veut se jeter aux pieds*
       52B1, no stage direction

[14] 'Deux des licteurs qui sont sortis précédément par la gauche du temple, rentrent avec Aurélie, et prennent place de droite et de gauche à la tête de chacune des divisions' (Lekain, *Registre manuscrit*, p.143).

ACTE IV, SCÈNE V

AURÉLIE

O ciel! Catilina!
L'ai-je bien entendu? Quoi, monstre sanguinaire,
Quoi, c'est toi, c'est ta main qui massacra mon père!   220

(*Des licteurs la soutiennent.*)

CATILINA *se tournant vers Céthégus et
se jetant éperdu entre ses bras.*

Quel spectacle, grands dieux! Je suis trop bien puni.

CÉTHÉGUS

A ce fatal objet quel trouble t'a saisi?
Aurélie à nos pieds vient demander vengeance:
Mais si tu servis Rome, attends ta récompense.

CATILINA *se tournant vers Aurélie.*

Aurélie, il est vrai... qu'un horrible devoir...   225
M'a forcé... Respectez mon cœur, mon désespoir...
Songez qu'un nœud plus saint et plus inviolable...

220a   MS2, absent
220a-224   MS1, 52B1, absent
220b   53D1:   *se retournant vers* [53D2, W52: β]
          MS2:   *à Céthégus éperdu*

SCÈNE VI

LE SÉNAT, AURÉLIE, LE CHEF DES LICTEURS

LE CHEF DES LICTEURS

Seigneur, on a saisi ce dépôt formidable. [15]

CICÉRON

Chez Nonnius?

LE CHEF

Chez lui. Ceux qui sont arrêtés
N'accusent que lui seul de tant d'iniquités.   230

AURÉLIE

O comble de la rage et de la calomnie!
On lui donne la mort: on veut flétrir sa vie!
Le cruel dont la main porta sur lui les coups...

CICÉRON

Achevez.

AURÉLIE

Justes dieux, où me réduisez-vous?

227b   52B1: LE SÉNAT, AURÉLIE, CATILINA, LE CHEF DES LIC-
TEURS
234   52B1: Dieux vengeurs, où

[15] 'Les deux autres licteurs qui sont sortis dans la scène quatriéme, par la gauche
du temple, rentrent avec Auside, et reprennent leur poste, de droite et de gauche,
à la tète de chacune des divisions' (Lekain, *Registre manuscrit*, p.144).

CICÉRON

Parlez; la vérité dans son jour doit paraître.   235
Vous gardez le silence à l'aspect de ce traître.
Vous baissez devant lui vos yeux intimidés.
Il frémit devant vous. Achevez, répondez.

AURÉLIE

Ah! Je vous ai trahis; c'est moi qui suis coupable.

CATILINA

Non, vous ne l'êtes point...

AURÉLIE

                        Va, monstre impitoyable;   240
Va, ta pitié m'outrage, elle me fait horreur.
Dieux! j'ai trop tard connu ma détestable erreur.
Sénat, j'ai vu le crime, et j'ai tu les complices;
Je demandais vengeance, il me faut des supplices.
Ce jour menace Rome, et vous, et l'univers.   245
Ma faiblesse a tout fait, et c'est moi qui vous perds.
Traître, qui m'a conduite à travers tant d'abîmes,
Tu forças ma tendresse à servir tous tes crimes.
Périsse, ainsi que moi, le jour, l'horrible jour,
Où ta rage a trompé mon innocent amour!   250
Ce jour où malgré moi secondant ta furie,
Fidèle à mes serments, perfide à ma patrie,
Conduisant Nonnius à cet affreux trépas,

237   52B3: Nous baissez
243   52B1: j'ai vu les complices
252   53P: à tes serments
       52B1: à tes secrets, perfide
253   52B2: dans cet affreux
253-254   MS2, with marginal note: *Cicéron est plongé dans la douleur pendant ce couplet.*

Et pour mieux l'égorger le pressant dans mes bras, [16]
J'ai présenté sa tête à ta main sanguinaire! 255

> (*Tandis qu'Aurélie parle au bout du théâtre,*
> *Cicéron est assis plongé dans la douleur.*)

Murs sacrés, dieux vengeurs, sénat, mânes d'un père,
Romains, voilà l'époux dont j'ai suivi la loi,
Voilà votre ennemi... Perfide, imite-moi.

> (*Elle se frappe.*)

CATILINA

Où suis-je? malheureux!

CATON

O jour épouvantable!

CICÉRON *se levant.*

Jour trop digne en effet d'un siècle si coupable! 260

AURÉLIE

Je devais... un billet remis entre vos mains...
Consul... de tous côtés je vois vos assassins...

255   52BI: main meurtrière
255a-b   52BI, no stage direction
258a   MSI: (*Elle se tue.*)

[16] An earlier version, added by Voltaire in September 1751, read 'le prenant dans mes bras'; see above, p.215, n.4.

Je me meurs...

(*On emmène Aurélie.*)

CICÉRON

S'il se peut, qu'on la secoure, Auside;
Qu'on cherche cet écrit. En est-ce assez, perfide?
Sénateurs, vous tremblez, vous ne vous joignez pas,   265
Pour venger tant de sang, et tant d'assassinats?
Il vous impose encor. Vous laissez impunie
La mort de Nonnius, et celle d'Aurélie?

CATILINA [17]

Va, toi-même as tout fait; c'est ton inimitié
Qui me rend dans ma rage un objet de pitié: 270
Toi, dont l'ambition de la mienne rivale,
Dont la fortune heureuse à mes destins fatale,
M'entraîna dans l'abîme où tu me vois plongé.
Tu causas mes fureurs, mes fureurs t'ont vengé.
J'ai haï ton génie, et Rome qui l'adore;   275
J'ai voulu ta ruine, et je la veux encore.
Je vengerai sur toi tout ce que j'ai perdu:
Ton sang payera ce sang à tes yeux répandu:
Meurs en craignant la mort, meurs de la mort d'un traître,

263a MS1, MS2: *On l'emmène*
      52B1, no stage direction
271   52B2: à la mienne
275   MS1, 52B1, 53P: Rome qui t'adore;
279   MS1: de la main d'un traître

---

[17] Sallust is the only classical authority to give a summation of Catiline's brief, but violent, rebuttal of Cicero's speech against him in the senate (*Bellum Catilinae*, xxxi). Middleton offered only a synopsis (i.271-72).

D'un esclave échappé que fait punir son maître.   280
Que tes membres sanglants dans ta tribune épars,
Des inconstants Romains repaissent les regards. [18]
Voilà ce qu'en partant ma douleur et ma rage
Dans ces lieux abhorrés te laissent pour présage;
C'est le sort qui t'attend, et qui va s'accomplir,   285
C'est l'espoir qui me reste, et je cours le remplir.

CICÉRON

Qu'on saisisse ce traître.

CÉTHÉGUS

        En as-tu la puissance?

SURA

Oses-tu prononcer, quand le sénat balance?

CATILINA

La guerre est déclarée; amis, suivez mes pas.
C'en est fait; le signal vous appelle aux combats.   290
Vous, sénat incertain, qui venez de m'entendre,

280 53D2: qui fait
281 52B1: dans la tribune
286 53D2: C'est l'esprit
289-292a MS1, 52B1, absent

[18] The source of lines 281-282 is evidently Plutarch, who recounts at the end of *Cicero* (XLVIII.xlix) that Antony ordered the consul's assassins to bring his severed head and hands back to Rome. These were then placed over the ships' prows on the rostra in the forum, from which Cicero had addressed the people.

Choisissez à loisir le parti qu'il faut prendre.[19]

(*Il sort avec quelques sénateurs de son parti.*)

CICÉRON

Eh bien, choisissez donc, vainqueurs de l'univers,
De commander au monde, ou de porter des fers.
O grandeur des Romains, ô majesté flétrie!   295
Sur le bord du tombeau, réveille-toi, patrie!
Lucullus, Muréna, César même, écoutez:
Rome demande un chef en ces calamités;
Gardons l'égalité pour des temps plus tranquilles:
Les Gaulois sont dans Rome,[20] il vous faut des Camilles:[21]   300
Il faut un dictateur, un vengeur, un appui:
Qu'on nomme le plus digne, et je marche sous lui.

298   52B2: en ses calamités

[19] 'Les sénateurs désignés sous les noms de Pison, d'Autronius, de Vargonte, se lévent et suivent Catilina. Ceux des acteurs qui jouent les roles de Lentulus, et de Statilius en font de mème' (Lekain, *Registre manuscrit*, p.144). Lentulus (not to be confused with Lentulus Sura) and Statilius are described by Lekain as 'sénateurs conjurés' (p.139).

[20] On the presence of the ambassadors of the Allobroges in Rome at this point, see above, p.29, and 'Préface', l.193-197. They figure in all the sources used by Voltaire; see appendix v (p.289).

[21] Marcus Furius Camillus (?-c. 365 BC) was a patrician who was elected dictator on five occasions (396, 390, 386, 368, 367 BC) and on each won a signal victory for Rome.

SCÈNE VII

LE SÉNAT, LE CHEF DES LICTEURS

LE CHEF DES LICTEURS

Seigneur, en secourant la mourante Aurélie,
Que nos soins vainement rappelaient à la vie,
J'ai trouvé ce billet par son père adressé.   305

CICÉRON *en lisant.*

Quoi, d'un danger plus grand l'Etat est menacé!
'César qui nous trahit veut enlever Préneste.'
Vous, César, vous trempiez dans ce complot funeste!
Lisez, mettez le comble à des malheurs si grands.
César, étiez-vous fait pour servir des tyrans?   310

CÉSAR

J'ai lu, je suis Romain, notre perte s'annonce.
Le danger croît, j'y vole, et voilà ma réponse.

(*Il sort.*)

CATON

Sa réponse est douteuse, il est trop leur appui.

302c   MS3:   AUSIDE
305   60B: son père tracé
305a   52B1, no stage direction
307   52B1: veut surprendre Préneste;
310   52B1: Parlez, êtes-vous fait

ACTE IV, SCÈNE VII

CICÉRON

Marchons, servons l'Etat, contre eux et contre lui.

(à une partie des sénateurs.)

Vous, si les derniers cris d'Aurélie expirante,   315
Ceux du monde ébranlé, ceux de Rome sanglante,
Ont réveillé dans vous l'esprit de vos aïeux,
Courez au Capitole, et défendez vos dieux:[22]
Du fier Catilina soutenez les approches.
Je ne vous ferai point d'inutiles reproches,   320
D'avoir pu balancer entre ce monstre et moi.

(à d'autres sénateurs.)

Vous, sénateurs blanchis dans l'amour de la loi,
Nommez un chef enfin, pour n'avoir point de maîtres;
Amis de la vertu, séparez-vous des traîtres.

314   52B1, absent
    52B2:
           CATON
      Et, si vous m'en croyez, faites veiller sur lui
      60B: Défendons-nous contre eux, et jugeons mieux de lui
314a 52B1, no stage direction
321a MS3: A une autre partie des sénateurs
    52B1, no stage direction

[22] According to D4252, in October/November 1750 these lines ran:
    Marchons, servons l'état contre eux et contre luy
    Ou si des derniers cris de Rome ensanglantée
    La pitié dans votre âme est du moins excitée
    Courez au Capitole, allez vanger nos dieux
    Deffendez en leur azile, ou mourez à leurs yeux.

(*Les sénateurs se séparent de Céthégus
et de Lentulus-Sura.*) [23]

Point d'esprit de parti, de sentiments jaloux: 325
C'est par là que jadis Sylla régna sur nous.
Je vole en tous les lieux où vos dangers m'appellent,
Où de l'embrasement les flammes étincellent.
Dieux, animez ma voix, mon courage et mon bras,
Et sauvez les Romains, dussent-ils être ingrats. [24]   330

Fin du quatrième acte. [25]

324a-b   52B1, no stage direction
326   52B1: que Sylla régna jadis
329   52B1: secondez ma voix,

[23] 'Les sénateurs désignés sous les noms de Lucullus, Crassus, Favonius, Muréna, Catullus, Marcellus, se lèvent et se séparent du voisinage de Céthégus, et de Lentulus-Sura qui restent seuls de leur coté' (Lekain, *Registre manuscrit*, p.144). For the source of this detail, see appendix v.

[24] 'Tous les sénateurs suivent le consul qui sort par le fonds du temple; la division droite des licteurs précédés de leur chef se dépêche devant eux et celle de la gauche les suit' (Lekain, *Registre manuscrit*, p.144).

[25] 'Entre le quatrième et le cinquième acte, deux des licteurs rangent les banquettes et le fauteuil du consul, sur les parties latérales de l'avant scène' (p.144). 'Dans l'intervalle du quatrième au cinquième acte, la musique doit peindre le bruit, et les clameurs d'une guerre intéstine, dont les éclats s'appaisent par dégrés' (Lekain, *Registre manuscrit*, p.140).

ACTE V

SCÈNE PREMIÈRE[1]

CATON, ET UNE PARTIE DES SÉNATEURS
debout en habit de guerre.[2]

CLODIUS *à Caton.*

Quoi! lorsque défendant cette enceinte sacrée,
A peine aux factieux nous en fermons l'entrée,
Quand partout le sénat s'exposant au danger,
Aux ordres d'un Samnite[3] a daigné se ranger;
Cet altier plébéien nous outrage et nous brave: 5
Il sert le peuple libre, et le traite en esclave!
Un pouvoir passager est à peine en ses mains,
Il ose en abuser, et contre des Romains!

a-57 52B1, see appendix IV (p.286)
6 MS2, 53D1, 53P, W56, W64G, W68: sert un peuple

---

[1] Voltaire initially intended this act to begin with a forceful presentation by Cicéron of the perilous situation in which Rome found herself; see below, appendix IV.

[2] 'Les six sénateurs désignés cy dessus dans le cours de la scène septième du quatrième acte, sont en habits de guerre, et répartis par egale division sur la droite et sur la gauche de l'avant scène' (Lekain, *Registre manuscrit*, p.144).

[3] A confederation of agricultural tribes inhabiting Samnium, in southern Italy, the Samnites came into conflict with the Romans in the fourth century BC. Cicero would more appropriately have been described as belonging to the Volscians, a people of south-east Italy romanised as early as the fourth century BC. The error is no doubt due to Middleton's assertion that the town of Cicero's birth 'était autrefois du pays des Samnites' (i.6).

251

Contre ceux dont le sang a coulé dans la guerre!
Les cachots sont remplis des vainqueurs de la terre;[4]   10
Et cet homme inconnu, ce fils heureux du sort,
Condamne insolemment ses maîtres à la mort.
Catilina pour nous serait moins tyrannique;
On ne le verrait point flétrir la république.
Je partage avec vous les malheurs de l'Etat;   15
Mais je ne peux souffrir la honte du sénat.

CATON

La honte, Clodius, n'est que dans vos murmures.
Allez de vos amis déplorer les injures;
Mais sachez que le sang de nos patriciens,
Ce sang des Céthégus et des Cornéliens,   20
Ce sang si précieux, quand il devient coupable,
Devient le plus abject et le plus condamnable.
Regrettez, respectez ceux qui nous ont trahis;
On les mène à la mort, et c'est par mon avis.
Celui qui vous sauva les condamne au supplice.   25
De quoi vous plaignez-vous? est-ce de sa justice?
Est-ce elle qui produit cet indigne courroux?
En craignez-vous la suite, et la méritez-vous?
Quand vous devez la vie aux soins de ce grand homme,
Vous osez l'accuser d'avoir trop fait pour Rome!   30
Murmurez, mais tremblez; la mort est sur vos pas.
Il n'est pas encor temps de devenir ingrats.
On a dans les périls de la reconnaissance;

9   53A: Contre les plus grands noms qu'ont révéré la terre!
16 53P: ne puis servir

[4] The sentencing of five of the conspirators — Gabinius, Statilius, Cethegus, Caeparius, and Lentulus Sura — became an issue of great complexity and controversy. Cicero's fourth and last oration against Catiline was devoted to this subject.

Et c'est le temps du moins d'avoir de la prudence.
Catilina paraît jusqu'aux pieds du rempart;   35
On ne sait point encor quel parti prend César,
S'il veut ou conserver ou perdre la patrie.
Cicéron agit seul, et seul se sacrifie;
Et vous considérez, entourés d'ennemis,
Si celui qui vous sert vous a trop bien servis.   40

CLODIUS

Caton, plus implacable encor que magnanime,
Aime les chatiments plus qu'il ne hait le crime.
Respectez le sénat, ne lui reprochez rien.
Vous parlez en censeur, il nous faut un soutien.
Quand la guerre s'allume, et quand Rome est en cendre,   45
Les édits d'un consul pourront-ils nous défendre?
N'a-t-il contre une armée, et des conspirateurs,
Que l'orgueil des faisceaux, et les mains des licteurs?
Vous parlez de dangers? Pensez-vous nous instruire
Que ce peuple insensé s'obstine à se détruire?   50
Vous redoutez César! Et qui n'est informé
Combien Catilina de César fut aimé?
Dans le péril pressant, qui croît et nous obsède,
Vous montrez tous nos maux: montrez-vous le remède?

CATON

Oui, j'ose conseiller, esprit fier et jaloux,   55
Que l'on veille à la fois sur César et sur vous.
Je conseillerais plus; mais voici votre père. 5

51   MS2, 53D1, 53P, W56, W64G: eh qui n'est
54   53P: montrez-nous,

5 The reference is to Cicero's title 'pater patriae', voted by the people at the end
of his consulship.

253

SCÈNE II

CICÉRON, CATON, UNE PARTIE DES SÉNATEURS⁶

CATON *à Cicéron*.

Viens, tu vois des ingrats. Mais Rome te défère
Les noms, les sacrés noms de père et de vengeur,
Et l'envie à tes pieds t'admire avec terreur.   60

CICÉRON

Romains, j'aime la gloire, et ne veux point m'en taire;⁷
Des travaux des humains, c'est le digne salaire.
Sénat en vous servant il la faut acheter:
Qui n'ose la vouloir, n'ose la mériter.
Si j'applique à vos maux une main salutaire,   65
Ce que j'ai fait est peu, voyons ce qu'il faut faire.
Le sang coulait dans Rome: ennemis, citoyens,
Gladiateurs, soldats, chevaliers, plébéiens,

57c-58   52B1:
CATON *aux sénateurs*.
Cessez de murmurer, remerciez un père.
à Cicéron.
Triomphe des ingrats, Rome ici te défère.
59   MS2:   les noms, les ↑sacrés⁺ noms
52B1:   les noms sacrés
65   MS3:   à nos maux

⁶ 'Le chef des licteurs et les licteurs occupent le même poste qu'ils tenaient à la scène troisième du quatrième acte' (Lekain, *Registre manuscrit*, p.144).
⁷ When Voltaire played Cicéron in the private performances of *Rome sauvée* in 1749 in Paris, he is said by Condorcet to have delivered this line 'avec une vérité si frappante qu'on ne savait si ce noble aveu venait d'échapper à l'âme de Cicéron ou à celle de Voltaire' (M.v.203).

Etalaient à mes yeux la déplorable image
Et d'une ville en cendre et d'un champ de carnage.   70
La flamme en s'élançant de cent toits dévorés,
Dans l'horreur du combat guidait les conjurés.
Céthégus et Sura s'avançaient à leur tête.
Ma main les a saisis, leur juste mort est prête.
Mais quand j'étouffe l'hydre, il renaît en cent lieux: 75
Il faut fendre partout les flots des factieux.
Tantôt Catilina, tantôt Rome l'emporte.
Il marche au Quirinal, il s'avance à la porte;
Et là, sur des amas de mourants et de morts,
Ayant fait à mes yeux d'incroyables efforts,   80
Il se fraye un passage, il vole à son armée.
J'ai peine à rassurer Rome entière alarmée.
Antoine qui s'oppose au fier Catilina,
A tous ces vétérans aguerris sous Sylla,
Antoine que poursuit notre mauvais génie,   85
Par un coup imprévu voit sa force affaiblie;
Et son corps accablé, désormais sans vigueur,
Sert mal en ces moments les soins de son grand cœur;
Pétréius étonné vainement le seconde.
Ainsi de tous côtés la maîtresse du monde,   90
Assiégée au dehors, embrasée au dedans,
Est cent fois en un jour à ses derniers moments.

CRASSUS

Que fait César?

---

71   52BI: en s'élevant de
     53D2:   La flamme s'élançant
73   52BI: Céthégus, Lentulus avançaient à leur tête,
84   52BI: Et tous ces
88   MS3, 52BI: en ce moment
92a MS2, 52BI: CATON

CICÉRON

Il a, dans ce jour mémorable,
Déployé, je l'avoue, un courage indomptable;
Mais Rome exigeait plus d'un cœur tel que le sien.   95
Il n'est pas criminel, il n'est pas citoyen.
Je l'ai vu dissiper les plus hardis rebelles:
Mais bientôt ménageant des Romains infidèles,
Il s'efforçait de plaire aux esprits égarés,
Aux peuples, aux soldats, et même aux conjurés.   100
Dans le péril horrible où Rome était en proie,
Son front laissait briller une secrète joie:
Sa voix d'un peuple entier sollicitant l'amour,
Semblait inviter Rome à le servir un jour.
D'un trop coupable sang sa main était avare.   105

CATON

Je vois avec horreur tout ce qu'il nous prépare.
Je le redis encore, et veux le publier,
De César en tout temps il faut se défier.

SCÈNE DERNIÈRE

LE SÉNAT, CÉSAR

CÉSAR

Eh bien, dans ce sénat, trop prêt à se détruire,
La vertu de Caton cherche encore à me nuire.   110
De quoi m'accuse-t-il?

108a 52BI: SCÈNE III
109 52BI: dans le sénat

256

CATON

D'aimer Catilina,
De l'avoir protégé lorsqu'on le soupçonna,
De ménager encor ceux qu'on pouvait abattre,
De leur avoir parlé quand il fallait combattre.

CÉSAR

Un tel sang n'est pas fait pour teindre mes lauriers.   115
Je parle aux citoyens, je combats les guerriers.

CATON

Mais tous ces conjurés, ce peuple de coupables,
Que sont-ils à vos yeux?

CÉSAR

                    Des mortels méprisables.
A ma voix, à mes coups ils n'ont pu résister.
Qui se soumet à moi n'a rien à redouter.   120
C'est maintenant qu'on donne un combat véritable,
Des soldats de Sylla l'élite redoutable
Est sous un chef habile, et qui sait se venger.
Voici le vrai moment où Rome est en danger.
Pétréius est blessé, Catilina s'avance.   125
Le soldat sous les murs est à peine en défense.
Les guerriers de Sylla font trembler les Romains.
Qu'ordonnez-vous, consul? et quels sont vos desseins?

113   52BI: ménager pour lui ceux
114   52BI: lorsqu'il fallait
118   52BI: à tes yeux?
123   W52: et se sait
126   52BI: sous ces murs

CICÉRON [8]

Les voici: que le ciel m'entende et les couronne!
Vous avez mérité que Rome vous soupçonne.   130
Je veux laver l'affront, dont vous êtes chargé,
Je veux qu'avec l'Etat votre honneur soit vengé.
Au salut des Romains je vous crois nécessaire;
Je vous connais: je sais ce que vous pouvez faire,
Je sais quels intérêts vous peuvent éblouir: 135
César veut commander, mais il ne peut trahir.
Vous êtes dangereux, vous êtes magnanime.
En me plaignant de vous je vous dois mon estime.
Partez, justifiez l'honneur que je vous fais.
Le monde entier sur vous a les yeux désormais.   140
Secondez Pétréius, et délivrez l'empire.
Méritez que Caton vous aime et vous admire.
Dans l'art des Scipions vous n'avez qu'un rival.
Nous avons des guerriers, il faut un général:
Vous l'êtes, c'est sur vous que mon espoir se fonde.   145
César, entre vos mains je mets le sort du monde.

CÉSAR (*en l'embrassant.*)

Cicéron à César a dû se confier;

141   MS2: Secondez ⟨de⟩
146a 52B1, no stage direction

[8] In the early state of the play as used — or intended for use — in the private
performances in Paris and at Sceaux in June 1750, this speech was apparently
ambiguous as to the reasons why the military security of Rome was consigned to
someone other than Cicéron. The duchesse Du Maine called his attention to this
fact and he corrected it by adding four lines to the fifth act, probably to this speech:
'J'ay fait vos quatre vers, et j'ay tâché de les faire du ton dont j'ay fait votre
tragédie. C'est une critique digne de la petite fille du grand Condé de vouloir que
Ciceron, qu'un consul, que le chef de l'état ait des raisons indispensables pour
envoyer un autre combattre à sa place' (D4158).

Je vais mourir, seigneur, ou vous justifier.

(*Il sort.*)

CATON

De son ambition vous allumez les flammes!

CICÉRON

Va, c'est ainsi qu'on traite avec les grandes âmes.   150
Je l'enchaîne à l'Etat, en me fiant à lui.
Ma générosité le rendra notre appui.
Apprends à distinguer l'ambitieux du traître.
S'il n'est pas vertueux, ma voix le force à l'être.
Un courage indompté dans le cœur des mortels,   155
Fait ou les grands héros, ou les grands criminels.
Qui du crime à la terre a donné les exemples,
S'il eût aimé la gloire, eût mérité des temples.
Catilina lui-même à tant d'horreurs instruit,
Eut été Scipion, si je l'avais conduit.   160
Je réponds de Cœur, il est l'appui de Rome.
J'y vois plus d'un Sylla, mais j'y vois un grand homme.
(*Se tournant vers le chef des licteurs, qui entre en armes.*)
Eh bien, les conjurés?

LE CHEF DES LICTEURS

Seigneur, ils sont punis;

148a   52BI, no stage direction
152   52BI: mon appui,
153   W52:   l'ambition du
157   52BI: des exemples
159   52BI: d'horreur instruit
162a   MS2, 52BI: *Au chef des licteurs qui entre.*
163   MS2:   Seigneurs, il

Mais leur sang a produit de nouveaux ennemis.
C'est le feu de l'Etna qui couvait sous la cendre; 165
Un tremblement de plus va partout le répandre;
Et si de Pétréius le succès est douteux,
Ces murs sont embrasés, vous tombez avec eux.
Un nouvel Annibal nous assiège et nous presse;
D'autant plus redoutable en sa cruelle adresse, 170
Que jusqu'au sein de Rome, et parmi ses enfants,
En creusant vos tombeaux il a des partisans.
On parle en sa faveur dans Rome qu'il ruine;
Il l'attaque au dehors, au dedans il domine;
Tout son génie y règne, et cent coupables voix 175
S'élèvent contre vous, et condamnent vos lois.
Les plaintes des ingrats, et les clameurs des traîtres,
Réclament contre vous les droits de nos ancêtres,
Redemandent le sang répandu par vos mains:
On parle de punir le vengeur des Romains. 180

CLODIUS

Vos égaux après tout, que vous deviez entendre,
Par vous seul condamnés, n'ayant pu se défendre,
Semblent autoriser...

CICÉRON [9]

Clodius, arrêtez;

164   53DI: produit des nouveaux
166   53P: se répandre

[9] This brief valedictory speech is reminiscent of the closing peroration of *Orationes in Catilinam*, IV.xxi. Cicero there recognised the number of enemies he had made by his handling of Catiline and the conspirators, mentioned Scipio Africanus, although in a different context from here (see below, n.10), and spoke of his devotion to the state and his continuing service to it.

Renfermez votre envie et vos témérités;
Ma puissance absolue est de peu de durée;   185
Mais tant qu'elle subsiste, elle sera sacrée.
Vous aurez tout le temps de me persécuter;
Mais quand le péril dure, il faut me respecter.
Je connais l'inconstance aux humains ordinaire.
J'attends sans m'ébranler les retours du vulgaire.   190
Scipion accusé sur des prétextes vains,
Remercia les dieux, et quitta les Romains. [10]
Je puis en quelque chose imiter ce grand homme.
Je rendrai grâce au ciel, et resterai dans Rome.
A l'Etat malgré vous j'ai consacré mes jours;   195
Et toujours envié je servirai toujours.

CATON

Permettez que dans Rome encor je me présente,
Que j'aille intimider une foule insolente,
Que je vole au rempart, que du moins mon aspect
Contienne encor César, qui m'est toujours suspect.   200
Et si dans ce grand jour la fortune contraire...

CICÉRON

Caton, votre présence est ici nécessaire.
Mes ordres sont donnés, César est au combat;
Caton de la vertu doit l'exemple au sénat.
Il en doit soutenir la grandeur expirante.   205

186   52BI: elle sera sauvée;
199   53P: aux remparts

[10] After Cato the Censor succeeded in having L. Cornelius Scipio prosecuted in
184 for receiving bribes in the campaign against Antiochus III, his brother, Scipio
Africanus, took the attack to be a personal insult, retired from Rome, and died in
the following year in a mood of embitterment against his ungrateful countrymen.

Restez... je vois César, et Rome est triomphante.

(*Il court au-devant de César.*)

Ah! c'est donc par vos mains que l'Etat soutenu...

CÉSAR

Je l'ai servi peut-être, et vous m'aviez connu.
Pétréius est couvert d'une immortelle gloire;
Le courage et l'adresse ont fixé la victoire.   210
Nous n'avons combattu sous ce sacré rempart,
Que pour ne rien laisser au pouvoir du hasard,
Que pour mieux enflammer des âmes héroïques,
A l'aspect imposant de leurs dieux domestiques.
Métellus, Muréna, les braves Scipions,   215
Ont soutenu le poids de leurs augustes noms.
Ils ont aux yeux de Rome étalé le courage,
Qui subjugua l'Asie, et détruisit Carthage.
Tous sont de la patrie et l'honneur et l'appui.
Permettez que César ne parle point de lui.   220
    Les soldats de Sylla renversés sur la terre,
Semblent braver la mort et défier la guerre.
De tant de nations ces tristes conquérants
Menacent Rome encor de leurs yeux expirants.
Si de pareils guerriers la valeur nous seconde,   225
Nous mettrons sous nos lois ce qui reste du monde.

206a 52B1, no stage direction
        MS2: (*Courant au-devant de César.*)
        53P: (*Il court au-devant de César et l'embrasse.*)
207-207a 52B1:
            César, c'est donc par vous que l'Etat soutenu...
            SCÈNE DERNIÈRE
    LE SÉNAT, CÉSAR, CATON, CICÉRON
                    CÉSAR
208   52B1: vous m'avez connu,
210   53P: ont forcé la

Mais il est, grâce au ciel, encor de plus grands cœurs,
Des héros plus choisis, et ce sont leurs vainqueurs.
    Catilina terrible au milieu du carnage, [11]
Entouré d'ennemis immolés à sa rage,   230
Sanglant, couvert de traits, et combattant toujours,
Dans nos rangs éclaircis a terminé ses jours.
Sur des morts entassés l'effroi de Rome expire.
Romain je le condamne, et soldat je l'admire.
J'aimai Catilina; mais vous voyez mon cœur;   235
Jugez si l'amitié l'emporte sur l'honneur.

CICÉRON

Tu n'as point démenti mes vœux et mon estime.
Va, conserve à jamais cet esprit magnanime.
Que Rome admire en toi son éternel soutien.
Grands dieux! que ce héros soit toujours citoyen.   240
Dieux! ne corrompez pas cette âme généreuse;
Et que tant de vertu ne soit pas dangereuse. [12]

Fin du cinquième et dernier acte.

237   52B1:   n'as pas démenti
240   52B1, 53P: Sois toujours un héros, sois plus, sois citoyen.

[11] Lines 229-233 are probably inspired by Sallust's description of Catiline's last moments: 'Catiline was found far in advance of his men amid a heap of slain foemen, still breathing slightly, and showing in his face the indomitable spirit which had animated him when alive' (*Bellum Catilinae*, lxi).

[12] 'Tous les sénateurs suivent le consul qui sort par le fonds du temple. La division droite des licteurs précédée de leur chef, marche devant eux, et celle de la gauche les suit' (Lekain, *Registre manuscrit*, p.144).

APPENDIX I

Epître dédicatoire

Although Voltaire did not in the end make any formal dedication of *Rome sauvée* as he had thought of doing at various times, he did draft a dedication to Louix xv. The text was apparently written in late February or early March 1752. On 19 February Voltaire told Mme Denis in a letter that he intended to dedicate the play to the king if it was a success (D4866), and he learned that this was the case on or about 10 March. The épître is reproduced from D4845, dated by Besterman to *c*. 20 March, in which Voltaire sends the text to d'Argental.

EPITRE DÉDICATOIRE AU ROY

Sire,

Que votre majesté daigne agréer l'hommage d'un sujet, d'un officier de votre maison, d'un homme de lettres qui s'est consacré à célébrer l'héroisme et la vertu, et qui vous apartient ainsi par tous les titres.   5

Votre majesté en me permettant de demeurer auprès d'un autre souverain, â dans les pays étrangers un témoin de plus de sa gloire. Lors qu'un Français sire entend par tout vos éloges dans sa propre langue, quand les noms de Fontenoy, de Lawfelt, de cette paix que vous avez donnée à l'Europe sont dans toutes les bouches, il   10 se félicite d'être né votre sujet, autant que ceux qui ont l'honneur de vous aprocher. Votre présence les rends satisfaits, et il jouit de votre réputation.

Daignez me regarder comme un de ceux qui ont ressenti le

plus vivement ces deux espèces de bonheur, et qui sont le plus 15
pénétrez de vénération pour votre majesté, et de zèle p^r votre
gloire. [1]

[1] Voltaire continued to d'Argental: 'Point de *très humble serviteur*, cela me paraît ridicule, de qui n'est on pas le très humble serviteur?' (D4845).

266

APPENDIX II

Longer variants to act II

In the performance state of the text, and in a number of early editions and those deriving from them, scenes 1 and 2 of act II were considerably different from our base text. Version A, reproduced immediately below, is found in MS1, 52B1, 52B2, 52B3, 52A, 60B, and 61B.

Version A

ACTE II

SCÈNE PREMIÈRE

CATILINA, CÉTHÉGUS

CATILINA

Céthégus, l'heure approche, où cette main hardie
Doit de Rome et du monde allumer l'incendie.

CÉTHÉGUS

Hâtons l'instant fatal, il peut nous échapper,
J'écoutais Cicéron, et j'allais le frapper,
Si j'avais remarqué qu'il eût eu des indices   5
Du danger qu'il soupçonne et du nom des complices.

CATILINA

Non, Céthégus, crois-moi, ce coup prématuré,

Soulèverait un peuple inconstant, égaré,
Armerait le sénat, qui flotte et qui s'arrête,
La tempête à la fois doit fondre sur leur tête,[1]   10
Que Rome et Cicéron tombent du même fer,
Que la foudre en grondant les frappe avec l'éclair.
Lentulus viendra-t-il?

CÉTHÉGUS

      Compte sur son audace:
Tu sais comme ébloui des grandeurs de sa race
A partager ton règne il se croit destiné.   15

CATILINA

Qu'à cet espoir frivole il reste abandonné,
Conjuré sans génie, et soldat intrépide,
Il peut servir beaucoup, mais il faut qu'on le guide.
Et le fier Clodius?

CÉTHÉGUS

     Il voudrait de ses mains
Ecraser s'il pouvait l'idole des Romains;   20
Mais il balance encor.

CATILINA

      Je pense le connaître,

 9 MS1: et que j'arrête
 10 MS1: L'orage au même instant doit

---

[1] D'Alembert criticised an earlier state of these two couplets in 1751; on 8 January 1752 (D4760) Voltaire sent him 'la correction que vous demandez', a revised version of lines 7, 9, and 10:
Ce coup prématuré
Armerait le sénat qui flotte et qui s'arrête;
L'orage au même instant doit fondre sur leur tête.

Il se déclarera dès qu'il me verra maître,
Mais César, Aurélie occupent mon esprit,
L'une d'un trouble affreux et l'autre de dépit.

CÉTHÉGUS

Je conçois que César t'inquiète et te gêne;   25
Je n'ai jamais compté sur cette âme hautaine:
Mais peux-tu redouter une femme et des pleurs!
Laisse-lui les remords, laisse-lui les terreurs,
Tu l'aimes, mais en maître, et ton amour docile
Est de tes grands desseins un instrument utile.   30

CATILINA

Ce n'est pas le remords qui s'empare de moi,
La pitié pour l'Etat, bien moins encor l'effroi.
Mais ces liens secrets, une épouse adorée,
La naissance d'un fils, une mère éplorée,
Un cœur qui m'idolâtre, et qui dans ce grand jour   35
Peut payer de son sang ce malheureux amour,
Te dirai-je encor plus, l'involontaire hommage
Que sa vertu trompée arrache à mon courage,
Et ce respect secret qu'il me faut déguiser
Jusqu'à forcer mon âme à la tyranniser: 40
Voilà ce qui me trouble, et ce cruel orage
Ne pourra s'apaiser qu'au milieu du carnage.

CÉTHÉGUS

Peut-elle nous trahir?

CATILINA

Non, je connais son cœur.

25-26   MS1,   absent
28-42   MS1,   absent

Mais de tous nos desseins perçant la profondeur,
Son œil s'en effarouche, et son âme effrayée 45
Gémit dans les horreurs dont elle est dévorée.
Ciel! se peut-il qu'un cœur que mes mains ont formé,
De préjugés romains soit encore animé?
O Rome! ô nom puissant! Liberté trop chérie,
Quoi! dans ma maison même on parle de patrie? 50

CÉTHÉGUS

Ne songeons qu'à César; nos femmes, nos enfants,
N'ont pas droit d'occuper ces précieux instants.
A ta longue amitié, si César infidèle,
Refuse la grandeur qui par ta voix l'appelle,
Dans le rang des proscrits, faut-il placer son nom? 55
Faut-il confondre enfin César et Cicéron?

CATILINA

Sans doute il le faudra: si par mon artifice,
Je ne puis réussir à m'en faire un complice:
En un mot, si mes soins ne peuvent le fléchir.
Si César est à craindre il faut s'en affranchir. 60
Mais déjà Lentulus vers nous se précipite,
Et je lis dans ses yeux la fureur qui l'agite.

45-46 MSI:
    Son œil s'en effarouche, et je crains ses alarmes
    Ce terrible moment n'est point fait pour les larmes
47-50 MSI, absent

SCÈNE II

CATILINA, LENTULUS, CÉTHÉGUS

LENTULUS

Tandis que ton armée approche de ces lieux,
Sais-tu ce qui se passe en ces murs odieux?

CATILINA

Je sais que d'un consul la sombre défiance 65
Se livre à des terreurs qu'il appelle prudence.
Sur le vaisseau public, ce pilote égaré
Présente à tous les vents un flanc mal assuré;
Il s'agite au hasard, à l'orage il s'apprête,
Sans savoir seulement d'où viendra la tempête. 70

LENTULUS

Il la prévient du moins: des chevaliers romains
Déjà du champ de Mars occupent les chemins
Pétréius est mandé vers la porte Colline,
Il envoie à Préneste, on marche à Terracine,
Il sera dans une heure instruit de ton dessein. 75

CATILINA

En recevant le coup il connaîtra la main,
Une heure me suffit pour mettre Rome en cendre,
Cicéron contre moi ne peut rien entreprendre,
Ne crains rien du sénat, ce corps faible et jaloux
Avec joie en secret l'abandonne à nos coups. 80

74   MSI: il marche à Terracine
81-84   MSI, absent

Ce sénat divisé, ce monstre à tant de têtes,
Si fier de sa noblesse, et plus de ses conquêtes
Voit avec les tranports de l'indignation,
Les souverains des rois respecter Cicéron:
Lucullus, Clodius, les Nérons, César même   85
Frémissent comme nous de sa grandeur suprême,
Ce Samnite arrogant croit leur donner la loi.
Il a dans le sénat plus d'ennemis que moi.
César n'est point à lui, Crassus le sacrifie.
J'attends tout de ma main, j'attends tout de l'envie,   90
C'est un homme expirant qu'on voit d'un faible effort
Se débattre et tomber dans les bras de la mort.

LENTULUS

Oui, nous le haïssons, mais il parle, il entraîne,
Il fait pâlir l'envie, il subjugue la haine;
Je le crains au sénat.

CATILINA

          Je le brave en tous lieux,   95
J'entends avec mépris ses cris injurieux.
Qu'il déclame à son gré jusqu'à sa dernière heure.
Qu'il triomphe au sénat, qu'on l'admire et qu'il meure.
Vers ces lieux souterrains nous allons rassembler
Ces vengeurs, ces héros, prêts à se signaler.   100
Rassurez cependant mon épouse éperdue,
A nos grands intérêts accoutumez sa vue,
Que de ces lieux, surtout, on écarte ses pas:
Je crains de son amour les funestes éclats,
Ce terrible moment n'est point fait pour les larmes,   105
Et surtout sa vertu fait naître mes alarmes.

99-106   MS1, absent
102   52B2: la vue

Allez, je vous attends, César vient, laissez-moi,
De ce génie altier tenter encor la foi.

Version B

The Kehl editors note that at one stage act I, scenes 5 and 6 were originally reversed and that the act terminated after scene 6. Act II began with the present act I, scene 5, followed as scene 2 by a monologue by Catilina, replacing the present monologue by Cicéron at I.v.304a-308. They next give a variant to the version A scene between Catilina and Céthégus as a variant scene 3 of act II. They quote 'les premières éditions' as their authority, but this is clearly an error: none contains these variants, which, in Beuchot's eyes, 'ne se rattache[nt] pas bien clairement au texte' (*Œuvres*, iv.378). He therefore concluded that they were taken from an early manuscript rather than a printed copy. The Kehl variant scenes are printed below.

Voltaire's letters to the duchesse Du Maine about these changes seem to make it clear that they were short-lived; see above, act I, n.18.

[ACTE II]

[*SCÈNE II*]

CATILINA *seul.*

Ne crois pas m'échapper, consul que je dédaigne:
Tyran par la parole, il faut finir ton règne.
Ton sénat factieux voit d'un œil courroucé

---

107 MSI: Rassemblez nos amis; César vient, laissez-moi,

Un citoyen samnite à sa tête placé;
Ce sénat qui lui-même, à mes traits est en butte,   5
Me prêtera les mains pour avancer ta chute.
Va, de tous mes desseins tu n'est pas éclairci,
Et ce n'est pas Verrès que tu combats ici.

[*SCÈNE III*]

CATILINA, CÉTHÉGUS

CATILINA

Céthégus, l'heure approche où cette main hardie
Doit de Rome et du monde allumer l'incendie;   10
Tout presse.

CÉTHÉGUS

      Tout m'alarme; il faudrait commencer.
J'écoutais Cicéron, et j'allais le percer
Si j'avais remarqué qu'il eût eu des indices
Des dangers qu'il soupçonne, et du nom des complices.
Il sera dans une heure instruit de ton dessein.   15

CATILINA

En recevant le coup il connaîtra la main.
Une heure me suffit pour mettre Rome en cendre.
Que fera Cicéron? Que peut-il entreprendre?
Que crains-tu du sénat? ce corps faible et jaloux,
Avec joie, en secret, s'abandonne à nos coups.   20
Ce sénat divisé, ce monstre à tant de têtes,
Si fier de sa noblesse, et plus de ses conquêtes,

Voit avec les transports de l'indignation
Les souverains des rois respecter Cicéron.
Lucullus, Clodius, les Nérons, César même,   25
Frémissent comme nous de sa grandeur suprême.
Il a dans le sénat plus d'ennemis que moi.
Clodius, en secret, m'engage enfin sa foi;
Et nous avons pour nous l'absence de Pompée.
J'attends tout de l'envie, et tout de mon épée.   30
C'est un homme expirant qu'on voit d'un faible effort
Se débattre et tomber dans les bras de la mort.
Je ne crains que César, et peut-être Aurélie.
. . . .

CÉTHÉGUS

Aurélie en effet a trop ouvert les yeux.   35
Ses cris et ses remords importunent les dieux.
Pour ce mystère affreux son âme est trop peu faite!
Mais tu sais gouverner sa tendresse inquiète.
Ne pensons qu'à César: nos femmes, nos enfants
Ne doivent point troubler ces terribles moments.   40
César trahirait-il Catilina qu'il aime?

CATILINA

Je ne sais: mais César n'agit que pour lui-même.

CÉTHÉGUS

Dans le rang des proscrits faut-il placer son nom?
Faut-il confondre enfin César et Cicéron?

CATILINA

Sans doute il le faudra, si par un artifice   45
Je ne peux réussir à m'en faire un complice,
Si des soupçons secrets avec soin répandus

Ne produisent bientôt les effets attendus;
Si d'un consul trompé la prudence ombrageuse
N'irrite de César la fierté courageuse;   50
En un mot si mes soins ne peuvent le fléchir,
Si César est à craindre, il faut s'en affranchir.
Enfin je vais m'ouvrir à cette âme profonde,
Voir s'il faut qu'il périsse, ou bien qu'il me seconde.

CÉTHÉGUS

Et moi je vais presser ceux dont le sûr appui   55
Nous servira peut-être à nous venger de lui.

APPENDIX III

Longer Kehl variant to act IV

The Kehl editors printed a significant variant to scenes 5 and 6 of act IV. As shown above (p.77, n.114), they were probably relying on a manuscript version of the play dating from August-September 1751, a period when Voltaire was revising the role of Aurélie, though without much success to judge from the reactions of his Parisian critics. He had evidently not yet decided that she would kill herself, but did so when he revised the text yet again in October 1751. The Kehl variant begins at line 212 of the base text, line 4 below. Certain lines of the variant were retained in the final state: 9a-16, 27, 63, and 128.

[SCÈNE V]

LE SÉNAT, AURÉLIE

AURÉLIE

     O vous, sacrés vengeurs,
Demi-dieux sur la terre, et mes seuls protecteurs,
Consul, auguste appui, qu'implore l'innocence,
Mon père par ma voix vous demande vengeance:
Son sang est répandu, j'ignore par quels coups;   5
Il est mort, il expire, et peut-être pour vous.
C'est dans votre palais, c'est dans ce sanctuaire,
Sous votre tribunal, et sous votre œil sévère,
Que cent coups de poignard ont épuisé son flanc.

(En voulant se jeter aux pieds de Cicéron qui la relève.)

Mes pleurs mouillent vos pieds arrosés de son sang.　　　　10
Secourez-moi, vengez ce sang qui fume encore
Sur l'infâme assassin que ma douleur ignore.

CICÉRON *en montrant Catilina.*

Le voici...

AURÉLIE

　　Dieux!...

CICÉRON

　　　　　　C'est lui, lui qui l'assassina...
Qui s'en ose vanter!

AURÉLIE

　　　　　　O ciel! Catilina!
L'ai-je bien entendu? quoi! monstre sanguinaire!　　　　15
Quoi! c'est toi... mon époux a massacré mon père!

CICÉRON

Lui? votre époux?

AURÉLIE

　　Je meurs.

CATILINA

　　　　　　　Oui, les plus sacrés nœuds,
De son père ignorés, nous unissent tous deux.
Oui, plus ces nœuds sont saints, plus grand est le service.
J'ai fait en frémissant cet affreux sacrifice;　　　　20
Et si des dictateurs ont immolé leurs fils,

278

Je crois faire autant qu'eux pour sauver mon pays,
Quand malgré mon hymen et l'amour qui me lie,
J'immole à nos dangers le père d'Aurélie.

AURÉLIE *revenant à elle*.

Oses-tu...

CICÉRON *au sénat*.

Sans horreur avez-vous pu l'ouïr?   25
Sénateurs, à ce point il peut vous éblouir?

[*SCÈNE VI*]

LE SÉNAT, AURÉLIE, LE CHEF DES LICTEURS

LE LICTEUR

Seigneur, on a saisi ce dépôt formidable...

CICÉRON

Chez Nonnius, ô ciel!

CRASSUS

Qui des deux est coupable?

CICÉRON

En pouvez-vous douter? Ah! madame, au sénat
Nommez, nommez l'auteur de ce noir attentat.   30
J'ai toute la pitié que votre état demande,
Mais éclaircissez tout, Rome vous le commande.

AURÉLIE

Ah! laissez-moi mourir! Que me demandez-vous?
Ce cruel!... je ne puis accuser mon époux...

CICÉRON

C'est l'accuser assez.

LENTULUS

C'est assez le défendre.   35

CICÉRON

Poursuivez donc, cruels, et mettez Rome en cendre.
Achevez: il vous reste à le déclarer roi.

AURÉLIE

Sauvez Rome, consul, et ne perdez que moi.
Si vous ne m'arrachez cette odieuse vie,
De mes sanglantes mains vous me verrez punie.   40
Sauvez Rome, vous dis-je, et ne m'épargnez point.

CICÉRON

Quoi! ce fier ennemi vous impose à ce point!
Vous gardez devant lui ce silence timide,
Vous ménagez encore un époux parricide!

CATILINA

Consul, elle est d'un sang que l'on doit détester; 45
Mais elle est mon épouse, il la faut respecter.

CICÉRON

Crois-moi, je ferai plus: je la vengerai, traître!

(A Aurélie.)

Eh bien! si devant lui vous craignez de paraître,
Daignez de votre père attendre le vengeur,
Et renfermez chez vous votre juste douleur.   50
Là je vous parlerai.

AURÉLIE

                    Que pourrai-je vous dire?
Le sang d'un père parle, et devrait vous suffire.
Sénateurs, tremblez tous... le jour est arrivé...
Je ne le verrai pas... mon sort est achevé...
Je succombe.

CATILINA

                    Ayez soin de cette infortunée.   55

CICÉRON

Allez, qu'en son palais elle soit ramenée.

(On l'emmène.)

CATILINA

Qu'ai-je vu, malheureux! je suis trop bien puni.

CÉTHÉGUS

A ce fatal objet, quel trouble t'a saisi?
Aurélie à nos pieds a demandé vengeance;
Mais si tu servis Rome, attends ta récompense.   60

CICÉRON

Qu'entends-je? Ah! sénateurs, en proie à votre sort,
Ouvrez enfin les yeux que va fermer la mort.
Sur les bords du tombeau, réveille-toi, patrie!

(en montrant Catilina.)

Vous avez déjà vu l'essai de sa furie,
Ce n'est qu'un des ressorts par ce traître employés; 65
Tous les autres en foule ici sont déployés.
On lève des soldats jusqu'au milieu de Rome;
On les engage à lui, c'est lui seul que l'on nomme.
Que font ces vétérans dans la campagne épars?
Qui va les rassembler aux pieds de nos remparts? 70
Que demande Lecca dans les murs de Préneste?
Traître, je sais trop bien tout l'appui qui te reste.
Mais je t'ai confondu dans l'un de tes desseins;
J'ai mis Rome en défense, et Préneste en mes mains.
Je te suis en tous lieux, à Rome, en Etrurie; 75
Tu me trouves partout épiant ta furie,
Combattant tes projets que tu crois nous cacher;
Chez tous tes confidents ma main va te chercher.
Du sénat et de Rome il est temps que tu sortes.
Ce n'est pas tout, Romains, une armée est aux portes, 80
Une armée est dans Rome, et le fer et les feux
Vont renverser sur vous vos temples et vos dieux.
C'est du mont Aventin que partiront les flammes
Qui doivent embraser vos enfants et vos femmes;
Et sans les fruits heureux d'un travail assidu, 85
Ce terrible moment serait déjà venu.
Sans mon soin redoublé que l'on nommait frivole,
Déjà les conjurés marchaient au Capitole.
Ce temple où nous voyons les rois à nos genoux,
Détruit et consumé périssait avec vous. 90
Cependant à vos yeux Catilina paisible
Se prépare avec joie à ce carnage horrible:
Au rang des sénateurs il est encore assis;
Il proscrit le sénat, et s'y fait des amis;
Il dévore des yeux le fruit de tous ses crimes, 95
Il vous voit, vous menace, et marque ses victimes.

Et quand ma voix s'oppose à tant d'énormités,
Vous me parlez de droits et de formalités!
Vous respectez en lui le rang qu'il déshonore!
Vos bras intimidés sont enchaînés encore!   100
Ah! si vous hésitez, si, méprisant mes soins,
Vous n'osez le punir, défendez-vous du moins.

CATON

Va, les dieux immortels ont parlé par ta bouche.
Consul, délivrez-nous de ce monstre farouche;
Tout dégouttant du sang dont il souilla ses mains,   105
Il atteste les droits des citoyens romains;
Use des mêmes droits: pour venger la patrie:
Nous n'avons pas besoin des aveux d'Aurélie.
Tu l'as trop convaincu, lui-même est interdit;
Et sur Catilina le seul soupçon suffit.   110
Céthégus nous disait, et bien mieux qu'il ne pense,
Qu'on doit immoler tout à Rome, à sa défense.
Immole ce perfide, abandonne aux bourreaux
L'artisan des forfaits et l'auteur de nos maux:
Frappe malgré César, et sacrifie à Rome   115
Cet homme détesté, si ce monstre est un homme.
Je suis trop indigné qu'aux yeux de Cicéron
Il ait osé s'asseoir à côté de Caton.

    (Caton se lève, et passe du côté de Cicéron. Tous les
sénateurs le suivent, hors Céthégus, Lentulus, Crassus,
Clodius, qui restent avec Catilina.)

CICÉRON *au sénat.*

Courage, sénateurs, du monde augustes maîtres,
Amis de la vertu, séparez-vous des traîtres.   120
Le démon de Sylla semblait vous aveugler:
Allez au Capitole, allez vous rassembler;
C'est là qu'on doit porter les premières alarmes.

Mêlez l'appui des lois à la force des armes;
D'une escorte nombreuse entourez le sénat,   125
Et que tout citoyen soit aujourd'hui soldat.
Créez un dictateur en ces temps difficiles.
Les Gaulois sont dans Rome, il vous faut des Camilles.
On attaque sans peine un corps trop divisé;
Lui-même il se détruit; le vaincre est trop aisé: 130
Réuni sous un chef, il devient indomptable.
Je suis loin d'aspirer à ce faix honorable:
Qu'on le donne au plus digne, et je révère en lui
Un pouvoir dangereux, nécessaire aujourd'hui.
Que Rome seule parle, et soit seule servie;   135
Point d'esprit de parti, de cabales, d'envie,
De faibles intérêts, de sentiments jaloux:
C'est par là que jadis Sylla régna sur vous;
Par là, sous Marius, j'ai vu tomber vos pères.
Des tyrans moins fameux, cent fois plus sanguinaires,   140
Tiennent le bras levé, les fers et le trépas;
Je les montre à vos yeux: ne les voyez-vous pas?
Ecoutez-vous sur moi l'envie et les caprices?
Oubliez qui je suis, songez à mes services;
Songez à Rome, à vous qui vous sacrifiez,   145
Non à de vains honneurs qu'on m'a trop enviés.
Allez, ferme Caton, présidez à ma place.
César, soyez fidèle; et que l'antique audace
Du brave Lucullus, de Crassus, de Céson,
S'allume au feu divin de l'âme de Caton.   150
Je cours en tous les lieux où mon devoir m'oblige,
Où mon pays m'appelle, où le danger m'exige.
Je vais combler l'abîme entr'ouvert sous vos pas,
Et malgré vous, enfin, vous sauver du trépas.

(*Il sort avec le sénat.*)

CATILINA *à Cicéron*.

J'atteste encor les lois que vous osez enfreindre: 155
Vous allumez un feu qu'il vous fallait éteindre,
Un feu par qui bientôt Rome s'embrasera;
Mais c'est dans votre sang que ma main l'éteindra.

CÉTHÉGUS

Viens, le sénat encore hésite et se partage:
Tandis qu'il délibère, achevons notre ouvrage.   160

APPENDIX IV

Longer variants to act v

In its performance state, act v opened considerably differently from our base text. 'La première scène du cinquième acte est absolument nécessaire', Voltaire told d'Argental in July 1751 (D4518):

Cependant elle est froide, ce n'est pas sa faute, c'est la mienne. Ce qui est nécessaire ne doit jamais refroidir. Il faut supposer, il faut dire que Le danger est extrême, dès le premier vers de cette scène, que Ciceron est allé combattre dans Rome avec une partie du sénat tandis que l'autre reste pour sa deffense. Il faut que les reproches de Caton et de Clodius soient plus vifs, et qu'on voye que Ciceron sera puni d'avoir sauvé la patrie. C'est là un des objets de la pièce. Ciceron sauvant le sénat malgré luy, est la principale figure du tableau. Il ne reste qu'à donner à ce tableau tout le coloris et toutte la force dont il est susceptible.

He returned to the subject in January 1752, sending d'Argental a last-minute change of the first seven lines of a still earlier version of scene 1 (D4760):

Vous avez raison [...] quand vous dites qu'il faut que Cicéron, au commencement du cinquième acte, instruise ce public du décret qui lui donne par interim la puissance de dictateur; mais il faut qu'il le dise avec l'éloquence de Cicéron, et avec quelques movements passionnés qui conviennent à sa situation présente. Je demande pardon à l'orateur romain et à vous de le faire si mal parler; mais voici tout ce que je peux faire dans l'embarras horrible où me met ce Siècle de Louix xiv, et dans l'épuisement de forces où mes maladies continuelles me laissent.

These changes were apparently accepted by the actors, judging from the fact that they, and the rest of the performance version of scene 1, were reproduced in the first unauthorised editions and some of those deriving from them in 1760 and 1761. The following variant is found in 52B1, 52B2, 52B3, 52A, 60B, and 61B.

ACTE V

SCÈNE PREMIÈRE

CICÉRON, LICTEURS, LENTULUS
ET CÉTHÉGUS *enchaînés*.

CICÉRON *aux soldats*.

Allez de tous côtés, poursuivez ces pervers,
Et qu'en ce moment même on les charge de fers.
Sénat, tu m'as remis les rênes de l'empire,
Je les tiens pour un jour, ce jour peut me suffire,
Je vengerai l'Etat, je vengerai la loi,   5
Sénat tu seras libre et même malgré toi.
Rome, reçois ici tes premiers sacrifices.
Vous, de Catilina détestables complices,
Dont la rage en mon sein brûlait de s'assouvir,
D'autant plus criminels que vous vouliez servir,   10
Qu'étant nés dans le rang des maîtres de la terre,
Vos odieuses mains dans cette infâme guerre
Ne versaient notre sang que pour mieux cimenter
Le trône où votre égal était prêt de monter;
Traîtres, il n'est plus temps de tromper ma justice: 15
Licteurs, vengez les lois, qu'on les traîne au supplice.

LENTULUS

Va, le trépas n'est rien; le recevoir de toi,
Voilà le seul affront qui rejaillit sur moi,
Mais tremble en le donnant, tremble de rendre compte,

Du sang patricien que tu couvres de honte: 20
Tu pourras payer cher l'orgueil de le verser,
Et c'est ton propre arrêt que j'entends prononcer.

CÉTHÉGUS

Tu crois notre entreprise à tes yeux découverte,
Tu ne la connais pas: elle assure ta perte.
Tant de braves Romains ouvertement armés   25
Pour deux hommes de moins ne sont point alarmés.
Crois-moi, de tels desseins, des coups si redoutables
Dont le moindre eut suffi pour perdre tes semblables,
Conservent quelque force et peuvent t'arrêter.
Souverain d'un moment tu peux en profiter.   30
Hâte-toi, Cicéron, Catilina nous venge,
Notre sort va finir, mais déjà le tien change.

CICÉRON

Oui, traîtres, le destin peut être encor douteux;
Mais sans en être instruits vous périrez tous deux?

On les emmène.

APPENDIX V

Voltaire's use of his sources

The following table shows which details in *Rome sauvée* are most likely to have been drawn from each of the five classical and post-classical authors used by Voltaire. The authors are: Cicero, *Orationes in Catilinam* and other texts; Sallust, *Bellum Catilinae*; Plutarch, *Cicero*; Crébillon, *Catilina*; and Middleton, *Histoire de Cicéron*.

The list does not include incidents mentioned in all the sources, such as the unrest among Sulla's veterans in Praeneste, Pompey's defeat of Mithridates, and Manlius' command of Catiline's troops. Nor does it attempt to identify possible sources for information that would be considered common knowledge for a man of Voltaire's educational background, for example the legendary wealth of Crassus and Lucullus' reputation.

DETAIL	REFERENCE	SOURCES
Cicero's work in philosophy	Préface, 41-42	Cicero, *Disputationes tusculanae*
Cicero a superior poet	Préface, 49-53	Plutarch, ii.4-5; Middleton, i.27-28
Sample of Cicero's poetry	Préface, 54-61	Cicero, *De divinatione*, i.106
Juvenal's comments on a verse by Cicero	Préface, 82	Juvenal, *Satires*, x.122
Cicero's wife and friends	Préface, 112-113	Cicero, *Epistolae ad familiares*; *Epistolae ad Atticum*
Caesar's deceit concerning Pompey	Préface, 126-128	Cicero, *Epistolae ad Atticum*, ix.13a, 14
Pompey's splendour	i.i.10	Middleton, i.353-55
Catiline's murder of his wife and child	i.v.228	Cicero, *In Cat.*, i.vi.14; Sallust, xv.2

Description of Catiline	I.v.230-235	Cicero, *In Cat.*, I.x; Sallust, v.1-5; Middleton, i.277-79; Crébillon, II.iii
Verres	I.v.238	Plutarch, vii.3; Middleton, i.134-47
Sulla's veterans in Etruria	I.v.297	Cicero, *In Cat.*, II.ix.20; Sallust, xvi.4, xx.5-6; Plutarch, xiv.2; Middleton, i.281
Catiline's support in the senate	I.vii.315	Cicero, *In Cat.*, I.30
Role of Crassus and of Caesar in the conspiracy	II.i.58-59	Cicero, *In Cat.*, III.iv.9; Plutarch, xvii.1-4; Middleton, i.283-84; Crébillon, I.i
Caesar as pontifex maximus	II.ii.88	Crébillon, I.i; Middleton, i.273
Fibrenus, river near Cicero's birthplace	II.iii.13	Middleton, i.7
Catiline's speech to the conspirators	II.iii.231-308	Sallust, xx
Piso	II.vi.231	Sallust, xvii. Plutarch, xix.2 and xxx.2; Cicero, *Pro Murena*, xxxviii.81; *Pro Sulla*, xxiv.67; Middleton, i.349
Autronius	II.vi.231	Sallust, xvii.4; Cicero, *Pro Sulla*, xxvii.76; Middleton, i.282, 286
Vargunteius	II.vi.232	Sallust, xvii.4; Middleton, i.282
Statilius	II.vi.232	Cicero, *In Cat.*, III.iii.6; Sallust, xvii.4, xliii.3
Curius	II.vi.269	Sallust, xvii.4; Middleton, i.282
Catiline's use of gladiators	II.vi.270	Middleton, i.300
Oath taken by the conspirators	II.vii.301-307	Sallust, xxii; Plutarch, x.4; Crébillon, IV.iii

Catiline's concern for his wife's safety	III.i.50-51	Sallust, xxxv.6
Sicaires	III.iv.228	Middleton, i.239
Catilina orders Nonnius' death	III.iv.231	Crébillon, I.i
Clodius	IV.ii.28d	Plutarch, xxixxxxv
Murena	IV.ii.28d	Sallust, xlii.3; Plutarch, xiv.8; xxxv.4
Catulus	IV.ii.28d	Sallust, xxxiv.3, xlix.1; Cicero, *In Cat.*, III.x.24
Marcellus	IV.ii.28d	Plutarch, xliii.1; Cicero, *In Cat.*, I.viii.21
Scipio Africanus	IV.ii.37	Crébillon, IV.i
Sulla's relations	IV.iv.101	Sallust, xvii.3, xlvii.1
Execution of Maelius and of Gracchus	IV.iv.118	Cicero, *In Cat.*, I.i.3, ii.4
Catiline's rebuttal of Cicero	IV.v.129-146	Sallust, xxxi; Middleton, i.271-72
Cicero's severed head and hands displayed in the forum	IV.v.282	Plutarch, xlviii xlix; Middleton, iv.225
Suicide of Aurélie	IV.vi	Crébillon, v.vi
Senators move away from conspirators	IV.vii.334a	Cicero, *In Cat.*, I.vii.16; Plutarch, xvi; Middleton, i.291
Cicero a Samnite	V.i.4	Middleton, i.6
Senatorial reaction against death penalty for conspirators	V.i.11-12; V.iii.180	Sallust, l-li; Plutarch, xxiii
Cicero given title 'pater patriae'	V.i.65	Plutarch, xxiii.3; Middleton, i.350
Military defeat of Catiline	V.ii.90f.	Sallust, lix-lxi; Middleton, i.344-347
Gaius Antonius unable to lead battle against Catiline	V.ii.84-88	Sallust, lix.4

Marcus Petreius the leader of Roman forces in final battle with Catiline	v.ii.89	Sallust, lix.4; Middleton, i.346
Cicero's valedictory speech	v.iii.185-196	Cicero, *In Cat.*, IV.x, xi
Scipio Africanus	v.iii.191-192	Cicero, *In Cat.*, IV.ix.21
Description of Catiline's death	v.iii.229-233	Sallust, lxi

Oreste

critical edition

by

David H. Jory

INTRODUCTION

1. *Choice of subject and composition*

Oreste was not Voltaire's first attempt to adapt a Greek subject to the French stage; it was part of a series which started with *Œdipe* (first performed in 1718) and might be said to end – feebly – with *Les Lois de Minos* (1771) and *Agathocle* (1777). The nature and tone of the *Lettres sur Œdipe* (1719) make it clear that this tragedy, his first,[1] was intended, at least in part, to show how a Greek tragedy should be adapted to the French stage: to find a middle ground where Paris audiences could be brought to an appreciation of a suitably adapted (according to most contemporary opinion) form of Greek tragedy. By the time *Sémiramis* was published (1749) he could write: 'On a déployé tout l'appareil de l'ancien théâtre grec',[2] and he was able to clarify his goal in a letter to Frederick II about *Sémiramis*: 'J'ay tâché d'y répandre toutte la terreur du théâtre des grecs, et de changer les Français en Athéniens' (D3893).

Oreste was the next step in this campaign to 'changer les Français en Athéniens' but it was linked with another campaign that peaked in 1750 – to drive Crébillon's plays from the Parisian stage. While personal factors were certainly important in this latter campaign,[3] it is also clear that Voltaire believed that Crébillon's tragedies were bad and should be replaced by good ones on the same subjects.

---

[1] *Amulius et Numitor*, composed while he was still at school, he later burned; see René Pomeau, *D'Arouet à Voltaire* (Oxford 1985), p.48.

[2] 'Dissertation sur la tragédie ancienne et moderne' (M.iv.499).

[3] For a comprehensive treatment of the relationship between Crébillon and Voltaire, see above, *Rome sauvée*, ed. Paul LeClerc, p.10-12; also LeClerc, *Voltaire and Crébillon père: history of an enmity*, Studies 115 (1973).

Between *Œdipe* and *Oreste* Voltaire had had an interesting career as a tragic dramatist. His exposure to English tragedy – not exclusively Shakespeare – during his stay in England, together with such other factors as the appearance of La Motte's prose *Œdipe* (1726) and Brumoy's *Le Théâtre des Grecs* (1730), seem to have led him to further thought on the theory and practice of tragedy. These reflections did not, however, appear in the coherent, finished form used for the *Essay upon the epic poetry* (1727), also the product of Voltaire's English years. Instead, during the years immediately following his return to France in 1729 he produced a number of tragedies and critical writings on theatre which testify to his wish to establish the theoretical and practical bases for a new kind of tragedy.

Prominent among Voltaire's theoretical writings on tragedy were the new preface written for the 1730 edition of *Œdipe*, the semi-public letter to Porée of 1731 (claiming that it had been the actors who were responsible for the love interest in *Œdipe*), [4] and the 'Discours sur la tragédie' published with *Brutus* in 1732. The treatment of the subject matter of both *Brutus* (written in 1728) and *La Mort de César* (1731) show Voltaire putting his new ideas into practice. Indeed, during the twenty or so years after his return from England Voltaire composed a remarkable succession of tragedies of different types, several of which were accompanied by partial statements of theory. [5] It is interesting to wonder

[4] D392. Although in the early editions this letter is dated January 1729, Besterman notes that, since the edition of *Œdipe* which it accompanied came out in April 1730, it should be dated 1731. Internal evidence (such as the phrase 'au bout de douze ans') makes this dating certain, although the reference to Voltaire's attempts to obliterate 'les couleurs fades d'un amour déplacé' would be more appropriate in a letter accompanying the 1738-1739 Ledet edition (w38), in which the role of Philoctète is extensively revised.

[5] For example, 'Epître dédicatoire à M. Falkener' published with *Zaïre* in 1733, 'Lettre à M. le marquis Scipion Maffei' published with *Mérope* in 1744, and 'Dissertation sur la tragédie ancienne et moderne' published with *Sémiramis* in 1749.

whether Voltaire specifically intended his new tragedies to serve as models for aspiring dramatists. *Brutus*, for example, could be seen as the model republican Roman tragedy; *Zaïre* the prototype historical French tragedy, also dealing with the clash of religions and with love as a fatal passion; *Alzire* the model for a tragedy dealing with the clash of civilisations; *Mahomet* the model for a tragedy about a foreign religion and religious fanaticism; *Mérope* the model Greek tragedy, dealing with maternal love, based on a lost Greek drama; *Sémiramis*, itself influenced by Greek and/or English models, the model for a tragedy of spectacle. There is no evidence that Voltaire's intention was so definite, but an examination of new tragedies performed in the decades following 1740 shows that the influence of his work was considerable.

Not all Voltaire's tragedies of this period were successful, although he showed with *Zaïre* that on occasion he was willing to give audiences what they wanted in order to achieve success. On the other hand *Mérope* and *Sémiramis* show that his desire to impose his own kind of tragedy on Paris audiences was growing stronger. His intent was clear: French audiences and authors had allowed the true tragic emotions – fear and pity – to be replaced or overshadowed by 'galanterie'; in order for them to become 'Athéniens' they would have to be brought to appreciate and prefer tragedies 'sans amour, sans confidents, sans épisodes'. [6] Such tragedies, especially if they included a significant element of spectacle and dealt with family relationships, Voltaire considered 'Greek'; questions as to the adequacy and accuracy of his definition need not concern us here. [7]

By 1749 Voltaire seemed to believe that his reforming efforts were close to success. He felt that he was perfecting French

[6] Dedication of *Oreste*, below, p.411. For another comparison of Parisian and Athenian audiences, see below, the speech read by Ribou before the first performance of *Oreste*, appendix II (p.524-25).

[7] Michèle Mat-Hasquin has strong views on these issues; see *Voltaire et l'antiquité grecque*, Studies 197 (1981).

tragedy and that he could and should avoid the errors of Racine and Corneille. Writing from Lunéville to the duchesse Du Maine on 14 August 1749, as he finished his first draft of *Rome sauvée*,[8] he claimed (D3979):

Il y a icy trois ou quatre personnes qui ont le goust très cultivé et même très difficile, qui ne veulent point que L'amour avilisse un sujet si terrible; qui me croiroient perdu si la galanterie de Racine venoit affaiblir entre mes mains la vraye tragédie qu'il n'a connue que dans Athalie; qui me croiroient perdu encore si je tombois dans les déclamations de Corneille; qui veulent une action continue, toujours vive, toujours intriguée, toujours terrible.

At the same time Voltaire's rivalry with Crébillon was nearing its height. The spring of 1749 had seen the beginning of a new phase in Voltaire's correspondence with Frederick the Great, in which literature, particularly tragedy, was a staple ingredient.[9] Frederick admired Crébillon, from whom he had recently received a copy of *Catilina*. In February 1749 he wrote to Voltaire: 'J'admire l'auteur de *Rhadamiste*, d'*Electre* et de *Sémiramis*, qui sont de toute beauté' (D3866). This is Voltaire's reply (17 March; D3893):

Vous aimez Radamiste et Electre. J'ay la même passion que vous sire, je regarde ces deux pièces comme des ouvrages vraiment tragiques

---

[8] While writing what came to be known as *Rome sauvée* and *Oreste* (and for some time afterwards) Voltaire referred to them as 'Catilina' and 'Electre'. To avoid confusion with Crébillon's plays of the same titles, we use *Rome sauvée* and *Oreste* throughout, except when quoting from Voltaire's correspondence.

[9] Parts of this correspondence show more clearly than do Voltaire's more public pronouncements how he viewed his audiences and his own tragedies. For example, 'Le parterre et les loges ne sont point du tout philosophes, pas même gens de lettres. Ils sont gens à sentiment et puis c'est tout. Vous aimerez la mort de César, nos parisiennes aiment Zaïre. Une tragédie où l'on pleure est jouée cent fois, une tragédie où l'on dit, *Vrayment voylà qui est beau, Rome est bien peinte*, une telle tragédie di-je est jouée quatre ou cinq fois. J'auray donc fait une partie de mes ouvrages pour Federic le grand, et l'autre partie pour ma nation' (D4066). This explains much of what is unsatisfactory about Voltaire's tragedies.

malgré leurs défauts, malgré l'amour d'Itis et d'Iaphanasse qui gâtent, et qui refroidissent un des beaux sujets de l'antiquité, malgré L'amour d'Arsame, malgré baucoup de vers qui péchent contre la langue, et contre la poésie. Le tragique et le sublime L'emportent sur tous ces défauts, et qui sait émouvoir sait tout. Il n'en est pas ainsi de sa Sémiramis. Aparemment votre majesté ne l'a pas lue. Cette pièce tomba absolument. Elle mourut dans sa naissance, et n'est jamais ressuscitée. Elle est mal écritte, mal conduitte, et sans intérest. Il me sied mal peutêtre de parler ainsi, et je ne prendrois pas cette liberté s'il y avoit deux avis différents sur cet ouvrage proscrit au téâtre. C'est même parce que cette Semiramis étoit absolument abandonnée, que j'ay osé en composer une. Je me garderois bien de faire Radamiste et Electre.

Following the lines quoted above, Voltaire continues, with reference to his *Sémiramis*:

Je suis venu à bout de la métamorphose quoy qu'avec peine. Je n'ay guères vu la terreur et la pitié, soutenues de la magnificence du spectacle, faire un plus grand effet. Sans la crainte et sans la pitié point de tragédies sire! [...] Point de succez dans les représentations sans la crainte et la pitié; mais point de succez dans le cabinet, sans une versification toujours correcte, toujours harmonieuse et soutenue de la poésie d'expression. Permettez moy sire de dire que cette pureté et cette élégance manquent absolument à Catilina. Il y a dans cette pièce quelques vers nerveux, mais il n'y en a jamais dix de suitte où il n'y ait des fautes contre la langue ou dans les quels cette élégance ne soit sacrifiée.

Crébillon's verse in fact offended Voltaire so much that he went on attacking it even after Crébillon's death;[10] the reference to 'vers Ostrogoths' in D4010 is typical of the language used. Crébillon's plots, Voltaire continued to complain, sometimes lacked verisimilitude, were full of 'galanterie', and were intentionally made complex through the introduction of a multiplicity of events, extraneous characters, romantic intrigues and 'coups de théâtre' such as recognitions. In his search for strong emotions

---

[10] See above, *Rome sauvée*, p.43.

Crébillon went beyond the bounds of propriety and 'terreur' to create scenes of 'horreur', the best known being in *Atrée et Thyeste*, where Atrée offers his brother Thyeste a cup containing the blood of Thyeste's son whom Atrée has just had murdered.

To a theatre-going public whose knowledge of Greek literature and culture was superficial at best, Crébillon's excesses and the strong imagery found in his tragedies were in a sense 'Homeric', hence Greek. For those who associated Greek theatre with excess rather than restraint it was a short step to considering Crébillon's tragedies – two of which were on Greek subjects – to be 'grecques' and their author 'le Sophocle français'. Given the scathing allusions to Sophocles that Crébillon had made in the preface to his *Electre* [11] and the kinds of plots that he used, it seems strange indeed that such an epithet was commonly applied to him during the late 1740s, and not only by Voltaire's enemies. Crébillon's reputation was solidly based on successful revivals of his best tragedies, even if this reputation was being artificially inflated by those hostile to Voltaire.

Given the diverging views of Crébillon's works held by Voltaire and Frederick, and given Voltaire's interest in strengthening his ties with Frederick, it is understandable that Voltaire tried to change Frederick's mind about the value of Crébillon's tragedies. In reply to the letter quoted above, Frederick wrote simply: 'Vous jugez mes ouvrages avec trop de douceur et ceux de Crebillon avec trop de sévérité' (D3902). Voltaire returned another detailed attack on Crébillon's *Sémiramis*, ending: 'On ne s'acharne point contre Crebillon en disant ainsi avec tout le monde que ce qui est mauvais est mauvais. On luy rend justice comme quand on loue les très belles choses qui sont dans Electre et dans Radamiste' (D3914). Voltaire disliked rivals and he disliked Crébillon. It can be assumed that he resented having to make such concessions when writing about the plays of his rival, and despite his disclaimer

---

[11] Crébillon, *Electre*, ed. John Dunkley (Exeter 1980), p.2-3.

in his letter to Frederick he must have soon realised that the only
way to establish his superiority over Crébillon once and for all
was to rewrite not Crébillon's feeble plays but those considered
his best.

Of these the subject of *Electre* was more to Voltaire's taste
than that of *Rhadamiste et Zénobie*. It was also a much better
vehicle for his campaign to 'changer les Français en Athéniens'.
It is probable, therefore, that his correspondence with Frederick
in the spring of 1749 influenced his decision to write a tragedy
rivalling Crébillon's *Electre*. It is not clear precisely when this
decision was taken, but the composition of *Rome sauvée* intervened
and work on *Oreste* did not begin for about another four months,
by which time Voltaire was installed at the court of Stanislas
Leszczinski at Lunéville with Mme Du Châtelet, who was awaiting
the birth of her child by Saint-Lambert.

A letter to d'Argental of 21 August 1749, accompanying the
last three acts of *Rome sauvée*, contains the first indication that
Voltaire has a play on the subject of Electra seriously in mind: 'Il
est temps de tirer la tragédie de la fadeur. Je pétille d'indignation
quand je voix une partie quarrée dans Electre.'[12] Two days later
Voltaire learned from the d'Argentals and Mme Denis that in his
capacity as censor Crébillon had passed a play directed against
him,[13] and that it was no longer a secret at the French court that
he was composing a tragedy on the same subject as Crébillon's
Catilina. His replies to their letters, written the same day, deal at
length with *Rome sauvée* but make no mention of *Oreste* (D3992,

[12] D3990. The term 'partie carrée' was first used about Crébillon's *Electre* by
the anonymous author of the 'Lettre critique du chevalier de *** à madame la
marquise de ***', which appeared in the *Mémoires de Trévoux* for January 1709
and was reprinted in large part in F. and C. Parfaict, *Histoire du théâtre français
depuis son origine jusqu'à présent* (Paris 1745-1748; BV, no.2645, xiv); see Crébillon,
Electre, ed. Dunkley, p.xxiv-xxv. It was in response to this letter that Crébillon
wrote his attack on Sophocles in the preface to his *Electre*.
[13] D3992. See also above, *Rome sauvée*, p.66.

D3993). Since Voltaire was not at this time in the habit of concealing what he was doing from these correspondents, it is unlikely that he had begun the actual composition of *Oreste* by that date. A further letter to the d'Argentals of 28 August contains a significant *parentèse* (D3995):

Savez vous que c'est un homme qui trouve Electre détestable? [...] Electre amoureuse! et une Iphianasse, et un plat tiran, et une Clitemnestre qui n'est bonne qu'à tuer! et des vers durs, et des vers d'eglogue après de l'emphase; et pour tout mérite un Palamede, homme inconnu dans la fable, et guères plus connu dans la pièce. Ma foy s^t Lambert a raison. Cela ne vaut rien du tout. Si je peux réussir à vanger Ciceron, mordieu je vangeray Sophocle.

The future tense of the final verb implies that Voltaire is still thinking about his Electra play rather than actually writing it. He may, then, have begun composition only on 29 August. This would be consistent with his statement to Frederick on 31 August (D4001): 'J'ay achevé l'esquisse entière de Catilina, telle que votre majesté en a vu les prémices dans le premier acte. J'ay depuis commencé la tragédie d'Electre que je voudrois bien venir au plus vite achever à Sans Souci.'

Voltaire's next letter to d'Argental shows that the play was planned very quickly, especially in light of the evidence in the same letter that Voltaire did not put *Rome sauvée* to one side and devote himself exclusively to *Oreste* (1 September 1749; D4003):

Je ne sçais encor ce que je dois penser de Rome Sauvée. J'attends vos ordres [...]. J'ay aussi raboté quelques vers. En attendant je vous envoye Nanine telle que vous avez voulu qu'elle fût. [...] Je suis à l'ébauche du cinquième acte d'Electre et d'Electre sans amour. Je tâche d'en faire une pièce dans le goust de Merope. Mais j'espère qu'elle sera d'un tragique supérieur.

Three days later, after describing the quick and easy delivery of Mme Du Châtelet, Voltaire told d'Argental: 'J'acoucheray plus difficilement de mon Catilina. Il faudra au moins quinze jours pour oublier cet ouvrage et le revoir avec des yeux frais. Si madame Dargental se porte bien j'employeray ce long espace de temps à achever l'esquisse d'Electre avant d'achever de sauver Rome' (D4006). He wrote to Mme Denis in the same terms on the same day: 'J'achève Electre, mais madame du Chastelet vien d'acoucher. Voylà huit jours que je vais perdre, sans cela vous auriez bientôt l'esquisse d'Electre' (D4007). A further letter, probably written the same day, and probably to Mme de Staal, implies that the first draft of *Oreste* is not yet finished (D4009), but still another letter of the same date, to Voisenon, speaks of its completion in the past tense: 'dès que j'ai été délivré de Catilina, j'ai eu une nouvelle grossesse, et j'ai fait sur le champ Electre' (D4010). With the death of Mme Du Châtelet on 10 September real tragedy put an end to this kind of banter[14] and there is no further mention of *Oreste* in letters from Voltaire for three weeks.

Then, in a letter to d'Argental at the end of September, he gives a slightly different chronology for the composition of his Electra play (D4030):

Depuis le 15 d'aoust jusqu'au premier de septembre j'avois travaillé à Electre et je l'avois même entièrement achevée afin de perdre toutes les idées de Catilina, afin de revoir ce premier ouvrage avec des yeux plus frais, et de le juger moy même avec plus de sévérité. J'en avois usé de même avec Electre, que j'avois laissée là après l'avoir faitte; et j'avois repris Catilina avec baucoup d'ardeur, lorsque cet accident funeste, abbâtit entièrement mon âme et ne me laissa plus d'autre idée que celle du désespoir.

Whether the 'esquisse' of *Oreste* (the term apparently means 'completed first version' in the correspondence of this period) was finished in two weeks, as Voltaire stated in D4030, or in one, as the earlier letters quoted above seem to indicate, it was certainly written very quickly. So, too, was *Rome sauvée*, as Voltaire says

---

[14] In a letter to Mme Du Deffand on 10 September Voltaire reproached himself for the tone of the letters in which he announced the apparently happy conclusion of Mme Du Châtelet's confinement (D4016).

several times in his correspondence, explaining how this had been possible, and noting that the speed of composition 'm'obligera à la corriger longtemps'. [15] Nothing similar was written about *Oreste*; indeed after mid-September the paucity of references to the composition and re-working of *Oreste* is notable. This may be because the birth metaphors had been the leitmotiv for Voltaire's letters about *Oreste*, as speed of composition had been the leitmotiv for *Rome sauvée*, and the death of Mme Du Châtelet intervened at the time when such things might have been said. Alternatively, *Oreste* may have been written more easily, and re-worked much less, than even the first draft of *Rome sauvée*. If this were the case, the explanation might be that *Oreste* was in fact the product of a long gestation, as Voltaire had hinted to Voisenon (D4010):

Il y a vingt ans que je suis indigné de voir le plus beau sujet de l'antiquité avili par un misérable amour, par une partie carrée, et par des vers ostrogoths. L'injustice cruelle qu'on a faite à Cicéron ne m'a pas moins affligé. En un mot, j'ai cru que ma vocation m'appelait à venger Cicéron et Sophocle, Rome et la Grèce, des attentats d'un barbare.

Subsequent letters mention continuing changes to *Rome sauvée* [16] but not to *Oreste*, [17] which evidently gave Voltaire comparatively little trouble and was sent to the duchesse Du Maine before and instead of *Rome sauvée*. [18] On 26 November Voltaire promised to dedicate both plays to her (D4069), but he had already decided to have *Oreste* performed first. According to Collé, on 17

---

[15] D3991. See also, for example, 'Il y avoit six mois que je roulois le plan dans ma tête, et que touttes ces idées là se présentèrent en foule pour sortir. Quand j'ay ouvert le robinet le bassin s'est rempli tout d'un coup' (D3990) and 'J'ay fait copier à Reims Catilina qui étoit trop plein de ratures pour pouvoir vous être montré à Paris' (D4033).

[16] For example D3990, D3991, D4030, D4055, D4060.

[17] We exclude a passing reference in an undated letter to Mme d'Argental, 'j'électrize, je catilinise, j'adelaïse' (D4077).

[18] 'Voicy des grecs, en attendant des romains' ([October/November 1749]; D4050).

November some selected actors and friends of Voltaire were assembled at d'Argental's house for a reading of *Rome sauvée*. Voltaire began to read his list of characters, but to the surprise of all present they were the characters of *Oreste*, and Voltaire announced: 'C'est *Electre* que je donne cette année, et je ne ferai paraître *Catilina* que l'année prochaine. Je vais faire la distribution des rôles. Je demande le plus profond secret.'[19] When Voltaire reported his change of plan to the duchesse Du Maine he explained:

Ce seroit damner Rome sauvée que de la faire jouer si vite par des gens qui ont besoin de travailler six semaines. J'ay pris mon party, je leur ay donné Oreste, cela se joue tout seul. Me voylà délivré d'un fardau. J'auray encor le temps de travailler à Rome, et de la donner ce carême.[20]

In fact five weeks elapsed between the reading of *Oreste* at d'Argental's house and the first stage performance. Since this is not much less than the six weeks estimated by Voltaire for the preparation of *Rome sauvée* it is likely that the primary reason for the unexpected change of play was that he was still not satisfied with *Rome sauvée*.[21]

A major repercussion of this change was the shortening of the initial run of *Oreste*. The Comédiens wrote to Voltaire on 3 December asking him to make up his mind. They had just read and accepted Destouches's *La Force du naturel*; they needed 'une nouveauté qui puisse succéder à Aristomène'[22] and Voltaire was requested 'de vouloir bien nous envoyer La disposition et Les rolles de La vôtre avant le huit de ce mois ou de trouver bon à

[19] Collé, i.108-109. According to Collé those present included Choiseul, Chauvelin, Pont-de-Veyle, Mlles Dumesnil and Clairon, and Grandval.

[20] D4085. Besterman dates this letter 2 January 1750, but it is clear from D4071 that Voltaire had to choose between *Rome sauvée* and *Oreste* before 8 December 1749 and it is unlikely that he would have waited nearly a month to tell the duchesse Du Maine of his decision, given his intention to dedicate both plays to her. A more likely date would be 5 December 1749.

[21] 'J'ay baucoup retravaillé cet ouvrage' (31 December 1749; D4081).

[22] Marmontel's *Aristomène* closed on 31 December.

ce défaut que nous passions à celle de m^r Destouches qui seroit au désespoir aussi bien que nous de vous traverser dans vos vuës' (D4071). The next day Destouches wrote at length to the Comédie-Française (4 December 1749; D4072):

J'aurois attendu volontiers qu'il vous eût rapporté les Rôles de sa Rome sauvée, et qu'il vous eût mis en état de la représenter, puis qu'elle étoit reçue avant que je vous eusse lu ma Pièce. Mais comme j'apprends qu'il n'en est plus question, et qu'il veut y substituer une autre Tragédie qui n'est pas reçue, il est trop équitable et trop mon ami, pour trouver mauvais que je réclame mon droit, et que je vous demande comme je fais ici Messieurs, que ma Comédie soit jouée aussi tôt qu'elle sera sçue, puisque rien n'en arrête la représentation [...] Si vous me refusiez cette justice, aucunes raisons ne pourroient vous autoriser à me faire un pareil passe droit, qui seroit également contraire à vos Règles, et aux égards que je crois pouvoir attendre de vous.

Subsequent negotiations, of which the only available record is a reference in a sale catalogue, must have led to an agreement by Voltaire to cut short the first run of *Oreste*.[23] In D4112 Voltaire invites Destouches to visit him:

Venez donc, mon illustre ami, mardi à trois heures; vous trouverez quelques académiciens nos confrères; mais vous n'en trouverez point qui soit plus votre partisan et votre ami que moi. Madame Denis dispute avec moi, je l'avoue, à qui vous estime davantage: venez juger cette querelle. Savez vous bien que vous devriez apporter votre pièce nouvelle? Vous nous donneriez les prémices des plaisirs que le public attend. L'abbé du Rénel ne va point aux spectacles, et il est très bon juge: ma nièce mérite cette faveur par le goût extrême qu'elle a pour tout ce qui vient de vous; et moi qui vous ai sacrifié Oreste de si bon cœur; moi qui, depuis si longtemps, suis votre enthousiaste déclaré, ne mérité je rien? A mardi, à trois heures, mon cher Térence.[24]

[23] We do not share Besterman's doubt about why *Oreste* was withdrawn – 'the play was taken off for reasons still obscure' (D4095, commentary; also D4111, commentary). D4112 seems to make the reason clear. See also Mouhy, *Tablettes dramatiques* (Paris 1752), p.172.
[24] Since Voltaire's agreement to 'sacrifice' *Oreste* was probably a direct and fairly

On 31 December Voltaire mentions *Oreste* to Frederick for the first time since 31 August, and for the first time makes a disparaging remark to him about Crébillon's *Electre* (D4081):

On va jouer une Electre de ma façon sous le nom d'Oreste. Je ne sçais pas si elle vaudra celle de Crébillon, qui ne vaut pas grand'chose, mais du moins Electre ne sera pas amoureuse, et Oreste ne sera pas galant. Il faut petit à petit défaire le théâtre français des déclarations d'amour, et cesser de peindre *Caton galant et Brutus dameret.*

Clearly Voltaire thought that his play was better than Crébillon's, but this is hardly the letter of a confident author, even if interpreted in the light of its recipient's respect for Crébillon. It is the first extant letter in which Voltaire expresses an opinion of *Oreste* since the first draft was completed. His niece was much more positive. On 12 January 1750, the day on which *Oreste* opened, she wrote: 'On joüe aujourdui Oreste de m^r de Voltaire. Malgré tous ses ênemis, je ne doute pas qu'elle n'ait un grand succès. C'est à mon gré la pièce la plus attendrissante qu'il ait jamais faite. Cependant il tremble toujours' (D4094).

The correspondence shows that Voltaire was busy until the last minute making changes to his play and organising his 'claque' (D4088, D4091). Meanwhile, on about 6 January 1750, *Oreste* had been submitted to the censor, Crébillon, probably by Voltaire himself after he had taken the precaution of arming himself with a note from Berryer de Ravenoville which asked Crébillon to act quickly (D4087, D4089). According to tradition and the Kehl editors Crébillon returned the text a few days later with a note

---

immediate result of Destouches's letter to the Comédiens, D4111 and D4112 could have been written at any time after 4 December 1749. It is unlikely that they were written, as Besterman suggests, in February 1750, shortly before Destouches's play opened. Beuchot's dating (14-31 December 1749) is more probable, although they may have been written before 14 December; 16 December was a Tuesday. *La Force du naturel* opened on 11 February and was given thirteen performances before the end of the season.

expressing the wish 'que le frère vous fasse autant d'honneur que la sœur m'en a fait' (D4092).

2. Orestes in France before Voltaire

Voltaire was not innovating when he wrote *Oreste*. The subject was known to theatre audiences through the plays of Longepierre and especially Crébillon. It would also have been familiar to those who remembered something from their classical education.

The story of how Orestes, aided and encouraged by his sister Electra, killed their mother to avenge her murder of their father is the subject of three Greek tragedies: Aeschylus' *Choephoroe*, Sophocles' *Electra*, and Euripides' *Electra*. [25] Of these only Sophocles' play had received serious attention in France before 1750: critics and commentators preferred this version to the other two, and André Dacier had translated it into French. [26] Having already translated Aristotle's *Poetics* into French, [27] Dacier wanted to put at the disposition of his readers translations of the two most perfect and most representative Greek tragedies in order to illustrate the rules of Aristotle in action. (One often has the impression when reading Dacier and some of his contemporaries that Sophocles wrote his tragedies in anticipation of Aristotle's requirements.) As an example of a tragedy with a double catas-

[25] For outlines of the three classical dramas on the subject, see below, *Dissertation sur les Electre*, p.571-91. For a broader discussion of these and other versions of the myth, see Pierre Brunel, *Pour Electre*, Collection U2 (Paris 1982).

[26] *L'Œdipe et l'Electre de Sophocle, tragédies grecques traduites en français avec des remarques* (Paris 1692).

[27] *La Poétique d'Aristote, traduite en français avec des remarques* (Paris 1692; BV, no.102).

trophe – one in which the good are rewarded as well as the bad punished – Dacier chose Sophocles' *Electra*. [28]

According to Dacier, the Greek poets, 's'étant aperçus qu'il y avait toujours des spectateurs trop faibles ou trop délicats, qui ne pouvaient souffrir les catastrophes funestes, cherchèrent à leur plaire par un autre chemin, et inventèrent cette double catastrophe sur l'*Odyssée* d'Homère'. [29] Having said this, however, Dacier had to admit that the subject of Sophocles' *Electra* was 'atroce'. [30] Moreover he was faced with the task (particularly delicate for a recent convert to Roman Catholicism and at a time when Jansenism was under attack) of explaining and interpreting to his readers the Greek concept of Fate, and Sophocles' moral purpose in writing his play.

Instead of seeing the murder of Clytemnestra as one incident in the tragic story of the family of Pelops, Dacier interprets the myth as a good Catholic: 'Le but de Sophocle est de faire voir que quoique Dieu diffère la punition des méchants, il ne les laisse pourtant pas échapper à sa justice, et qu'il n'y a rien qu'il punisse avec plus de rigueur que les adultères, les usurpations et les meurtres'. Sophocles softened the atrocity of the subject somewhat by insisting on the misfortunes of Electra, and by painting Clytemnestra and Aegisthus in the blackest colours, 'mais cela ne suffit peut-être pas pour le justifier. Le meurtre d'une mère par son fils est une chose trop atroce pour être, je ne dis pas vue [...], mais entendue. Au lieu d'exciter la terreur et la compassion, elle

---

[28] See Aristotle, *Poetics*, xiii.11-13; Dacier, *L'Œdipe et l'Electre de Sophocle*, preface to *Electre*, p.251-54. This double type of tragedy Dacier considered to be inferior to tragedy with a simple, or single, catastrophe, of which he chose Sophocles' *Oedipus tyrannus* as an example. Whether or not his interpretation of Aristotle is correct need not concern us here. See Pierre Brumoy, *Le Théâtre des Grecs*, ed. Rochefort and Du Theil (Paris 1787-1789), iii.105n, for a brief discussion of Dacier's ideas on this point.

[29] Dacier, preface to *Electre*.

[30] For a discussion of the implications of 'atrocité' at this time, see Michel Foucault, *Surveiller et punir: naissance de la prison* (Paris 1975), p.59-60.

donne de l'horreur, ce qui passe le tragique'. [31] Dacier is here echoing a traditional view that had earlier been expressed by Corneille and was later repeated by Larcher in the preface to his weak translation of Euripides' *Electra*. [32] There is little point in dwelling on the inadequacies of Dacier's explanations, but we should note the importance given to the bienséances by Dacier and his contemporaries, and the admission that Sophocles could not be justified in the eyes of the civilised Parisian. We might also note in passing that in the debate on the morality of the theatre, which went on from before Dacier wrote in 1692 to after Voltaire's *Oreste* in 1750, Aristotle and the Greek tragedians were often quoted, with varying accuracy, by both sides.

Finally Dacier suggests that: 'Si on mettait ce sujet sur le théâtre, il faudrait ou qu'Oreste tuât Clytemnestre sans la connaître, et qu'il la reconnut après, ou bien qu'elle s'enferrât elle-même en voulant secourir Egisthe, et c'est la méthode que tout poète doit suivre quand il traitera de pareils sujets'. [33]

Although it was Dacier who first interpreted Sophocles' *Electra* to his contemporaries, his work failed to enjoy the enormous success of Brumoy's *Le Théâtre des Grecs*, which was without a serious rival for over a hundred years after its publication in 1730 and was last republished in 1906. [34] Two factors contributed to

[31] Dacier, preface to *Electre*.

[32] 'Clytemnestre se plaignait des concubines qu'Agamemnon ramenait de Troie; mais il n'avait point attenté sur sa vie, comme elle fait sur la sienne: et ces maîtres de l'art ont trouvé le crime de son fils Oreste, qui la tue pour venger son père, encore plus grand que le sien, puisqu'ils lui ont donné des Furies vengeresses pour le tourmenter, et n'en ont point donné a sa mère, qu'ils font jouir paisiblement avec son Egisthe du royaume d'un mari qu'elle avait assassiné' (Corneille, 'Les Trois discours sur le poème dramatique', *Œuvres complètes*, Paris 1980-1987, iii.121-22). 'Le meurtre toujours odieux de Clytemnestre par son fils, quoique ordonné par les dieux, a quelque chose qui nous révolte' (Pierre-Henri Larcher, *Electre d'Euripide, tragédie traduite du grec*, Paris 1750, p.IV-V).

[33] Dacier, p.498-99, commentary to *Electre*, acte V, scene 1.

[34] Pierre Brumoy, *Le Théâtre des Grecs* (Paris 1730; BV, no.556).

its instant and lasting success. First, it filled a need. Although always officially part of the curriculum, Greek language and literature were neglected in practice in the majority of schools during the first half of the eighteenth century. They were not taught in such a way as to awaken enthusiasm for further study of Greek civilisation, and few pupils left school with the ability to read Greek plays in the original language. Second, Brumoy tailored his commentaries to his intended readers. He was an admirer of the Ancients but not a dogmatic or unreasonable one (unlike most of their other defenders, including the Daciers and even Boileau). He was prepared to criticise the Greeks where they did not meet eighteenth-century criteria of reason and bienséance, but he defended them where possible by insisting that they be judged by the criteria of fifth-century BC Athens rather than those of eighteenth-century Paris (there is in fact a slight paradox in Brumoy's work in this respect). Brumoy produced a sort of reasonable man's guide to the Greek theatre which is in some ways, and despite some incoherent passages, a model of its kind. During Voltaire's lifetime it remained the source book and reference work for all but the most erudite discussions on Greek tragedy. [35]

Voltaire had more than one copy of *Le Théâtre des Grecs* in his library at Ferney (BV, no.556-558), and seems to have shared many of the ideas of its author, [36] although as a dramatist he had a better appreciation of the impact of some spectacles on the large stage at Athens. While Brumoy does not agree with Dacier that the type of play represented by Sophocles' *Electra* is inferior to that represented by *Oedipus tyrannus*, he does agree that the subject is 'choquant'. Despite the fact that the character of Clytemnestra

[35] For the modern reader *Le Théâtre des Grecs*, particularly the three 'Discours' which take up a large part of volume i, contains many interesting sidelights on the interpretation of Greek tragedy in the eighteenth century.

[36] But not all; see 'Dissertation sur la tragédie ancienne et moderne' (M.iv.496-97).

is such that she deserved to die — 'si jamais une mère peut mériter de périr par les mains de son fils' — and that 'Sophocle met en quelque sorte Oreste et Electre dans la nécessité de vaincre par un forfait, ou de mourir par vertu', the spectator is revolted by 'l'horreur de voir un fils et une fille plonger le poignard dans le sein d'une mère'. Brumoy continues:

Plusieurs raisons semblent un peu justifier Sophocle. La première, c'est le soin qu'il prend de marquer dès la première scène, qu'Oreste ne forme cette entreprise que par l'ordre précis, et sous les auspices d'Apollon. Il a soin de le rappeler toujours aux spectateurs, et de faire bien comprendre que ce meurtre est en quelque sorte un acte de religion et d'obéissance aux dieux. Mais c'est là corriger un crime contre la nature par une horrible impiété contre les dieux. Les Grecs la passaient aisément dans leurs idées bizarres de paganisme. Mais nous ne saurions la supporter suivant les principes de la véritable religion, et les vues d'une raison plus épurée. [37]

This interpretation, however, shows that Brumoy did not distinguish adequately between the different versions of the Greek play for it fits the versions of Aeschylus and, especially, Euripides rather than that of Sophocles. In Sophocles' play, Orestes decides for himself that he must avenge the death of his father; Apollo merely tells him the best way to accomplish what he sets out to do. Moreover at the end of Sophocles' play the Chorus states that the race of Atreus is freed by the action of Orestes from the curse which lay upon it, implying that Orestes was right to kill his mother. [38] Brumoy's conception of Fate in Greek tragedy was coloured by his own religious background and allowed few nuances. [39]

From 1692 to 1750, then, scholars and working dramatists in France had a common interpretation of the Greek tragedies on

[37] Brumoy, i.195-98.
[38] Sophocles, *Electra*, l.32-37, 1508-1510.
[39] See below, p.368, n.175.

the killing of Clytemnestra by her son: the subject was 'atroce', both ethically unjustifiable and more horrible than tragic. A version intended for the Parisian stage would therefore have to be substantially different, especially with regard to the dénouement.

Voltaire was the third playwright to tackle the subject during the eighteenth century. The first was Hilaire-Bernard Roqueleyne, baron de Longepierre, whose *Electre* was first performed in 1702. [40] It is likely that he was inspired by some of the comments of Dacier, whose advice he follows quite closely. When Longepierre started writing his *Electre* around 1701, the only known modern version was a lost play by Pradon. Longepierre seems to have composed his *Electre* for his own satisfaction, [41] and with the encouragement of members of the court such as the princesse de Conti and the duchesse Du Maine. [42] It does not seem to have been intended originally for performance at the Comédie-Française.

Longepierre's primary source was Sophocles, but he made some innovations of his own. [43] Whereas in Sophocles' play both Orestes and Electra intend from the start to avenge the murder of their father by killing both their mother and the usurper, in Longepierre's version both brother and sister make it clear that they wish no harm to their mother and seek only the death of the

---

[40] Longepierre held various minor posts as tutor around the court. He was a confirmed supporter of the Ancients, and his fervour can easily be seen in his *Discours sur les Anciens* (1687); he was also the author of a *Parallèle de Corneille et de Racine* (1696), some mediocre translations of Greek verse, and earlier unsuccessful attempts at classical tragedy: *Médée* (1694) (which was successful when revived in 1728), and *Sésostris* (1695).

[41] See *Le Mercure galant* (February 1702), p.378-80; quoted by Parfaict, *Histoire du théâtre français*, xv.320-21. See also Longepierre, *Electre*, ed. T. Tobari (Paris 1981), p.11-19.

[42] See below, p.408.

[43] See his II.v; IV.i; V.vii. At his death Longepierre had in his library two Latin editions of Sophocles, three editions of the tragedies of Seneca, none of Aeschylus or Euripides, and no copy of Dacier's translation, *L'Œdipe et l'Electre de Sophocle*. See Roger Portalis, *Bernard de Requeleyne, baron de Longepierre (1659-1721)* (Paris 1905), p.193-94.

usurper. In this and other respects Longepierre's play foreshadows Voltaire's *Oreste*. This is not surprising, since both dramatists were faced with the same need to adapt the Greek version to the demands of French classical tragedy, but Voltaire seems to have owed more to Longepierre than he acknowledged. [44]

During the first three acts of his *Electre*, Longepierre follows Sophocles as closely as he reasonably can, with the addition of some 'effets pathétiques', and some scenes in which Egisthe appears as a remarkably fearful tyrant. Having made Egisthe and not Clitemnestre the focus of the hate and desire for vengeance of Oreste and Electre, Longepierre then had to try and link Egisthe more closely with the action and give him a more definite character than he has in Sophocles. In this Longepierre was not successful. The character, like the play, lacks consistency. The fearful, almost pathetic ruler of the second act becomes a ferocious tyrant in the fourth, where he makes an attack on belief in the gods which is stronger than that found in *Oreste* and which matches anything to be found in *Œdipe*. [45] Longepierre's Clitemnestre suffers from the same fault: the variations in her attitude towards Electre are less well prepared than those of Voltaire's Clitemnestre. Longepierre's Oreste is a weak character who acts only under the orders of Apollo. Even when encouraged by Electre, his companion Pilade and his mentor Pammène, he cannot brace himself to go and kill the tyrant, and Apollo has to intervene (v.ii). Electre is consistent in all but her attitude to the gods,

---

[44] Voltaire possessed Longepierre's text in a 1737 edition (*Théâtre français, ou recueil des meilleures pièces de théâtre*, Paris 1737, x; BV, no.3270). For an outline of Longepierre's play, see H. C. Lancaster, *Sunset: a history of Parisian drama in the last years of Louis XIV, 1701-1715* (Baltimore 1945), p.104-108.

[45] 'J'ai redouté longtemps leur justice et leur haine, / Vain fantôme, enfanté par une crainte vaine; / Et mon esprit troublé d'une crédule erreur, / Tremblait sous un pouvoir que lui forgeait la peur' (Longepierre, *Electre*, iv.iii). The epithet 'impitoyable', which was found offensive when applied to the gods in Voltaire's *Œdipe* (v.iv), is used three times in the same way in Longepierre's *Electre*. It also appears in *Oreste* (v.ix.285).

whom she attacks and defends by turns. [46] Although she hates her mother, she intends to avenge the murder of her father and her own misfortunes by killing only Egisthe. Pammène plays a much more important role in Longepierre's play than does his equivalent – the Governor – in that of Sophocles. As in Voltaire's version, it is he who, in accordance with the conventions of French tragedy, organises the conspiracy which enables the killing of the tyrant to lead to the seizure of power.

It is in the dénouement that Longepierre makes the greatest changes. Whereas in Sophocles Orestes first enters the palace when Aegisthus is away and coldly kills Clytemnestra, afterwards killing Aegisthus when he returns, Longepierre's Oreste leaves the stage, after much hesitation and inspired by Apollo, to kill only Egisthe. It is not until after his return that he learns from Pammène that Clitemnestre, who had sprung forward to defend Egisthe, was killed with the same stroke and so he has unintentionally, and unknowingly, slain his mother as well. Oreste then loses his reason and the play ends. By making the killing of Clitemnestre an accidental event for which Apollo was alone responsible and which was unprepared in the previous acts, Longepierre was following the path laid out by Dacier and Corneille – and which Crébillon and Voltaire would later follow as well. But in doing so he eliminated, without perhaps realising it, the whole basis of Sophocles' play. He did not replace what he had given up, so there is little of interest left. His play seems to be merely about the avenging of a murder by the killing of a tyrant, with the killing of Clitemnestre an inexplicable aberration, at least in dramatic terms. Longepierre appears to have underestimated the difficulties of filling the five acts of a French classical tragedy with the substance of one Greek tragedy.

Longepierre's *Electre* had three successful performances in 1702 on the private stage of the prince and princesse de Conti at

[46] For example, I.i and I.ii.

Versailles. According to the frères Parfaict[47] it was the Regent who persuaded Longepierre to offer the play to the actors of the Comédie-Française, but we do not know when he did this nor why seventeen years elapsed before the play was performed in Paris. During rehearsals the play was highly thought of, but it failed when performed in public in 1719: only for the first two of the six performances of its first run (there were three more performances nine months later) were there more than 700 paying spectators. The play suffered from comparison both with Crébillon's *Electre*, which had been written and successfully performed in 1708, and with Voltaire's *Œdipe*, which immediately preceded it at the Comédie-Française. It suffered too, no doubt, from the fact that there was no love intrigue and no alternative centre of interest.

Voltaire rejoiced at the fate of Longepierre's play in a letter to J.-B. Rousseau which accompanied a copy of *Œdipe* (c. 1 March 1719; D72):

La seule chose qui me fasse conserver quelque bonne opinion pour nos François est l'accueil qu'on vient de faire à l'Electre de Mr de Longepierre. Elle a été jouée ces jours cy, et universellement siflée au grand étonnement de l'autheur et de ses partisans que vous connoissez, et *vivent les grecs* a été chanté par le parterre.[48]

Voltaire did not like or respect Longepierre or his works, and he knew his correspondent did not either. He may also have known that Longepierre was writing, or had written, a pamphlet against *Œdipe*.[49] Longepierre felt humiliated by the failure of his *Electre*. He died in 1721; the play did not appear in print until 1730.

Crébillon, on the other hand, understood the tastes of the

---

[47] *Histoire du théâtre français*, xv.321-24.

[48] In the dedication of *Oreste*, written thirty years later, Voltaire ascribed the poor reception of Longepierre's *Electre* to the poverty of its verse and its structural weaknesses (see below, p.407-408).

[49] *Lettre à M. de Voltaire sur la nouvelle tragédie d'Œdipe* (Paris 1719).

theatre-going public, and he was prepared to indulge them. He makes it clear in his preface that: 'Ce n'est point la tragédie de Sophocle, ni celle d'Euripide que je donne, c'est la mienne.' He adds moreover: 'Si j'avais quelque chose à imiter de Sophocle ce ne serait assurément pas son *Electre* [...] il y a peut-être dans sa pièce bien autant de défauts que dans la mienne.'[50] Crébillon also understood that there was not enough material in Sophocles to fill his kind of French tragedy and he, too, changed the basis of the plot in various ways. The Governor, here called Palamède, has exchanged his own son Tydée for Oreste in order to protect the latter from Egisthe. Only at the end of act III does Oreste find out, at the same time as the audience, who he is. Strangely enough Oreste, as Tydée, is the dominant character in acts I and II, but as soon as he learns his real identity he prefers to follow the orders of Palamède who becomes the most important character in the last two acts. The introduction of the new character of Palamède's son enables Crébillon to add two love intrigues. The tyrant Egisthe has a son, Itys, and a daughter, Iphianasse, by a former marriage: Itys and Electre are secretly in love, as are Iphianasse and Oreste (under the name of Tydée). Electre, therefore, has to agree to the killing of her lover's father, with the attendant danger to Itys himself in the mêlée; Oreste (as Tydée) is told that he can marry Iphianasse if he kills Oreste, and (as Oreste) has to kill the father of the woman he loves. He also has to decide whether to defend the city and the tyrant Egisthe against foreign invaders. Clitemnestre tells Electre that she will be put to death if she refuses to marry Itys – a union sought by Egisthe in order to secure his throne. Electre replies by telling Egisthe that she will marry the man who kills him. The action proper does not begin until act III, scene 5, with the arrival of Palamède, who was believed dead and who had been plotting the death of Egisthe for twenty years. An anecdote indicated that the spectators were

---

[50] Crébillon, *Electre*, ed. Dunkley, p.2-3. See also Lancaster, *Sunset*, p.108-12.

happy at the arrival of Palamède because this indicates the start of the play, and the first two acts, as the author admitted in his preface, do not really belong in a tragedy. [51]

Crébillon manages to bring about two recognition scenes between the same two characters within the space of an act and a half. In the first, Electre discovers that the invincible warrior who has defeated the foreign invaders and thus saved Egisthe is Tydée; shortly afterwards Tydée finds out that he is in fact Oreste, so there is another scene in which Electre discovers this fact. This is just one of the improbable parts of the plot, but it is likely that the multiplicity of events and the strength of the passions involved would have hidden such improbabilities from the spectators.

Egisthe establishes himself in the first two acts as a fierce tyrant and then disappears for good. Clitemnestre is a secondary character. After act I, in which she threatens to have her daughter killed, listens to the latter's quarrel with Egisthe, and then recounts to him the horrible dream she has had, she takes no further part in the play until she returns in the penultimate scene to die on stage. Throughout the play it is the death of Egisthe that is the object of the conspiracy, but when it occurs it is recounted without many details, almost in passing (v.v.1543-1544). The death of Clitemnestre, by contrast, is prepared only by the dream told in the first act, yet she dies on stage. Although it is made clear that Oreste killed her inadvertently and without even knowing he had done so (v.vii, especially 1595-1606), Clitemnestre curses him in ringing terms as she dies. Oreste accepts full responsibility for his involuntary 'crime' and has to be prevented from killing himself by Palamède. The play ends with twenty-eight lines of his 'fureurs'. The possibility of the gods being responsible for the unprepared and involuntary killing of Clitemnestre is dealt with in two indecisive lines (v.vii):

[51] La Harpe, *Lycée ou cours de littérature* (Paris an VII-XII), xii.121. See also Crébillon, *Électre*, ed. Dunkley, p.xxvi.

Vous avez d'un seul coup qu'ils conduisaient peut-être
Fait couler tout le sang dont ils vous firent naître.

It would obviously be futile to look for the hallmarks of Greek tragedy in the midst of these added love intrigues, threats of death, foreign invasions, and recognition scenes. There are certainly echoes of Sophocles, and perhaps also of Euripides and Aeschylus but much obviously comes from Crébillon's fertile imagination. He tended to intensify the horrible aspects of what he borrowed, although he did make the killing of Clitemnestre involuntary. In broad terms, the horrifying aspects of the play are based more or less on the Greek sources, the pathos results mainly from the added love intrigues.

We do not know whether Crébillon was familiar with Longepierre's *Electre*. He is unlikely to have been ignorant of its existence, and it would not be surprising if he had attended one of the private performances in 1702. On the other hand when Crébillon was writing in 1708 Longepierre's play had not been seen for six years, and no printed text was available.

Crébillon's *Electre* was first performed on 14 December 1708 and had 14 performances before extreme cold caused the closing of the theatre. It remained in the repertoire until 1818 and was performed 163 times. The Ancients criticised Crébillon for using inappropriate names for his invented characters, but the Modernes generally praised the play, particularly those parts of the plot which were invented by the author. It was considered one of his better plays.

When in 1749 Voltaire decided to write his own version of the killing of Clytemnestra and Aegisthus, Crébillon's version was still regularly revived, but Longepierre's was only a vague memory in the minds of a few people. No new French tragedy based on an extant Greek play had been performed since La Motte's *Œdipe* (1726).[52]

[52] Nothing need be said of the *Electre* by the baron de Walef, printed at Liège in 1731. There is no record of its being performed, and except for a passing

3. Voltaire's 'Oreste': sources, changes and additions

The principal sources for Voltaire's *Oreste* were Sophocles and Longepierre,[53] and then Euripides.[54] Voltaire retained in his memory many lines and parts of lines, many dramatic ideas and plot incidents, from many plays by a variety of dramatists.[55] He

reference in the *Dissertation sur les Electre* (below, p.568) it seems to have passed almost unnoticed. Given the quality of the play, this is an appropriate fate for it. Barolucci's *Oreste, drama per musica*, performed and published in Rome in 1723, is about Orestes' adventures in Taurus.

[53] This is not to say that Voltaire was composing *Oreste* with the works of Sophocles and Longepierre at hand. Since he apparently had no serious thoughts of writing this play when he went to Lunéville it is unlikely that he would have taken with him a copy of Longepierre's *Electre*. There is no evidence either in the text of *Oreste*, or in Voltaire's dedication, of a recent re-reading of Longepierre's play. Voltaire may have found a copy of Brumoy at Lunéville in which he could have re-read both Sophocles' *Electra* and Brumoy's comments on Greek tragedy. More probably, however, Voltaire relied on his memory, especially if, as implied in D4010, he had been thinking about writing a tragedy on the theme of Electra for over twenty years.

[54] Voltaire knew Sophocles and Euripides through the translations of Dacier and Brumoy, as he was not able to read a Greek tragedy without the aid of a translation; see A. Pierron, *Voltaire et ses maîtres* (Paris 1866), and Mat-Hasquin, *Voltaire et l'antiquité grecque*, p.53-56.

[55] La Grange-Chancel's *Oreste et Pilade* illustrates the difficult question of sources for *Oreste*. In an undated letter, probably written a week before the first performance of *Oreste*, Voltaire told Lambert, 'J'ai un besoin pressant [...] des œuvres de la Grange pour ne pas rencontrer avec lui' (D4088). This implies no more than a vague acquaintance with La Grange-Chancel's play, but the story of Orestes and Pylades – the archetypal faithful friend – was part of the cultural baggage of the educated Parisian. In *Oreste et Pilade* (which deals with Orestes' journey to Taurus after the killing of Clytemnestra and his discovery of Iphigenia) a disconsolate Oreste arrives in the middle of act III, having been shipwrecked on an unknown shore. The similarity with *Oreste* is obvious, but does the common use of a dramatic device indicate a source link, especially since in Crébillon's *Electre* Tydée (later recognised as Oreste) is also conveniently shipwrecked where the dramatist needs him to be? In both *Oreste et Pilade* and Voltaire's *Oreste* the hero is in a difficult and dangerous position and both authors make him despondent, as might be expected in light of French tragic tradition. In *Oreste et Pilade* Oreste is

also had a tendency, especially when composing rapidly as was the case with *Oreste* and faced with a particular dramaturgical problem, to repeat what he had himself put into an earlier play. Such borrowings are not here considered as sources.

Some surface changes were obviously necessary to adapt Sophocles' *Electra* to the French stage: Pylades could not be a mute character, the sister of Electra and Orestes needed a name that scanned more easily than Chrysothemis, the Chorus had to be replaced, the role of the Governor had to be either expanded or dropped, an armed revolution had to be organised to ensure the success of Orestes' assassination of Aegisthus. These matters were quickly taken care of. As in Longepierre, Pilade becomes Oreste's companion (avoiding the necessity of a confidant) and his role is further developed, so that faithful friendship becomes a leitmotiv of Voltaire's play.[56] Chrysothemis is renamed Iphise. The Chorus's role as profferer of advice is shared between Pilade and Pammène (the name and some of the attributes are borrowed from Longepierre), who replaces the Governor. Pammène had not, however, accompanied the young Oreste to Phocis but remained near Argos, befriending Electre and Iphise, and keeping the enemies of Egisthe prepared for the return of Oreste (whom he does not recognise) and the resulting revolution.

The more fundamental problems Voltaire resolved in the same

---

in danger of being killed by his sister Iphigénie before she finds out who he really is; in *Oreste* the same danger comes from Electre. The recognition scenes (respectively iv.vi and iv.v) have common elements, but if Voltaire needed a source for this fairly obvious device he is more likely to have found it in Longepierre's *Electre* (iv.viii).

[56] Pilade had already appeared on the French stage as the companion of Oreste in Racine's *Andromaque* and La Grange-Chancel's *Oreste et Pilade*. In the latter tragedy the 'combat d'amitié', in which Pilade claims to be Oreste so that he will be put to death instead of the real Oreste (iv.vi-vii), takes the friendship theme even further than Voltaire, but this device was not the invention of La Grange-Chancel (H. C. Lancaster, *A History of French dramatic literature in the seventeenth century, IV: the period of Racine, 1673-1700*, Baltimore 1940, p.373-74).

way as his French predecessors: he made the killing of Clitemnestre an act of the gods, with Oreste their unwilling instrument, and made it take place at the same time as the killing of Egisthe. His play therefore suffers, as do the versions of Longepierre and Crébillon, from the fact that the dénouement is not sufficiently prepared. Voltaire attempted to remedy this defect by having an oracle, which Oreste is later accused of disobeying, threaten him with dire punishments if he makes himself known to Electre before killing Egisthe. Voltaire was able to extract considerable pathos from this invention,[57] but it is not entirely satisfactory. The warnings of the oracle are not specific, with the result that the killing of Clitemnestre is unexpected; Oreste does not really disobey the oracle since Electre guesses his identity with more help from 'la nature' than from Oreste (IV.v); there is a lack of proportion between the crime and the punishment which, while it corresponded to contemporary French ideas of the workings of the Greek gods,[58] seems misplaced in a French tragedy.[59] It is true that Clitemnestre, while talking to Egisthe, mentions a secret oracular prediction that Oreste will one day kill both his mother and Egisthe (I.v.312-316), but when the oracle is first mentioned (by Pammène) it is said to foretell only the death of Egisthe (I.ii.121-128), and Oreste later makes it clear that he intends to kill only Egisthe (III.iv.212-227).

There is every reason to suppose that Voltaire agreed with the traditional view that the deliberate killing of a mother by her son was too 'atroce' for the French stage, and that he followed his

[57] See III.i.54-70; III.ii.142-150; IV.i.19-21; IV.v.142-184. A similar oracle in Longepierre's *Electre* was not exploited in the same way and had no such dire consequences.

[58] See, for example, Brumoy, *Le Théâtre des Grecs*, 'Réflexions sur *Œdipe*', i.94-96.

[59] As a contemporary critic put it: 'Voyez ce qu'il en coûte pour ne savoir pas se taire à propos' (C.-F.-F. Boulenger de Rivery, *Justification de la tragédie d'Oreste par l'auteur*, s.l. 1750, p.18. A note to the title indicates that 'ces mots "par l'auteur" doivent s'entendre de l'auteur de la justification').

French predecessors willingly when he decided to make Egisthe alone the target of the conspirators. [60] Since this decision eliminated the basis of the Greek play some other means were required to create the suspense and pathos which were central to Voltaire's conception of tragedy at this time and were necessary for success – but without the addition of extraneous characters, events or 'épisodes'. With Clitemnestre no longer the intended victim, *Oreste* becomes less a tragedy of human relations and more a political melodrama, with the plot against Egisthe, planned by Oreste, Pilade and Pammène, the source of the suspense. Voltaire wrote *Oreste* immediately after finishing his draft of *Rome sauvée*, a play entirely focused on a political conspiracy, and we may speculate on the influence that this may have had on his decision to put the conspiracy at the centre of *Oreste*. Longepierre is perhaps a more likely influence, and conspiracy was in any case a staple theme of French classical tragedy.

The conspiracy is recalled whenever the action of the play starts to lag, and it serves as the skeleton on which most of the rest of the action is hung. It is so incompetently undertaken, however, that the leaders are easily arrested and all the planning is nullified. Oreste, Pilade and Pammène are only saved from death by Oreste's speech to his people, the spontaneous uprising which follows, and an extremely unlikely lack of discipline in the ranks of the palace guard (v.iv; v.vii.194-216). This is hardly a satisfactory conclusion to such an obtrusive conspiracy.

Needing pathos without a love intrigue, Voltaire turned to a theme which had served him well in the past, the relationships between parents and children. The theme was central to much Greek tragedy, and it was one that he had used with great success

[60] He might also have been influenced by Brumoy who wrote of the three extant Greek tragedies about Orestes and Electra: 'le fonds [du sujet] est toujours l'histoire d'Egisthe' (*Le Théâtre des Grecs*, i.212). Voltaire had in his library a copy of the 1749 edition of this work (BV, no.558), though it may not have been purchased in that year.

in *Mérope*, which was in his mind as he wrote *Oreste*.[61] So, no doubt, was *Sémiramis*. The similarity between certain aspects of the plots of these three plays is striking.[62] In each the mother is a queen, and the son unknown to her for at least part of the play. In each the son is in danger of being killed by the tyrant, who killed the son's father and who is either the queen's partner in crime, or her husband, or her potential husband. In each the son sets out to kill the tyrant: in *Mérope* he succeeds; in *Sémiramis* he kills his mother instead, deceived and inspired by the gods; in *Oreste* he kills both the tyrant and his mother at the same time, but is again the unwilling victim of the gods.[63] Since in all three plays (and in *Eriphyle*, of which *Sémiramis* is a re-working), the tyrant has killed the son's father — with or without the help of the mother — each may also be considered what René Pomeau terms a 'tragédie du père assassiné'. Writing of the Voltaire of the period of *Brutus*, *La Mort de César*, *Eriphyle* and the *Epître à Uranie*, Pomeau notes 'la présence dans son œuvre, depuis *Œdipe*, d'un thème du Père'.[64] In *Brutus* a father has his son put

---

[61] 'Je suis à l'ébauche du cinquième acte d'Electre et d'Electre sans amour. Je tâche d'en faire une pièce dans le goust de Merope. Mais j'espère qu'elle sera d'un tragique supérieur' (D4003). One modern critic writes of 'le thème obsédant des rapports familiaux au centre même d'œuvres comme *Zaïre*, *Mérope*, *Sémiramis*', and believes that 'la manière dont Voltaire a adapté l'*Electre* de Sophocle doit [...] avoir un rapport étroit avec la personnalité profonde de l'auteur' (Roger Francillon, 'L'*Oreste* de Voltaire ou le faux triomphe de la nature', *Rivista di letterature moderne e comparate* 41, 1988, p.6).

[62] For at least one contemporary critic *Oreste* 'fourmille de pensées [...] transplantées de *Gustave*, de *Sémiramis*, d'*Electre*, de *Mérope*' (*Lettre à M. de V*** sur la tragédie d'Oreste*, s.l.n.d., p.4). Georges Bérubé finds structural similarities between *Oreste* and *Mérope*, *Zulime*, *La Prude*, *La Princesse de Navarre*, *Le Temple de la Gloire*, *Sémiramis*, *La Femme qui a raison*, *Nanine*, *Rome sauvée* and *L'Orphelin de la Chine* ('Le personnage, instrument d'analyse du théâtre de Voltaire', doctoral thesis, Université Laval, 1983, ch.5, p.183-224).

[63] Marie Delcourt, *Oreste et Alcméon* (Paris 1959), gives a rather disturbing account of matricide and misogyny in Greek tragedy, and in modern tragedies admired by Voltaire — *Hamlet* and *Athalie*.

[64] Pomeau, *D'Arouet à Voltaire*, p.280. An assessment of the relationship

to death, and in *La Mort de César* Voltaire deviates from his Shakespearian model to make Brutus the son of the Caesar he kills. It would no doubt be possible to weave a psychoanalytical pattern of cause and effect around Voltaire's private life and his frequent use of these themes. His mother died during his infancy; he believed that Arouet was not his real father ('le père absent' if not 'le père assassiné'); his relationships with his (putative or real) father and brother were poor; his beloved sister Marguerite-Catherine died in 1726. It could be suggested that in the case of *Oreste* there was a connection between the treatment of family relationships and the fact that the play was written around the time of Mme Du Châtelet's confinement and death (the daughter kills the unfaithful mother). As Pomeau says, however, 'ce serait une entreprise aléatoire que de tenter une psychanalyse de Voltaire', and the most likely reason for Voltaire's repeated use of family relationships as themes in his tragedies was his appreciation of their dramatic possibilities.

In *Mérope* there is only one relationship to develop – that of Mérope and her son – but in *Oreste* there are so many that none (except perhaps that of Clitemnestre and Electre) is treated adequately, and the pathetic effects are diluted. Only in one scene (III.iv) does Oreste speak to his mother, and even there he has to keep his identity secret and cannot speak freely. Several scenes deal with the relationship between Oreste and Electre,[65] but the third sibling, Iphise, is little more than a confidante to Electre. Even those scenes in which her passive attitude is supposed to

---

between Voltaire and his father, in the light of all known facts and contemporary mores, and untainted by Freudianism, might produce interesting results. J.-M. Raynaud has shown that the view of Arouet père as a rigid Jansenist is unlikely, if not simply untenable (*Voltaire, soi-disant*, Lille 1983). It should also be noted that some psycho-critical studies of Voltaire's tragedies on Greek subjects are based on texts 'corrected' by Voltaire years or decades after the date of the composition and performance of the play in question.

[65] For example, Voltaire, *Oreste*, III.ii; IV.vi.

contrast with the vengefulness of Electre, and which were imitated
to a greater or lesser extent from Sophocles, are not especially
successful. [66] Another relationship which is touched upon in passing, but not developed, concerns another family. The audience
knows that in the urn so gratefully received by Egisthe (III.iii-iv)
are the ashes not of Oreste but of Egisthe's own son Plisthène, [67]
who has been killed by Oreste as a preliminary act of vengeance.
Although Egisthe is shown to be a cruel and unscrupulous tyrant,
it is unlikely that in this scene, or in the later one when he learns
the truth (v.iii), the audience could have been totally without
sympathy for him.

It is in his portrayal of the relationship between Clitemnestre
and Electre that Voltaire was most successful and that he showed
the most skilful inventiveness. He may have found the 'germe' of
the character of Clitemnestre in Sophocles and Euripides, [68] but
the changes from love to hate and back again which characterise the
relationship between the two women are entirely his invention. [69]

In Euripides, Clytemnestra makes a long speech of justification
to Electra in which sophistry and casuistry are mixed with a plea
for equal rights to sexual freedom for women. She permits her
daughter to reply freely and, unlike her namesake in Sophocles,
she keeps her word and her temper in the face of Electra's insults
and pedantic moralising. [70] She might well be the model for

[66] Voltaire, *Oreste*, I.ii; II.vii; IV.iii; v.ii; v.vi. Act I, scene 2 is imitated from
Sophocles, *Electra*, l.328-405, with echoes of l.86-220. Act II, scene 7 is based on
Sophocles, l.871-933, although it is at a different point in the action. Sophocles'
Orestes does not show much concern for his other sister either.

[67] Voltaire may have got the idea for this innovation from an anecdote in Aulus
Gellius, quoted in Brumoy (*Le Théâtre des Grecs*, i.198); see below, *Dissertation
sur les Electre*, i.15-20 (p.571-72).

[68] See below, dedication, l.274-275 (p.410). Voltaire might also have found this
in Longepierre.

[69] Voltaire, *Oreste*, I.iii; II.v; IV.viii.

[70] Euripides, *Electra*, l.1011-1123. Brumoy did not translate this passage, but
commented: 'Clitemnestre [...] affecte une grande modération, jusqu'à avouer
qu'elle est fâchée du passé et qu'elle pardonne à sa fille de prendre plutôt les intérêts

Voltaire's repentant and conciliatory Clitemnestre although, unlike Voltaire's Clitemnestre, she is not fearful of the gods, she does not indulge in lamentations, and her attitude to Electra does not vary. Both the Greek Clytemnestras are strong, consistent characters. Voltaire's Clitemnestre, however, as introduced in act I, is guilt-ridden because of her terrible crime, despairing, torn between husband and children, and essentially passive. The character she is given in this act seems inconsistent both with her past actions in having plotted with her (then) lover to kill her husband, and with her later brave and determined actions on behalf of Oreste (iv.viii) and Egisthe (v.v-viii).

The Greek Electras are full of hate and vengeance and would not have been acceptable to eighteenth-century French audiences. In Euripides the audience sees Electra give a moral lecture to her mother, in the knowledge that this is a prelude to murdering her and that Orestes waits behind the door with a dagger. [71] Brumoy considered her 'atroce', and he was equally unhappy with the 'mot affreux' of Sophocles' Electra when she shouts encouragement to Orestes as he kills their mother. [72] The expressions of affection and even absolution in the mouth of Voltaire's Electre are new, [73] and so is the attempt at the end of the play to portray Clitemnestre as a victim whom Oreste could avenge by killing Egisthe (v.viii.262).

Whether or not the relationship between Voltaire's Electre and her mother − whom he considered the two most important characters in the play (cf. D9716) - is dramatically convincing probably depends on the attitude of the reader or listener. One curious aspect is the place in it of the proposed marriage of Electre and Egisthe's son Plisthène. This is first mentioned by Egisthe in act I, scene 5, as a matter previously discussed. In the next scene

---

d'un père que les siens' (i.228).

[71] Euripides, *Electra*, l.657-663, 965-987.

[72] Brumoy, i.216, 196-97.

[73] Voltaire, *Oreste*, I.iii.185-186, 193-200; IV.viii.279-282; V.iii.127-128.

the audience learns that Plisthène is dead, but Egisthe shortly afterwards orders Clitemnestre to ensure that Electre agrees to the marriage (II.iv.165-178). In the face of Electre's violent reaction to the proposal Clitemnestre's attitude towards her changes from compassion to hatred (II.v). Electre's monologue in the next scene, however, is wholly taken up with her despair at the supposed death of Oreste; Plisthène and the marriage are not mentioned. There is a further allusion to it in act III, scene 4, when Egisthe gives Electre to the disguised Oreste as a reward, and it reappears for the last time in act IV, scene 8, after the arrest of Oreste and Pilade, when Electre says that she will marry Plisthène in order to save Oreste, only to be told by Clitemnestre that Plisthène is dead. Electre's reaction to this news somehow convinces Clitemnestre that one of the arrested strangers is in fact Oreste, and the action returns to the real subject of the play. As Crébillon had portrayed Electre as in love with the son of Egisthe, we may safely assume that Voltaire intended here to show how the relationship between the two should have been handled. It is not clear that changing the motivation for the proposed marriage from love to politics and making it an episodic cause of discord between mother and daughter is a great improvement.

It is common in dramatic writing for the audience to know a vital fact that some or all of the characters do not know. Furthermore audiences at the dramatic festivals at Athens knew the plots of the tragedies at the outset since the plays were based on their religious myths. In the case of *Oreste*, however, the audience feels no interest in Plisthène (who is already dead when the play begins), and the marriage proposal leads to no significant progress in the plot. It might even be said that a proposal from a mother that her daughter marry a man who is known to the audience to be dead belongs in a comedy or a black farce rather than a tragedy.

The other characters are as expected. Egisthe has to be made more important and more tyrannical than he is in Sophocles, since the conspiracy is directed solely against him. He takes on the

328

more unpleasant characteristics of Sophocles' Clytemnestra. [74]
Voltaire did not consider that his Pammène was as good a creation
as Crébillon's Palamède (D9716), but Palamède is in fact too
prominent in Crébillon's play. Oreste is more sympathetic and
pathetic in Voltaire's play than he is in Sophocles or Longepierre.
If at times (II.i for example) he seems as indecisive as Hamlet,
this is more likely to be a result of Voltaire's search for pathos
and suspense than a sign of Shakespearean influence. Or it
may be just a further, perhaps unconscious, borrowing from
Longepierre.

Voltaire's characters are generally even more respectful of the
gods than are those of Longepierre, whose attitudes they often
adopt. Clitemnestre is god-fearing, perhaps excessively so, and
even Egisthe is less impious than he is in Longepierre. [75] When
Electre and Oreste make occasional complaints about the gods,
Pammène and Pilade quickly remind them of the help already
received from the gods and tell them to obey without question. [76]

There are two exceptions. One is the 'fureurs' in the final scene.
Oreste can justifiably claim that the gods themselves had been
responsible for his crime — as they are in Aeschylus and Euripides —
since the order they had given him (that he should not identify
himself to his sister) was beyond the power of a human to obey,
and in any case Electre had guessed his identity without his
revealing it. The second exception is Electre's monologue in act
IV, scene 4, in which she summons the Furies from hell to be her
gods. They immediately appear to her [77] and seem to her to

[74] Cf. Clytemnestra in *Electra*, l.516-551, 634-659, 773-787, with Clitemnestre
in *Oreste*, I.iii-iv and Clitemnestre and Egisthe in *Oreste*, III.iv.

[75] Voltaire, *Oreste*, I.v.351-352, 358-362 and III.iv.247-253 (Clitemnestre);
II.iv.143-153 (Egisthe); cf. Longepierre, *Electre*, IV.iii.

[76] Voltaire, *Oreste*, I.ii.117-152; II.i.15-24, 34-35, 51-54; III.i.25-73; III.vi.313-
316; IV.i.5-6; IV.ii.40-49; IV.vii.241-243.

[77] Or at least to her imagination. It is most unlikely that they actually appeared
on stage (see below, p.355, n.144).

surround Oreste, whom she has not yet recognised and tries to kill. She makes no further reference to them, however, as audience attention is drawn to the recognition scene which follows.

The role of the Furies in Greek mythology and in the versions of the story of Electra and Orestes presented in the extant Greek tragedies is complex and subject to more than one interpretation. [78] In this respect Aeschylus and Euripides both made significant changes to the myth as they found it. There is nothing inherently reprehensible in Voltaire giving his Furies a different role; he was following illustrious examples, even if he was probably not aware of this. On the other hand he claimed to be following Sophocles whose major variation on the myth was to write the Furies out of his *Electra* altogether. This and the letters Voltaire wrote indicating his dissatisfaction with his Furies (D9328, D9765, D15059) seem to imply that his use of the Furies is less the result of an attempt to come to terms with the fundamental problems of guilt, remorse and responsibility (as is the case with Aeschylus and Euripides) than the adoption of another dramaturgical tool to resolve dramaturgical problems and create desired dramaturgical effects. It is, however, true that a variety of metaphysical, philosophical and psychological interpretations can easily be put on Voltaire's use of the Furies.

We can only guess at the reasons why Voltaire avoided the opportunity offered by the plot to write an anti-religious play, or at least to include some more philosophical discussions such as La Touche put in his *Iphigénie en Tauride* (1757). The fact was noticed by at least one contemporary critic who asked: 'Peut-on ne pas s'apercevoir que M. de V. a multiplié dans cette pièce les personnages dévots pour faire une sorte de compensation? Il a tant introduit de personnages non dévots dans ses autres pièces.' [79]

---

[78] See, for example, Pierre Brunel, *Pour Electre*, and Marie Delcourt, *Oreste et Alcméon*.

[79] Boulenger de Rivery, *Justification*, p.23.

It is possible that the play would have been more successful if there had been in it more of an 'esprit philosophique'. Voltaire may have been anxious not to give the censor – Crébillon – any excuse to cause delay, but for whatever reason, the gods are attacked only in the last scene. The 'fureurs' of *Oreste* recall those of *Œdipe*, and the dying words of Voltaire's Jocaste. Both Œdipe and Oreste feel that they are being punished for crimes for which they do not accept responsibility; both are driven mad by the Furies. Perhaps here too, shortage of time led Voltaire to imitate himself. But unlike *Œdipe*, *Oreste* was never considered an antireligious play.

Despite Voltaire's gifts as a dramatist, however, *Oreste* seems unsatisfactory.[80] One major reason is that the two currents of the play – the pathos and the suspense – are insufficiently linked:

[80] *Oreste* has been the subject of a number of serious critical examinations by a variety of authors during the past 200 years, each with a particular point of view. All take as their starting point editions of *Oreste* (w75G, Kehl, Beuchot or Moland) greatly different from the play performed and published in 1750. (Hence some modern pyscho-criticism deals with the wrong play or the wrong year.) Not all scholars comparing the play to its Greek models have taken sufficient account of the interpretation of Sophocles and Greek tragedy current when *Oreste* was composed – Bertrand showed long ago how weak classical studies were at that time (*La Fin du classicisme et le retour à l'antique*, Paris 1897). Among the more interesting critical works which deal with *Oreste* are: La Harpe, *Lycée* and *Commentaire sur le théâtre de Voltaire* (Paris 1814); J.-L. Geoffroy, *Cours de littérature dramatique* (Paris 1819), ii; H.-J. Patin, *Etudes sur les tragiques grecs: ou examen critique d'Eschyle, de Sophocle et d'Euripide, précédé d'une histoire générale de la tragédie grecque*, 3rd ed. (Paris 1865); *Sophocles: the plays and fragments*, trans. R. C. Jebb (Cambridge 1883-1896), v: *The Electra* p.LIX-LXII; Henri Lion, *Les Tragédies et les théories dramatiques de Voltaire* (Paris 1895); F.-F. Frantz, *Oreste dans la tragédie française* (Paris 1910); H. C. Lancaster, *French tragedy in the time of Louis XV and Voltaire, 1715-1774* (Baltimore 1950); M. Allen, 'Voltaire's theater: a study of his adaptations of *Œdipe*, *Oreste* and *Mérope*' (unpublished doctoral dissertation, University of Pittsburgh, 1964), and 'The problem of the *bienséances* in Voltaire's *Oreste*', *Comparative drama* 5 (1971); Mat-Hasquin, *Voltaire et l'antiquité grecque*. P. Brunel, *Le Mythe d'Electre*, Collection U2 (Paris 1971), is particularly recommended as an introduction to the subject.

when they meet they seem to clash rather than interweave. In particular, the conspiracy, which is the foundation of the suspense in the play, obtrudes into some of the most emotional situations. In act III, for example, the scenes associated with the urn are among the most pathetic of all, though it might be said that portrayal of character is subservient to the search for pathetic effects.[81] The possibilities offered by the situation are not fully explored,[82] however, and the audience is suddenly told that the urn has failed in its main purpose, which was to put Egisthe off his guard: a messenger has arrived with news of the death of Egisthe's son, soon to be followed by another saying who was the killer (III.vi). The conspirators decide to act immediately and leave to assemble their faithful friends. The audience is left in suspense wondering whether the assassination can be carried out before Oreste and his allies are arrested for the murder of Plisthène. The audience also realises that in this play (unlike Sophocles') the urn is used simply for pathetic effect, and that it slows down the action without contributing to it.

Similarly, the recognition scene in act IV is carefully crafted for maximum pathos and suspense[83] but no sooner has it been accomplished than the audience is once again abruptly reminded of the conspiracy. Oreste and Pilade are soon arrested, and the audience realises that the conspiracy, like the urn and the proposed marriage between Electre and Plisthène, leads to nothing.

Voltaire goes to almost the same lengths as Crébillon to extract the maximum pathos from the recognition of Oreste by Electre.

[81] Making Oreste, rather than Pammène, carry the urn and making Electre intercept him before he saw Egisthe enabled Voltaire to dwell at greater length on the pathos at this point.

[82] As Voltaire realised (D4097). He made substantial changes to this scene for w57G1.

[83] Imitated from Longepierre, Crébillon and Sophocles. According to Collé, the recognition of Oreste by Electre, 'pillée en partie de Crébillon, n'est ni préparée, ni amenée, ni filée' (i.123).

Oreste is only prevented from telling Electre who he is at the end of act III, scene 2, by the arrival of Egisthe and Clitemnestre. The recognition is then broken off so that the urn can lead to new pathetic effects, and the recognition scene continues more than an act further on (IV.v).

It seems that Voltaire tried to develop too many themes in *Oreste*, that he did not have time to arrange satisfactory transitions between them, and that he failed to ensure that the dénouement satisfied all the requirements of each theme and was sufficiently prepared. Egisthe is better linked with the plot than he is in Longepierre's version, and he is quite well portrayed as a tyrant richly deserving the death being prepared for him, but in fact his death is never specifically mentioned, and the audience must deduce from a cryptic half-line (l.272) that it took place at the same time as that of Clitemnestre.[84] Clitemnestre's maternal feelings and her relationships with her children and her husband are explored at some length, and she finally regains the love and admiration of her daughter (and no doubt of the audience) by her spirited and noble defence of her son; then, while she is trying to act equally honourably as a wife, Oreste kills her.[85] This despite the fact that he had earlier expressed sympathy for his mother; that he was shocked by the idea that he might be meant to kill her; that he clearly distinguished between Egisthe and her ('Un barbare à punir, la reine à ménager'); and that after the capture of Egisthe it is said of him: 'Il respecte sa mère'.[86] Such a dénouement appears to a modern reader not tragic, as in Sophocles, nor even horrible, as in Crébillon, but unprepared and shocking. Moreover this unintentional killing of Clitemnestre took place not

[84] Voltaire, *Oreste*, v.ix.271-272. Electre is guessing when she says: 'Il frappe Egisthe' (v.viii.261). As noted above, the killing of Egisthe in Crébillon's *Electre* is dealt with almost as superficially.

[85] Voltaire, *Oreste*, IV.viii.275-277; v.iii.101-126; v.v.159-160; v.viii.248-252, 264.

[86] Voltaire, *Oreste*, III.iv.197-200, 215-217; III.v.282; v.vii.225.

in the heat of the battle, but after Egisthe had been captured and
taken to the tomb of Agamemnon to be sacrificed in accordance
with the orders of the gods (v.viii). Voltaire may have wanted to
distinguish himself from his French predecessors and move closer
to Sophocles, but the result is a further decrease in verisimilitude.
And although Pammène reports: 'On dit que dans ce trouble on
voit les Euménides [...] Marcher autour d'Oreste en appelant la
mort', [87] it is not really made clear that the gods drive Oreste mad
at this point, that they do so in order to make him kill his mother,
and that they do so because he has disobeyed the oracle.

Voltaire was never happy with his dénouement, and it seems
that the original version was even less satisfactory than that
printed in 1750. [88] It is likely that the relative lack of success of
the play was due not to the fact that it had no love intrigue –
Voltaire's *Mérope*, an adaptation of a Greek subject without love,
had been successful in 1743 and La Touche was to show a few
years later that an adaptation of an extant Greek tragedy did not
need a love intrigue to be successful [89] – but to the unsatisfactory
nature of the plot and the dénouement. This in itself is due to
Voltaire's inability, at least in the time he gave himself, to adapt
the Greek subject to the conventions and proprieties of French
classical tragedy. The subject does not lend itself to such adaptation
unless the dramatist is prepared to add extraneous or romanesque
elements as did Crébillon. Voltaire's understanding of the difficulties involved seems to have been more acute in 1719 than in
1749, for he wrote in the *Lettres sur Œdipe*: 'On se trompe fort
lorsqu'on pense que tous ces sujets, traités autrefois avec succès

[87] Voltaire, *Oreste*, v.iii.253 and 256.
[88] See below, p.337-38.
[89] La Touche's *Iphigénie en Tauride* (1757), with all its faults, was the best as
well as the most successful adaptation of a Greek tragedy in the eighteenth century.
In some ways more 'Voltairian' than *Oreste*, and with long philosophical discussions,
it gives an optimistic reply to the question posed by Voltaire's Oreste, at II.i.66
(*Iphigénie en Tauride*, I.v).

par Sophocle et par Euripide, l'*Œdipe*, le *Philoctète*, l'*Electre*, l'*Iphigénie en Tauride*, sont des sujets heureux et aisés à manier: ce sont les plus ingrats et les plus impraticables'. [90] Even with the failure of Longepierre's *Electre* to serve as a warning, Voltaire underestimated the problems posed by Sophocles' *Electra*.

4. *Success of the play and contemporary criticism*

The first performance of *Oreste* on 12 January 1750 pitted Voltaire's supporters and his 'claque' against his enemies and their 'cabale' [91] in the presence of an unknown but probably substantial number of uncommitted theatre-goers. Voltaire's motives seem clear; he knew that he had enemies and he probably knew that they were conspiring against his tragedy. If the public could be persuaded to receive *Oreste* warmly, as it had received *Mérope*, rather than coolly, as it had received *Sémiramis*, this would confirm the success of his campaign to 'changer les Français en Athéniens' (D3893) and to establish the viability on the French stage of tragedies with simple plots and no love intrigue. Encouraging one's friends to attend and organising a 'claque' were normal activities in such a situation, although Voltaire – perhaps because he had more enemies than most – went to unusual lengths. [92] A variety of anecdotes and reports suggest that his efforts to ensure

---

[90] Lettre IV, 'Sur l'*Œdipe* de Corneille' (M.ii.29).

[91] Duvernet states that Piron led the cabal but his account of this performance – which he calls 'un vrai triomphe' for Voltaire – is not reliable (*La Vie de Voltaire*, Genève 1786, p.121). Like Longchamp (see appendix IV), he seems to have confused the first nights of *Sémiramis* and *Oreste*.

[92] See H. Lagrave, *Le Théâtre et le public à Paris de 1715 à 1750* (Paris 1972), p.447-98. Unfortunately the references to *Oreste* (p.489) are restricted to quotations from Collé.

the success of *Oreste* continued throughout its first run. [93] Several accounts describe Voltaire leaning out of his box (or even 'au milieu de l'amphithéâtre') shouting to the pit: 'Applaudissez, braves Athéniens, c'est du Sophocle tout pur', [94] or something similar.

The organised opposition was no doubt the work of Voltaire's numerous literary and personal enemies, who knew that he would be sorely hurt by the failure of his new tragedy. [95] Some were no doubt supporters of Crébillon or his style of tragedy, or both, either from conviction or as a means of attacking Voltaire. Some who were not enemies of Voltaire evidently felt that he was wrong to 're-write' Crébillon's tragedies, especially one of his best. This attitude might be thought unjust, since Voltaire and his friends had not shown offence when La Motte's *Œdipe* had been performed less than eight years after Voltaire's, [96] but comments by Raynal imply that it was a major factor affecting the reception of *Oreste*:

Les amis de M. de Voltaire louent beaucoup son ouvrage, les amis de

[93] According to Collé, 'Il faudrait une brochure entière pour écrire les extravagances qu'il a faites pour faire applaudir forcément cette rapsodie' (i.125). See also D4117 and D4095, commentary.

[94] Lekain, *Mémoires*, p.17-18. See also Longchamp's account, below, appendix IV (p.528-31); Collé, i.126; Marmontel, *Mémoires*, ed. J. Renwick (Clermont-Ferrand 1972), p.124; Duvernet, *La Vie de Voltaire*, p.121; D4095, commentary. Raynal's account, however, makes no mention of such an incident (*Nouvelles littéraires*, CLT, i.399-405).

[95] Two letters from La Chaussée to Le Blanc (D4096 and D4117) exemplify the virulence of some of Voltaire's enemies.

[96] La Motte's *Œdipe* opened in the middle of the Rohan affair when Voltaire was in hiding (18 March 1726), but it had been accepted by the actors almost a year previously (27 May 1725). It might be speculated that the long delay between acceptance and performance was in some way caused by Voltaire but there is no evidence in the sparse correspondence remaining from this period to support such a contention. The only reference to La Motte's *Œdipe* to be found is in a letter to Mme de Bernières of 23 July 1725 and this suggests no opposition on the part of Voltaire: 'il pleut des vers à Paris. M^r de La Motte veut absolument faire jouer son Œdipe, m^r de Fontenelles fait des comédies tous les jours, tout le monde fait des poèmes épiques' (D243).

M. Crébillon outrent la critique, ce qui arrivera toujours lorsqu'un auteur d'une grande réputation remettra au théâtre un sujet connu et dans lequel un tragique illustre a fait verser tant de larmes. On commence par juger le procédé avant de juger la tragédie. [97]

We can only speculate on the extent to which 'claque' and 'cabale' influenced general audience reaction at the first and subsequent performances of *Oreste*; it would be as unwise to suppose that all the problems of the opening performance were due to the cabal as to suppose that all the support the play received was due to Voltaire's friends and his 'claque'.

Before the performance began on the opening night of *Oreste* the actor Ribou read a speech written by Voltaire [98] in which he denied any intention 'de vouloir lutter contre la pièce d'*Electre*, justement honorée de vos suffrages'. This can have deceived nobody and the speech does not seem to have been well received. [99] All then went well for the first four acts but the fifth was so badly received that the play could only be completed with difficulty.

According to one criticism of the play, which seems to have been written before the second performance, the original act v contained a long récit in which Iphise (played by Mlle Gaussin) told Egisthe all the details of the conspiracy against him (it is not clear why), in the course of which Egisthe sent guards to look for Oreste. He was standing unguarded, still listening to Iphise, when Oreste arrived on the scene. Oreste wanted to kill Egisthe on the tomb of Agamemnon, Clitemnestre tried to prevent him, and Oreste was so blinded by a fit of anger that he killed them both. [100] Whether the adverse criticism of act v as thus played was due to the content of the récit or the lack of ability and stage presence of Mlle Gaussin is not clear. According to Longchamp's

[97] CLT, i.399-400.
[98] Printed below, appendix II (p.523-25).
[99] Collé wrote that this speech was 'encore plus bas qu'il n'était ridicule, quoiqu'il le fût beaucoup' (i.120); see also D4096.
[100] Boulenger de Rivery, *Justification*, p.18.

unreliable account[101] the récit 'n'alloit pas dans la bouche d'une femme', and Mlle Gaussin's weakness was noted by La Chaussée (D4096) as well as by Voltaire (D4097). Whatever its faults this dénouement did bring Oreste back on stage before the final scene; in the play as published he is off stage from act IV, scene 7, until act V, scene 9.

After this unsuccessful opening, Voltaire withdrew *Oreste* for a week in order to make changes.[102] He pruned the role of Iphise in act II, scene 7, either at the request of Mlle Clairon (D4098) or because he himself had seen the need to do so (D4097). He also wrote what he described as 'un cinquième acte tout nouveau' (D4099), although it in fact retained at least some lines from the original (D4095, D4099). In a hasty note to d'Argental, apparently written after he had finished making these corrections, Voltaire mentions faults of which he seems to have become aware during the performance and which he has not been able to eliminate (D4097):

Que Clitemnestre s'en aille et laisse là son mary, l'urne, le meurtrier, et aille bouder chez elle, cela me paroit abominable [...]. Ce malheureux lieu comun des fureurs est une tâche rude [...]. Je n'ay certainement pas donné assez d'étendue à la scène de l'urne.[103] Elle est étranglée à la lecture. Il semble que tous les personnages soient hatez d'aller.

From Voltaire's point of view *Oreste* was improved for its second performance[104] but still not perfected; he was to make substantial changes to these scenes in 1757.

[101] See below, appendix IV (p.528-31).

[102] According to the *Nouvelles littéraires*, it was thought that Voltaire withdrew *Oreste* after nine performances 'pour laisser au parti formé contre lui le temps de se dissiper' (CLT, i.406). This is unlikely.

[103] III.ii. The *Dissertation sur les Electre* says that Voltaire 'a sans doute eu tort de tronquer la scène de l'urne' and that 'près de cinquante vers de lamentations' were omitted (below, p.601).

[104] 'Ce n'est que par un examen continuel et sévère de moi même, ce n'est que par une extrême docilité pour de sages conseils, que je parviens chaque jour à rendre la pièce moins indigne des charmes que vous lui prêtez' (D4104).

Few of the actors performed as Voltaire would have wanted. [105] In addition to the inadequacy of Mlle Gaussin, Grandval was weak, especially in the final scene (D15059). Mlle Clairon gave the best performance [106] but even she needed more advice. Between the first and second performances Voltaire sent her at least four letters containing a mixture of compliments, apologies and 'paternal' advice. [107]

In D4099 Voltaire draws the attention of Mlle Clairon to two tirades

qui exigent une espèce de déclamation qui n'appartient qu'à vous, et qu'aucune actrice ne pourrait imiter. Ces deux couplets demandent que la voix se déploie d'une manière pompeuse et terrible, s'élevant par degrés, et finissant par des éclats qui portent l'horreur dans l'âme. Le premier est celui des furies: *Euménides, venez*; le second:
Que font tous ces amis dont se vantait Pammène? [108]

Clearly the first is a good vehicle for a display of oral pyrotechnics

---

[105] The principal roles were played by: Grandval (Oreste), Mlle Clairon (Electre), Mlle Dumesnil (Clitemnestre), Paulin (Egisthe), Mlle Gaussin (Iphise), Rosély (Pilade) and Dubois (Pammène).

[106] Even the malicious La Chaussée complimented her: 'Electre rabâche toujours la même chose pendant cinq actes et comme c'est vraiment le rôle d'une harangère la Clairon l'a bien heurté et l'a assez bien joué' (D4096).

[107] D4095, D4098, D4099, D4104. Voltaire's exhortations (see for example I.ii.138n, II.vii.318n and 326n) are interesting examples of the style of speaking and declaiming (he makes a clear distinction) that he favoured. The general message is that Mlle Clairon should speak faster: 'Pressez, sans déclamer, quelques endroits [...]. Vous ne sauriez croire combien cette adresse met de variété dans le jeu, et accroît l'intérêt' (D4095); 'M. le maréchal de Richelieu [...] trouve aussi que vous avez un peu trop mis d'adagio. Il ne faut pas aller à bride abattue; mais toute tirade demande à être un peu pressée; c'est un point essentiel' (D4099). She should also aim to produce the maximum effect through 'éclats' (D4095) and through 'contrastes' (D4104). Few of the lines that Voltaire mentions survive in the form in which he quotes them; no remaining lines resemble 'L'innocent doit périr, le crime est trop heureux' (D4095), which formed part of Electre's 'imprécation contre le tyran' and may have belonged to the old act v that Voltaire later re-wrote.

[108] IV.iv.119-131; V.vi.173-182.

but the second – which survived the re-writing of act v – seems less appropriate. At that point in the play Iphise and Electre believe that all is lost and death awaits them; Electre wonders what happened to the conspiracy and the popular revolt against Egisthe that was supposed to take place. As she bemoans her betrayal by 'les dieux, les mortels, et l'enfer' (v.vi.182), Pilade arrives to surprise both her and the audience with the news that the palace guard has joined the populace in revolt and Oreste is victorious (v.vii). The passage in question, while it does allow Electre to invoke both heaven and hell, seems to call attention to, rather than disguise, the lack of verisimilitude of the dénouement and of the plot as a whole.

It is clear from D4098 that in addition to showering letters upon Mlle Clairon Voltaire visited her at least once between the first two performances and that she also communicated with him, either by letter or in person, at least once. He seems also to have coached Mlle Gaussin before the first performance, [109] but whether he also gave advice to the other actors is not known. It seems unlikely, despite his claim to Mlle Clairon: 'J'en use ainsi depuis trente ans avec tous les acteurs, qui ne l'ont jamais trouvé mauvais' (D4098).

A particularly controversial aspect of the early performances was the question of the screams of Clitemnestre as she was murdered off-stage by Oreste in the penultimate scene. The 'cris de Clitemnestre' did not figure in the second and subsequent performances of the first run but they may have been included in the first. Tradition says that they were not, and Voltaire's note to act v, scene 8 of the play as first published seems to state clearly that they were not. [110] His comment to d'Argental, 'Il n'y a point de vraye tragédie d'Oreste sans les cris de Clitemnestre. Si cette viande grecque est trop dure pour les estomacs des petits maîtres

[109] See below, p.451, n.8.
[110] See below, p.510.

de Paris, j'avoue qu'il ne faut pas d'abord la leur donner' (D4097), could be interpreted as implying either that the screams had been eliminated as a necessary change after the first performance or that they had been eliminated before it as a precaution.

Two contemporary pamphlet commentaries on the first performance mention the screams. Boulenger de Rivery says that Oreste 'ne s'aperçoit de ce coup maladroit que quand sa mère jette les hauts cris derrière le théâtre'.[111] It is possible that the author had obtained an actor's copy of the text which included the 'cris' and that they were omitted from the performance only at the last minute, but it seems more likely that he was present at the first performance and reported what he had heard. La Morlière, that well-known 'homme qui se donne à loyer pour faire réussir, ou pour faire tomber les pièces nouvelles',[112] noted that Crébillon had composed a dénouement 'à la française' and continued: 'M. de Voltaire a été obligé de s'en tenir au dénouement consacré par le théâtre ancien, en adoucissant, autant qu'il a été possible, la férocité de comparaison, par rapport à nos mœurs; c'est même ce qui l'a déterminé à ôter à la seconde représentation les cris de Clitemnestre expirante'.[113] Here, as elsewhere in this pamphlet, the inspiration (if not the hand) of Voltaire can be felt and it would be unwise to underestimate the testimony of a man who was probably a leader of Voltaire's 'claque'.

Grimm's *Correspondance littéraire* of 15 July 1761 (the time of the first revival of *Oreste*) confirms that at the first performance

on entendait du fond du tombeau d'Agamemnon les cris de Clytemnestre expirante, implorante en vain la pitié de son fils; et ces cris, au milieu d'une foule de jeunes gens dont le théâtre était alors embarrassé, firent faire de grands éclats de rire au parterre. [...] L'auteur fut obligé de

---

[111] *Justification*, p.18.
[112] Note by Palissot in his *Dunciade* (Chelsea 1764, p.35), quoted by Lagrave, p.484.
[113] La Morlière, *Réflexions sur la tragédie d'Oreste, où se trouve placé naturellement l'essai d'un parallèle de cette pièce avec l'Electre de M. de C**** (s.l.n.d.), p.39.

supprimer toute cette action du cinquième acte, de la mettre en récit, de gâter plusieurs beaux endroits de sa pièce; et à la faveur de ces changements elle eut huit ou dix représentations assez faibles. [114]

It is not clear why the audience in the pit – a frequent target for Grimm – would have laughed at Clitemnestre's cries, but the *Dissertation sur les Electre* also speaks of 'quelque ridicule' (ii.303) in a context which suggests that the first performance was disturbed by laughter at this point (though by spectators on stage).

The best evidence that Clitemnestre's screams were not heard at the first performance of *Oreste* is in a letter that Voltaire wrote to Mme Denis after the play was performed at Versailles in March (D4131):

Ce qui vous surprendra c'est que Clitemnestre, tuée derrière la scène, ses cris qu'on entendoit, le frémissement et les atitudes des acteurs qui redoubloient l'horreur, tout cela fit une des plus frappantes et des plus terribles catastrofes que vous puissiez imaginer. Mais elle seroit gâtée au téâtre de Paris par les blancs poudrez qui sont sur la scène.

This corresponds to the content of the note in the early editions on the final scenes of the fifth act. However, the last sentence can be interpreted as his recognition that he was right to eliminate the cries for the second and subsequent performances, rather than as a statement that they were not heard at the first. Overall, then, the evidence that the 'cris de Clitemnestre' were heard at the first

---

[114] CLT, iv.435-36. However, it is strange that Grimm could go on to write of the 1761 version, 'On l'avait annoncée avec de grands changements mais [...] on n'a pu remarquer aucun changement essentiel', given the substantial changes which Voltaire had made to *Oreste* between 1756 and 1761, including a completely new beginning to act iii. It is also prudent to doubt the accuracy of Grimm's statement that 'Le cinquième acte a été rétabli en partie comme il avait été à la première représentation, en conservant néanmoins les deux récits que l'auteur avait substitués ensuite à l'action. Ainsi l'on a proprement fondu ensemble les deux cinquièmes actes anciens pour en faire un seul.' Apart from the 'fureurs', the changes made to act v for the 1761 revival were not substantial and the result does not correspond to the original fifth act described by Boulenger de Rivery.

performance of *Oreste* is stronger than the evidence that they were not.

The advertising of *Oreste* 'avec les corrections qui ont paru nécessaires' was mercilessly parodied in farce and satirical verse,[115] but the week's respite had been put to good use. The second performance on 19 January, and subsequent performances, passed without incident and some of the play's most severe critics admitted that improvements had been made, even if they were still not fully satisfied. Collé allowed that 'Le dernier acte n'est pas, à beaucoup près, aussi détestable qu'il l'était; mais il est encore bien mauvais [...] deux scènes vides et qui se consument en lamentations et redites, et trois récits consécutifs, forment actuellement la catastrophe de cette tragédie.'[116] Pierre Clément saw these changes as: 'Quelques longueurs de moins et un récit de plus. Le récit m'a paru beau et bien fait; mais il jette un nouveau ridicule sur le dénouement, qui n'en avait que faire.'[117]

At the second performance there were more paying spectators than at the first, and both receipts and audience numbers remained good during the rest of the run. As noted above, the play was taken off after nine performances so that Destouches's *La Force du naturel* could be played, almost certainly by previous arrangement between Voltaire, Destouches and the actors. *Oreste* was also acted at Versailles on 26 March during the Easter recess.[118] The play was far from a failure – the number of paying spectators at its nine performances at the Comédie-Française was 8608 – but

---

[115] See D4117; Raynal, CLT, i.406-407.

[116] Collé, i.122-23. Collé's 'deux scènes vides' are probably v.v and vi; and his 'récits consécutifs' v.vii.190-228, viii.236-246 and 248-256.

[117] *Les Cinq années littéraires* (La Haye 1754), ii.40. Clément's 'récit de plus' is no doubt v.vii.190-228.

[118] Voltaire was not pleased by the performance of the actors on this occasion: 'Il ne sera pas difficile qu'Alzire soit mieux jouée qu'Oreste. Melle du Menil [Clitemnestre] pleura toujours et n'eut point de voix, m^{elle} Clairon [Electre] eut trop de voix et ne pleura jamais. Granval [Oreste] joua à contresens d'un bout à l'autre, Rozeli [Pilade] comme un écolier' (to Mme Denis; D4131).

343

it was not a great success either. Just four years later a less-than-mediocre tragedy such as Chateaubrun's *Troyennes*, based on Euripides and with no love intrigue, attracted 9121 paying spectators to its first nine performances; and in 1708, when average attendance was lower than in 1750, Crébillon's *Electre* had attracted over 9000 to its first nine performances. [119]

There are only two mentions of the cabal against *Oreste* in Voltaire's correspondence for January 1750. The first is in one of the letters that Voltaire wrote to Mlle Clairon between the first and second performances, when she was obviously indisposed: 'Votre courage résiste-t-il à l'assaut que la nature vous livre à présent, comme il a résisté aux mauvaises critiques, à la cabale, et à la fatigue?' (D4098). The other is in the letter that he wrote to the duchesse Du Maine after she had failed to come to the first performance of *Oreste*, and probably to the second. Although angry, Voltaire writes of his successes: 'j'ay purgé la scène française d'une platte galanterie dont elle étoit infectée, j'ay forcé le public aux plus grands applaudissements, j'ay subjugué la caballe la plus envenimée' (D4105).

At this point Voltaire believed (or was at least prepared to state as fact) that *Oreste* was a success and that the cabal had been vanquished. It is not until 1761 that he expresses a wish to 'faire enfin triompher la simplicité de Sophocle, des caballes des soldats de Corbulon' (D9736). [120] When writing in these tones to d'Argental Voltaire was basking in the success of *Tancrède* and clearly hoped − rightly, as events were soon to show − that a revival of *Oreste* would be equally popular. Seven years later he claimed that 'Oreste fut attaqué et défait par les soldats de Corbulon' (D15059), and this has tended to be the traditional view of events regardless of the fact that although the cabal may have been able to exploit weaknesses in the play it did not create them. The

[119] *Registres*, p.624, 776.
[120] The supporters of Crébillon.

344

extent of the changes that Voltaire made to *Oreste* between its first two performances shows his realisation that in its original form it had significant weaknesses. Its respectable showing in its revised form is a further indication that it was not the victim of a cabal, although it was definitely a target. Given the flaws which necessarily accompanied Voltaire's chosen method of treating the Electra myth, *Oreste* was as successful on stage as could reasonably have been expected and its career was not significantly harmed by its enemies' cabal.

Voltaire had many faithful friends and even more enemies, and this fact had a great influence on the critical reaction to *Oreste*. Few indeed are the criticisms which could be considered objective. As it is always easier to criticise the faults of a play than to select its good points there was a preponderance of negative criticism. In general, those who found fault with *Oreste* did so with more wit, clarity and good sense than those who defended it. Collé's comments were unfriendly but generally not inaccurate, and he was not far from the truth when he wrote: 'C'est la tragédie de Sophocle et celle de Longepierre refondues, et mises, s'il est permis de s'exprimer ainsi, *en compote*'. [121]

The *Mémoires de Trévoux* were more kind; they, too, compared *Oreste* with Sophocles' *Electra*, but the result leaves the two dramatists on the same level. The urn and recognition scenes were thought to be better in Sophocles (and the *Mémoires de Trévoux* translates the scenes from Sophocles in full), but on the other hand the reviewer thought that Voltaire was right to soften the horror of the killing of Clitemnestre and to make Electre disapprove of it; Voltaire's Egisthe, Pammène and Iphise were thought better than their counterparts in Sophocles' play, and in general Voltaire 'mérite les plus grands éloges'. [122]

---

[121] Collé, i.120. Collé's enmity runs away with him, however, when he writes of Voltaire's 'basse jalousie [...] envie qu'il nomme émulation [...] impertinente présomption' (i.121).

[122] *Mémoires de Trévoux* (June 1750), p.1443-73.

The *Mercure de France* devoted little space to *Oreste*; when the play was performed it simply described the reception it received, and showed its bias by stating: 'A certains égards, rien n'est moins ressemblant que l'ouvrage de notre premier poète tragique et celui de M. de Voltaire'. [123] When the play was published, the *Mercure* gave a summary without comment. [124]

For the rest, there is little worthy of note in the pamphlets which appeared in 1750 on the subject of *Oreste*. They ranged from the mildly obscene, [125] through the absurd, [126] the feeble [127] and the witty, [128] to the apologetic [129] and the pedantic. [130] The main features of the play which were criticised were the action (and especially the dénouement) and the character of Clitemnestre. [131] The justifications insisted on the difficulties involved in adapting the Greek subject to the Parisian stage, and on the fact that there was no love intrigue in the play. [132]

[123] *Mercure* (February 1750), p.186. The 'premier poète tragique' is Crébillon.
[124] *Mercure* (June 1750), p.143.
[125] Pierre Gallet, *Voltaire âne, jadis poète* (en Sybérie, de l'Imprimerie volontaire, 1750).
[126] *Electre vengée, ou lettre sur les tragédies d'Oreste et d'Electre, par M. le M. de C.* (s.l. 1750). This anonymous critic, apparently in all seriousness, praises all that is weakest in *Electre* and criticises all that is best in *Oreste*.
[127] Gabriel-Henri Gaillard, *Parallèle des quatre Electres de Sophocle, d'Euripide, de M. de Crébillon, et de M. de Voltaire* (La Haye 1750). Gaillard finds Crébillon far superior to Sophocles, and Voltaire superior to Crébillon. As the *Mémoires de Trévoux* point out (August 1750, p.1836-54), Gaillard knew Greek tragedy only through Brumoy's *Le Théâtre des Grecs*, which he had not read properly and frequently misquotes.
[128] Boulenger de Rivery, *Justification*.
[129] La Morlière, *Réflexions sur la tragédie d'Oreste*; cf. *Dissertation sur les Electre*.
[130] Etienne-Jean Danet, *Précis de l'Electre de Sophocle* (Londres 1750); cf. parts of the *Dissertation sur les Electre*.
[131] Some critics who were generally severe praised the character of Clitemnestre, however (for instance Clément, *Les Cinq années littéraires*).
[132] See *Dissertation sur les Electre*. A list of pamphlets and other writings on *Oreste* can be found in *Les Voltairiens, 2ème série: Voltaire jugé par les siens*, ed. Jeroom Vercruysse (New York 1983), i.VII-LXXX, under the year 1750. It is not clear from this list that no.197 (Larcher's weak translation of Euripides' *Electra*)

A few examples will indicate the level of most of what was written. For example, Clément on the dénouement:

Où était donc la difficulté d'immoler Egisthe sans tuer Clitemnestre? Mais il fallait tuer cette Clitemnestre: on la laisse donc adroitement en pleine liberté, afin qu'au moment du fer levé sur le tyran, elle puisse se jeter à la traverse, et que *tous deux du même coup*... Oui, Monsieur, tous deux du même coup: l'épée était longue: ne les voyez-vous pas l'un et l'autre entre la garde et la pointe? On assure cependant qu'à la troisième représentation ils recevront chacun leur coup à part. Mais soit en un coup, soit en deux, que deviendra Oreste, qui les a frappés? Où fuira le meurtrier de sa mère? Où l'entraîneront les furies? Eh parbleu, il s'en ira en Tauride; les deux ne l'y avaient-ils pas exilé d'avance? Il se le rappellera tout à propos; voilà son ami Pilade qui s'offre à le suivre; ils nous font leurs adieux, ils partent. Ce projet de voyage n'est-il pas bien trouvé pour fermer la scène? [133]

Gaillard, an ardent defender of the Ancients and of *Oreste*, and soon to become a member of the Académie des inscriptions et belles-lettres and the Académie française, made the general point: 'Le sujet d'Electre suppose nécessairement une révolution générale

---

concerns *Oreste* only in so far as the subject matter is the same. Periodicals are not mentioned in this list. In addition to those already quoted, *La Bigarrure*, no.31, 32 (31 January 1750), ii.89-99, notes audience reaction to *Oreste* in terms similar to those of Collé and accuses the author of plagiarising both Crébillon's *Electre* and La Grange-Chancel's *Amasis*; no.37 (26 February 1750), ii.143-44, prints three unflattering pieces of contemporary verse on *Oreste*; no.13 (9 May 1750), ii.97-100, devotes three pages to the *Dissertation sur les Electre*. Boulenger de Rivery's *Justification* and La Morlière's *Réflexions* are mentioned in Lieudé de Sepmanville's otherwise uninteresting *Lettre à madame la comtesse de ***, sur la tragédie d'Oreste de M. de Voltaire, et sur la comédie de La Force du naturel de M. Néricault Destouches* (Amsterdam 1750; p.9), which was written after the ninth performance of *Oreste* but before its publication. La Morlière may have had accesss to a copy of the play through Voltaire, but otherwise the criticisms mentioned seem to have appeared after the publication of *Oreste*. Gaillard's *Parallèle*, for example, is mentioned as a new book in the August 1750 issue of the *Suite de la Clef, ou journal historique sur les matières du temps* (p.91).

[133] *Les Cinq années littéraires*, ii.40-41.

des Mycéniens, en faveur de la race d'Agamemnon. Sophocle, par une bizarrerie qui n'est pardonnable qu'à son antiquité, n'en dit pas un seul mot' (p.44). The fact that the plot of Voltaire's *Oreste* revolved around such a 'révolution générale' was, for Gaillard, proof of Voltaire's superiority over Sophocles.

Danet, another pedantic Ancient, struggled to exculpate Sophocles: 'Personne ne s'avisera de justifier Sophocle de rendre Oreste et Electre si criminels: cette scène fait horreur à la nature. Cependant les Grecs qui en sentaient aussi bien que nous tout l'affreux, n'en étaient pas choqués à la représentation. C'est ici moins la faute de Sophocle que celle de son siècle'. In order to compose a good modern tragedy on the subject of Electra, says Danet (p.25-26, 28):

Un poète avec le coloris de M. de Voltaire ou de l'auteur de *Didon* [Lefranc de Pompignan] n'aurait qu'à traduire fidèlement les deux premiers actes de Sophocle, introduire avec art Egisthe dans le troisième: ne rien changer dans le quatrième, et accommoder certains endroits du cinquième à nos mœurs; il y a apparence qu'il ferait une des plus belles pièces, et peut-être la plus parfaite qui fût au théâtre.

Collé says of the character of Clitemnestre: 'Clitemnestre, que Voltaire a voulu faire moitié bonne, et moitié méchante, ôte absolument tout l'intérêt qu'on pourrait prendre à Electre et à Oreste; rien ne peut rendre intéressants le frère et la sœur, et justifier le parricide, que la barbarie et la férocité de leur mère (i.123).' For Boulenger de Rivery, on the other hand, Clitemnestre was 'bien la meilleure pâte de femme qu'on puisse voir. Si vous en exceptez la sottise qu'elle fit autrefois de tuer son mari, on ne peut s'empêcher de la regarder comme une fort bonne princesse [...]. Clytemnestre ressemble comme deux goûtes d'eau à Sémiramis' (p.19-20). La Morlière defended the character of Clitemnestre using similar arguments to those in the *Dissertation sur les Electre*, probably from the same source.

The unknown author of *Electre vengée* applauds certain aspects of Crébillon's *Electre*:

En bonne foi, pourra-t-on supporter longtemps trois femmes qui sont continuellement sur la scène sans amour? Pour moi, je ne cesse d'admirer avec quel art le grand auteur d'*Electre* a mêlé les grâces de l'amour au terrible de son sujet [...] Quel grand art d'avoir rendu Oreste inconnu à lui-même.

But as for Voltaire:

Y a-t-il la moindre petite intrigue, la moindre passion amoureuse dans sa pièce? A-t-il même profité de ce que lui fournissait son sujet? Je vois deux héros qui sont jetés sur le rivage par la tempête. C'était là une belle occasion de faire au moins la description sublime d'un orage; et c'est à quoi a merveilleusement réussi le grand auteur d'*Electre*.

After a comment on the 'belle et judicieuse préface' to Crébillon's *Electre* the critic sums up his comparison of this play and *Oreste*: 'On voit dans l'un une abondance de faits qui est la marque de l'invention; dans l'autre une aridité, une sécheresse révoltante.'[134]

La Morlière had a different view of Crébillon's *Electre*: 'Tout ce qui est galanterie, tout ce qui est intrigue compliquée [...] affiche sans détour la stérilité du génie créateur du poète, et ne sert qu'à le démasquer vis-à-vis du spectateur éclairé' (p.6-7).

Oreste was certainly no worse than other tragedies performed with more success at the same period, but the circumstances of its composition harmed it in the eyes of the public. It was widely, and probably rightly, thought to have been written specifically to drive Crébillon's *Electre* from the theatre, and it seemed to be intended to impose on the spectators a conception of tragedy which they were prepared to accept only if they could keep the old kind as well. The 'Français' could be turned into 'Athéniens' temporarily, but Voltaire should have realised that the metamorphosis would be neither permanent nor total. So *Oreste* did not replace *Electre* in the repertoire: it joined it there, and the result of this phase of the struggle between Voltaire and Crébillon was, therefore, indecisive.

[134] *Electre vengée*, p.4-5, 9, 11-12, 15, 21.

5. 'Oreste' after 1750

An undated letter to Michel Lambert, the publisher of *Oreste*, indicates that Voltaire was still correcting his manuscript after he had sent it for publication in the early spring of 1750 (D4120). The first edition was published shortly afterwards: the *privilège* was dated 19 March, the *approbation* 28 March. On 17 March Voltaire sent Frederick the first sheets as they came off the press, accompanied by a letter in which he invited Frederick to note the superiority of *Oreste* over Crébillon's *Electre* (D4128).

On 25 April Frederick writes that he has has just received the volume containing *Oreste*, but he refuses to be drawn on the rival merits of the two plays: 'Je ne vous dis rien d'*Oreste* ni de vos ouvrages. Il faudrait pouvoir faire tout aussi bien pour oser les critiquer. Bernin pouvait seul juger du mérite de Mansard; je ne sais qu'admirer et me taire' (D4136). During the next few months, as Voltaire made his way to Potsdam and settled in, there are frequent references in the correspondence to *Rome sauvée* but not until 11 December is *Oreste* mentioned, in a letter to d'Argental: 'Si on pouvoit me rendre un vrai service, ce seroit de faire jouer Sémiramis et Oreste. On va bien les représenter icy' (D4294). This was the first of many letters to d'Argental about the possibility of reviving *Oreste*.

After raising the matter sporadically over the next five years,[135] Voltaire becomes more insistent when he has begun to revise *Oreste* and after the revival of *Sémiramis* has been secured in the summer of 1756 (D6908):

Je vous avoue une de mes faiblesses. Je suis persuadé et je le serai, jusqu'à ce que l'événement me détrompe, qu'Oreste réussirait baucoup àprésent. Chaque chose a son temps, et je crois le temps venu. Je ne vous dirai pas que ce succez me serait agréable, je vous dirai qu'il me

---

[135] In May 1751 (D4458), March 1752 (D4828) and December 1754 (D6055).

serait avantageux. Il ouvrirait des yeux qu'on a toujours voulu fermer sur le peu que je vaux.

Si vous pouviez mon cher ange faire jouer Oreste quelque temps après Semiramis vous me rendriez un plus grand service que vous ne pensez. Vous pourriez faire dire aux acteurs qu'ils n'auront jamais rien de moy avant d'avoir joué cette pièce.

The revival of *Sémiramis* was successful and seven other plays of Voltaire's were performed in Paris during June and July 1756 (*Registres*, p.783-84), but not *Oreste*. Weaker plays on Greek subjects without love were being performed fairly successfully (for example, Chateaubrun's *Troyennes* and *Philoctète*) and Voltaire may well have been correct in his belief that after the precedent of *Sémiramis*, *Oreste* – his other recent 'Greek' tragedy which had had a difficult early career – could also be revived successfully. It is clear that he was coming to believe that the initial lack of success of *Oreste* was due solely to enmity towards him, and not to weaknesses in the play.

Six months later, after d'Argental had apparently seen the changes to act III, scene 2 for w57G1 and indicated his support for a revival of *Oreste*, Voltaire again implies that time is working for him and his kind of tragedy (D7988):

croyez moy les français tout français qu'ils sont y reviendront comme les italiens et les anglais. Ce n'est qu'à la longue que les suffrages se réunissent sur certains ouvrages et sur certaines gens [...] et je suis très persuadé, étant hors de l'ivresse de la composition, de l'amour propre et de la guerre du parterre, que cette pièce bien jouée serait reçue comme Semiramis, qui manqua d'abord son coup, et qui fait aujourdui son effet. Ce serait une consolation pour moy, et de la gloire pour vous, si vous forciez le public à être juste.

Meanwhile Voltaire continued making revisions to *Oreste*. He changed a few lines for w56, but major changes were made between 1757 and 1761, and published in a curious manner. Cramer's 1757 edition of Voltaire's works is, so far as *Oreste* is concerned, two separate editions. The first (w57G1) has several minor changes from the text of w56 and one major one: act III, scene 2, in which Electre seizes and kisses the urn which she thinks contains the ashes of Oreste is re-written to the extent that over half the lines are changed. Voltaire's intention was apparently to improve the style and versification of this scene, and to render it more pathetic. He was happy with the result, and wrote to d'Argental: 'Oui sans doute la scène de l'urne est très changée et très grecque' (D7988). This letter, dated October 1758, goes on to mention a change to IV.v.145: 'Il n'y avait à mon sens autre chose à reprendre que l'instinct trop violent de la nature, dans la scène de reconnaissance, et pour rendre cet instinct plus vraisemblable et plus attendrissant, il n'y a qu'un vers à changer.' But in fact this was just one line of several from this scene that were changed in the second edition dated 1757 (w57G2) which was actually published in 1761. So it would seem that the sweeping revisions published in 1761 (in 61 and w57G2) were undertaken after October 1758.

The revisions to *Oreste* in 61 and w57G2 affect over one eighth of the play. [136] The scenes most changed were act II, scene 1 and act III, scene 1, both of which were substantially re-written. The changes to act II, scene 1 were a distinct improvement. A clumsy piece of exposition was replaced (II.i.27-33), together with the pedestrian and dramatically useless speech of Oreste's that followed (II.34-57). Unfortunately an account of the rescue of the infant Oreste was added which does not agree with the one given by Electre in I.ii.103-110. The changes to act III, scene 1, resulting in three new scenes, [137] eliminated the long speech by Pammène which began the act, and replaced it by Oreste's account of a visit he made to the tomb of Agamemnon. This change makes the beginning of the act more interesting and, more important, the

[136] For a discussion of the relationship between the changes to *Oreste* and the *Dissertation sur les Electre* between 1756 and 1761, see below, p.554-55.
[137] See below, appendix 1 (p.517).

killing of Clitemnestre at the end of the play less of a surprise. If she had not fled, the Oreste of this revised version of the play, totally under the influence of the Furies, would have killed her before the start of act III. Voltaire also altered the discussion of the human condition which occupies the rest of the scene in the original, but without making any fundamental changes.

Other scenes altered in 61 and w57G2 were II.ii and II.iv (in both cases the impiety of Egisthe is stressed); III.iv (where mention is made of the visit paid by Clitemnestre to the tomb of Agamemnon and recounted by Oreste in the revised first scene of the act); IV.iii (where a little lecture by Iphise is shortened and a scornful reference to Pammène by Electre cut out);[138] IV.iv (a cut made necessary by the change in IV.iii, and the elimination of a repetition); and IV.v (an attempt to make the recognition scene more effective).

Voltaire envied the Athenians their large open stage which permitted spectacular effects.[139] The spectators on the stage at the Comédie-Française had caused problems for the ghost in *Sémiramis* and, as we have seen, for the 'cris de Clitemnestre' in *Oreste*. As soon as he received the news in 1759 that the stage was to be cleared of spectators Voltaire realised that 'on voudra de la pompe, du spectacle, du fracas' and confessed to d'Argental: 'Je vous avoue qu'il ne serait pas mal de consoler et d'encourager ma languissante vieillesse en faisant jouer Rome sauvée et Oreste'.[140] But he told Mme de Fontaine that he did not want to take the time to make further revisions: 'Persuadez D'Argental de faire

[138] IV.iii.71-84. Voltaire was not happy with the changed version and altered it again.
[139] See, for example, the 'Dissertation sur la tragédie ancienne et moderne' and the dedication of *Oreste*, below, p.399, l.50-54.
[140] D8249 (6 April [1759]). Voltaire wondered about his motives: 'Esce l'infâme amour propre dont on ne se défait jamais bien, esce confiance en quelques pédants étrangers, amateurs passionnéz de ces deux drames, qui me fait désirer de les voir reparaître?'

jouer Oreste comme il est, car je n'y peux rien faire. Je suis occupé ailleurs' (15 April [1759]; D8261).

Nevertheless, by the time Voltaire wrote to Mme d'Argental a year and a half later, it seems he was engaged upon the revisions for 61 and w57G2: 'Mais une chose à quoy vous ne vous attendez pas, c'est que vous aurez Oreste. J'ay voulu en venir à mon honneur. Je regarde Oreste àprésent comme un de mes enfans les moins bossus.' [141] He continued making changes into 1761: 'J'ay déniché un vieil Oreste; et presto presto j'ay fait des points d'éguille à la reconnaissance d'Oreste et d'Electre, et à la mort de Clitemnestre' (D9716); 'Souffrez que je recommande encor Oreste à vos bontez. Voyez si ces petits changements que je vous envoye sont admissibles' (D9736). In one case a change is made to a passage already changed in 61 and w57G2. [142] The final result of all this activity is probably to be seen in the variants from MS2, T64P and T67 to act II, scenes 5 and 7, and act V, scenes 5, 8 and 9. We know from MS2, D15053, D15059 and D15132 that the final scene was performed in this form from 1761 onwards, and it is reasonable to assume that the other scenes mentioned were as well. [143]

Voltaire's letters from 1759 to 1761 continue to reflect his desire to have the 'cris de Clitemnestre' heard, his preoccupation with Oreste's 'fureurs' and his wish to have actual Furies on

[141] 25 October [1760]; D9346. See also D9370 (probably from this period or the spring of 1761) in which Voltaire asks Cramer for 'quatre Orestes dépareillez' which he wants to send 'à Paris à des Grecs avec cartons manuscrits'; and D9485 ('En tout cas, voicy Oreste').

[142] See D9742 to d'Argental. The change in question is found in the T64P variants; see IV.iii.71-84v. (It is not in MS2 because Oreste is not on stage.)

[143] In the *Cinquième recueil de nouvelles pièces fugitives de M. de Voltaire* (A Genève, et se trouve à Paris chez Duchesne), published in 1762, the lines quoted in a section entitled 'Changements faits à la nouvelle représentation de la tragédie d'Oreste' give only a very incomplete and inaccurate picture of the revisions made for the 1761 revival of the play (which it dates 1762).

stage.[144] D'Argental seems to have been still unhappy with the final scenes (D8261, D9742, D9765) and two letters show that Voltaire was not satisfied either. Comparing the 'fureurs d'Oreste' with those of Aménaïde in *Tancrède* he tells Mlle Clairon: 'Les fureurs d'Oreste sont froides, parce qu'Oreste est seul, parce qu'il n'y a point d'objet présent qui cause ces fureurs, parce que ces fureurs ne sont pas nécessaires, parce qu'on s'intéresse très médiocrement à lui' (D9328). Whatever the reasons Voltaire may have had for writing to Mlle Clairon in this way, he reveals here an understanding of the weakness of the final scene of *Oreste* that is found elsewhere only in a letter to d'Argental six months later: 'J'ay relu les fureurs, je n'aime pas ces fureurs étudiées, ces déclamations. Je ne les aime pas même dans Andromaque. Je ne sçais ce qui m'est arrivé, mais je ne suis content ny de ce que je fais, ny de ce que je lis' (D9765). It is surprising that Voltaire acknowledged these weaknesses at so late a stage, but without really acting to remedy them.

At the same time other letters to d'Argental[145] keep up the pressure to have *Oreste* revived. A letter to Lekain in which Voltaire repeats his threat 'à ne rien donner à moins qu'on ne joue cette pièce' also implies that Mlle Dumesnil may have been unwilling to play Clitemnestre: 'J'ignore si on poura déterminer mad^elle Dumenil à jouer Clitemnestre' (D9694). From D9716 − 'Si m^elle Duménil s'imagine que Clitemnestre n'est pas le premier rôle, elle se trompe, mais il faut que Melle Clairon soit persuadée que le premier est Electre' − it is clear that there was still rivalry between the two actresses.

---

[144] D8669, D9346, D9485, D9683. Although direct reference is made to the Furies in two scenes − IV.iv and V.ix (Pammène refers to them in a récit in V.viii, l.253-256) − it is unlikely that they ever appeared on stage. The critics would certainly have mentioned them if they had. There would have been no room for them on stage before the spectators were cleared from it, and Lekain's stage directions for the 1761 revival of *Oreste* make no mention of them.

[145] D9526, D9579, D9719, D9736, D9755, D9763, D9799.

Voltaire had sent the 'arrangements des rôles' for the revised *Oreste* to d'Argental on 1 April 1761, for submission to the actors through Lekain (D9711, D9716). [146] Voltaire was not sure when *Oreste* would be revived but by the end of June he knew that the time was approaching. He asks the abbé d'Olivet, his former 'préfet cubiculaire' at Louis-le-Grand, [147] 'de me dire si cette pièce *sapit antiquitatem* et ce que j'y dois corriger pour l'impression' (D9865). He also made a pathetic attempt to indulge his 'amour propre': 'comme cet amour propre se glisse partout, je vous prierai de faire jouer Oreste une quatrième fois après l'avoir annoncé pour trois, mais en cas qu'elle réussisse, en cas que le public soit pour la quatrième représentation, et qu'elle soit comme accordée à ses désirs' (D9878). Since there were only two performances in July (on the 8th and 11th) – 'Mlle Clairon ayant obtenu un congé pour donner le reste de la saison au rétablissement de sa santé, il a fallu se borner à ces deux représentations' [148] – this little game could not be played.

The undoubted success of these two performances and the four which followed in September and October [149] was nevertheless a source of great pride and satisfaction to Voltaire. He clearly felt that it signalled his triumph over Crébillon (although a performance of Crébillon's *Electre* in October 1761 attracted more spectators than any performance of *Oreste* in that year), and the vindication of his long campaign to banish 'la galanterie' from tragedy. [150] In fact the letter he wrote to the abbé d'Olivet about 'galanterie' in Racine and poor verse in Corneille, and in which he states: 'Mérope, & en dernier lieu Oreste, ont ouvert les yeux

---

[146] The roles were taken by: Lekain (Oreste), Mlle Clairon (Electre), Mlle Hus (Iphise), Mlle Dumesnil (Clitemnestre), Paulin (Egisthe), Molé (Pilade) and Brisard (Pammène).

[147] Pomeau, *D'Arouet à Voltaire*, p.39.

[148] CLT, iv.436.

[149] *Registres*, p.801-802.

[150] D9902, D9910, D9933, D9959, D10037.

du public' (D9959), may be seen as a much expanded version of his letter to the duchesse Du Maine of 14 August 1749 (D3979), which he wrote when about to start composing *Oreste* (see above, p.298). It seems that the success of the revival of *Oreste* made Voltaire even more confident that by avoiding the faults of Racine and Corneille he had shown his superiority over them. [151]

Writing on 15 July 1761 of this successful revival of *Oreste*, Grimm states that the 'catastrophe' of its first performance and the necessity to make changes in it 'causa un grand déplaisir à M. de Voltaire. Elle lui fit former le projet de quitter la France, ce qu'il exécuta encore la même année'. [152] None of the letters Voltaire wrote in 1750 or 1762 to explain his departure from France [153] mentions *Oreste* (although D10302 and D11163 indicate that it was the reception given to Crébillon's *Catilina* and the protection given to its author which caused him to leave). The reception given to *Oreste* and the attacks on its author may have been one factor in Voltaire's realising that he had no future in Paris, but there is little reason to think it was decisive.

Meanwhile the comte de Lauraguais had written a new tragedy on the Electra legend and dedicated it to Voltaire (D9716, D9883). A fervent admirer of Voltaire, at whose instigation, chiefly, he had negotiated the elimination of spectators from the stage of the Comédie-Française in 1759, Lauraguais seems to have borrowed the subject of his tragedy from Voltaire, making Clitemnestre the protagonist. The attitude of Voltaire's Clitemnestre to her daughter varied during the course of the play:

[151] This letter to d'Olivet was written to be, and was, published (see D9959, commentary). It was a major element in Voltaire's campaign to attract subscribers for the edition of Corneille in which he was by this time deeply involved, and in preparation for which he had re-read the tragedies of Corneille (and apparently Racine) with a critical eye. He also used the opportunity to blame the actors for the love interest in his own *Œdipe* in terms which tradition has accepted rather too readily.

[152] CLT, iv.436.

[153] For example, D4180, D4206, D4207, D10302, D11163.

Lauraguais took the idea further, but his Clitemnestre is unrealistic and unconvincing. [154]

Lauraguais was certain that he had written a masterpiece, and he was apparently encouraged in this belief by Voltaire. [155] He was also persuaded to allow Voltaire's *Oreste* to be performed before his *Clitemnestre*. As a result, or possibly because some of the actors still had reservations about the agreement to eliminate spectators from the stage, the actors refused Lauraguais's play when they considered it in February 1762. It was in any case not likely that they would perform it so soon after *Oreste*, when Crébillon's *Electre* also remained in the repertoire. Voltaire probably realised this but, as he told d'Argental, Lauraguais's 'folie d'être représenté n'est pas une folie nécessaire; et la mienne l'est' (D9716). Voltaire's actions in this affair, probably driven by 'amour-propre', do not reflect well on him. Bachaumont's comments on Lauraguais's failure to secure a performance of his play are worth recording:

Il est certain que plusieurs tragédies ont été jouées et ont eu un succès

---

[154] At one point Clitemnestre is pleading for affection at the feet of Electre, when Egisthe announces that Oreste is dead. At this Clitemnestre says: '(*à part, se relevant avec une joie barbare*) Je respire' (Lauraguais, *Clitemnestre*, Paris 1761, II.iii-iv). Lauraguais's play is not without moving and impressive passages, but the action becomes progressively more confused as the play continues, so that the final act is almost incomprehensible. The gods are responsible for all the murders, even that of Agamemnon; they quite clearly order Oreste to kill his mother, and at the start of the play. Throughout the tragedy the characters, especially Electre, have visions, are 'transportés', speak 'dans le délire'. Before killing Clitemnestre, Oreste is 'frappé par l'esprit d'Apollon', makes incoherent noises, and 'tombe sur les débris des tombeaux renversés dans le fond du théâtre'. However, the play ends so quickly after the killing of Clitemnestre that the audience does not know what happens to Oreste, or whether he was punished for his crime.

[155] See Diderot's letter to Sophie Volland, 22 September 1761 (*Correspondance*, éd. G. Roth and J. Varloot, iii.314). In a letter (or letters) of which there is no other trace Voltaire apparently told Lauraguais 'dix fois au lieu qu'une' that in comparison with *Clitemnestre* his own *Oreste* 'n'étoit qu'une froide déclamation, une plate machine'.

passager, quoique fort inférieures à celle-là. Le reproche dont l'auteur ne peut se défendre, c'est d'avoir osé lutter contre M. de Crébillon et contre M. de Voltaire, sans avoir fait mieux. Il a fait tout ce qu'il a pu auprès des comédiens pour les séduire: il s'était engagé à fournir les habillements et à subvenir aux frais. Ils n'ont pas cru pouvoir manquer à ce point aux deux pères existants de leur théâtre. [156]

In August 1765 Mlle Clairon, who was soon to retire from the theatre, played Electre in Voltaire's *Oreste* at Ferney. [157] Numerous letters testify to the brilliance of her performance in a part for which she had come to have a particular liking. [158] At about this time, too, Voltaire wrote to Lekain asking how *Oreste* was faring compared to Crébillon's *Electre* in terms of performance and receipts – 'c'est la recette qui est le termomètre des succez'. [159]

When Voltaire discovered in 1767 that Duchesne's widow was planning a new edition of his plays as staged (the Geneva editions were intended primarily for reading) he recommended that changes be made to *Oreste* (among other plays) (D14417,

---

[156] Bachaumont, i.40. Voltaire seems also to have intervened in the negotiations of the abbé Cordier de Saint-Firmin with Lauraguais and the Comédiens about a performance of his play *Zarucma*. In a letter to Lauraguais, written in support of Cordier, Voltaire claimed to have had no part in the decision by the actors to revive *Oreste* in 1761 and accused them of having used an old unrevised version of the play without his knowledge. Word of this letter reached Mlle Clairon who was understandably angry with Voltaire (D9916, D9933; see J. Hellegouarc'h, 'Voltaire et la Comédie Française; deux lettres inédites. I', *Rhl* 88, 1988, p.737-43).

[157] The rest of the cast included Gabriel Cramer as Oreste, Mme Denis as Clitemnestre and Henri Rieu as Egisthe (Jean-Daniel Candaux, 'Précisions sur Henri Rieu', *Le Siècle de Voltaire: hommage à René Pomeau*, Oxford 1987, p.241).

[158] Voltaire tells the d'Argentals that she had given an excellent performance as Aménaïde in *Tancrède*, 'mais dans l'Electre elle aurait ébranlé les alpes et le mont Jura. Ceux qui l'ont entendue à Paris disent qu'elle n'a jamais joué d'une manière si neuve, si vraie, si sublime, si étonnante, si déchirante' (D12845). See also D12852, D12855, D12857, D12859, D12861, D12886, D12914. Mlle Clairon discusses the Electres de Crébillon and Voltaire in her *Mémoires* (Paris an VII), p.142-46. She greatly preferred the creation of Voltaire.

[159] D12893; see also D12989.

D14552). These were made either by cancels to T64P or in the errata of T67. However, numerous differences between this edition and the Geneva editions remained. The following year Voltaire asked Cramer and Panckoucke to change the final scene of *Oreste* to make it correspond to T67 ('quoique cette édition de Duchesne ne vaille pas le diable'; D15132).[160] He makes it clear in his letter to Cramer that his concern is not that the published version of *Oreste* should conform to what was being performed – the case of *Œdipe* shows that he was unconcerned about important differences between the acted and published versions of his tragedies on Greek themes[161] – but that the published version should be the one that his friends liked best. He told Cramer (D15053):

Il faut pourtant vous avouer qu'il y a des gens qui ont été fort choquez de la différence qu'ils ont trouvée entre les derniers vers d'Oreste, de votre édition, et ceux de l'édition de du Chene. Ils disent que ceux de Duchene sont incomparablement meilleurs et je le pense ainsi. Mais le bon de l'affaire, c'est que ces mêmes connaisseurs sont ceux qui me firent supprimer les vers qu'ils redemandent aujourdui. Le public a toujours préféré la leçon de du Chene. C'est suivant cette leçon qu'on joue Oreste partout.

[160] See D15053, D15059, D15132. There is no mention in Voltaire's correspondence of the edition of *Oreste* 'revue et corrigée par l'auteur' published in 1766 by 'La Compagnie des Libraires' (siglum: 66); it is probable that he did not know of it. The text it reproduces is similar to that of MS2, T64P and T67.

[161] In a letter to Frederick of March 1749, six months before he wrote *Oreste*, Voltaire shows that he saw two distinct audiences whom he needed to satisfy – the spectator in the theatre who might be swayed by emotion, and the reader of the published work who would not: 'La relligion combatue par les passions, est un ressort que j'ay employé, et c'est un des plus grands pour remüer les cœurs des hommes. Sur cent personnes, il se trouve à peine un philosophe, et encor sa philosophie cède à ce charme et à ce préjugé qu'il combat dans le cabinet. Croyez moy sire, tous les discours politiques, tous les profonds raisonements, la grandeur, la fermeté sont peu de chose au têatre, c'est l'intérêt qui fait tout, et sans luy il n'y a rien. Point de succez dans les représentations sans la crainte et la pitié; mais point de succez dans le cabinet, sans une versification toujours correcte, toujours harmonieuse et soutenue de la poésie d'expression' (D3893).

Neither publisher inserted the cancel, however, and the readings of the Duchesne edition were never reproduced.

Apart from its appearance in a flurry of correspondence in 1773, when d'Alembert mistakenly informed Voltaire that Richelieu had replaced *Rome sauvée* and *Oreste* by Crébillon's *Catilina* and *Electre* in the list of plays to be given 'aux fêtes de la cour & à Fontainebleau', [162] *Oreste*, like Crébillon's *Electre*, subsided into relative obscurity. As Lancaster notes, '*Oreste* cannot be said to have eclipsed *Electre*, for the total number of its performances at the Comédie-Française was 52, while that of *Electre* was 163, of which 54 were given after the appearance of *Oreste*. *Oreste* did, however, remain longer in the repertory, appearing as late as 1846, whereas the last performance of *Electre* was in 1818'. [163] This difference may be due to Voltaire's superior reputation rather than to the virtues of this particular tragedy.

6. *Voltaire's dedication of 'Oreste'*

That Voltaire dedicated *Oreste* to the duchesse Du Maine [164] is not surprising. He had both personal and literary reasons to be grateful for the protection she had accorded him. On the personal side, he remembered the welcome he had received at her court at Sceaux when it was at the height of its influence nearly forty years earlier and the encouragement he had found there when composing

[162] D18365, D18378, D18381, D18383, D18403, D18408, D18412, D18416, D18425.

[163] *French tragedy in the time of Louis XV*, ii.343.

[164] Anne-Louise-Bénédicte de Bourbon-Condé (*c.* 1676-1753), grand-daughter of Louis II de Bourbon, 'le Grand Condé', was the wife of Louis-Auguste de Bourbon, duc Du Maine, one of the legitimised bastard sons of Louis XIV, for whom a château and large estate had been purchased at Sceaux in 1699.

Œdipe. [165] He had remained in contact with her and 'les relations du poète et de la duchesse, qui sont à éclipses mais n'ont jamais été interrompues, reprennent intensément en 1746 et surtout en 1747'. [166] After the incident of the 'jeu de la reine' in November 1747, when Voltaire felt in great personal danger, it was to Sceaux that he fled. The duchess hid him in total secrecy until the danger was over. [167]

On the literary side, the duchess's classical education had made her an admirer of the Ancients (though this admiration was by no means exclusive) and she was a living link between Voltaire's *Œdipe* and his *Oreste*. She had also been closely involved with the composition of *Rome sauvée* and with Voltaire's linked campaigns to drive both Crébillon's plays and 'galanterie' from the tragic stage. The dedication of *Oreste* gave Voltaire an opportunity to pay tribute to the duchess's past and present friendship and to place *Oreste* under her protection, [168] but the polemical nature of this dedication, and the fact that it was a weapon in a battle that was reaching a critical stage, should not be forgotten.

There is no evidence that the duchesse Du Maine was at any time closely involved with *Oreste*. It seems likely that this detachment was because she had not been involved in Voltaire's decision to write the play, and because of the speed and secrecy with which it was composed while he was at Lunéville. [169] She may, however, have deliberately kept aside either because she

[165] See Pomeau, *D'Arouet à Voltaire*, p.81-91, and Vaillot, *Avec Mme Du Châtelet*, p.287-305, for descriptions of the court at Sceaux at the time when Voltaire was writing *Œdipe* and later *Oreste*.

[166] Vaillot, *Avec Mme Du Châtelet*, p.287.

[167] Vaillot, *Avec Mme Du Châtelet*, p.295-96.

[168] 'Je soussigné en présence de mon génie et de ma protectrice, jure de luy dédier avec sa permission Electre et Catilina, et promets que la dédicace sera un long exposé de tout ce que j'ay apris du dit génie dans sa cour' (26 November 1749; D4069).

[169] The statement in his letter of *c.* 21 January 1750, 'j'ay fait Electre pour plaire à votre altesse sérénissime' (D4105), may be considered rhetorical exaggeration.

remembered the embarrassment caused her by the failure of
Longepierre's *Electre* in 1719, or because she was no longer
convinced of the superiority of Greek tragedy (see D4105).
But Voltaire intended to use whatever protection her name still
afforded. [170] When he sent her a copy of the completed *Oreste*, his
accompanying letter was addressed to 'Ma protectrice' (D4050),
and in an earlier letter in which he had announced his intention
to send her *Oreste*, he had said, 'Je veux sous ses auspices venger
Cicéron et Sophocle' (D4009). Later, it was to her that he
explained why he offered the actors *Oreste* before *Rome sauvée*
(D4085).

In spite of, or because of, these efforts by Voltaire, the duchesse
Du Maine did not attend the first performance of *Oreste*, and
probably not the second one either. Perhaps she had motives that
Voltaire did not realise: by missing the opening performance of
Oreste (against which she probably knew that a cabal had been
organised) she avoided putting herself in the rather ridiculous
position of patronising a second tragedy on the same subject and
written in the same manner as Longepierre's *Electre*. She may also
have been offended by Voltaire's use of her protection and
influence. In fact she seems to have treated Voltaire in much the
same way as she had previously treated Longepierre. Just as she
had withdrawn her previous encouragement of Longepierre and
her strong support for his *Electre* as soon as the play ran into
trouble (see below, p.408-409), so she appears to have ensured
that her name was not too closely associated with the staging of
Voltaire's faltering *Oreste*. What Voltaire here (l.229) calls
'courage' could also be called something quite different. Voltaire's
considerable irritation is clear from the strongly worded letter
that he sent her late in January 1750: 'Quelle est donc votre

[170] He was, however, indulging in wishful thinking when he wrote to d'Argental
on 28 August 1749: 'Mad^e la duchesse du Maine tant qu'elle vivra disposera de
bien des voix et fera retentir la sienne' (D3995).

cruauté de ne vouloir plus que les pièces grecques soient du premier genre? Auriez vous osé proférer ces blasphèmes du temps de Mʳ de Malezieu? [...] il faut que madame la duchesse du Maine soit ma protectrice dans Athenes comme dans Rome' (D4105). Could this dedication have been intended (in addition to its other functions) to serve as a gentle 'rappel à l'ordre' to a duchess who was losing her faith in things Greek?

Voltaire continued to work with the duchess on *Rome sauvée* in spite of his disappointment over her attitude to *Oreste*. The dedication of *Oreste* remained in her name and no significant changes were made to it after it was first published (there had been numerous changes between the manuscript and its appearance in 50P1). There is no further mention of *Oreste* in Voltaire's correspondence with the duchesse Du Maine, who died in 1753.

The dedication begins, curiously, with a reference to the age of the duchess and to the brilliant 'nuits de Sceaux' which Voltaire had known when young. Given that all who read this dedication knew that by 1750 the court at Sceaux and the duchesse Du Maine were only shadows of their former selves, there was a danger that such a beginning might reflect negatively, rather than positively, on the duchess's present situation and influence. On the other hand, since there is no evidence in the main body of the dedication of any ironic intent on the part of Voltaire, it would be unwise to suggest that this beginning was in any way malicious, and it permits a smooth entry into Voltaire's subject through a lengthy tribute to Nicolas de Malézieu.

Malézieu, a learned admirer of the Ancients, had been tutor to the duc Du Maine and the duc de Bourgogne. According to contemporary rumours he was (along with, among others, Polignac) the lover of the duchess and he is said to have played at Sceaux 'le rôle du maître de maison, mari de la main gauche'.[171] He was also organiser of the festivities at Sceaux. He may have

---

[171] Pomeau, *D'Arouet à Voltaire*, p.83. Malezieu died in 1727.

been less of a scintillating genius than Voltaire here makes him out to be, but he does seem to have moved his audiences with impromptu translations of Greek tragedies in the way that Voltaire describes. In a 'Discours sur la tragédie de Joseph', published as a preface to Genest's play in 1711, Malézieu describes how a translation of Sophocles' *Philoctetes* which he performed at Sceaux, 'imparfaite, informe, faite sur-le-champ, et si fort au-dessous des beautés de l'original, transporta tout l'auditoire'.[172] Whether or not Voltaire was present on that occasion - the reference of the dedication to his hearing Malézieu 'presque au sortir de l'enfance' (l.14) implies that he could have been, and Sceaux was not far from the house that Arouet père had purchased at Châtenay in 1707 - there is no reason to doubt that the admiration for the Greek tragedies which found such noble expression at Sceaux had a profound effect on the young Voltaire. At no other similar gathering would Greek tragedies be treated (in the unlikely event of their being a topic of conversation) with anything better than amused disdain. It was agreed in most circles that Sophocles and Euripides were far inferior to Corneille and Racine, while Aeschylus was almost totally unknown or ignored. In the few musty corners where the Greeks were still admired, mainly at the Sorbonne and the Académie des inscriptions et belles-lettres, the admiration was only too often unquestioning, unreasonable and pedantic. The chief exception to this tendency was in the schools, but in the Jesuit schools (the vast majority) no texts of Greek tragedies were actually studied, and the embellished sketch of Greek civilisation presented to the students had little place for the harsher realities of Greek tragedy. It is understandable that Voltaire should have been surprised and delighted to discover the passionate reaction to Greek tragedy of the court of Sceaux.

---

[172] Malezieu adds: 'Tout y pleura du commencement jusqu'à la fin' and says that he was obliged to wait more than once for the applause to die down before he could continue (Charles-Claude Genest, *Joseph, tragédie*, Paris 1711, p.IV).

Voltaire's allusions to the genesis and composition of *Œdipe* raise complex questions to which there are no definite answers. This applies especially to the question of when and why the love intrigue was added. Before accepting as totally accurate the version of events that Voltaire gives in his dedication, we should recall that he is writing about events that took place over thirty years previously, and that the 'Epître' he writes is as much a polemical pamphlet as a dedication: having composed *Oreste* without a love intrigue in an attempt to drive Crébillon's *Electre* with its 'partie carrée' from the stage, Voltaire had to defend himself against the probable riposte of his adversaries that he himself had added a love intrigue to *Œdipe*. The version given in the dedication sounds convincing, but it conflicts with the completely different version given in the *Lettres sur Œdipe*. That the habitués of the court of Sceaux had criticised the addition of a love interest to *Œdipe* is likely (l.91-99), but it is equally likely that they understood that without some mention of 'le mot d'amour' (l.95-96) it is highly improbable that the play would ever have been performed. When *Œdipe* was performed, even the majority of the Ancients accepted that the love intrigue was unavoidable, and the play was not strongly criticised on that account. [173]

Having thrown the responsibility for the love interest in *Œdipe* onto others and given a slightly inaccurate picture of the critical reaction to his play (l.101-104), Voltaire was free to develop his arguments against the presence of love in tragedy except as a fatal passion (l.113-211). While these arguments are perfectly valid and consistent with what he had written previously,[174] they

[173] J.-B. Rousseau, who was worried in 1717 that Voltaire might have 'affaibli le terrible de ce grand sujet en y mêlant de l'amour' (*Lettres sur différents sujets de littérature*, Genève 1749-1750, ii.170), had nothing but praise for *Œdipe* when it was published (see D73, D75).

[174] Cf. 'Lettre à M. le marquis Scipion Maffei', and 'Dissertation sur la tragédie ancienne et moderne'; also Mat-Hasquin, *Voltaire et l'antiquité grecque*, p.136-39, 160-63.

are of course directed against his rival dramatists, in particular Crébillon. Voltaire is obliged to acknowledge the responsibility of his model Racine (although he does not mention his name) for the invasion of 'galanterie' into tragedy, but modern critics would not agree that it was the success of *Bérénice* that convinced authors and dramatists alike that 'l'amour seul devait être à jamais l'âme de toutes les tragédies' (l.167-168). Moreover, Voltaire's attempt to postulate an ageing Racine filling the theatre with adaptations of Greek tragedies in which there was no love intrigue (l.182-191), is not convincing, nor is it in accordance with known facts. Furthermore it was a simple fact that the public liked tragedies full of love and 'galanterie', and that tragedies with no love intrigue were rarely successful. One can regret the taste of the public, but it is idle to deny it or to blame the public for it.

Voltaire's discussion of Longepierre's *Electre* (l.212-242) is also a little suspect. This tragedy was very well received when it was first performed in 1702 on the Conti's private stage at Versailles; it only failed when it was performed at the Comédie-Française, shortly after *Œdipe* and seventeen years after its successful performance in private, and Voltaire exaggerates the effects of its failure, just as he exaggerates the effects of the success of Racine's *Bérénice* (l.166-168). But given the duchesse Du Maine's association with the play, and the fact that Voltaire was dedicating to her another play on the same subject, some reference to Longepierre's *Electre* is understandable.

Voltaire's justification of his own play (l.243-295) seems sincere. He repeatedly expressed the view that *Oreste* was 'grecque' and 'simple'. The modern critic may find such statements strange, coming from a dramatist of considerable technical ability and knowledge, but placed in context they are not surprising. From the *Lettres sur Œdipe* onwards, Voltaire's conception of Greek tragedy was essentially based in dramaturgy. The metaphysical elements simply did not concern him; no doubt his usual lack of interest in such matters was reinforced by the inability of contemporary scholars to say anything sensible about them. [175] What might be called the elements specific to Greek culture – and this, for scholars such as Dacier [176] as well as for Voltaire, included the deliberate killing of Clytemnestra by her son – Voltaire considered inappropriate to the Parisian stage. Hence, as a 'tragédie sans amour, sans confidents, sans épisodes' (l.291-292), with spectacular elements and dealing with family relationships but without extraneous characters, *Oreste* is, by Voltaire's criteria, 'Greek'. And it was this kind of tragedy, called 'Greek', that Voltaire wished to impose on actors and audiences at the Comédie-Française to replace the kind of romanesque tragedy that was the hallmark of Crébillon. [177]

This section of the dedication is clearly an 'anti-Crébillon'. In the préface to his *Electre* (1709), Crébillon had stressed how little he owed to Sophocles and how low an opinion he had of him. Voltaire, too, had harshly criticised Sophocles in the *Lettres sur Œdipe*, but in the dedication of *Oreste* he stresses his debts to both Sophocles and Euripides. He also justifies from their works (l.259-277) a major departure from the Greek tradition that he is proud to have put at the centre of *Oreste* – the largely sympathetic portrayal of Clytemnestra and her changing relationship with her children. Crébillon's comments in the preface to his *Electre* and the structure of his play are the target of lines 275-287 of the dedication, but there is noticeable similarity between Voltaire's comment: 'Je n'ai point copié l'Electre de Sophocle, il s'en faut beaucoup' (l.252-253) and that of Crébillon: 'Ce n'est

[175] After an extended attempt to explain in simple terms 'la théologie paienne', Brumoy admits defeat: 'Si nous voulons jouir d'un spectacle grec, nous sommes obligés d'épouser pour un moment leur système. Il est insensé à la vérité; mais nous devons faire effort pour ne le pas trouver tel' (*Le Théâtre des Grecs*, i.96-97).

[176] See Dacier, *L'Œdipe et l'Electre de Sophocle*, p.498-99.

[177] Mat-Hasquin, *Voltaire et l'antiquité grecque*, has good information on some aspects of these issues.

point la tragédie de Sophocle, ni celle d'Euripide que je donne, c'est la mienne'.[178]

The last paragraph of the dedication, like the first, is curious. The beginning reflects both Voltaire's intellectual and cultural élitism and his recognition of the strength of the opposition to *Oreste* (although he knew that a good deal of this opposition was directed at least as much against the author as against the play). The middle of the paragraph, stressing the decadence of French culture, and the end, expressing the hope 'qu'il se trouve quelque génie qui achève ce que j'ai ébauché', seem to indicate a certain lassitude on Voltaire's part. In another context the assignment by Voltaire of the task of protecting French culture from relapsing into barbarism to the aged duchess and her class – whom Voltaire knew to be hopelessly inadequate for any such mission – might be ironic. Here it might be a signal that he believed that the battle was already lost.

7. *Manuscripts and editions*

Manuscripts

No manuscript of the play has come down to us, but the original of the dedication has survived, as has Lekain's copy of the title role.

MS I

A copy by Collini of the dedication to the duchesse Du Maine, with corrections by Voltaire, in 20 pages. It is signed by the duchess, 'Lu / quoy que ie ne merite point ces Louanges / j'aprouve L'epistre / Louise Benedicte de Bourbon'.

Voltaire Foundation.

---

[178] Crébillon, *Electre*, ed. Dunkley, p.2.

Madame

Vous avez vû passer ce siecle admirable a
la gloire duquel vous avez tant contribué
par vôtre goust et par vos exemples ce
siecle qui sert de modele au notre en tant
de choses, et peut être de reproche, comme
il en servira a tous les ages. c'est dans
ces temps illustres que les fondez vos ayeux
couverts de tant de lauriers cultivoient et
encourageoient les arts, ou un bossuet
immortalisoit les heros et instruisoit les rois,
ou un fenelon le second des hommes dans
l'éloquence et le premier dans l'art de rendre
la vertu aimable enseignoit avec tant de
charmes la justice et l'humanité ou les
racines, les despreaux, présidoient aux belles
lettres, lulli a la musique. le brun a
la peinture tous ces arts madame furent
accueillis sur tout dans votre palais. je
me souviendray toujours que presque au

2. The original manuscript of the dedication to *Oreste*, sent by Voltaire to the duchesse Du Maine (Voltaire Foundation).

MS2

A copy by Lekain of the role of Oreste, under the title 'Année 1761. / 2eme Rosle. / Oreste, dans Oreste / tragédie De monsieur De Voltaire / *Remise au Théatre.*' The verso of the title is occupied by a list of characters, and the transcription of the role occupies the following 13 pages.

Comédie-Française: MS 20016 (2).

Editions

Oreste was first published in Paris in 1750, by Le Mercier and Lambert (siglum 50). Three other separate editions appeared with the same date, all based on 50, followed by others in 1761, 1763, 1766, 1771 and 1773.

It is difficult, if not impossible, to establish the authority of changes made to editions previous to w57G1. There are cases where changes are made in w51 which do not appear in w52, but which are included in editions from w57G1 onwards. On the other hand there are changes made in w52 which are not in w51 but which appear in subsequent editions except those based on w51. The minor changes introduced in w50 appear in subsequent editions, but one of them does not appear in w56 or editions based on w56. There are also cases where changes in w52 do not appear in w51 or w56 or subsequent editions based on w56.

It is certain that Voltaire was responsible for the major changes in w56, but it does not seem as if he made a careful revision of the whole text of his play for that edition. He did make such a detailed revision for w57G1, with a major revision – involving more lines but fewer minor changes within existing lines – for 61 and w57G2 (the reissue of w57G which appeared in 1761). It is possible that changes in w50, w51 and w52 were due to the editors or proof-readers of those editions, and that Voltaire adopted those he liked when he made the revisions for w56 and w57G1. It is also possible that Voltaire was responsible for some

371

or all the changes in the early editions, but that he overlooked them or decided to reverse them.

None of the cancels found in w75G involve *Oreste*, and Voltaire made no manuscript changes to the play in the corrected copies of that edition. None of the changes made for K have Voltaire's authority; indeed, of changes in editions later than 61 and w57G2, only those in w70L seem to have been made by Voltaire. [179]

50

ORESTE, / *TRAGÉDIE.* / [*type ornament*] / A PARIS, RUE S. JACQUES. / Chez [*bracket linking next three lines, 10 mm high*] / P. G. LE MERCIER, Imprimeur- / Libraire, au Livre d'or. / M. LAMBERT, Libraire. / [*thick-thin rule, 56 mm*] / M. D. CC. L. /

[*half-title*] ORESTE, / *TRAGEDIE.* /

8°. sig. a⁸ b⁶ A-F⁸ G² π² H-N⁸ O⁴ ¹π² (± a2.7; ¹π2 blank); pag. [6] xxj [xxii] 100 [4] [109]-212 [213-214]; $4 signed, roman (− a1-2, b4, G2); sheet catchwords (− G, O).

[1] half-title; [2] blank; [3] title; [4] blank; [5-6] Avis au lecteur; [i]-xxj A son altesse sérénissime madame la duchesse du Maine; [xxii] Personnages; [1]-100 Oreste, tragédie; [1-4], [109]-212 other texts; [213] Approbation [for *Oreste* and *Samson*, by Trublet, 28 March 1750]; [213-214] Privilège du roi [for *Oreste* and *Samson*, for a period of three years, signed Sainson, 19 March 1750].

This edition is found in three main states. Some copies contain *Oreste* only and end at G2 (p.100).

State 1. Title as transcribed above.

State 2. Title as transcribed above, but a different setting, the height of the bracket being 16 mm, and with changes to the punctuation on the collate leaf, a7, p.vij: 'Malefieu &' for 'Malefieu, &' (l.15); 'univerfelle-ment & avec très-grande raifon d'avoir' for 'universellement, & avec très-grande raifon, d'avoir' (l.16-17); 'piéce fût' for 'piéce, fût'.

[179] The bibliography which follows was established by Andrew Brown.

ORESTE,
TRAGÉDIE.

A PARIS, RUE S. JACQUES.

Chez { P. G. LE MERCIER , Imprimeur-
Libraire , au Livre d'or.
M. LAMBERT , Libraire.

M. D. CC. L.

3. Title-page of the first edition of *Oreste* (50, state 2), published in Paris by
Le Mercier and Lambert (Taylor Institution, Oxford).

State 3. A different setting of the title, with Voltaire's name and the price: 'ORESTE, | *TRAGÉDIE.* | Par M. DE VOLTAIRE. | [*rule, 43 mm*] | *Le prix eſt de XXX. ſols.* | [*rule, 43 mm*] | [*type ornament*] | A PARIS, RUE S. JACQUES. | Chez [*bracket linking next three lines, 16 mm high*] | P. G. LE MERCIER, Imprimeur- | Libraire, au Livre d'or. | M. LAMBERT, Libraire. | [*thick-thin rule, 57 mm*] | M. D. CC. L.' The punctuation of a7 is that of state 2.

State 1: Bn: Yb 2438 (2).

State 2: Bn: Yf 6608 (red morocco, royal arms); – Yf 6609 (red morocco, royal arms); – Rés. Yf 3938 (large paper copy); Arsenal: 8° B 13084 ('π1 bound between K8 and L1); – 8° B 13085; – GD 15328 ('π1 bound between K8 and L1); – 8° NF 5026 (3); – Rf 14440 (with additional copy of 'π1).

State 2, *Oreste* only: Bn: 8° Yth 13111; – 8° Yth 13112; – 8° Yth 13113; – 8° Yth 13115; Arsenal: 8° B 13086 (lacks 'π1); Taylor: V3 A2 1750 (1).

State 3: Bn: 8° Yth 13114 (lacks half-title); – 8° Yth 13116.

State 3, *Oreste* only: Taylor: V3 O6 1750 (1)/1.

An incomplete copy (Arsenal, Fonds Taylor, consisting of sigs A-G and 'π) is the only one seen in which the blank leaf 'π2 is present.

50A

ORESTE, | *TRAGÉDIE* | PAR | M^R. DE VOLTAIRE. | [*woodcut, 54 x 35 mm*] | A AMSTERDAM, | *Chez ETIENNE LEDET & Compagnie.* | MDCCL. |

8°. sig. *A-B*⁸ C-I⁸ (I8 blank); pag. 142 (p.4-21 numbered in roman); $5 signed, arabic (– *A*1; *B*4 signed 'B4', *B*5 'B5'); page catchwords.

[1] title; [2] blank; [3]-XXI A son altesse sérénissime madame la duchesse du Maine; [22] Personnages; [23]-142 Oreste, tragédie.

This is clearly a Dutch edition and the imprint is no doubt genuine. It follows the text of 50, and introduces misprints.

Bn: Rés. Z Bengesco 72; Arsenal: GD 15329 (uncut copy).

50X1

ORESTE, | TRAGÉDIE, | *Par M. AROUET DE VOLTAIRE.* | *[woodcut, 59 x 38 mm]* | A PARIS, RUE SAINT JACQUES, | Chez *[bracket linking next three lines]* | P. G. LE MERCIER, Imprimeur- | Libraire, au Livre d'or. | M. LAMBERT, Libraire. | *[thick-thin rule, 56 mm]* | M. DCC. L. |

8°. sig. A-H⁴ I²; pag. 68 (no errors); $2 signed, arabic (– A1; I2 is signed); sheet catchwords.

[1] title; [2] Avis au lecteur; [3]-13 A son altesse sérénissime madame la duchesse du Maine; [14] Personnages; [15]-68 Oreste, tragédie.

This French edition follows 50, introducing misprints.

Arsenal: Rf 14442; Taylor: V3 O6 1750 (2); – V3 O6 1750 (3)/2.

50X2

ORESTE, | *TRAGÉDIE.* | *[type ornament]* | A PARIS, | Chez *[bracket linking the next two lines]* | P. G. LE MERCIER | M. LAMBERT, | *[bracket linking the last two lines]* | Libraires. | *[thick-thin rule, 65 mm]* | M. D. C. C. L. |

[half-title] ORESTE, | *TRAGÉDIE.* |

8°. sig. π² A-F⁸ G⁶; pag. [4] 108; $5 signed, arabic (– G5); page catchwords.

[1] half-title; [2] blank; [3] title; [4] Personnages; [1]-72 Oreste, tragédie; [73] E5r 'SAMSON, | *TRAGÉDIE LYRIQUE.* | E5'; [74] blank; [75] Préface; [76] Acteurs; [77]-108 Samson, tragédie lyrique.

The appearance of this edition suggests that it was printed in Holland or perhaps Liège.

Taylor: V3 A2 1764 (29-30); Bibliothèque cantonale et universitaire, Lausanne: AZ 4122 Rés. A.

w38 (1750)

Œuvres de M. de Voltaire. Amsterdam: Ledet [or] Desbordes, 1738-1756, 9 vol. 8°. Bengesco iv.5-12; Trapnell 39a; BnC 7-11.

Volume 8 of this edition consists of three separate editions of Voltaire plays, of which the 50A edition of *Oreste*, under a collective title.

Universiteits Bibliotheek, Leiden.

w50 (1751)

La Henriade et autres ouvrages. Londres [Rouen], Société, 1750-1752. 10 vol. 12°. Bengesco iv.38-42; Trapnell 50R; BnC 39.

Volume 8 (1751): [143] F12r 'ORESTE, | *TRAGÉDIE*. | AVIS'; [144] blank; 145-[146] Avis au lecteur; [147]-163 A son altesse sérénissime madame la duchesse du Maine; 164 Personnages; [165]-272 Oreste, tragédie.

See also w48R (1752?) below.

ImV: A 1751/1 (8); Bibliothèque municipale, Grenoble.

w51

Œuvres de M. de Voltaire. [Paris, Lambert], 1751. 11 vol. 12°. Bengesco iv.42-46; Trapnell 51P; BnC 40-41.

Volume 7: [89] H1r 'ORESTE, | *TRAGÉDIE*. | *Tome VII*. H'; [90] blank; 91-105 A son altesse sérénissime madame la duchesse du Maine; [106] Personnages; 107-194 Oreste, tragédie, représentée le lundi 12 janvier 1750.

Produced with the participation of Voltaire, this edition reproduces the text of *Oreste* of w50, with some minor changes.

Bn: Rés. Z Beuchot 13 (7).

w48R (1752?)

[Title unknown]. [Rouen, Machuel, 1748-?]. 12 vol. 12°. Bengesco iv.28-31, 68-73; Trapnell 48R, 64R; BnC 27, 145-148.

Volume 10 (1752?): [143] F12r 'ORESTE, | *TRAGÉDIE*. | AVIS'; [144] blank; 145-[146] Avis au lecteur; [147]-163 A son altesse sérénissime madame la duchesse du Maine; 164 Personnages; [165]-272 Oreste, tragédie.

Volumes 1-12 of this edition, produced in or soon after 1748, were suppressed at Voltaire's instigation and reissued under new title pages in 1764. No copies with the original titles are known and the dating of this volume is therefore tentative. This edition is related to but not identical with w50. It gives the same text, based on 50, bar one misprint.

Bn: Rés. Z Beuchot 26 (10).

w52

Œuvres de M. de Voltaire. Dresde, Walther, 1752. 9 vol. 8°. Bengesco iv.46-50; Trapnell 52 and 70x; BnC 36-38.

[357] Gg3r 'ORESTE, / TRAGEDIE. / Gg3 *EPI-*'; [358] blank; 359-369 Epître à son altesse sérénissime madame la duchesse du Maine; [370] Personnages; [371]-440 Oreste, tragédie; 440 Fautes à corriger.

Produced with the participation of Voltaire, this edition is based on w51, with some additional changes.

Bn: Rés. Beuchot 14 (7); Vienna: *38.L.1.

T53

Le Théatre de M. de Voltaire. Amsterdam, Richoff, 1753. 4 vol. 8°. Bengesco i.88; BnC 618

First of a series of editions of Voltaire's theatre, attributed to Richoff but probably printed in Rouen. There is nothing to suggest that Voltaire was involved in their production. We have not traced a copy of the volume containing *Oreste*.

w48D (1754)

Œuvres de M. de Voltaire. Dresde, Walther, 1748-1754. 10 vol. 8°. Bengesco iv. 31-38; Trapnell 48D; BnC 28-35.

Volume 10 (1754): [171] L6r 'ORESTE, / TRAGEDIE.'; [172] blank; [173]-183 Epître à son altesse sérénissime madame la duchesse du Maine; [184] Personnages; [185]-274 Oreste, tragédie.

Produced with Voltaire's participation, the text follows that of Walther's w52.

Bn: Rés. Z Beuchot 12 (10).

w56

Collection complette des œuvres de M. de Voltaire. [Genève, Cramer], 1756. 10 vol. 8°. Bengesco iv.50-63; Trapnell 56, 57G; BnC 55-66.

Volume 9: [127] H8*r* 'ORESTE, | *TRAGÉDIE.* | *Repréſentée en* 1750. | *EPI–*'; [128] blank; 129-143 Epître à son altesse sérénissime madame la duchesse du Maine; [144] Personnages; [145]-234 Oreste, tragédie.

The first Cramer collected edition, produced under Voltaire's supervision. The text of *Oreste* is based on w52, with some minor changes: I.56, 174; II.282; III.201; V.73, 140.

Bn: Z 24584.

w57G1

Collection complette des œuvres de M. de Voltaire. [Genève, Cramer], 1757. 10 vol. 8°. Bengesco iv.63; Trapnell 56, 57G; BnC 67-68.

Volume 9: [127] H8*r* 'ORESTE, | *TRAGÉDIE.* | *Repréſentée en* 1750. | *EPI-*'; [128] blank; 129-143 Epître à son altesse sérénissime madame la duchesse du Maine; [144] Personnages; [145]-234 Oreste, tragédie.

A revised edition of w56, produced with Voltaire's participation. The text is based on w56, but with major changes to one scene, and some other minor changes: I.117; II.248; III.90-91, 102a-122.

Taylor: V1 1757 (9).

w57P

Œuvres M. de Voltaire. [Paris, Lambert], 1757. 22 vol. 12°. Bengesco iv.63-68; Trapnell 57P; BnC 45-54.

Volume 4: [169] P1*r* 'ORESTE, | *TRAGEDIE,* | Repréſentée pour la première fois le 12 | Janvier 1750. | *Tome IV.* P'; [170] blank; 171-187 Epître à son altesse sérénissime madame la duchesse du Maine; 188 Acteurs; [189]-272 Oreste, tragédie.

Based on w52, but with minor changes from that edition, and including a few minor alterations based on w51.

Bn: Z 24645.

61

ORESTE, | TRAGÉDIE | DE | *M^R. DE VOLTAIRE*, | Telle qu'on la joue ſur le Théâtre du Roi | à Paris. | On y a joint | UNE DISSERTATION, &c. | [*woodcut, lyre in cartouche, 59 x 37 mm*] | *GENEVE*. | [*thick-thin rule, 57 mm*] | MDCCLXI. |

[*half-title*] ORESTE, | *TRAGÉDIE*. |

8°. sig. π² A-H⁸ I⁴; pag. [*4*] 135 (see below); $4 signed, arabic (− I3-4); direction line sig. A '*Théatre* Tom. III.' in some copies; page catchwords (see below).

[*1*] half-title; [*2*] blank; [*3*] title; [*4*] Personnages; [*1*]-94 Oreste, tragédie; [95] F8*r* 'DISSERTATION | SUR | LES PRINCIPALES | TRAGÉ-DIES, | *ANCIENNES ET MODERNES*, | QUI ONT PARU SUR LE SUJET D'ELECTRE, | ET EN PARTICULIER SUR CELLE DE SOPHOCLE. | *Par M. DU MOLARD*, *Membre de pluſieurs* | *Académies*. | Nouvelle Edition, corrigée & augmentée.'; [96] Traduction des deux vers d'Euripide; [97]-135 Dissertation sur les principales tragédies, anciennes et modernes, qui ont paru sur le sujet d'Electre, et en particulier sur celle de Sophocle.

The text of this edition was printed by Cramer from the same type as w57G2, with new pagination and signatures. A full description is given by Charles Wirz, 'L'Institut et musée Voltaire en 1984', *Genava* n.s. 33 (1985), p.164-65.

Changes from earlier editions are found at: I.11-13, 27-32, 131a-139, 158, 351a-354; II.21-57, 66, 72, 117-118, 120, 143-152, 156, 345-346; III.a-83, 171-174, 202-211, 269-271; IV.I, 8, 71-84, 113-117, 120-121, 144-161, 164-165, 212; V.247, 251-253.

St Petersburg: BV 3702 (no direction line on A1*r*); Bn: 8° Yth 13119 (lacks π and F8 to end; p.9 possibly numbered '8', p.38 not numbered; the misprint 'CLITBMNESTRE.' on p.14 (p.158 of w57G2) corrected; no catchword on p.94; no direction line on A1*r*); ImV (p.9 not numbered); Taylor: V3 O6 1761 (p.9 not numbered).

W57G2 (1761?)

Collection complette des œuvres de M. de Voltaire. [Genève, Cramer], 1757[-1761?]. 10 vol. 8°. BnC 69.

Volume 9 (1761?): [127] H8r 'ORESTE, | *TRAGÉDIE*. | *Repréſentée en* 1750. | *EPI-*'; [128] blank; 129-143 Epître à son altesse sérénissime madame la duchesse du Maine; [144] Personnages; [145]-234, 234.1-234.4 Oreste, tragédie; telle qu'on la joue aujourd'hui sur le théâtre du roi à Paris; [234.5] P8r 'DISSERTATION | SUR | LES PRINCI-PALES | TRAGÉDIES, | *ANCIENNES ET MODERNES*, | QUI ONT PARU SUR LE SUJET D'ELECTRE, | ET EN PARTICU-LIER SUR CELLE DE SOPHOCLE. | *Par M. DU MOLARD*, *membre de pluſieurs* | *Académies*. | Nouvelle Edition, corrigée & augmentée.'; [234.6] Traduction des deux vers d'Euripide; [234.7-234.8 not present] [234.9]-234.47 Dissertation sur les principales tragédies anciennes et modernes qui ont paru sur le sujet d'Electre, et en particulier sur celle de Sophocle.

A new edition of w57G1, but with many major changes. Four new sheets are added (1Q-4Q), and the additional pages are numbered '234.1' through '234.47' (with the gap noted above).

Bn: Rés. Z Beuchot 20.

62

ORESTE, | *TRAGEDIE*. | PAR Mr. DE VOLTAIRE. | *NOU-VELLE ÉDITION*. | [*woodcut, 64 x 47 mm*] | A PARIS, | PAR LA COMPAGNIE DES LIBRAIRES. | [*thick-thin rule, 61 mm*] | M. DCC. LXII. |

8°. sig. A-H⁴; pag. 63; $1 signed (– A1); sheet catchwords.

[1] title; [2] Acteurs; [3]-63 Oreste, tragédie.

A French edition, almost certainly Parisian, possibly produced for Duchesne.

Toronto: Volt V65 T263 1769 (described from information kindly provided by David Smith).

T62

Le Théâtre de M. de Voltaire. Amsterdam: Richoff, 1762-1763. 5 vol. 8°. Bengesco i.88-89; BnC 619.

Volume 3: [107] G6r 'ORESTE, | *TRAGEDIE*. | *Repréſentée en* 1750.';

[108] blank; 109-123 Epître à son altesse sérénissime madame la duchesse du Maine; [124] Personnages; 125-198 Oreste, tragédie.

Bn: Rés. Z Bengesco 123 (3).

63

ORESTE, | *TRAGÉDIE* | PAR | M^R. DE VOLTAIRE. | NOU-VELLE EDITION. | [*woodcut, 53 x 34 mm*] | A AMSTERDAM, | *Chez ETIENNE LEDET & Compagnie*. | MDCCLXIII. |

8°. sig. A-I⁸ (I8 blank?); pag. 142 (p.4-21 numbered in roman); $5 signed, arabic (– A1; italic letter on *A*2-5, *B*1-3); page catchwords.

[1] title; [2] blank; [3]-XXI A son altesse sérénissime madame la duchesse du Maine; [22] Personnages; [23]-142 Oreste, tragédie.

A new setting of the 1750 Ledet edition. See Charles Wirz, 'L'Institut et musée Voltaire en 1984', *Genava* n.s. 33 (1985), p.165.

ImV; Stockholm: Litt. fr. dram. pjes (lacks I8).

T64A

Le Théâtre de M. de Voltaire. Amsterdam, Richoff, 1764. 5 vol. 12°.

Volume 3: [105] I5*r* 'ORESTE, | *TRAGEDIE*. | *Représentée en* 1750.'; [106] blank; 107-119 Epître à son altesse sérénissime madame la duchesse du Maine; [120] Personnages; 121-195 Oreste, tragédie.

The text follows w57G1.

ImV: BC 1764/1 (3); BL: 11735 aa 1 (3).

T64G

Le Théâtre de M. de Voltaire. Genève, Cramer [*sic*], 1764. 6 vol. 12°.

Volume 4: [101] I3*r* 'ORESTE, | *TRAGÉDIE*.'; [102] blank; 103-112 A son altesse sérénissime madame la duchesse du Maine; [113] blank; 114 Acteurs; 115-193 Oreste, tragédie. Représentée le lundi 12 juillet 1750.

The text appears to be based on w51, though it does not reproduce it exactly.

Arsenal: Rf 14092 (3).

T64P

Œuvres de théâtre de M. de Voltaire. Paris, Duchesne, 1764. 5 vol. 12°.
Bengesco i.89-90; BnC 620-621.

Volume 3: [169] H1*r* 'ORESTE, | *TRAGÉDIE* | EN CINQ ACTES, |
*Repréſentée pour la première fois par les | Comédiens Français ordinaires du
Roi, | le 12 Janvier 1750. | Tome III.* H'; [170] blank; 171-187 Epître
à son altesse sérénissime madame la duchesse du Maine; 188 Acteurs;
[189]-276 Oreste, tragédie.

The first issue of the Duchesne collected theatre. The text of *Oreste* is
a hybrid, probably based on an actor's copy of the play (see v.279-
287*v*). The basic text is that of 50 (see III.266a and 290a, where old
scene numbers are retained), but the main changes from 1761 are
reproduced and a number of unique readings presented (II.195-200,
322-323, 350, 351; III.191-194, 235-240; IV.16; v.159-160, 259, 265-
267, 295-296).

Zentralbibliothek, Luzern: B 2172 (3).

W64G

Collection complette des œuvres de M. de Voltaire. [Genève, Cramer],
1764. 10 vol. 8°. Bengesco iv.60-63; Trapnell 64, 70G; BnC 89.

Volume 9: [117] H3*r* 'ORESTE, | *TRAGEDIE*; | *Telle qu'on la joue
aujourd'hui ſur le | théâtre du roi à Paris.* | H3'; [118] blank; 119-133
Epître à son altesse sérénissime madame la duchesse du Maine; [134]
Acteurs; [135]-214 Oreste, tragédie; [215] O4*r* 'DISSERTATION |
SUR | LES PRINCIPALES | *TRAGÉDIES*, | ANCIENNES ET
MODERNES, | *Qui ont paru ſur le ſujet d'*ELECTRE, *& en par-* | *ticulier
ſur celle de* Sophocle. | Par M. DU MOLARD, Membre de pluſieurs |
Académies. | O4 TRA-'; [216] Traduction des deux vers d'Euripide;
[217]-270 Dissertation sur les principales tragédies, anciennes et modernes, qui ont paru sur le sujet d'Electre, et en particulier sur celle de
Sophocle.

A revised edition of w57G, produced with Voltaire's participation. The
text is that of w57G2.

Taylor: VF.

INTRODUCTION

W64R

Collection complette des œuvres de M. de Voltaire. Amsterdam, Compagnie [Rouen, Machuel?], 1764. 22 tomes in 18 vol. 12°. Bengesco iv. 28-31; Trapnell 64R; BnC 145-148.

A reissue of w48R (see above, under 1752).

66

ORESTE, | *TRAGÉDIE* | DE Mr. DE VOLTAIRE. | *Revue & corrigée par l'Auteur*, | Et telle qu'elle eſt repréſentée par les Comé- | diens Français ordinaires du Roi. | *NOUVELLE EDITION.* | [*woodcut, spray of flowers, 49 x 31 mm*] | *A PARIS*, | Par la Compagnie des Libraires. | [*thick-thin rule, 48 mm*] | MDCC. LXVI. | *Avec Approbation & Permiſſion.* |

8°. sig. A-H⁴ I²; pag. 67 (p.7 not numbered); $1 signed (− A1); sheet catchwords.

[1] title; [2] Acteurs; [3]-67 Oreste, tragédie.

A provincial edition, probably from Bordeaux.

Bordeaux: D 69965.

T66

Le Théâtre de M. de Voltaire. Amsterdam, Richoff, 1766. 6 vol. 12°.

Volume 3: [109] E7r 'ORESTE, | *TRAGÉDIE*, | *Repréſentée en 1750.*'; [110] blank; 111-125 Epître à son altesse sérénissime madame la duchesse du Maine; [126] Personnages; 127-200 Oreste, tragédie.

The text is based on T64A, with some errors corrected.

University of Aberdeen Library: MH 84256 T (3).

T67

Œuvres de théâtre de M. de Voltaire. Paris, Duchesne, 1767. 7 vol. 12°. Bengesco i.90; BnC 622-625.

A new issue of the sheets of T64P, with three cancels affecting *Oreste*, at III.191-194, 235-237, 239; v.259 and 265.

Bn: Rés. Yf 3389.

T68

Le Théâtre de M. de Voltaire. Amsterdam, Richoff, 1768. 6 vol. 12°. Bengesco i.90; BnC 626.

A new issue of the sheets of T66.

Bn: Yf 4259.

w68

Collection complette des œuvres de M. de Voltaire. Genève [Cramer; Paris, Panckoucke], 1768-1777. 30 vol. 4°. Bengesco iv.73-83; Trapnell 68; BnC 141-144.

Volume 4: [289] Oo1r 'ORESTE, | *TRAGÉDIE.* | [*rule, 119 mm*] | *Telle qu'on la joue aujourd'hui sur le théâtre du Roi à Paris.* | [*rule, 117 mm*] | *Tom.* III. *& du Théâtre le second.* Oo'; 290-299 Epître à son altesse sérénissime madame la duchesse du Maine; [300] Acteurs; [301]-380 Oreste, tragédie; [381] Bbb3r *'DISSERTATION* | SUR LES PRINCIPALES | TRAGÉDIES, | ANCIENNES ET MODERNES, | *Qui ont paru sur le sujet d'*ELECTRE, *& en particulier* | *sur celle de* Sophocle. | [*rule, 119 mm*] | Par M. DU MOLARD, Membre de plusieurs Académies. | [*rule, 120 mm*] | Bbb iij'; [382] Traduction des deux vers d'Euripide; 383-421 Dissertation sur les principales tragédies.

Volumes 1-24 were produced by Cramer, under Voltaire's supervision. The text of *Oreste* is that of w57G2.

Taylor: VF.

T70

Le Théâtre de M. de Voltaire. Amsterdam, Richoff, 1770. 6 vol. 12°. Bengesco i.90; BnC 627.

Volume 3: [109] E7r 'ORESTE, | *TRAGÉDIE,* | *Représentée en1750.* [*sic*]'; [110] blank; 111-125 Epître à son altesse sérénissime madame la duchesse du Maine; [126] Personnages; 127-200 Oreste, tragédie.

Bn: Yf 4265.

384

W70G

Collection complette des œuvres de M. de Voltaire. [Genève, Cramer], 1770. 10 vol. 8°. Bengesco iv.60-63; Trapnell 64, 70G; BnC 90-91.

Volume 9: [117] H3r 'ORESTE, | *TRAGÉDIE*; | *Telle qu'on la joue aujourd'hui fur le | théâtre du roi à Paris.* | H3'; [118] blank; 119-133 Epître à son altesse sérénissime madame la duchesse du Maine; [134] Acteurs; [135]-214 Oreste, tragédie; [215] O4r 'DISSERTATION | SUR | LES PRINCIPALES | *TRAGÉDIES*, | ANCIENNES ET MODERNES, | *Qui ont paru fur le fujet d'*ELECTRE, *& en par-* | *ticulier fur celle de* Sophocle. | Par M. DU MOLARD, Membre de plufieurs | Académies. | *Nouvelle édition, corrigée & augmentée.* | O4 TRA-'; [216] Traduction des deux vers d'Euripide; [217]-270 Dissertation sur les principales tragédies, anciennes et modernes, qui ont paru sur le sujet d'Electre, et en particulier sur celle de Sophocle.

A new edition of w64G. The text of *Oreste* is unchanged.

Bn: Z 24752; Taylor: V1 1770G/1.

71

ORESTE, *TRAGÉDIE* | PAR Mʀ. DE VOLTAIRE. | *NOUVELLE EDITION.* | *Conforme à l'édition in-4°. donnée par l'Auteur.* | [*woodcut, house and tree within cartouche, 64 x 59 mm*] | *A PARIS*, | PAR LA COMPAGNIE DES LIBRAIRES. | [*thick-thin rule, 57 mm*] | M. DCC. LXXI. | *Avec approbation & Privilége du Roi.* |

8°. sig. A-G⁴; pag. 55 (no errors); $2 signed, roman (– A1; D2 signed 'Cij'); sheet catchwords.

[1] title; [2] Acteurs; [3]-55 Oreste, tragédie.

In spite of the claim on the title, this edition reproduces the text of w51, introducing a few misprints.

Arsenal: Rf 14443; Bordeaux: AP 2381/2.

W70L (1772)

Collection complette des œuvres de M. de Voltaire. Lausanne, Grasset, 1770-1781, 57 vol. 8°. Bengesco iv.83-89; Trapnell 70L; BnC 149-150.

Volume 16, [5] A1r 'DISSERTATION / SUR / LA TRAGÉDIE / ANCIENNE ET MODERNE, / A / SON ÉMINENCE / MONSEI-GNEUR / LE CARDINAL QUERINI, / Noble Venitien, Évêque de Brescia, / Bibliothecaire du Vatican. / Théâtre. Tome III. A'; [2] blank; 3-30 Monseigneur [Dissertation sur la tragédie ancienne et moderne]; [31]-116 other texts; [117] H3r 'ORESTE, / TRAGÉDIE; / Telle qu'on la joue aujourd'hui fur le théâtre / du roi à Paris. / H3'; [118] blank; 119-133 Epître à son altesse sérénissime madame la duchesse du Maine; [134] Acteurs; 135-218 Oreste, tragédie.

Some volumes, particularly the theatre, were produced with Voltaire's participation. The text of *Oreste* is based on w57G2, but with a number of changes and additions: I.205-207; II.206; IV.274.

Taylor: V1 1770L (16).

w71 (1772)

Collection complète des œuvres de M. de Voltaire. Genève [Liège, Plomteux], 1771-1777. 32 vol. 8°. Bengesco iv.89-91; Trapnell 71; BnC 151.

Volume 3: [239] K12r 'ORESTE, / TRAGEDIE, / [ornamented rule, 66 mm] / Telle qu'on la joue aujourd'hui fur le théâtre du / Roi à Paris. / [ornamented rule, 66 mm]'; 240-250 Epître à son altesse sérénissime madame la duchesse du Maine; [251] Acteurs; 252-312 Oreste, tragédie; [313] O1r 'DISSERTATION / SUR LES PRINCIPALES / TRAGÉ-DIES, / ANCIENNES ET MODERNES, / Qui ont paru fur le fujet d'Electre, & en / particulier fur celle de Sophocle. / [ornamented rule, 69 mm] / Par M. Du Molard, Membre de plufieurs / Académies. / [ornamented rule, 68 mm] / Tome III. & du Théâtre le fecond. O'; [314] Traduction des deux vers d'Euripide; 315-355 Dissertation sur les principales tragédies, anciennes et modernes, qui ont paru sur le sujet d'Electre, et en particulier sur celle de Sophocle.

Reprints the text of w68.

Taylor: VF.

w71p (1772)

Œuvres de M. de V... Neufchatel [Paris, Panckoucke], 1771-1777. 34 or 40 vol. 12°. Bengesco iv.91-94; Trapnell 72p; BnC 152-157.

Théâtre, volume 3 (1772): [135] F8r 'ORESTE, | *TRAGÉDIE; | Telle qu'on la joue aujourd'hui sur le théâtre | du ROI, à Paris*.'; [136] blank; 137-155 Epître à son altesse sérénissime madame la duchesse du Maine; [156] Personnages; [157]-246 Oreste, tragédie; [247] L4r '*DISSERTATION* | SUR LES PRINCIPALES | TRAGÉDIES | ANCIENNES ET MODERNES, | *Qui ont paru sur le sujet d'ÉLECTRE; | &, en particulier, sur celle de SOPHOCLE*. | Par M. DU MOLARD, Membre de plusieurs | Académies. | Liv'; [248] Traduction des deux vers d'Euripide; [249]-319 Dissertation sur les principales tragédies anciennes et modernes, qui ont paru sur le sujet d'Electre; et, en particulier, sur celle de Sophocle.

There is no evidence of Voltaire's participation in this edition.

Arsenal: Rf 14095 (3).

w72x

Collection complette des œuvres de M. de Voltaire. [Genève, Cramer?], 1772. 10 vol. 8°. Bengesco iv.60-63; Trapnell 72x; BnC 92-110.

Volume 9: [115] H2r 'ORESTE, | TRAGÉDIE, | *Telle qu'on la joue aujourd'hui sur le | théâtre du Roi à Paris*. | H2'; [116] blank; 117-131 Epître à son altesse sérénissime madame la duchesse du Maine; [132] Acteurs; [133]-208 Oreste, tragédie; [209] O4r 'DISSERTATION | SUR | LES PRINCIPALES | *TRAGÉDIES*, | ANCIENNES ET | MODERNES, | *Qui ont paru sur le sujet d'*ELECTRE, & *en* | *particulier sur celle de* Sophocle. | Par M. DU MOLARD, Membre de plusieurs | Académies. | *Nouvelle édition, corrigé & augmentée*. | *Théâtre*. Tome III. O'; [210] Traduction des deux vers d'Euripide; [211]-256 Dissertation sur les principales tragédies, anciennes et modernes, qui ont paru sur le sujet d'Electre, et en particulier sur celle de Sophocle.

A new edition of w70G, probably printed for Cramer, but there is no evidence of Voltaire's participation. There is no change to the text of *Oreste*.

Bn: 16° Z 15081 (9).

73

[*within ornamented border*] ORESTE, | *TRAGÉDIE*. | PAR M. DE

VOLTAIRE. / [*woodcut, 37 x 26 mm*] / [*ornamented rule, 40 mm*] / M. DCC. LXXIII. /

8°. sig. A-E⁸ F⁴ (F4 blank); pag. 86 (no errors); $4 signed, roman (– A1, F3-4); sheet catchwords.

[1] title; [2] Acteurs; [3]-86 Oreste, tragédie.

The text is that of w57G2.

Arsenal: Rf 14444.

T73L

Théâtre complet de Mr de Voltaire. Amsterdam, Libraires associés, 1773. 10 vol. 12°.

Volume 4: [121] F1*r* 'ORESTE, / *TRAGÉDIE.* / Telle qu'on la joue aujourd'hui ſur le / théâtre du Roi à Paris. / *Tome IV.* F'; [122] blank; 123-137 Epître à son altesse sérénissime madame la duchesse du Maine; [138] Acteurs; 139-227 Oreste, tragédie.

Based on T64A, with the changes from w57G2 added.

Zentralbibliothek, Solothurn: Qb 2566 (4).

W75G

La Henriade, divers autres poèmes et toutes les pièces relatives à l'épopée. [Genève, Cramer & Bardin], 1775. 37 vol. (40 vol. with the *Pièces détachées*) 8°. Bengesco iv.94-105; Trapnell 75G; BnC 158-161.

Volume 4: [115] H2*r* 'ORESTE, / *TRAGÉDIE.* / [*rule, 75 mm*] / *Telle qu'on la joue aujourd'hui ſur le théâtre du* / *Roi à Paris.* / [*rule, 76 mm*] / H ij'; 116-129 Epître à son altesse sérénissime madame la duchesse du Maine; [130] Acteurs; 131-212 Oreste, tragédie; [213] O3*r* '*DISSERTATION* / SUR LES PRINCIPALES / TRAGÉDIES, / ANCIENNES ET MODERNES, / *Qui ont paru ſur le ſujet d'*ELECTRE, & *en* / *particulier ſur celle de* Sophocle. / [*rule, 76 mm*] / Par M. DU MOLARD, Membre de pluſieurs / Académies. / [*rule, 75 mm*] / O iij'; [214] Traduction des deux vers d'Euripide; 215-267 Dissertation sur les principales tragédies anciennes et modernes, qui ont paru sur le sujet d'Electre, et en particulier sur celle de Sophocle.

The *encadrée* edition, produced at least in part under Voltaire's supervision. The text is that of w57G2, probably by way of w68.

Taylor: VF.

W75X

Œuvres de Mr de Voltaire. [Lyon?], 1775. 37 vol. (40 vol. with the *Pièces détachées*) 8°. Bengesco iv.105; BnC 162-163.

Volume 4: [115] H2r 'ORESTE, | *TRAGÉDIE*. | [*rule, 78 mm*] | *Telle qu'on la joue aujourd'hui fur le théatre du* | *roi à Paris*. | [*rule, 78 mm*] | H 2'; 116-129 Epître à son altesse sérénissime madame la duchesse du Maine; [130] Acteurs; 131-212 Oreste, tragédie; [213] O3r '*DISSERTATION* | SUR LES PRINCIPALES | *TRAGÉDIES*, | ANCIENNES ET MODERNES, | *Qui ont paru fur le fujet d'*ELECTRE, & *en* | *particulier fur celle de* Sophocle. | [*rule, 78 mm*] | Par M. DU MOLARD, membre de plufieurs | académies. | [*rule, 78 mm*] | O 3'; [214] Traduction des deux vers d'Euripide; 215-267 Dissertation sur les principales tragédies, anciennes et modernes, qui ont paru sur le sujet d'Electre, et en particulier sur celle de Sophocle.

An imitation of w75G, but with texts drawn from a variety of sources. Voltaire was aware of this edition, but there is as yet no evidence that it was prepared with his participation.

Taylor: VF.

T76G

Théâtre complet de monsieur de Voltaire. 1776. 9 vol. 8°.

A reissue of the sheets of w75G under a new title.

Queen Mary and Westfield College, London: 8604.

T76X

Théâtre complet de monsieur de Voltaire. 1776. 7 vol. 8°.

Volume 2: [421] Dd3r 'ORESTE, | TRAGÉDIE. | [*rule, 73 mm*] | *Telle qu'on la joue aujourd'hui fur le théatre du* | *Roi à Paris*. | [*rule, 72 mm*] | Dd iij'; [422]-437 Epître à son altesse sérénissime madame la duchesse du Maine; [438] Acteurs; [439]-522 Oreste, tragédie; [523] Kk6r 'DISSERTATION / *SUR LES PRINCIPALES* / TRAGÉDIES / *ANCIENNES ET MODERNES*, / Qui ont paru ſur le ſujet d'*ELECTRE*, / & en particulier ſur celle de *Sophocle*. / [*rule, 73 mm*] / Par M. Du MOLARD, Membre de pluſieurs / Académies. / [*rule, 73 mm*]'; [524] Traduction des deux vers d'Euripide; [525]-584 Dissertation sur les principales tragédies anciennes et modernes, qui ont paru sur le sujet d'Electre, et en particulier sur celle de Sophocle.

The text is that of w57G2.

Arsenal: Rf 14096 (2).

T77

Théâtre complet de M. de Voltaire. Amsterdam, Libraires associés, 1777. 11 vol. 12°.

Volume 4: [121] F1r 'ORESTE, / *TRAGÉDIE*. / Telle qu'on la joue aujourd'hui ſur le / théâtre du Roi à Paris. / *Tome IV.*' F'; [122] blank; 123-137 Epître à son altesse sérénissime madame la duchesse du Maine; [138] Acteurs; 139-225 Oreste, tragédie.

Stockholm: Litt. Fr. dram.

K84

Œuvres complètes de Voltaire. [Kehl]: Société littéraire-typographique, 1784-1789. 70 vol. 8°. Bengesco iv.105-46; BnC 167-169.

Volume 4: [1] A1r 'ORESTE, / *TRAGEDIE*. / Repréſentée, pour la première fois, le / 12 janvier 1750. / *Théâtre*. Tome IV. A'; [2] blank; [3]-5 Avertissement des éditeurs; 5-6 Avis au lecteur, extrait de l'édition de 1750; [7]-19 Epître à son altesse sérénissime madame la duchesse du Maine; [20] Personnages; [21]-99 Oreste, tragédie; [100]-111 Variantes d'Oreste. Edition de 1750; [112] Notes; [113] H1r 'DISSERTATION / SUR LES PRINCIPALES / TRAGEDIES / ANCIENNES ET MODERNES, / *Qui ont paru ſur le ſujet d'Electre, et en particulier* / *ſur celle de Sophocle*. / Par M. DU MOLARD, membre de pluſieurs académies. / *Théâtre*. Tome IV. H'; [114] Traduction de deux vers d'Euripide; [115]-164 Dissertation sur les principales tragédies anciennes et modernes, qui ont paru sur le sujet d'Electre, et en particulier sur celle de Sophocle.

INTRODUCTION

The first issue of the Kehl edition, based in part upon Voltaire's manuscripts. The text of *Oreste* is based on w75G, with a number of apparently unauthorised changes. Another octavo printing appeared in 1785, as did a duodecimo version.

Taylor: VF.

8. *Translations* [180]

English

Oreste, a tragedy, in *The Dramatic works of Mr de Voltaire*, London 1761-1763, iii.21-118. Translated by T. Smollett and others.

Italian

Oreste, tragedia del sig. di Voltaire, Pisa, Ranieri Prosperi, 1792, pag. 125. Based on the text of w70L.

Oreste, tragedia del signor di Voltaire, n.p., Antonio Grazosi, 1774, pag. 78. Translation in blank verse by Antonio Gardin.

Portuguese

Orestes, tragedia de Mr. de Voltaire, Lisboa, Simão Thaddeo Ferreira, 1790, pag. 130.

Dutch

Orestes, treurspel van den Heer de Voltaire, Amsterdam, Pieter Johannes

---

[180] Sources include: Theodore Besterman, 'A provisional bibliography of Italian editions and translations of Voltaire', *Studies* 18 (1961), p.263-306, no.142-43; Besterman, 'Provisional bibliography of Portuguese editions of Voltaire', *Studies* 76 (1970), p.15-35, no.40; Jeroom Vercruysse, 'Bibliographie provisoire des traductions néerlandaises et flamandes de Voltaire', *Studies* 116 (1973), p.19-64, no.104-106; Hans Fromm, *Bibliographie Deutscher Übersetzungen aus dem Französischen 1700-1948* (Baden-Baden 1950-1953), p.286; Paul Wallich and Hans von Müller, *Die deutsche Voltaire-Literatur des achtzehnten Jahrhunderts* (Berlin 1921), p.40, 42, 44.

Uylenbroek, 1802, pag. iv.84. Verse translation, dedicated by M. S. to his compatriots, 8 August 1802. A second edition in the same year names M. Straalman as the translator.

Orestes, treurspel, Amsterdam 1812 (*Nieuwe Tooneelpoëzy*, vol. 1). pag. v.88. Verse translation by A. L. Barbaz.

German

Voltaire's *Oreste* and Crébillon's *Electre* were the sources for *Orest und Electra* by Friedrich Wilhelm Gotter. Pressburg, Leipzig, Löwe, 1773, pag. 102. This play was performed in Vienna. It was reprinted in Gotha in 1774, and in Johann Friedrich Schink, *Dramaturgische Fragmente* (Graz 1782), iv.

9. *Editorial principles*

The text reproduced in this edition is that of the first edition of *Oreste* (50). Although this was certainly not the text of the play as first performed, it is probably quite close to that of the revised play performed during the rest of the initial run. The Lekain manuscript (MS2) shows that the text of the play as performed at the revival of *Oreste* in 1761 was a mixture of the revised edition of 1761 (61) and the Duchesne edition of 1767 (T67P). The latter edition is not a good one, but Voltaire's correspondence makes it quite plain that, at least as far as the important final scene is concerned, the Duchesne reading was the one performed. So with the exception of the rare 1766 edition by the Compagnie des Libraires (66P), the other editions published after 1761 do not give the stage text. Under these circumstances it seems even more desirable to reproduce the text which most closely corresponds to that of the play's initial run, and which provoked considerable criticism and praise.

The variants are drawn from MS1, MS2, W50, W51, W52, W48D, W56, W57P, W57G1, W57G2, W64G, 66P, T67, W68, W70L, K84, к85 and к12. Except when otherwise stated, the siglum к indicates к84, к85 and к12.

The following errors in the base text have not been recorded in the variants: SCÈNE VII for SCÈNE VIII (p.492); SCÈNE II for SCÈNE III (p.498).

Modernisation of the base text

The spelling of the names of persons and places has been respected and the original punctuation retained.

The following aspects of orthography and grammar in the base text have been modified to conform to modern usage:

1. Consonants
    - the consonant *p* was not used in: tems, nor in its compound: longtems
    - the consonant *t* was not used in syllable endings *-ans* and *-ens*: battemens, enfans, jugemens, plaisans, prudens, etc. (exception: garants)
    - double consonants were used in: allarmer, allarmes, appeller, débarrasser, fidelle (but also: fidèle), indiscrette, infidelle, jettés, rappeller, rejetter, secrette
    - a single consonant was used in: couroux, falait, falu, pourait (but: pourrais)
    - archaic forms were used, as in: azile, domter, entr'ouverte, hazarder, promt, solemnel

2. Vowels
    - *y* was used in place of *i* in: ayeux, enyvré, essuyent, proye, voye, yvresse
    - *ai* was used in place of *é* in: puissai-je, dussai-je

3. Accents
The acute accent
    - was used in place of the grave in: cinquiéme, entiérement, niéce, piéce, piége, soulévemens
    - was not used in: deshonneur, reprimée
    - was used hesitantly in: désespérer et désespoir
The grave accent
    - was not used in: déja

393

The circumflex accent
- was not used in: ame, apprites, coute, disgrace, grace, infame, théatre
- was used in: oublîrai, toûjours

The dieresis
- was used in: éblouïr, jouïr, ruïne

4. Capitalisation
- initial capitals were attributed to: Acteurs, Arts, Auteur, Avocat, Banquier, Connétable, Dauphin, Duc, Journaux, Léopards, Lys, Madame, Maison Royale, Maître, Ministre, Monarque, Musicien, Opéra, Prince, Public, Régimens, Roi, Seigneur, Sénateur, Souverain, Théatre, Tragédie
- and to adjectives denoting nationality: Français, Germain, Vénétien

5. Points of grammar
- agreement of the past participle was not consistent
- the cardinal number *cent* was invariable
- the final −s was not used in the second person singular of the imperative: crain, puni, pren, vi, reconnai
- the plural in −x was used in: loix

6. Various
- the ampersand was used
- the hyphen was used in: aussi-bien
- monsieur was abbreviated: Mr.

Modernisation of quotations

The spelling, but not the punctuation, of quotations from printed sources has been modernised, except where a specific critical edition is used, in which case the spelling of the edition is followed.

ORESTE

TRAGÉDIE

A SON ALTESSE SÉRÉNISSIME MADAME
LA DUCHESSE DU MAINE

Madame,

Vous avez vu passer ce siècle admirable, à la gloire duquel vous
avez tant contribué par votre goût et par vos exemples, ce siècle
qui sert de modèle au nôtre en tant de choses, et peut-être de
reproche, comme il en servira à tous les âges. C'est dans ces temps   5
illustres que les Condés vos aïeux couverts de tant de lauriers,
cultivaient et encourageaient les arts; où un Bossuet immortalisait
les héros et instruisait les rois; où un Fénelon, le second des
hommes dans l'éloquence [1] et le premier dans l'art de rendre la vertu
aimable, enseignait avec tant de charmes la justice et l'humanité; où   10
les Racines, les Despréaux présidaient aux belles-lettres, Lulli à la
musique, Le Brun à la peinture. Tous ces arts, Madame, furent
accueillis surtout dans votre palais. Je me souviendrai toujours
que presque au sortir de l'enfance j'eus le bonheur d'y entendre
quelquefois un homme dans qui l'érudition la plus profonde   15
n'avait point éteint le génie, et qui cultiva l'esprit de monseigneur
le duc de Bourgogne, ainsi que le vôtre et celui de M. le duc du
Maine; travaux heureux dans lesquels il fut si puissamment secondé
par la nature. [2] Il prenait quelquefois devant V. A. S. un Sophocle,
un Euripide; il traduisait sur-le-champ en français une de leurs   20
tragédies. L'admiration, l'enthousiasme dont il était saisi, lui

a   w52-к: EPÎTRE À SON
15-18   ms1:   quelquefois ⟨cet homme d'une Erudition Universelle qui Cultiva
l'Esprit de monseig^r le Duc de Bourgogne et le vôtre et qui avoit ete dans ce travail
heureux si singulierement secondé⟩ ^{vt}β

[1] The first was presumably Bossuet.
[2] Nicolas de Malézieu, organiser of the festivities at Sceaux; see above, p.364-
65.

inspirait des expressions qui répondaient à la mâle et harmonieuse
énergie des vers grecs, autant qu'il est possible d'en approcher
dans la prose d'une langue à peine tirée de la barbarie, et qui polie
par tant de grands auteurs, manque encore pourtant de précision, 25
de force et d'abondance. On sait qu'il est impossible de faire
passer dans aucune langue moderne la valeur des expressions
grecques; elles peignent d'un trait ce qui exige trop de paroles
chez tous les autres peuples. Un seul terme y suffit pour représenter
ou une montagne toute couverte d'arbres chargés de feuilles, ou 30
un dieu qui lance au loin ses traits, ou les sommets des rochers
frappés souvent de la foudre. Non seulement cette langue avait
l'avantage de remplir d'un mot l'imagination; mais chaque terme,
comme on sait, avait une mélodie marquée, et charmait l'oreille,
tandis qu'il étalait à l'esprit de grandes peintures. Voilà pourquoi 35
toute traduction d'un poète grec est toujours faible, sèche et
indigente. C'est du caillou et de la brique avec quoi on veut imiter
des palais de porphyre.[3] Cependant M. de Malésieu, par des efforts
que produisait un enthousiasme[4] subit, et par un récit véhément,
semblait suppléer à la pauvreté de la langue, et mettre dans sa 40

26-42 MSI: pourtant d'abondance. Mr de Malesieu mettoit dans son recit
toutte l'ame des grands hommes de la Grece. Permettez-moy

[3] These reflections on the Greek language (l.26-38) were conventional among
admirers of the Ancients. Voltaire's inability to write in Greek no doubt made him
unaware of some of the difficulties inherent in doing so. These lines, along with
those which praise Malézieu's style of declamation, were not in the manuscript
version of the dedication, which may explain why they do not fit very easily into
it.
[4] It is not often that Voltaire used the word 'enthousiasme' with positive
connotations, as he does here and in line 21 above.

déclamation[5] toute l'âme des grands hommes d'Athènes.
Permettez-moi, Madame, de rappeler ici ce qu'il pensait de ce
peuple inventeur, ingénieux et sensible qui enseigna tout aux
Romains ses vainqueurs, et qui longtemps après sa ruine et celle
de l'empire romain, a servi encore à tirer l'Europe moderne de la   45
grossière ignorance.

Il connaissait Athènes mieux qu'aujourd'hui quelques voya-
geurs ne connaissent Rome après l'avoir vue. Ce nombre prodigieux de statues des plus grands maîtres, ces colonnes qui ornaient
les marchés publics, ces monuments de génie et de grandeur, ce   50
théâtre superbe et immense bâti dans une grande place entre la
ville et la citadelle, où les ouvrages des Sophocles et des Euripides
étaient écoutés par les Périclès et par les Socrates, et où de jeunes
gens n'assistaient pas debout et en tumulte,[6] en un mot tout ce
que les Athéniens avaient fait pour les arts en tous les genres, était   55
présent à son esprit. Il était bien loin de penser comme ces hommes
ridiculement austères et ces faux politiques qui blâment encore les
Athéniens d'avoir été trop somptueux dans leurs jeux publics, et
qui ne savent pas que cette magnificence même enrichissait
Athènes,[7] en attirant dans son sein une foule d'étrangers qui   60

45-46   w52-k: de sa grossière
53   ms1: Pericles, et les Socrates
    ms1, k: où des jeunes

[5] In the 'Dissertation sur la tragédie ancienne et moderne', published the previous
year with *Sémiramis*, Voltaire had indicated his preference for an exaggerated style
of tragic declamation. During the first run of *Oreste* he sent Mlle Clairon detailed
instructions on how to deliver her lines (see above, p.339-40). Styles of tragic
declamation varied considerably between 1700 and 1750; see David H. Jory,
'Tragic declamation in eighteenth-century Paris', *Mlr* 70.3 (1975), p.508-16.

[6] Voltaire lost few chances to attack the presence on the Parisian stage of the
young fops who had disrupted the first performances of *Sémiramis* and *Oreste*;
cf. 'Dissertation sur la tragédie ancienne et moderne'.

[7] Voltaire had always been a believer in the economic advantages of conspicuous
luxury, although he himself preferred to invest his money more profitably; cf. *Le
Mondain* (1736) and *La Défense du Mondain* (1737).

venaient l'admirer, et prendre chez elle des leçons de vertu et
d'éloquence. [8]

Vous l'engageâtes, Madame, cet homme d'un esprit presque
universel, à traduire avec une fidélité pleine d'élégance et de force
l'Iphigénie en Tauride d'Euripide. [9] On la représenta dans une   65
fête qu'il eut l'honneur de donner à V. A. S. fête digne de celle
qui la recevait et de celui qui en faisait les honneurs; vous y
représentiez Iphigénie. Je fus témoin de ce spectacle; [10] je n'avais
alors nulle habitude de notre théâtre français; il ne m'entra pas
dans la tête qu'on pût mêler de la galanterie dans ce sujet tragique;   70
je me livrai aux mœurs et aux coutumes de la Grèce, d'autant plus
aisément qu'à peine j'en connaissais d'autres; j'admirai l'antique
dans toute sa noble simplicité. Ce fut là ce qui me donna la
première idée de faire la tragédie d'Œdipe, sans même avoir lu
celle de Corneille. [11] Je commençai par m'essayer en traduisant la   75

63   w52-k: Vous engageâtes
66   MSI: votre a. S.
75   MSI: Commençay pour m'essayer

[8] There is no evidence that the views expressed in lines 47-62 were those of
Malézieu, but they correspond to those expressed frequently by Voltaire, most
recently in the 'Dissertation sur la tragédie ancienne et moderne'.

[9] This was not quite a translation, but it was close enough to the original to
keep an authentic Greek atmosphere. Iphigénie is given a confidante who partly
replaces Euripides' Coryphaeus; some choral odes are shortened or omitted, but
three are added at the end; criticisms of the gods found in Euripides (l.570-575,
710-725) are omitted. Paul Bonnefon, 'L'"Iphygénie" de Malézieu', *Rhl* 17 (1910),
p.581-611, publishes the text from a manuscript dated 1714. The manuscript ends
'Malézieu, chancelier du Dombes a imité et presque traduit d'Euripide cette
tragédie'.

[10] The performance took place at Malézieu's house on 5 August 1713. It is
unlikely that Voltaire would have said here that he had been present if he had not.
If he was present, this means that 5 August is the only date in 1713 before the
end of November when we know for certain where Voltaire was; see Pomeau,
D'Arouet à Voltaire, p.59-61.

[11] Whether this performance did indeed inspire Voltaire to compose *Œdipe*, or
whether he is simply turning a compliment to the duchess, remains uncertain.
Although there is no obvious connection between *Iphigenia in Taurus* and *Œdipe*,

fameuse scène de Sophocle, qui contient la double confidence de
Jocaste et d'Œdipe. [12] Je la lus à quelques-uns de mes amis qui
fréquentaient les spectacles, et à quelques acteurs; ils m'assurèrent
que ce morceau ne pourrait jamais réussir en France; ils m'exhor-
tèrent à lire Corneille, qui l'avait soigneusement évité, et me dirent   80
tous que si je ne mettais à son exemple une intrigue amoureuse
dans Œdipe, les comédiens même ne pourraient pas se charger de
mon ouvrage. Je lus donc l'Œdipe de Corneille, qui sans être mis
au rang de Cinna et de Polieucte, avait pourtant beaucoup de
réputation. J'avoue que je fus révolté d'un bout à l'autre: mais il   85
fallut céder à l'exemple et à la mauvaise coutume. J'introduisis au
milieu de la terreur de ce chef-d'œuvre de l'antiquité, non pas une
intrigue d'amour, l'idée m'en paraissait trop choquante, mais au
moins le ressouvenir d'une passion éteinte: je ne répéterai point
ce que j'ai dit ailleurs sur ce sujet. [13]   90
V. A. S. se souvient que j'eus l'honneur de lire Œdipe devant

83   MS1: être mise
84   w52-ĸ: pourtant alors beaucoup
90-91   MS1: sujet ⟨pour laquelle seule J'avois osé Composer toute la piece,
J'eus assez de fermeté pour ne me point rendre, je ne fus regardé que Comme un
jeune homme opiniatre et je repeteray encore pour faire voir quel êtoit le prejugé
de notre nation qu'un acteur nommé Quinaut qui d'ailleurs avoit de l'esprit dit
qu'il falloit Jouer cette scene telle qu'elle êtoit pour me punir de ma temerité et
pour votre A. S. se souvient⟩ ᵛᵗβ
91   MS1: Votre altesse S.

---

there is nothing to make some link between the two impossible.

[12] Sophocles, *Oedipus tyrannus*, l.679-862. It is unlikely that Voltaire could have
translated Sophocles unaided; he probably needed the help of Dacier's accurate but
pedestrian 1692 translation (which he systematically misquotes in the third of the
Lettres sur Œdipe). Voltaire's equivalent scene (IV.i in the published versions) is
not, however, a direct translation and is not Dacier in verse.

[13] Voltaire is probably referring to his open letter to Porée (D392), see above,
p.296, n.4. He gives a different reason for adding the love intrigue in the *Lettres
sur Œdipe*, v.

elle;[14] la scène de Sophocle ne fut assurément pas condamnée à ce tribunal; mais vous et M. le cardinal de Polignac et M. de Malésieu et tout ce qui composait votre cour, vous me blâmâtes universellement et avec très grande raison d'avoir prononcé le   95
mot d'amour dans un ouvrage où Sophocle avait si bien réussi sans ce malheureux ornement étranger; et ce qui seul avait fait recevoir ma pièce fut précisément le seul défaut que vous condamnâtes.

Les comédiens jouèrent à regret l'Œdipe dont ils n'espéraient   100
rien.[15] Le public fut entièrement de votre avis; tout ce qui était dans le goût de Sophocle fut applaudi généralement, et ce qui ressentait un peu la passion de l'amour fut condamné de tous les critiques éclairés. En effet, Madame, quelle place pour la galanterie que le parricide et l'inceste qui désolent une famille, et la contagion   105
qui ravage un pays? et quel exemple plus frappant du ridicule de notre théâtre et du pouvoir de l'habitude, que Corneille d'un côté qui fait dire à Thésée: *Quelque ravage affreux qu'étale ici la peste, l'absence aux vrais amants est encor plus funeste.*[16] Et moi qui, soixante ans après lui, viens faire parler une vieille Jocaste d'un   110
vieil amour; et tout cela pour complaire au goût le plus fade et le plus faux qui ait jamais corrompu la littérature.

Qu'une Phèdre, dont le caractère est le plus théâtral qu'on ait jamais vu, et qui est presque la seule que l'antiquité ait représentée

98   MSI: piece étoit
100   MSI: ⟨la piece⟩ ᵛ↑l'Œdipe
112   MSI: jamais ⟨dominé une nation⟩ ᵛ↑β

[14] This occasion cannot be dated accurately. Voltaire had been reading his play to various gatherings since early in 1715 (see D28), but the context here suggests that the reading took place after the play was accepted by the actors on 19 January 1717.
[15] There is no evidence for this or the following statement in contemporary papers or publications.
[16] Corneille, *Œdipe*, I.i.5-6.

amoureuse; qu'une Phèdre, dis-je, étale les fureurs de cette passion 115
funeste; qu'une Roxane dans l'oisiveté du sérail, s'abandonne à
l'amour et à la jalousie; [17] qu'Ariane se plaigne au ciel et à la terre
d'une infidélité cruelle; [18] qu'Orosmane tue ce qu'il adore, [19] tout
cela est vraiment tragique. L'amour furieux, criminel, malheureux,
suivi de remords, arrache de nobles larmes. Point de milieu: il 120
faut, ou que l'amour domine en tyran, ou qu'il ne paraisse pas; il
n'est point fait pour la seconde place. Mais que Néron se cache
derrière une tapisserie pour entendre les discours de sa maîtresse
et de son rival; [20] mais que le vieux Mithridate se serve d'une ruse
comique pour savoir le secret d'une jeune personne aimée par ses 125
deux enfants; [21] mais que Maxime, même dans la pièce de Cinna
si remplie de beautés mâles et vraies, ne découvre en lâche
une conspiration si importante, que parce qu'il est imbécilement
amoureux d'une femme dont il devait connaître la passion pour
Cinna, et qu'on dise pour raison *l'amour rend tout permis, un* 130
véritable amant ne connaît point d'amis; [22] mais qu'un vieux Sertorius
aime je ne sais quelle Viriate, et qu'il soit assassiné par Perpenna,
amoureux de cette Espagnole, [23] tout cela est petit et puérile, il le
faut dire hardiment; et ces petitesses nous mettraient prodigieusement au-dessous des Athéniens, si nos grands maîtres n'avaient 135
racheté ces défauts, qui sont de notre nation, par les sublimes
beautés qui sont uniquement de leur génie.

Une chose à mon sens assez étrange, c'est que les grands poètes
tragiques d'Athènes aient si souvent traité des sujets où la nature

120-122 MS1: larmes. Mais [$^{V\uparrow}\beta$]

[17] In Racine's *Bajazet*.
[18] In Thomas Corneille's *Ariane*.
[19] In Voltaire's *Zaïre*, v.ix.
[20] Racine, *Britannicus*, II.vi.
[21] Racine, *Mithridate*, III.v.
[22] Corneille, *Cinna*, III.i.735-736.
[23] Corneille, *Sertorius*, v.iv.

7

étale tout ce qu'elle a de touchant, une Electre, une Iphigénie, une 140
Mérope, un Alcméon[24], et que nos grands modernes négligeant
de tels sujets n'aient presque traité que l'amour, qui est souvent
plus propre à la comédie qu'à la tragédie. Ils ont cru quelquefois
anoblir cet amour par la politique; mais un amour qui n'est pas
furieux est froid, et une politique qui n'est pas une ambition 145
forcenée est plus froide encore. Des raisonnements politiques sont
bons dans Polibe, dans Machiavel; la galanterie est à sa place dans
la comédie et dans des contes: mais rien de tout cela n'est digne
du pathétique et de la grandeur de la tragédie.

Le goût de la galanterie avait dans la tragédie prévalu au point 150
qu'une grande princesse, qui par son esprit et par son rang semblait
en quelque sorte excusable de croire que tout le monde devait
penser comme elle, imagina qu'un adieu de Titus et de Bérénice
était un sujet tragique: elle le donna à traiter aux deux maîtres de
la scène.[25] Aucun des deux n'avait jamais fait de pièce dans laquelle 155
l'amour n'eût joué un principal ou un second rôle: mais l'un
n'avait jamais parlé au cœur que dans les seules scènes du Cid,
qu'il avait imitées de l'espagnol; l'autre toujours élégant et tendre

---

144   T64P, K: ennoblir
147   MSI: bons ⟨dans un livre⟩ [Vt]β, la galanterie
148   MSI: Comedie. [Vt]et dans des contes.[+] Mais
148-149   MSI: cela ⟨n'est tragique.⟩ [Vt]β
          MSI: digne de la gravité et de
151-152   MSI: ⟨êtoit ⟩ [Vt]sembloit en quelque sorte[+] excusable
154   MSI: ⟨de tragédie⟩ [Vt]tragique
      MSI: aux deux ⟨grands⟩ maitres

---

[24] The subject of a lost tragedy by Sophocles. Alcmeon was the son of Eriphyle.
[25] Voltaire seems to have believed, although few modern critics would agree,
that Henriette d'Angleterre arranged to have Corneille and Racine working at the
same time on the subject of the farewells of Titus and Berenice (*Le Siècle de Louis
XIV*, ch.25). In the preface to the 1730 edition of *Œdipe* he gave an opinion of
Racine's *Bérénice* similar to the one given here.

était éloquent dans tous les genres, et savant dans cet art enchanteur
de tirer de la plus petite situation les sentiments les plus délicats: 160
aussi le premier fit de Titus et de Bérénice un des plus mauvais
ouvrages qu'on connaisse au théâtre, l'autre trouva le secret
d'intéresser pendant cinq actes, sans autre fonds que ces paroles:
Je vous aime, et je vous quitte. C'était, à la vérité, une pastorale
entre un empereur, une reine et un roi, et une pastorale cent fois   165
moins tragique que les scènes intéressantes du Pastor fido.[26] Ce
succès avait persuadé tout le public et tous les auteurs que l'amour
seul devait être à jamais l'âme de toutes les tragédies.

Ce ne fut que dans un âge plus mûr que cet homme éloquent
comprit qu'il était capable de mieux faire, et qu'il se repentit   170
d'avoir affaibli la scène par tant de déclarations d'amour, par tant
de sentiments de jalousie et de coquetterie, plus dignes, comme
j'ai déjà osé le dire, de Ménandre[27] que de Sophocle et d'Euripide.
Il composa son chef-d'œuvre d'Athalie; mais quand il se fut ainsi
détrompé lui-même, le public ne le fut pas encore. On ne put   175
imaginer qu'une femme, un enfant et un prêtre pussent former
une tragédie intéressante: l'ouvrage le plus approchant de la
perfection qui soit jamais sorti de la main des hommes resta,
longtemps méprisé, et son illustre auteur mourut avec le chagrin
d'avoir vu son siècle, éclairé mais corrompu, ne pas rendre justice   180
à son chef-d'œuvre.[28]

159   MSI: Eloquent en tous
160-161   MSI: les plus passionez aussy

[26] Guarini's pastoral tragi-comedy *Il Pastor Fido* was published in 1590 and
presented with great success at Cremona in 1595. It was the subject of two operas
by Handel, and was translated into French in 1759.

[27] The leading poet of Greek New Comedy (342-292 BC), in whose plays love
was a prominant theme.

[28] According to Bachaumont (i.128) Louis Racine claimed that his father's will
had stipulated that *Athalie* should not be played in public, and that it had been the
Regent who ordered the performance at the Comédie-Française in 1716.

Il est certain que si ce grand homme avait vécu, et s'il avait cultivé un talent qui seul avait fait sa fortune et sa gloire, et qu'il ne devait pas abandonner, [29] il eût rendu au théâtre son ancienne pureté, il n'eût point avili par des amours de ruelle les grands sujets de l'antiquité. Il avait commencé l'Iphigénie en Tauride, et la galanterie n'entrait point dans son plan: [30] il n'eût jamais rendu amoureux ni Agamemnon, ni Oreste, ni Electre, ni Téléphonte, ni Ajax, [31] mais ayant malheureusement quitté le théâtre avant de l'épurer, tous ceux qui le suivirent imitèrent et outrèrent ses défauts sans atteindre à aucune de ses beautés. La morale des opéras de Quinaut entra dans presque toutes les scènes tragiques: tantôt c'est un Alcibiade qui avoue que *dans ces tendres moments il a toujours éprouvé qu'un mortel peut goûter un bonheur achevé.* [32] Tantôt c'est une Amestris qui dit que *la fille d'un grand roi brûle d'un feu secret sans honte et sans effroi.* [33] Ici un Agonide *de la belle Crisis en tout lieu suit les pas, adorateur constant de ses divins appas.* [34]

185

190

195

189   K: avant que de

[29] When Racine was appointed 'historiographe du roi' he stopped writing for the public stage. When Voltaire received the title 'historiographe de France' in 1745 he did not.

[30] This is probably not true. Patin shows that Racine's plan for *Iphigénie en Tauride* was not without a love intrigue (*Euripide*, 3rd ed., ii.122-24).

[31] This is a curious statement since Racine had already portrayed Oreste in love (in *Andromaque*), and even Achilles (in *Iphigénie*); see also Roy C. Knight, *Racine et la Grèce* (Paris 1950), p.368-79. Voltaire is probably thinking here of Crébillon's *Electre*, in which both Electre and Oreste are portrayed as 'amoureux'. Agamemnon is in love in Boyer's *Agamemnon*, performed in 1680; Téléphonte is in love in La Chapelle's *Téléphonte*, performed in 1682; Ajax appears in several plays produced during the seventeenth century, but the reference here is probably to La Chapelle's lost *Ajax* of 1684.

[32] 'Dans ces moments j'ai toujours éprouvé / Qu'un mortel peut sentir un bonheur achevé' (Campistron, *Alcibiade*, I.iii).

[33] *Alcibiade*, II.vii.

[34] In Campistron's *Phocion*, Agonide is 'adorateur secret de vos divins appas' (I.ii).

406

Le féroce Arminius, ce défenseur de la Germanie proteste qu'*il vient lire son sort dans les yeux d'Isménie*, et vient dans le camp de Varus pour voir *si les beaux yeux de cette Isménie daignent lui montrer leur tendresse ordinaire*. [35] Dans Amasis, qui n'est autre chose que la Mérope chargée d'épisodes romanesques; une jeune héroïne, qui depuis trois jours a vu un moment dans une maison de campagne un jeune inconnu dont elle est éprise, s'écrie avec bienséance: *C'est ce même inconnu, pour mon repos hélas! autant qu'il le devait il ne se cacha pas; et pour quelques moments qu'il s'offrit à ma vue, je le vis, j'en rougis; mon âme en fut émue*. [36] Dans Athénaïs un prince de Perse se déguise pour aller voir sa maîtresse à la cour d'un empereur romain. [37] On croit lire enfin les romans de mademoiselle Scudéri, qui peignait des bourgeois de Paris sous le nom des héros de l'antiquité. [38]

Pour achever de fortifier la nation dans ce goût détestable, et qui nous rend ridicules aux yeux de tous les étrangers sensés, il arriva par malheur que M. de Longepierre, très zélé pour l'antiquité, mais qui ne connaissait pas assez notre théâtre, et qui ne travaillait pas assez ses vers, fit représenter son Electre. [39] Il faut avouer qu'elle était dans le goût antique; une froide et malheureuse intrigue ne défigurait pas ce sujet terrible; la pièce était simple et

200

205

210

215

204-205   MSI: s'ecrie ^{V→}noblement⁺ *C'est*
205-207   in MSI (and in the editions) this quotation was not divided into lines of verse, but Voltaire wrote 'vers' against it in the margin.
210   MSI: Paris ⟨de sa connaissance⟩ sous
211   W56-W64G, W68-K: nom de héros
212-214   MSI: detestable il arriva par

[35] Campistron, *Arminius*, II.ii.
[36] Lagrange-Chancel, *Amasis*, I.vii. Voltaire reverses the lines of the second couplet and substitutes 's'offrit' for 'parut'.
[37] Lagrange-Chancel, *Athénaïs*, first performed in 1699 and revived in 1736.
[38] In her vast novels *Artamène ou le Grand Cyrus* and *Clélie*, published between 1649 and 1660.
[39] On Longepierre's *Electre* see above, p.313-16.

sans épisode: voilà ce qui lui valait avec raison la faveur déclarée
de tant de personnes de la première considération, qui espéraient   220
qu'enfin cette simplicité précieuse qui avait fait le mérite des
grands génies d'Athènes, pourrait être bien reçue à Paris, où elle
avait été si négligée.

Vous étiez, Madame, aussi bien que feue madame la princesse
de Conti, à la tête de ceux qui se flattaient de cette espérance; mais   225
malheureusement les défauts de la pièce française l'emportèrent si
fort sur les beautés qu'il avait empruntées de la Grèce, que vous
avouâtes à la représentation que c'était une statue de Praxitèle
défigurée par un moderne. [40] Vous eûtes le courage d'abandonner
ce qui en effet n'était pas digne d'être soutenu, sachant très bien   230
que la faveur prodiguée aux mauvais ouvrages est aussi contraire
aux progrès de l'esprit, que le déchaînement contre les bons. Mais
la chûte de cette Electre fit en même temps grand tort aux partisans
de l'antiquité: on se prévalut très mal à propos des défauts de la
copie contre le mérite de l'original, et pour achever de corrompre   235
le goût de la nation, on se persuada qu'il était impossible de
soutenir, sans une intrigue amoureuse et sans des aventures
romanesques, ces sujets que les Grecs n'avaient jamais déshonorés
par de tels épisodes; on prétendit qu'on pouvait admirer les Grecs

222   MSI: grands hommes d'Athenes
222-223   MSI: Paris. ᵛ↑ou elle avoit eté si négligée⁺
228   MSI: Proxitele
229   MSI: ⟨Copiste⟩ ᵛ↑moderne.
230   MSI: soutenu ⟨par V. a.⟩;
230-232   MSI: tres bien ⟨que rien n'est plus contraire au progres des arts⟩
que
231-232   MSI: ouvrages. Mais [ᵛ↑β]

[40] Voltaire also used this comparison in the letter to Maffei which served as a
dedication to *Mérope* (Voltaire 17, p.218). See also 'Vie de Longepierre' in *Chefs-
d'œuvre de Longepierre et de Guymond de La Touche* (Paris 1784), p.2-4, quoted by
Stella Gargantini Rabbi, 'Le mythe d'Electre dans le théâtre français du XVIIIe
siècle', *Studies* 192, p.1552.

dans la lecture, mais qu'il était impossible de les imiter sans être   240
condamné par son siècle:[41] étrange contradiction, car si en effet
la lecture en plaît, comment la représentation en peut-elle déplaire?

Il ne faut pas, je l'avoue, s'attacher à imiter ce que les anciens
avaient de défectueux et de faible. Il est même très vraisemblable
que les défauts où ils tombèrent furent relevés de leur temps. Je suis   245
persuadé, Madame, que les bons esprits d'Athènes condamnèrent,
comme vous, quelques répétitions, quelques déclamations dont
Sophocle avait chargé son Electre: ils durent remarquer qu'il ne
fouillait pas assez dans le cœur humain.[42] J'avouerai encore qu'il
y a des beautés propres non seulement à la langue grecque, mais   250
aux mœurs, au climat, au temps, qu'il serait ridicule de vouloir
transplanter parmi nous. Je n'ai point copié l'Electre de Sophocle,
il s'en faut beaucoup: j'en ai pris, autant que je l'ai pu, tout
l'esprit et toute la substance. Les fêtes que célébraient Egiste et
Clitemnestre, et qu'ils appelaient les festins d'Agamemnon, l'arri-   255
vée d'Oreste et de Pilade, l'urne dans laquelle on croit que
sont renfermées les cendres d'Oreste, l'anneau d'Agamemnon, le
caractère d'Electre, celui d'Iphise, qui est précisément la Crisothé-
mis de Sophocle, et surtout les remords de Clitemnestre, tout
est puisé dans la tragédie grecque; car lorsque celui qui fait à   260
Clitemnestre le récit de la prétendue mort d'Oreste, lui dit: Eh
quoi, *Madame, cette mort vous afflige?* Clitemnestre répond, *Je suis
mère,* et par-là *malheureuse, une mère quoique outragée ne peut haïr*

248-250   MSI: Electre ⟨J'avoueray encor qu'il y a même⟩ ᵛᵗβ
250-251   MSI: propres à la langue grecque, aux mœurs
259   MSI: ⟨enfin⟩ ᵛᵗet surtout

[41] Unconsciously, no doubt, Voltaire is quoting himself; he made a very similar
comment in 1719 in the *Lettres sur Œdipe*, III.
[42] A curious judgement on Sophocles, but much less harsh than those made in
the third of the *Lettres sur Œdipe*.

son sang:[43] elle cherche même à se justifier devant Electre du meurtre d'Agamemnon: elle plaint sa fille, et Euripide a poussé 265 encore plus loin que Sophocle l'attendrissement et les larmes de Clitemnestre: voilà ce qui fut applaudi chez le peuple le plus judicieux et le plus sensible de la terre: voilà ce que j'ai vu senti par tous les bons juges de notre nation. Rien n'est en effet plus dans la nature qu'une femme, criminelle envers son époux, et qui 270 se laisse attendrir par ses enfants, qui reçoit la pitié dans son cœur altier et farouche, qui s'irrite, qui reprend la dureté de son caractère quand on lui fait des reproches trop violents, et qui s'apaise ensuite par les soumissions et par les larmes: le germe de ce personnage était dans Sophocle et dans Euripide, et je l'ai développé. Il 275 n'appartient qu'à l'ignorance et à la présomption, qui en est la suite, de dire qu'il n'y a rien à imiter dans les anciens:[44] il n'y a point de beautés dont on ne trouve chez eux les semences.

Je me suis imposé, surtout, la loi de ne pas m'écarter de cette simplicité tant recommandée par les Grecs, et si difficile à saisir; 280 c'était là le vrai caractère de l'invention et du génie; c'était l'essence

---

264-267   MSI: *sang.* Voila
269   MSI: nation et c'est ce qui doit Confondre la malheureuse critique de ceux qui ne connoissant n'y le cœur humain n'y le teatre disoient que Clitemnestre est un caractere *louche*. Le Contraire eût eté affreux ils ne savoient pas que rien n'est plus
271   MSI: ⟨laisse entrer⟩ ^{V↑}reçoit
275   MSI: Sophocle, et je
277-279   MSI: imiter dans Sophocle et dans Homere. ¶Je [^{V↑}β]
280   MSI: recommandée ^{V↑}par les Grecs⁺ et
280-281   MSI: saisir. ⟨c'est⟩ ^{V↑}c'etoit⁺ là
281   MSI: c'est l'essence

---

[43] Brumoy, *Le Théâtre des Grecs*, i.154. Voltaire paraphrases the line, 'Hé, madame, que trouvez-vous donc de si affligeant pour vous dans ce récit?', which is spoken by the Governor.
[44] Crébillon had made such an implication in the preface to his *Electre*. The following paragraph is also directed against Crébillon.

du théâtre: un personnage étranger,[45] qui dans l'Œdipe ou dans l'Electre ferait un grand rôle, qui détournerait sur lui l'attention, serait un monstre aux yeux de quiconque connaît les anciens et la nature, dont ils ont été les premiers peintres. L'art et le génie   285
consistent à trouver tout dans son sujet, et non pas à chercher hors de son sujet. Mais comment imiter cette pompe et cette magnificence vraiment tragique des vers de Sophocle, cette élégance, cette pureté, ce naturel, sans quoi un ouvrage (bien fait d'ailleurs) serait un mauvais ouvrage?   290

J'ai donné au moins à ma nation quelque idée d'une tragédie sans amour, sans confidents, sans épisodes; le petit nombre des partisans du bon goût m'en sait gré, les autres ne reviennent qu'à la longue, quand la fureur de parti, l'injustice de la persécution et les ténèbres de l'ignorance sont dissipées. C'est à vous, Madame,   295
à conserver les étincelles qui restent encore parmi nous de cette lumière précieuse que les anciens nous ont transmise. Nous leur devons tout: aucun art n'est né parmi nous, tout y a été transplanté: mais la terre qui porte ces fruits étrangers s'épuise et se lasse, et l'ancienne barbarie, aidée de la frivolité, percerait encore quelque-   300
fois malgré la culture; les disciples d'Athènes et de Rome deviendraient des Goths et des Vandales amollis par les mœurs des Sybarites, sans cette protection éclairée et attentive des personnes de votre rang. Quand la nature leur a donné ou du génie, ou l'amour du génie, elles encouragent notre nation, qui est plus faite   305
pour imiter que pour inventer, et qui cherche toujours dans le sang de ses maîtres les leçons et les exemples dont elle a besoin. Tout ce que je désire, Madame, c'est qu'il se trouve quelque génie qui achève ce que j'ai ébauché, qui tire le théâtre de cette mollesse

---

282-283   w57G1-w64G, w68-K: dans Electre
284-285   MS1: anciens. L'art [$^{V\uparrow}\beta$]
309-310   MS1: molesse affetée ou il

[45] Palamède in Crébillon's *Electre*.

et de cette afféterie où il est plongé, qui le rende respectable aux   310
esprits les plus austères, digne des beaux jours d'Athènes, digne
du très petit nombre de chefs-d'œuvre que nous avons, et enfin
du suffrage d'un esprit tel que le vôtre, et de ceux qui peuvent
vous ressembler.

311-312   MS1:   Athenes, ⟨et⟩ ᵛ↑digne⁺ du
         W52-W75G: austères, digne du
         K: digne du théâtre d'Athènes, digne du

PERSONNAGES[1]

Oreste

Electre

Iphise

Clitemnestre

Egiste   5

Pilade

Pammène

Suite.[2]

Le théâtre doit représenter le rivage de la mer;
un bois, un temple, un palais et un tombeau, d'un côté,   10
et de l'autre Argos dans le lointain.[3]

a   w57p, w64-w75g: ACTEURS
1-8   w56, w57g1-w64g, w68-k: Oreste, fils de Clitemnestre et d'Agamemnon. / Electre[,] Iphise[,] sœurs d'Oreste. / Clitemnestre, épouse d'Egiste. / Egiste, tyran d'Argos. / Pilade, ami d'Oreste. / Pammène, vieillard attaché à la famille d'Agamemnon. / Dimas,[4] officier des gardes. / Suite

[1] For the names of the actors in the 1750 and 1761 performances, see above, p.339, n.105, and p.356, n.146.
[2] Lekain's manuscript instructions, probably dating from the early 1760s, specify that 19 'assistants' were employed (Lekain, *Registre manuscrit pour la représentation des tragédies*, Comédie-Française, ms 25035, p.120).
[3] 'Le Théâtre doit représenter un bois de cyprès dans lequel se découvrent sur les parties laterales tant de la droite que de la gauche, les profiles d'un petit Temple antique et d'un tombeau, de l'autre coté celui d'un palais deffendû par un Tour que baigne un rivage; dans le lointain on apperçoit la ville d'Argos (Lekain, *Registre manuscrit*, p.121).
[4] Although he always had a few words to speak in v.iv, this character was mentioned on this page only from w56 onwards (except for w57p, t64p). In Longepierre's play Dymas is the confidant of Egisthe and has a slightly larger role.

414

ACTE PREMIER

SCÈNE PREMIÈRE

IPHISE, PAMMÈNE

IPHISE

Est-il vrai, cher Pammène! et ce lieu solitaire,
Ce palais exécrable où languit ma misère,
Me verra-t-il goûter la funeste douceur
De mêler mes regrets aux larmes de ma sœur?
La malheureuse Electre à mes douleurs si chère   5
Vient-elle avec Egiste au tombeau de mon père?
Egiste ordonne-t-il qu'en ces solemnités
Le sang d'Agamemnon paraisse à ses côtés?
Serons-nous les témoins de la pompe inhumaine
Qui célèbre le crime, et que ce jour amène?   10

PAMMÈNE

O respectable Iphise! ô fille de mon roi!
Relégué comme vous dans ce séjour d'effroi,
Les secrets d'une cour en horreurs si fertile,

10   W57G1: ce jour ramène
11-13   61-K:
> Ministre malheureux d'un temple abandonné,
> Du fond de ces déserts où je suis confiné,
> J'adresse au ciel des vœux pour le retour d'Oreste;
> Je pleurs Agamemnon, j'ignore tout le reste.
> O respectable Iphise! ô pur sang de mon roi!
> Ce jour vient tous les ans répandre ici l'effroi.
> Les desseins d'une cour en horreurs si fertile,

415

Pénètrent rarement dans mon obscur asile.
Mais on dit qu'en effet Egiste soupçonneux,   15
Doit entraîner Electre à ces funèbres jeux;
Qu'il ne souffrira plus qu'Electre en son absence
Appelle par ses cris Argos à la vengeance:
Il redoute sa plainte; il craint que tous les cœurs
Ne réveillent leur haine au bruit de ses clameurs;   20
Et d'un œil vigilant épiant sa conduite,
Il la traite en esclave, et la traîne à sa suite.

IPHISE

Ma sœur esclave! ô ciel! ô sang d'Agamemnon!
Un barbare à ce point outrage encor ton nom!
Et Clitemnestre, hélas! cette mère cruelle,   25
A permis cet affront qui rejaillit sur elle!
Peut-être que ma sœur, avec moins de fierté,
Devait de son tyran braver l'autorité;
Et n'ayant contre lui que d'impuissantes armes,
Mêler moins de reproche et d'orgueil à ses larmes.   30
Qu'a produit sa fierté? que servent ses éclats?
Elle irrite un barbare, et ne nous venge pas.
On m'a laissé du moins, dans ce funeste asile,
Un destin sans opprobre, un malheur plus tranquille.
Mes mains peuvent d'un père honorer le tombeau,   35
Loin de ses ennemis et loin de son bourreau;
Dans ce séjour de sang, dans ce désert si triste,
Je pleure en liberté, je hais en paix Egiste.
Je ne suis condamnée à l'horreur de le voir
Que lorsque rappelant le temps du désespoir,   40
Le soleil à regret ramène la journée
Où le ciel a permis ce barbare hyménée:

27-32   61-K give these lines to Pammène, with the substitution of 'votre sœur'
for 'que ma sœur' in line 27.

Où ce monstre enivré du sang du roi des rois,
Où Clitemnestre...

SCÈNE II

ÉLECTRE, IPHISE, PAMMÈNE

IPHISE

Hélas! est-ce vous que je vois,
Ma sœur!...

ÉLECTRE

Il est venu ce jour où l'on apprête   45
Les détestables jeux de leur coupable fête;
Electre leur esclave, Electre votre sœur
Vous annonce en leur nom leur horrible bonheur.

IPHISE

Un destin moins affreux permet que je vous voie,
A ma douleur profonde il mêle un peu de joie;   50
Et vos pleurs et les miens ensemble confondus...

ÉLECTRE

Des pleurs? ah ma faiblesse en a trop répandus.
Des pleurs! ombre sacrée, ombre chère et sanglante,
Est-ce là le tribut qu'il faut qu'on te présente?
C'est du sang que je dois; c'est du sang que tu veux;   55
C'est parmi les apprêts de ces indignes jeux,

56   w56, w57g1-w64g, w68-k: de tes indignes

Dans ce cruel triomphe où mon tyran m'entraîne,
Que ranimant ma force et soulevant ma chaîne,
Mon bras, mon faible bras osera l'égorger
Au tombeau que sa rage ose encore outrager.   60
Quoi! j'ai vu Clitemnestre avec lui conjurée,
Lever sur son époux sa main trop assurée!
Et nous sur le tyran nous suspendons des coups
Que ma mère à mes yeux porta sur son époux!
O douleur! ô vengeance!... ô vertu qui m'animes,   65
Pouvez-vous en ces lieux moins que n'ont pu les crimes?
Nous seules désormais devons nous secourir:
Craignez-vous de frapper? craignez-vous de mourir?
Secondez de vos mains ma main désespérée;
Fille de Clitemnestre et rejeton d'Atrée,   70
Venez.

IPHISE

Ah! modérez ces transports impuissants;
Commandez, chère Electre, au trouble de vos sens,
Contre nos ennemis nous n'avons que des larmes:
Qui peut nous seconder, comment trouver des armes?
Comment frapper un roi de gardes entouré,   75
Vigilant, soupçonneux, par le crime éclairé?
Hélas! à nos regrets n'ajoutons point de craintes;
Tremblez que le tyran n'ait écouté vos plaintes.

ÉLECTRE

Je veux qu'il les écoute; oui, je veux dans son cœur
Empoisonner sa joie, y porter ma douleur;   80
Que mes cris jusqu'au ciel puissent se faire entendre;
Qu'ils appellent la foudre et la fassent descendre;
Qu'ils réveillent cent rois indignes de ce nom,
Qui n'ont osé venger le sang d'Agamemnon.
Je vous pardonne hélas cette douleur captive,   85

Ces faibles sentiments de votre âme craintive;
Il vous ménage au moins. De son indigne loi
Le joug appesanti n'est tombé que sur moi:
Vous n'êtes point esclave et d'opprobres nourrie;
Vos yeux ne virent point ce parricide impie,   90
Ces vêtements de mort, ces apprêts, ce festin,
Ce festin détestable, où le fer à la main,
Clitemnestre! ma mère! ah! cette horrible image
Est présente à mes yeux, présente à mon courage;
C'est là, c'est en ces lieux où vous n'osez pleurer,   95
Où vos ressentiments n'osent se déclarer,
Que j'ai vu votre père attiré dans le piège,
Se débattre et tomber sous leur main sacrilège. [1]
Pammène, aux derniers cris, aux sanglots de ton roi,
Je crois te voir encore accourir avec moi;   100
J'arrive. Quel objet! une femme en furie
Recherchait dans son flanc les restes de sa vie.
Tu vis mon cher Oreste enlevé dans mes bras,
Entouré des dangers qu'il ne connaissait pas,
Près du corps tout sanglant de son malheureux père;   105
A son secours encore il appelait sa mère:
Clitemnestre appuyant mes soins officieux,
Sur ma tendre pitié daigna fermer les yeux,
Et s'arrêtant du moins au milieu de son crime,
Nous laissa loin d'Egiste emporter la victime.   110
Oreste, dans ton sang consommant sa fureur,
Egiste a-t-il détruit l'objet de sa terreur?

97   T64P: dans un [2] piège [T67 errata: β]

[1] Cf. Longepierre, *Electre*, I.i: 'Dieux vengeurs, c'est ici qu'arrêté dans le piège /
Mon père succomba sous un fer sacrilège'.
[2] In a letter to Mme Duchesne, listing corrections for volumes 1-4 of T67,
Voltaire asked for this reading to be changed back to that of the base text (26
November [1767]; D14552). This was done in the errata of T67.

Es-tu vivant encore? as-tu suivi ton père?
Je pleure Agamemnon, je tremble pour un frère.
Mes mains portent des fers, et mes yeux pleins de pleurs   115
N'ont vu que des forfaits et des persécuteurs.

PAMMÈNE

Filles d'Agamemnon, race divine et chère,
Dont j'ai vu la splendeur et l'horrible misère,
Permettez que ma voix puisse encore en vous deux
Réveiller cet espoir qui reste aux malheureux: 120
Avez-vous donc des dieux oublié les promesses?
Avez-vous oublié que leurs mains vengeresses
Doivent conduire Oreste en cet affreux séjour
Où sa sœur avec moi lui conserva le jour;
Qu'il doit punir Egiste au lieu même où vous êtes,   125
Sur ce même tombeau, dans ces mêmes retraites,
Dans ces jours de triomphe où son lâche assassin
Insulte encore au roi dont il perça le sein.
La parole des dieux n'est point vaine et trompeuse;
Leurs desseins sont couverts d'une nuit ténébreuse;   130
La peine suit le crime, elle arrive à pas lents.

IPHISE

Dieux qui la préparez que vous tardez longtemps!
Auprès de ce tombeau je languis désolée;

117   w50-w56: Fille
131a-139   61-K:

ÉLECTRE
Dieux qui la préparez, que vous tardez longtemps!
IPHISE
Vous le voyez, Pammène; Egiste renouvelle
De son hymen sanglant la pompe criminelle;
ÉLECTRE
Et mon frère

Ma sœur plus malheureuse, à la cour exilée:
Ma sœur est dans les fers, et l'oppresseur en paix   135
Indignement heureux jouit de ses forfaits.

ÉLECTRE

Vous le voyez, Pammène, Egiste renouvelle
De son hymen sanglant la pompe criminelle, [3]
Et mon frère exilé de déserts en déserts,
Semble oublier son père et négliger mes fers.   140

PAMMÈNE

Comptez les temps, voyez qu'il touche à peine l'âge
Où la force commence à se joindre au courage:
Espérez son retour, espérez dans les dieux.

ÉLECTRE

Sage et prudent vieillard, oui, vous m'ouvrez les yeux;
Pardonnez à mon trouble, à mon impatience;   145
Hélas vous me rendez un rayon d'espérance.
Qui pourrait de ces dieux encenser les autels,
S'ils voyaient sans pitié les malheurs des mortels;
Si le crime insolent dans son heureuse ivresse
Ecrasait à loisir l'innocente faiblesse?   150
Dieux vous rendrez Oreste aux larmes de sa sœur;
Votre bras suspendu frappera l'oppresseur!
Oreste, entends ma voix, celle de ta patrie,
Celle du sang versé qui t'appelle et qui crie:
Viens du fond des déserts où tu fus élevé,   155
Où les maux exerçaient ton courage éprouvé.

---

[3] Voltaire's instructions to Mlle Clairon about the enunciation of this couplet
(D4095) indicate that at the time of the first performance it ran:
> Sans trouble, sans remords, Egisthe renouvelle
> De son hymen affreux la pompe criminelle.

Aux monstres des forêts ton bras fait-il la guerre?
C'est aux monstres d'Argos, aux tyrans de la terre,
Aux meurtriers des rois que tu dois t'adresser:
Viens, qu'Electre te guide au sein qu'il faut percer.   160

IPHISE

Renfermez ces douleurs et cette plainte amère,
Votre mère paraît.

ÉLECTRE

Ai-je encore une mère?

SCÈNE III

CLITEMNESTRE, ÉLECTRE, IPHISE[4]

CLITEMNESTRE

Allez, que l'on me laisse en ces lieux retirés;
Pammène, éloignez-vous; mes filles, demeurez.

IPHISE

Hélas! ce nom sacré dissipe mes alarmes.   165

ÉLECTRE

Ce nom jadis si saint, redouble encor mes larmes.

158   61-w64G, w68-w75G: C'est au monstre d'Argos

[4] 'Quatre soldats de la garde divisés par égale portion, s'emparent des deux issuës principales du Théatre qui sont désignées à droite près du rivage, et à gauche vers la tour' (Lekain, *Registre manuscrit*, p.121).

CLITEMNESTRE

J'ai voulu sur mon sort et sur vos intérêts,
Vous dévoiler enfin mes sentiments secrets:
Je rends grâce au destin dont la rigueur utile,
De mon second époux rendit l'hymen stérile,   170
Et qui n'a pas formé dans ce funeste flanc,
Un sang que j'aurais vu l'ennemi de mon sang.
Peut-être que je touche aux bornes de ma vie,
Et les chagrins secrets dont je suis poursuivie,
Dont toujours à vos yeux j'ai dérobé le cours,   175
Pourront précipiter le terme de mes jours.
Mes filles devant moi ne sont point étrangères,
Même en dépit d'Egiste elles m'ont été chères;
Je n'ai point étouffé mes premiers sentiments,
Et malgré la fureur de ses emportements,   180
Electre, dont l'enfance a consolé sa mère
Du sort d'Iphigénie et des rigueurs d'un père,
Electre qui m'outrage et qui brave mes lois,
Dans le fond de mon cœur n'a point perdu ses droits.

ÉLECTRE

Qui! vous, madame; ô ciel! vous m'aimeriez encore?   185
Quoi, vous n'oubliez point ce sang qu'on déshonore?
Ah? si vous conservez des sentiments si chers,
Observez cette tombe... et regardez mes fers.

CLITEMNESTRE

Vous me faites frémir; votre esprit inflexible
Se plaît à m'accabler d'un souvenir horrible;   190
Vous portez le poignard dans ce cœur agité;
Vous frappez une mère, et je l'ai mérité.

174   w56, w57G1-w64, w68-K: dont je fus poursuivie.

ÉLECTRE

Eh bien, vous désarmez une fille éperdue;
La nature en mon cœur est toujours entendue:
Ma mère, s'il le faut, je condamne à vos pieds,   195
Ces reproches sanglants trop longtemps essuyés;
Aux fers de mon tyran par vous-même livrée,
D'Egiste dans mon cœur je vous ai séparée;
Ce sang que je vous dois ne saurait se trahir,
J'ai pleuré sur ma mère et n'ai pu vous haïr;   200
Ah, si le ciel enfin vous parle et vous éclaire,
S'il vous donne en secret un remords salutaire,
Ne le repoussez pas, laissez-vous pénétrer
A la secrète voix qui vous daigne inspirer.
Détachez vos destins des destins d'un perfide,   205
Livrez-vous toute entière à ce dieu qui vous guide:
Appelez votre fils, qu'il revienne en ces lieux
Reprendre de vos mains le rang de ses aieux;
Qu'il punisse un tyran; qu'il règne; qu'il vous aime;
Qu'il venge Agamemnon, ses filles et vous-même;   210
Faites venir Oreste.

CLITEMNESTRE

Electre, levez-vous;
Ne parlez point d'Oreste et craignez mon époux;
J'ai plaint les fers honteux dont vous êtes chargée;
Mais d'un maître absolu la puissance outragée
Ne pouvait épargner qui ne l'épargne pas,   215
Et vous l'avez forcé d'appesantir son bras;
Moi-même qui me vois sa première sujette;

205-207   W70L:
     J'ose y joindre la mienne, oui, malgré mon injure,
     Je me jette à vos pieds, rappelez la nature.
     Rappelez votre fils

Moi qu'offensa toujours votre plainte indiscrète,
Qui tant de fois pour vous ai voulu le fléchir,
Je l'irritais encore au lieu de l'adoucir.   220
N'imputez qu'à vous seule un affront qui m'outrage,
Pliez à votre état ce superbe courage;
Apprenez d'une sœur comme il faut s'affliger,
Comme on cède au destin quand on veut le changer.
Je voudrais dans le sein de ma famille entière,   225
Finir un jour en paix ma fatale carrière.
Mais si vous vous hâtez, si vos soins imprudents
Appellent en ces lieux Oreste avant le temps,
Si d'Egiste jamais il affronte la vue,
Vous hasardez sa vie et vous êtes perdue;   230
Et malgré la pitié dont mes sens sont atteints,
Je dois à mon époux plus qu'au fils que je crains.

ÉLECTRE

Lui, votre époux? ô ciel! lui, ce monstre?... Ah, ma mère,
Est-ce ainsi qu'en effet vous plaignez ma misère;
A quoi vous sert, hélas, ce remords passager,   235
Ce sentiment si tendre était-il étranger?
Vous menacez Electre et votre fils lui-même!

à *Iphise.*
Ma sœur! et c'est ainsi qu'une mère nous aime?

à *Clitemnestre.*
Vous menacez Oreste!... hélas, loin d'espérer
Qu'un frère malheureux nous vienne délivrer,   240
J'ignore si le ciel a conservé sa vie;
J'ignore si ce maître, abominable, impie,
Votre époux, puisqu'ainsi vous l'osez appeler,

225   w75G: sein d'une famille
228   w51: Appellent en ce lieu

Ne s'est pas en secret hâté de l'immoler.

IPHISE

Madame, croyez-nous, je jure, j'en atteste 245
Les dieux dont nous sortons et la mère d'Oreste,
Que loin de l'appeler dans ce séjour de mort,
Nos yeux, nos tristes yeux sont fermés sur son sort.
Ma mère ayez pitié de vos filles tremblantes,
De ce fils malheureux, de ses sœurs gémissantes: 250
N'affligez plus Electre: on peut à ses douleurs
Pardonner le reproche et permettre les pleurs.

ÉLECTRE

Loin de leur pardonner on nous défend la plainte;
Quand je parle d'Oreste on redouble ma crainte;
Je connais trop Egiste et sa férocité, 255
Et mon frère est perdu puisqu'il est redouté.

CLITEMNESTRE

Votre frère est vivant, reprenez l'espérance,
Mais s'il est en danger, c'est par votre imprudence;
Modérez vos fureurs et sachez aujourd'hui,
Plus humble en vos chagrins, respecter mon ennui; 260
Vous pensez que je viens heureuse et triomphante,
Conduire dans la joie une pompe éclatante;
Electre, cette fête est un jour de douleur;
Vous pleurez dans les fers et moi dans ma grandeur.
Je sais quels vœux forma votre haine insensée: 265
N'implorez plus les dieux, ils vous ont exaucée.
Laissez-moi respirer.

SCÈNE IV

CLITEMNESTRE *seule.*

> L'aspect de mes enfants
> Dans mon cœur éperdu redouble mes tourments.
> Hymen, fatal hymen, crime longtemps prospère,
> Nœuds sanglants qu'ont formés le meurtre et l'adultère,   270
> Pompe jadis trop chère à mes vœux égarés,
> Quel est donc cet effroi dont vous me pénétrez!
> Mon bonheur est détruit, l'ivresse est dissipée:
> Une lumière horrible en ces lieux m'a frappée.
> Qu'Egiste est aveuglé, puisqu'il se croit heureux!   275
> Tranquille, il me conduit à ces funèbres jeux.
> Il triomphe et je sens succomber mon courage,
> Pour la première fois je redoute un présage;
> Je crains Argos, Electre et ses lugubres cris,
> La Grèce, mes sujets, mon fils, mon propre fils;   280
> Ah, quelle destinée et quel affreux supplice,
> De former de son sang ce qu'il faut qu'on haïsse!
> De n'oser prononcer sans des troubles cruels,
> Les noms les plus sacrés les plus chers aux mortels.
> Je chassai de mon cœur la nature outragée;   285
> Je tremble au nom d'un fils, la nature est vengée.

SCÈNE V

ÉGISTE, CLITEMNESTRE[5]

CLITEMNESTRE

Ah! trop cruel Egiste où guidiez-vous mes pas,
Pourquoi revoir ces lieux consacrés au trépas!

ÉGISTE

Quoi, ces solemnités qui vous étaient si chères,
Ces gages renaissants de nos destins prospères,   290
Deviendraient à vos yeux des objets de terreur;
Ce jour de notre hymen est-il un jour d'horreur?

CLITEMNESTRE

Non, mais ce lieu, peut-être, est pour nous redoutable;
Ma famille y répand une horreur qui m'accable;
A des tourments nouveaux tous mes sens sont ouverts;   295
Iphise dans les pleurs, Electre dans les fers,
Du sang versé par nous cette demeure empreinte,
Oreste, Agamemnon, tout me remplit de crainte.

ÉGISTE

Laissez gémir Iphise et vous ressouvenez
Qu'après tous nos affronts trop longtemps pardonnés,   300
L'impétueuse Electre a mérité l'outrage
Dont j'humilie enfin cet orgueilleux courage;
Je la traîne enchaînée et je ne prétends pas

---

5 'Huit autres soldats de la garde d'Egisthe précédés de leur chef, vont prendre
poste, étant divisés par égale portion, avec les précédents, le chef est à la tête de la
division gauche' (Lekain, *Registre manuscrit*, p.121).

428

Que de ses cris plaintifs alarmant mes Etats,
Dans Argos désormais sa dangereuse audace,   305
Ose des dieux sur nous rappeler la menace,
D'Oreste aux mécontents promettre le retour;
On n'en parle que trop, et depuis plus d'un jour
Partout le nom d'Oreste a blessé mon oreille,
Et ma juste colère à ce bruit se réveille.   310

CLITEMNESTRE

Quel nom prononcez-vous! tout mon cœur en frémit;
On prétend qu'en secret un oracle a prédit
Qu'un jour en ce lieu même où mon destin me guide,
Il porterait sur nous une main parricide.
Pourquoi tenter les dieux? pourquoi vous présenter   315
Aux coups qu'il vous faut craindre et qu'on peut éviter?

ÉGISTE

Ne craignez rien d'Oreste. Il est vrai qu'il respire,
Mais loin que dans le piège Oreste nous attire,
Lui-même à ma poursuite il ne peut échapper.
Déjà de toutes parts j'ai su l'envelopper.   320
Errant et poursuivi de rivage en rivage,
Il promène en tremblant son impuissante rage;
Aux forêts d'Epidaure[6] il s'est enfin caché.
D'Epidaure en secret le roi m'est attaché:
Plus que vous ne pensez on prend notre défense.   325

CLITEMNESTRE

Mais quoi, mon fils!

---

[6] Epidaurus (Epidaure), a small state with a city of the same name, lay on the eastern coast of Argolis. In January 1750 Voltaire asked Michel Lambert to send him as a matter of urgency a copy of Gédoyn's translation of Pausanias' *Description of Greece* 'pour ne point faire de fautes contre la géographie des Grecs' (D4088).

ÉGISTE

Je sais quelle est sa violence:
Il est fier, implacable, aigri par son malheur;
Digne du sang d'Atrée, il en a la fureur.

CLITEMNESTRE

Ah seigneur elle est juste!

ÉGISTE

Il faut la rendre vaine;
Vous savez qu'en secret j'ai fait partir Plistène: 330
Il est dans Epidaure.

CLITEMNESTRE

A quel dessein? pourquoi?

ÉGISTE

Pour assurer mon trône et calmer votre effroi.
Oui, Plistène, mon fils, adopté par vous-même,
L'héritier de mon nom et de mon diadème,
Est trop intéressé, madame, à détourner   335
Des périls que toujours vous voulez soupçonner:
Il vous tient lieu de fils; n'en connaissez plus d'autre.
Vous savez, pour unir ma famille et la vôtre,
Qu'Electre eût pu prétendre à l'hymen de mon fils,
Si son cœur à vos lois eût été plus soumis;   340
Si vos soins avaient pu fléchir son caractère:
Mais je punis la sœur et je cherche le frère;
Plistène me seconde; en un mot il vous sert:
Notre ennemi commun sans doute est découvert.
Vous frémissez, madame...

ACTE I, SCÈNE V

CLITEMNESTRE

    O nouvelles victimes!   345
Ne puis-je respirer qu'à force de grands crimes?
Egiste, vous savez qui j'ai privé du jour...
Le fils que j'ai nourri périrait à son tour!
Ah de mes jours usés le déplorable reste
Doit-il être acheté par un prix si funeste?...   350

ÉGISTE

Songez...

CLITEMNESTRE

  Non, laissez-moi dans ce trouble mortel
Consulter de ces lieux l'oracle solennel.

ÉGISTE

Madame, à mes desseins mettra-t-il des obstacles?
Qu'attendez-vous ici des dieux et des oracles?
Au jour de notre hymen furent-ils écoutés?   355

CLITEMNESTRE

Vous rappelez des temps dont ils sont irrités.
De mon cœur étonné vous voyez le tumulte;
L'amour brava les dieux, la crainte les consulte:
N'insultez point, seigneur, à mes sens affaiblis,
Le temps qui change tout a changé mes esprits; 360

351a-354 61-K:

CLITEMNESTRE
Souffrez du moins que j'implore une fois
Ce [T64P: Le] ciel dont si longtemps j'ai méprisé les lois.
ÉGISTE
Voulez-vous qu'à mes vœux il mette des obstacles?
Qu'attendez-vous ici du ciel, et des oracles?

431

Et peut-être des dieux la main appesantie
Se plaît à subjuger ma fierté démentie:
Je ne sens plus en moi ce courage emporté
Qu'en ce palais sanglant j'avais trop écouté;
Ce n'est pas que pour vous mon amitié s'altère,   365
Il n'est point d'intérêt que mon cœur vous préfère;
Mais une fille esclave, un fils abandonné,
Un fils mon ennemi, peut-être assassiné,
Et qui, s'il est vivant, me condamne et m'abhorre;
L'idée en est horrible, et je suis mère encore.   370

ÉGISTE

Vous êtes mon épouse, et surtout vous régnez;
Rappelez Clitemnestre à mes yeux indignés;
Ecoutez-vous du sang le dangereux murmure,
Pour des enfants ingrats qui bravent la nature?
Venez; votre repos doit sur eux l'emporter.   375

CLITEMNESTRE

Du repos dans le crime; ah qui peut s'en flatter?

Fin du premier acte.[7]

---

[7] 'Le chef de la garde réunit ses deux divisions et les précède, en suivant Egisthe et Clytemnestre qui sortent par la gauche laquelle conduit au palais' (Lekain, *Registre manuscrit*, p.121).

432

ACTE II

SCÈNE PREMIÈRE

ORESTE, PILADE

ORESTE

Pilade, où sommes-nous; en quels lieux t'a conduit
Le malheur obstiné du destin qui me suit?
L'infortune d'Oreste environne ta vie.
Tout ce qu'a préparé ton amitié hardie,
Trésors, armes, soldats, a péri dans les mers;   5
Sans secours avec toi jeté dans ces déserts,
Tu n'as plus qu'un ami dont le destin t'opprime,
Le ciel nous ravit tout hors l'espoir qui m'anime.
A peine as-tu caché sous ces rocs escarpés
Quelques tristes débris au naufrage échappés.   10
Connais-tu ce rivage où mon malheur m'arrête?

PILADE

J'ignore en quels climats nous jette la tempête,
Mais de notre destin pourquoi désespérer?
Tu vis, il me suffit, tout doit me rassurer;
Un dieu dans Epidaure a conservé ta vie   15
Que le barbare Egiste a toujours poursuivie;
Dans ton premier combat il a conduit tes mains.
Plistène sous tes coups a fini ses destins;
Marchons sous la faveur de ce dieu tutélaire,
Qui t'a livré le fils, qui t'a promis le père,   20
Qui veille sur le juste, et venge les forfaits.

ORESTE

Ce dieu dans sa colère a repris ses bienfaits,

21a-57   MS2, 61-K:

ORESTE

Je n'ai contre un tyran sur le trône affermi,
Dans ces lieux inconnus qu'Oreste et mon ami.

PILADE[1]

C'est assez, et du ciel je reconnais l'ouvrage:
Il nous a tout ravi par ce cruel naufrage:
Il veut seul accomplir ses augustes desseins,
Pour ce grand sacrifice il ne veut que nos mains.   5
Tantôt de trente rois il arme la vengeance;
Tantôt trompant la terre et frappant en silence,
Il veut, en signalant son pouvoir oublié,
N'armer que la nature, et la seule amitié.

ORESTE[2]

Avec un tel secours bannissons nos alarmes;   10
Je n'aurai pas besoin de plus puissantes armes.
As-tu dans ces rochers qui défendent ces bords,
Où nous avons pris terre après de longs efforts,
As-tu caché, du moins, ces cendres de Plistène,
Ces dépôts, ces témoins de vengeance et de haine,   15
Cette urne qui d'Egiste a dû tromper les yeux?

PILADE

Echappée au naufrage, elle est près de ces lieux.
Mes mains avec cette urne ont caché cette épée,
Qui dans le sang troyen fut autrefois trempée,
Ce fer d'Agamemnon qui doit venger sa mort,   20
Ce fer qu'on enleva, quand par un coup du sort,
Des mains des assassins ton enfance sauvée
Fut, loin des yeux d'Egiste, en Phocide élevée.
L'anneau qui lui servait est encore en tes mains.

ORESTE

Comment des dieux vengeurs accomplir les desseins?   25
Comment porter encore aux mânes de mon père,

[1] This speech is transferred from III.i.27-34.
[2] The first couplet of this speech is transferred from III.i.35-36 with revisions
to the first line. The second couplet and the sixth line of the speech are in the
original version of this scene (l.25-26 and 32).

434

Sa faveur est trompeuse, et dans toi je contemple
Des changements du sort un déplorable exemple.
As-tu dans ces rochers qui défendent ces bords,   25
Où nous avons pris terre après de longs efforts,
As-tu caché cette urne et ces marques funèbres,
Qu'en des lieux détestés, par le crime célèbres,
Dans les champs de Micène où régnaient mes aïeux, ³
Nous devions apporter par les ordres des dieux: 30
Cette urne qui contient les cendres de Plistène,
Ces dépôts, ces témoins de vengeance et de haine,
Qui devaient d'un tyran tromper les yeux cruels?

PILADE

Oui, j'ai rempli ces soins.

ORESTE

        O décrets éternels!
Quel fruit tirerons-nous de notre obéissance?   35
Ami, qu'est devenu le jour de la vengeance?
Reverrai-je jamais ce palais, ce séjour,
Ce lieu cher et terrible où j'ai reçu le jour?
Où marcher, où trouver cette sœur généreuse,
Dont la Grèce a vanté la vertu courageuse,   40

(*en montrant l'épée qu'il porte.*)
Ce [MS2, T64P: Le] glaive qui frappa mon indigne adversaire?
Mes pas étaient comptés par les ordres du ciel;
Lui-même a tout détruit; un naufrage cruel
Sur ces bords ignorés nous jette à l'aventure.
Quel chemin peut conduire à cette cour impure?
A ce séjour de [MS2, T64P: du] crime, où j'ai reçu le jour?

³ Agamemnon was also king of Mycenae (Mycène), at the northern end of the
Argive plain.

435

Que l'on admire hélas; qu'on n'ose secourir;
Qui conserva ma vie et m'apprit à souffrir;
Qui digne en tous les temps d'un père magnanime,
N'a jamais succombé sous la main qui l'opprime.
Quoi donc, tant de héros, tant de rois, tant d'Etats
Ont combattu dix ans pour venger Ménélas;   45
Agamemnon périt et la Grèce est tranquille!
Dans l'univers entier son fils n'a point d'asile,
Et j'eusse été sans toi, sans ta tendre amitié,
Aux plus vils des mortels un objet de pitié.
Mais le ciel me soutient quand il me persécute,   50
Il m'a donné Pilade, il ne veut point ma chute;
Il m'a fait vaincre au moins un indigne ennemi,
Et la mort de mon père est vengée à demi;
Mais que me servira cette cendre funeste
Que nous devions offrir pour la cendre d'Oreste: 55
Quel chemin peut conduire à cette affreuse cour?

PILADE

Regarde ce palais, ce temple, cette tour,
Ce tombeau, ces cyprès, ce bois sombre et sauvage;
De deuil et de grandeur, tout offre ici l'image;
Mais un mortel s'avance en ces lieux retirés,   60
Triste, levant au ciel des yeux désespérés;
Il paraît dans cet âge où l'humaine prudence
Sans doute a des malheurs la longue expérience;
Sur ton malheureux sort il pourra s'attendrir.

ORESTE

Il gémit, tout mortel est-il né pour souffrir?   65

66   MS2, 61-W64G, W68-K: est donc né pour souffrir!

SCÈNE II

ORESTE, PILADE, PAMMÈNE

PILADE

O qui que vous soyez tournez vers nous la vue,
La terre où je vous parle est pour nous inconnue;
Vous voyez deux amis et deux infortunés,
A la fureur des flots longtemps abandonnés;   70
Ce lieu nous doit-il être ou funeste ou propice?

PAMMÈNE

J'y révère les dieux, j'implore leur justice;
J'exerce en leur présence, en ma simplicité,
Les respectables droits de l'hospitalité;
Daignez sous l'humble toit qu'habite ma vieillesse,   75
Mépriser des grands rois la superbe richesse:
Venez, les malheureux me sont toujours sacrés.

ORESTE

Sage et juste habitant de ces bords ignorés,
Que des dieux par nos mains la puissance immortelle
De votre piété récompense le zèle;   80
Quel asile est le vôtre, et quelles sont vos lois,
Quel souverain commande aux lieux où je vous vois?

PAMMÈNE

Egiste règne ici, je suis sous sa puissance.

72 61-K: Je sers ici les dieux,

ORESTE

Egiste? Ciel! ô crime! ô terreur! ô vengeance!

PILADE

Dans ce péril nouveau gardez de vous trahir.   85

ORESTE

Egiste; justes dieux! celui qui fit périr...

PAMMÈNE

Lui-même.

ORESTE

      Et Clitemnestre après ce coup funeste?

PAMMÈNE

Elle règne avec lui, l'univers sait le reste.

ORESTE

Ce palais, ce tombeau?...

PAMMÈNE

          Ce palais redouté
Est par Egiste même en ce jour habité.   90
Mes yeux ont vu jadis élever cet ouvrage
Par une main plus digne, et pour un autre usage;
Ce tombeau (pardonnez si je pleure à ce nom)
Est celui de mon roi, du grand Agamemnon.

ORESTE

Ah! c'en est trop, le ciel épuise mon courage.   95

ACTE II, SCÈNE II

PILADE *à Oreste.*

Dérobe-lui les pleurs qui baignent ton visage.

PAMMÈNE *à Oreste qui se détourne.*

Etranger généreux, vous vous attendrissez,
Vous voulez retenir les pleurs que vous versez:
Hélas! qu'en liberté votre cœur se déploie,
Plaignez le fils des dieux et le vainqueur de Troye;   100
Que des yeux étrangers pleurent au moins son sort,
Tandis que dans ces lieux on insulte à sa mort.

ORESTE

Si je fus élevé loin de cette contrée,
Je n'en chéris pas moins les descendants d'Atrée.
Un Grec doit s'attendrir sur le sort des héros;   105
Je dois surtout... Electre est-elle dans Argos?

PAMMÈNE

Seigneur, elle est ici...

ORESTE

Je veux, je cours.

PILADE

Arrête.
Tu vas braver les dieux, tu hasardes ta tête.
à Pammène.
Que je te crains! Daignez, respectable mortel,
Dans le temple voisin nous conduire à l'autel;   110

109   w50-k: Que je te plains!
      w56, w57g1-w64g, w68-k: plains! (*à Pammène.*) Daignez

439

C'est le premier devoir. Il est temps que j'adore
Le dieu qui nous sauva sur la mer d'Epidaure.

ORESTE

Menez-nous à ce temple, à ce tombeau sacré,
Où repose un héros lâchement massacré.
Je dois à sa grande ombre un secret sacrifice...   115

PAMMÈNE

Vous, seigneur! ô destins! ô céleste justice!
Vous, lui sacrifier! Parmi ses ennemis...
Je me tais... mais, seigneur, mon maître avait un fils,
Qui dans les bras d'Electre... Egiste ici s'avance,
Je vous suis, je vous joins, évitez sa présence.   120

ORESTE

Quoi! c'est Egiste?

PILADE

Il faut vous cacher à ses yeux.

117-118   MS2, 61-K:
            Eh quoi! deux étrangers ont un dessein si beau!
            Ils viennent de mon maître honorer le tombeau!
            Hélas, le citoyen timidement fidèle
            N'oserait en ces lieux imiter ce saint zèle.
            Dès qu'Egiste paraît, la piété, seigneur,
            Tremble de se montrer, et rentre au fond du cœur.
            Egiste apporte ici le frein de l'esclavage.
            Trop de danger vous suit.
                    ORESTE
                              C'est ce qui m'encourage.
                    PAMMÈNE
            De tout ce que j'entends que mes sens sont saisis!
            Je me tais...
120   61-W64G, W68-K: Clitemnestre le suit... évitez leur présence.
       T64P: La reine vient. Peut-être... évitez sa présence.

440

SCÈNE III

ÉGISTE, CLITEMNESTRE, PAMMÈNE [4]

ÉGISTE à *Pammène*.

A qui dans ce moment parliez-vous dans ces lieux?
L'un de ces deux mortels porte sur son visage
L'empreinte des grandeurs et les traits du courage;
Sa démarche, son air, son maintien m'ont frappé,   125
Dans une douleur sombre il semble enveloppé;
Quel est-il? est-il né sous mon obéissance?

PAMMÈNE

Je connais son malheur, et non pas sa naissance,
Je devais des secours à ces deux étrangers
Poussés par la tempête à travers ces rochers;   130
S'ils ne me trompent point la Grèce est leur patrie.

ÉGISTE

Répondez d'eux, Pammène, il y va de la vie.

CLITEMNESTRE

Eh quoi! deux malheureux en ces lieux abordés,
D'un œil si soupçonneux seraient-ils regardés?

121a   61-w64G, w68-k: ÉGISTE, CLITEMNESTRE *plus loin*, PAMMÈNE,
SUITE
        T64P: ÉGISTE, CLITEMNESTRE, PAMMÈNE, SUITE

[4] 'Huit des soldats de la garde précédés de leur chef prennent le même poste
qu'ils avaient à la scène troisième du premier acte' (Lekain, *Registre manuscrit*,
p.121).

ÉGISTE

On murmure, on m'alarme, et tout me fait ombrage.   135

CLITEMNESTRE

Hélas! depuis quinze ans, c'est là notre partage,
Nous craignons les mortels autant que l'on nous craint,
Et c'est un des poisons dont mon cœur est atteint.

ÉGISTE *à Pammène*.

Allez, dis-je, et sachez quel lieu les a vu naître,
Pourquoi près du palais ils ont osé paraître;   140
De quel port ils partaient; et surtout quel dessein
Les guida sur ces mers dont je suis souverain. [5]

SCÈNE IV

ÉGISTE, CLITEMNESTRE

ÉGISTE

Vous l'avez donc voulu; votre crainte inquiète
A des dieux vainement consulté l'interprète;
Leur silence ne sert qu'à vous désespérer,   145
Mais Egiste vous parle et doit vous rassurer.

143-152   61-K:
       Clitemnestre, vos dieux ont gardé le silence:
       En moi seul désormais mettez votre espérance.

[5] 'Quatre des soldats de la garde précédés de leur chef, suivent Egisthe qui sort par la gauche' (Lekain, *Registre manuscrit*, p.121).

A vous-même opposée et par vos vœux trahie,
Craignant la mort d'un fils et redoutant sa vie,
Votre esprit ébranlé ne peut se raffermir;
Ah! ne consultez point sur un sombre avenir   150
Des confidents des dieux l'incertaine réponse.
Ma main fait nos destins et ma voix les annonce.
Fiez-vous à mes soins, vivez, régnez en paix,
Et d'un indigne fils ne me parlez jamais.
Quant au destin d'Electre, il est temps que j'y pense,   155
De vos nouveaux desseins j'ai pesé l'importance;
Sans doute elle est à craindre, et je sais que son nom
Peut lui donner des droits au rang d'Agamemnon,
Qu'un jour avec mon fils Electre en concurrence,
Peut dans les mains du peuple emporter la balance.   160
Vous voulez qu'aujourd'hui je brise ses liens,
Que j'unisse par vous ses intérêts aux miens.
Vous voulez terminer cette haine fatale,
Ces malheurs attachés aux enfants de Tantale;
Parlez-lui, mais craignons tous deux de partager   165
La honte d'un refus qu'il nous faudrait venger.
Je me flatte avec vous qu'un si triste esclavage,
Doit plier de son cœur la fermeté sauvage,
Que ce passage heureux et si peu préparé
Du rang le plus abject à ce premier degré,   170
Le poids de la raison qu'une mère autorise,
L'ambition surtout la rendra plus soumise.
Gardez qu'elle résiste à sa félicité,
Il reste un châtiment pour sa témérité.
Ici votre indulgence et le nom de son père   175
Nourrissent son orgueil au sein de la misère.
Qu'elle craigne, madame, un sort plus rigoureux,
Un exil sans retour et des fers plus honteux.

156   61-w64G, w68-K: De nos nouveaux

SCÈNE V

CLITEMNESTRE, ÉLECTRE

CLITEMNESTRE

Ma fille approchez-vous, et d'un œil moins austère
Envisagez ces lieux, et surtout une mère;   180
Je gémis en secret comme vous soupirez
De l'avilissement où vos jours sont livrés;
Quoiqu'il fût dû peut-être à votre injuste haine,
Je m'en afflige en mère, et m'en indigne en reine,
J'obtiens grâce pour vous; vos droits vous sont rendus.   185

ÉLECTRE

Ah madame! à vos pieds.

CLITEMNESTRE

      Je veux faire encor plus.

ÉLECTRE

Eh quoi?

CLITEMNESTRE

   De votre sang soutenir l'origine;
Du grand nom de Pélops réparer la ruine,
Réunir ses enfants trop longtemps divisés.

ÉLECTRE

Ah parlez-vous d'Oreste? achevez, disposez.   190

CLITEMNESTRE

Je parle de vous-même, et votre âme obstinée

444

A son propre intérêt doit être ramenée.
De tant d'abaissement c'est peu de vous tirer,
Electre, au trône un jour il vous faut aspirer.
Vous pouvez, si ce cœur connaît le vrai courage,   195
De Micène et d'Argos espérer l'héritage:
C'est à vous de passer des fers que vous portez
A ce suprême rang des rois dont vous sortez;
D'Egiste contre vous j'ai su fléchir la haine;
Il veut vous voir en fille, il vous donne Plistène.   200
Plistène est d'Epidaure attendu chaque jour:
Votre hymen est fixé pour son heureux retour.
D'un brillant avenir goûtez déjà la gloire;
Le passé n'est plus rien, perdez-en la mémoire.

ÉLECTRE

A quel oubli, grands dieux, ose-t-on m'inviter?   205
Quel horrible avenir m'ose-t-on présenter?
O sort, ô derniers coups tombés sur ma famille!
Songez-vous au héros dont Electre est la fille?
Madame, osez-vous bien par un crime nouveau

195-200   T64P:
                              ÉLECTRE
                Oreste n'est donc plus?
                              CLITEMNESTRE
                              Qu'il soit mort, ou qu'il vive,
                Il est temps de passer de l'état de captive
                Aux honneurs qui sont dûs au sang dont vous sortez.
                              ÉLECTRE
                Ah! je n'en ai connu que les calamités.
                              CLITEMNESTRE
                Tout sera réparé.
                              ÉLECTRE
                              Je vous en crois à peine.
                              CLITEMNESTRE
                Préparez-vous, Electre, à l'hymen de Plistène.
206   w70L: Et quel est l'avenir qu'on m'ose présenter?

Abandonner Electre au fils de son bourreau? 210
Le sang d'Agamemnon! qui? moi? la sœur d'Oreste,
Electre, au fils d'Egiste, au neveu de Thieste![6]
Ah! rendez-moi mes fers; rendez-moi tout l'affront
Dont la main des tyrans a fait rougir mon front;
Rendez-moi les horreurs de cette servitude 215
Dont j'ai fait une épreuve et si longue et si rude;
L'opprobre est mon partage, il convient à mon sort:
J'ai supporté la honte et vu de près la mort;
Votre Egiste cent fois m'en avait menacée,
Mais enfin c'est par vous qu'elle m'est annoncée. 220
Cette mort à mes sens inspire moins d'effroi
Que les horribles vœux qu'on exige de moi.
Allez, de cet affront je vois trop bien la cause;
Je vois quels nouveaux fers un lâche me propose:
Vous n'avez plus de fils; son assassin cruel 225
Craint les droits de ses sœurs au trône paternel:
Il veut forcer mes mains à seconder sa rage;
Assurer à Plistène un sanglant héritage;
Joindre un droit légitime aux droits des assassins,
Et m'unir aux forfaits par les nœuds les plus saints. 230
Ah! si j'ai quelques droits, s'il est vrai qu'il les craigne,
Dans ce sang malheureux que sa main les éteigne;
Qu'il achève à vos yeux de déchirer mon sein,
Et si ce n'est assez prêtez-lui votre main;
Frappez, joignez Electre à son malheureux frère; 235
Frappez, dis-je, à vos coups je connaîtrai ma mère.

CLITEMNESTRE

Ingrate, c'en est trop, et toute ma pitié
Cède enfin dans mon cœur à ton inimitié.
Que n'ai-je point tenté? que pouvais-je plus faire

[6] Plistène was the grandson of Thieste: an archaic sense of *neveu*.

446

Pour fléchir, pour briser ton cruel caractère?   240
Tendresse, châtiments, retour de mes bontés,
Tes reproches sanglants souvent même écoutés,
Raison, menace, amour, tout, jusqu'à la couronne
Où tu n'as d'autres droits que ceux que je te donne;
J'ai prié, j'ai puni, j'ai pardonné sans fruit: 245
Va, j'abandonne Electre au malheur qui la suit;
Va, je suis Clitemnestre, et surtout je suis reine,
Le sang d'Agamemnon n'a de droits qu'à ma haine;
C'est trop flatter la tienne, et de ma faible main
Caresser le serpent qui déchire mon sein.   250
Pleure, tonne, gémis, j'y suis indifférente,
Je ne verrai dans toi qu'une esclave imprudente,
Flottant entre la plainte et la témérité,
Sous la puissante main de son maître irrité.
Je t'aimais malgré toi, l'aveu m'en est bien triste,   255
Je ne suis plus pour toi que la femme d'Egiste;
Je ne suis plus ta mère, et toi seule as rompu
Ces nœuds infortunés de ce cœur combattu
Ces nœuds qu'en frémissant réclamait la nature,
Que ma fille déteste, et qu'il faut que j'abjure. [7]   260

248 w57G1: n'a de droit qu'à

[7] 'Les quatre soldats restés en scène pour former la garde de Clytemnestre suivent cette reine, par la gauche du Théatre' (Lekain, *Registre manuscrit*, p.121-22).

SCÈNE VI

ÉLECTRE *seule.*

Et c'est ma mère, ô ciel! fut-il jamais pour moi
Depuis la mort d'un père, un jour plus plein d'effroi!
Hélas j'en ai trop dit: ce cœur plein d'amertume
Répandait malgré lui le fiel qui le consume;
Je m'emporte, il est vrai, mais ne m'a-t-elle pas   265
D'Oreste, en ses discours, annoncé le trépas?
On offre sa dépouille à sa sœur désolée!
De ces lieux tout sanglants la nature exilée,
Et qui ne laisse ici qu'un nom qui fait horreur,
Se renfermait pour lui toute entière en mon cœur.   270
S'il n'est plus, si ma mère à ce point m'a trahie,
A quoi bon ménager ma plus grande enremi?
Pourquoi? pour obtenir de ses tristes faveurs
De ramper dans la cour de mes persécuteurs;
Pour lever en tremblant aux dieux qui me trahissent   275
Ces languissantes mains que mes chaînes flétrissent;
Pour voir avec des yeux de larmes obscurcis,
Dans le lit de mon père, et sur son trône assis,
Ce monstre, ce tyran, ce ravisseur funeste,
Qui m'ôte encor ma mère et me prive d'Oreste.   280

SCÈNE VII

ÉLECTRE, IPHISE

IPHISE

Chère Electre apaisez ces cris de la douleur.

ÉLECTRE

Moi!

IPHISE

Partagez ma joie.

ÉLECTRE

Au comble du malheur
Quelle funeste joie à nos cœurs étrangère!

IPHISE

Espérons.

ÉLECTRE

Non, pleurez, si j'en crois une mère
Oreste est mort, Iphise.

IPHISE

Ah! si j'en crois mes yeux   285
Oreste vit encore, Oreste est en ces lieux.

___

282   w56, w57G1-w64G, w68-w75G: O comble du malheur!

ÉLECTRE

Grands dieux! Oreste? lui? serait-il bien possible?
Ah! gardez d'abuser une âme trop sensible...
Oreste, dites-vous?

IPHISE

Oui.

ÉLECTRE

D'un songe flatteur
Ne me présentez pas la dangereuse erreur: 290
Oreste... Poursuivez; je succombe à l'atteinte
Des mouvements confus d'espérance et de crainte...

IPHISE

Ma sœur, deux inconnus qu'à travers mille morts,
La main d'un dieu, sans doute, a jetés sur ces bords,
Recueillis par les soins du fidèle Pammène;   295
L'un des deux...

ÉLECTRE

Je me meurs et me soutiens à peine;
L'un des deux...

IPHISE

Je l'ai vu; quel feu brille en ses yeux!
Il avait l'air, le port, le front des demi-dieux,
Tel qu'on peint le héros qui triompha de Troie;
La même majesté sur son front se déploie;   300
A mes avides yeux soigneux de s'arracher,
Chez Pammène en secret il semble se cacher:
Interdite, et le cœur tout plein de son image,
J'ai couru vous chercher sur ce triste rivage,

Sous ces sombres cyprès, dans ce temple éloigné,   305
Enfin vers ce tombeau de nos larmes baigné:
Je l'ai vu ce tombeau couronné de guirlandes,
De l'eau sainte arrosé, couvert encor d'offrandes;
Des cheveux, si mes yeux ne se sont pas trompés,
Tels que ceux du héros dont mes sens sont frappés;   310
Une épée, et c'est là ma plus ferme espérance,
C'est le signe éclatant du jour de la vengeance:
Et quel autre qu'un fils, qu'un frère, qu'un héros,
Suscité par les dieux pour le salut d'Argos,
Aurait osé braver ce tyran redoutable?   315
C'est Oreste, sans doute: il en est seul capable;
C'est lui, le ciel l'envoie, il m'en daigne avertir;
C'est l'éclair qui paraît, la foudre va partir. [8]

ÉLECTRE

Je vous crois; j'attends tout: mais n'est-ce point un piège
Que tend de mon tyran la fourbe sacrilège?   320
Allons. De mon bonheur il me faut assurer,
Ces étrangers... courons, mon cœur va m'éclairer.

IPHISE

Pammène m'avertit, Pammène nous conjure
De ne point approcher de sa retraite obscure,

319-321 T64P, omitted
322-323 T64P:
        Ces étrangers... courons.
                IPHISE
                Pammène nous conjure

[8] Voltaire evidently coached Mlle Gaussin on the enunciation of this line: 'Mademoiselle Gaussin m'a remercié de lui avoir mis le doigt sur FOU; *la foudre va partir*. Ah! que ce FOU est favorable, m'a-t-elle dit!' (D4095).

Il y va de ses jours.

ÉLECTRE

       Ah! que m'avez-vous dit?   325
Non: vous êtes trompée et le ciel nous trahit. [9]
Mon frère, après seize ans, rendu dans sa patrie,
Eût volé dans les bras qui sauvèrent sa vie,
Il eût porté la joie à ce cœur désolé;
Loin de vous fuir, Iphise, il vous aurait parlé.   330
Ce fer vous rassurait, et j'en suis alarmée!
Une mère cruelle est trop bien informée.
J'ai cru voir, et j'ai vu dans ses yeux interdits
Le barbare plaisir d'avoir perdu son fils.
N'importe, je conserve un reste d'espérance;   335
Ne m'abandonnez pas, ô dieux de la vengeance!
Pammène à mes transports pourra-t-il résister?
Il faut qu'il parle, allons: rien ne peut m'arrêter.

---

329 w50, w51, w52, w48D, w57P, T64P: porté sa joie

---

[9] This line originally ran 'Vous vous trompiez, ma sœur, hélas! tout nous trahit' (D4095). It is also no doubt the line quoted as 'Vous vous êtes trompée...' in D4104, and was probably changed in the revisions which reduced the role of Iphise. This would also account for the change in Voltaire's advice to Mlle Clairon as to how the line should be spoken: 'Pressez, sans déclamer', he says of this passage in D4095, but in D4104 he has changed his mind: 'Quand Iphise vous dit:

     Pammène nous conjure
De ne point approcher de sa retraite obscure;
Il y va de ses jours...
vous lui répondriez, non pas avec un ton ordinaire, mais avec tous ces symptômes du découragement, après un *ah* très douloureux,
     Ah!... que m'avez-vous dit?
Vous vous êtes trompée...'.

452

IPHISE

Vous vous perdez, songez qu'un maître impitoyable
Nous obsède, nous suit d'un œil inévitable.   340
Si mon frère est venu nous l'allons découvrir;
Ma sœur, en lui parlant nous le faisons périr:
Et si ce n'est pas lui, notre recherche vaine
Irrite nos tyrans, met en danger Pammène.
Venez à ce tombeau, vous pouvez l'honorer,   345
Et l'on ne vous a pas défendu d'y pleurer;
Cet étranger, ma sœur, y peut paraître encore;
C'est un asile sûr: et ce ciel que j'implore,
Ce ciel dont votre audace accuse les rigueurs,
Pourra le rendre encore à vos cris, à mes pleurs: 350
Venez.

ÉLECTRE

De quel espoir ma douleur est suivie!
Ah si vous me trompez, vous m'arrachez la vie.

Fin du second acte.

343   50P2: notre recherche est vaine.
345-346   61-K:
          Je revole au tombeau que je peux [K: puis] honorer:
          Clitemnestre du moins m'a permis d'y pleurer.
350-351   T64P:
          Pourra le rendre encore à nos cris, à nos pleurs:
          J'y cours

ACTE III

SCÈNE PREMIÈRE

ORESTE, PILADE, PAMMÈNE
Un esclave dans l'enfoncement
qui porte une urne et une épée.

PAMMÈNE

Que béni soit le jour si longtemps attendu,
Où le fils de mon maître à nos larmes rendu
Vient, digne de sa race et de sa destinée,
Venger d'Agamemnon la cendre profanée.
Je crains que le tyran, par son trouble averti,   5
Ne détourne un destin déjà trop pressenti:
Il n'a fait qu'entrevoir et son juge et son maître,
Et sa rage a déjà semblé le reconnaître;
Il s'informe, il s'agite, il veut surtout vous voir;
Vous-même, vous mêlez la crainte à mon espoir.   10
De vos ordres sacrés exécuteur fidèle,
Je sonde les esprits, j'encourage leur zèle;
Des sujets gémissants consolant la douleur,
Je leur montre de loin leur maître et leur vengeur.
La race des vrais rois tôt ou tard est chérie: 15
Le cœur s'ouvre aux grands noms d'Oreste et de patrie:
Tout semble autour de moi sortir d'un long sommeil;
La vengeance assoupie est au jour du réveil,
Et le peu d'habitants de ces tristes retraites
Lève les mains au ciel et demande où vous êtes.   20

a-83   MS2, 61-K, see appendix 1 (p.517)

454

Mais je frémis de voir Oreste en ce désert,
Sans armes, sans soldats, prêt d'être découvert.
D'un barbare ennemi l'active vigilance
Peut prévenir d'un coup votre juste vengeance;
Et contre ce tyran sur le trône affermi,   25
Vous n'amenez, hélas! qu'Oreste et son ami.

PILADE

C'est assez, et du ciel je reconnais l'ouvrage:
Il nous a tout ravi par ce cruel naufrage:
Il veut seul accomplir ses augustes desseins,
Pour ce grand sacrifice il ne veut que nos mains.   30
Tantôt de trente rois il arme la vengeance;
Tantôt trompant la terre et frappant en silence,
Il veut, en signalant son pouvoir oublié,
N'armer que la nature et la seule amitié.

ORESTE

Avec un tel secours Oreste est sans alarmes,   35
Je n'aurai pas besoin de plus puissantes armes.

PILADE

Prends garde, cher Oreste, à ne pas t'égarer
Au sentier qu'un dieu même a daigné te montrer;
Prends garde à tes serments, à cet ordre suprême
De cacher ton retour à cette sœur qui t'aime: 40
Ton repos, ton bonheur, ton règne est à ce prix;
Commande à tes transports, dissimule, obéis,
Il la faut abuser encor plus que sa mère.

PAMMÈNE

Remerciez les dieux de cet ordre sévère;
A peine j'ai trompé ses transports indiscrets,   45

Déjà portant partout ses pleurs et ses regrets,
Appelant à grands cris son vengeur et son frère,
Et courant sur vos pas dans ce lieu solitaire
Elle m'interrogeait et me faisait trembler;
La nature en secret semblait lui révéler   50
Par un pressentiment trop tendre et trop funeste,
Que le ciel en ses bras remet son cher Oreste;
Son cœur trop plein de vous ne peut se contenir.

ORESTE

Quelle contrainte! ô dieux! puis-je la soutenir?

PILADE

Vous balancez; songez aux menaces terribles   55
Que vous faisaient ces dieux, dont les secours sensibles
Vous ont rendu la vie au milieu du trépas;
Contre leurs volontés si vous faites un pas,
Ce moment vous dévoue à leur haine fatale:
Tremblez, malheureux fils d'Atrée et de Tantale,   60
Tremblez de voir sur vous, dans ces lieux détestés,
Tomber tous les fléaux du sang dont vous sortez.

ORESTE

Quel est donc cher ami le destin qui nous guide?
Quel pouvoir invincible à tous nos pas préside?
Moi sacrilège! moi, si j'écoute un instant   65
La voix du sang qui parle à ce cœur gémissant!
O justice éternelle! abîme impénétrable!
Ne distinguez-vous point le faible et le coupable,
Le mortel qui s'égare, ou qui brave vos lois,
Qui trahit la nature, ou qui cède à sa voix?   70
N'importe, est-ce à l'esclave à condamner son maître?
Le ciel ne nous doit rien quand il nous donne l'être.
J'obéis... Je me tais... Nous avons apporté

456

Cette urne, cet anneau, ce fer ensanglanté:
Il suffit; offrons-les loin d'Electre affligée,   75
Allons, je la verrai quand je l'aurai vengée.

à Pammène.

Va préparer les cœurs au grand événement
Que je dois consommer et que la Grèce attend;
Trompe surtout Egiste et ma coupable mère,
Qu'ils goûtent de ma mort la douceur passagère;   80
Si pourtant une mère a pu porter jamais
Sur la cendre d'un fils des regards satisfaits.
Va. Nous les attendrons tous deux à leur passage.

SCÈNE II

ÉLECTRE, IPHISE *d'un côté*, ORESTE, PILADE *de l'autre*
avec l'esclave qui porte l'urne et l'épée.

ÉLECTRE *à Iphise.*

L'espérance trompée accable et décourage.
Un seul mot de Pammène a fait évanouir   85
Ces songes imposteurs dont vous osiez jouir.
Ce jour faible et tremblant qui consolait ma vue
Laisse une horrible nuit sur mes yeux répandue.
Ah, la vie est pour nous un cercle de douleurs.

83a   61-K: SCÈNE IV
83b-c T64P: *l'autre.*//
83c   61-W64G, W68-K: *avec un esclave qui porte*
83d   W75G, K: ÉLECTRE//
89   61-K: cercle de douleur.

ORESTE *à Pilade*.

Quelle est cette princesse et cette esclave en pleurs?   90

IPHISE *à Electre*.

D'une erreur trop flatteuse, ô suite trop cruelle!

ÉLECTRE

Oreste, cher Oreste, en vain je vous appelle,
En vain pour vous revoir j'ai prolongé mes jours.

ORESTE

Quels accents! elle appelle Oreste à son secours.

IPHISE *à Electre*.

Voilà ces étrangers.

ÉLECTRE *à Iphise*.

Que ses traits m'ont frappée!   95
Hélas! ainsi que vous j'aurais été trompée.

90-95   MS2, W57G1-K:
            ORESTE *à Pilade*.
        Tu vois ces deux objets: ils m'arrachent le cœur.
        [W57G1: Nous ne voyons ici que des femmes en pleurs.]
                PILADE
        Sous les lois des tyrans tout gémit, tout s'attriste.
                ORESTE
        La plainte doit régner dans l'empire d'Egiste.
                IPHISE *à Electre*.
        Voilà ces étrangers.
                ÉLECTRE
                Présages douloureux!
        Le nom d'Egiste, ô ciel! est prononcé par eux.
                IPHISE
        L'un d'eux est ce héros dont les traits m'ont frappée.

à Oreste.

Eh, qui donc êtes-vous, étrangers malheureux?
Et qu'osez-vous chercher sur ce rivage affreux?

PILADE

Nous attendons ici les ordres, la présence
Du roi qui tient Argos sous son obéissance.   100

ÉLECTRE

Qui, du roi? Quoi! des Grecs osent donner ce nom
Au tyran qui versa le sang d'Agamemnon!

ORESTE

Cher Pilade, à ces mots, aux douleurs qui la pressent,

---

98   MS2, W57G1-K: Que venez-vous chercher sur
102a-122   W57G1-K:

PILADE

Il règne; c'est assez; et le ciel nous ordonne,
Que sans peser ses droits nous respections son trône.

ÉLECTRE

Maxime horrible et lâche! Eh, que demandez-vous
Au monstre ensanglanté qui règne ici sur nous?

PILADE

Nous venons lui porter des nouvelles heureuses.

ÉLECTRE

Elles sont donc pour nous inhumaines, affreuses?

IPHISE *en voyant l'urne.*

Quelle est cette urne, hélas! ô surprise! ô douleurs!

PILADE

Oreste...

ÉLECTRE

Oreste! ah dieux! il est mort; je me meurs.

ORESTE *à Pilade.*

Qu'avons-nous fait, ami? peut-on les méconnaître
A l'excès des douleurs que nous voyons paraître?
Tout mon sang se soulève. Ah princesse! ah vivez!

ÉLECTRE

Moi, vivre! Oreste est mort. Barbares, achevez.

459

Aux pleurs qu'elle répand tous mes troubles renaissent.
Ah! c'est Electre.

ÉLECTRE

Hélas! vous voyez qui je suis,　　　　105
On reconnaît Electre à ses affreux ennuis...

IPHISE

Du vainqueur d'Ilion voilà le triste reste,
Ses deux filles, les sœurs du malheureux Oreste.

ORESTE

Ciel! soutiens mon courage.

ÉLECTRE

Eh, que demandez-vous
Au tyran dont le bras s'est déployé sur nous?　　　　110

PILADE

Je lui viens annoncer un destin trop propice.

ORESTE

Que ne puis-je du vôtre adoucir l'injustice!
Je vous plains toutes deux, je déteste un devoir
Qui me force à combler votre long désespoir.

IPHISE
Hélas! d'Agamemnon vous voyez ce qui reste,
Ses deux filles, les sœurs du malheureux Oreste.
ORESTE
Electre! Iphise! où suis-je? impitoyables dieux!
　(à celui qui porte l'urne.)
Otez ces monuments; éloignez de leurs yeux

ACTE III, SCÈNE II

IPHISE

Serait-il donc pour nous encor quelque infortune? 115

ÉLECTRE

Parlez, délivrez-moi d'une vie importune.

PILADE

Oreste...

ÉLECTRE

Eh bien, Oreste?

ORESTE

Où suis-je?

IPHISE *en voyant l'urne.*

Dieux vengeurs!

ÉLECTRE

Cette cendre. On se tait... Mon frère... je me meurs!

IPHISE

Il n'est donc plus? Faut-il voir encor la lumière!

ORESTE *à Pilade.*

Elle semble toucher à son heure dernière. 120

117 W52-W57P:
        Oreste...
                ÉLECTRE
        Eh bien, Oreste?
        IPHISE *en voyant l'urne.*
                O surprise! ô douleurs!

Ah! pourquoi l'ai-je vue, impitoyables dieux!

à celui qui porte l'urne.

Otez ce monument, gardez pour d'autres yeux
Cette urne dont l'aspect…

ÉLECTRE *revenant à elle et courant vers l'urne.*

Cruel, qu'osez-vous dire!
Ah! ne m'en privez pas, et devant que j'expire,
Laissez, laissez toucher à mes tremblantes mains,   125
Ces restes échappés à des dieux inhumains.
Donnez.

Elle prend l'urne et l'embrasse.

ORESTE

Que faites-vous? cessez.

PILADE

Le seul Egiste
Dut recevoir de nous ce monument si triste.

ÉLECTRE

Qu'entends-je! ô nouveau crime! ô désastres plus grands!
Les cendres de mon frère aux mains de mes tyrans!   130
Des meurtriers d'Oreste, ô ciel, suis-je entourée?

ORESTE

De ce reproche affreux mon âme déchirée,
Ne peut plus…

121   w52-w57p:
      Ah! que m'ordonnez-vous, impitoyables dieux!

ÉLECTRE

       Et c'est vous qui partagez mes pleurs!
Au nom du fils des rois, au nom des dieux vengeurs,
S'il n'est pas mort par vous, si vos mains généreuses   135
Ont daigné recueillir ses cendres malheureuses,

ORESTE

Ah dieux...

ÉLECTRE

      Si vous plaignez son trépas et ma mort,
Répondez-moi, comment avez-vous su son sort?
Etiez-vous son ami? dites-moi qui vous êtes,
Vous surtout dont les traits... Vos bouches sont muettes;   140
Quand vous m'assassinez vous êtes attendris.

ORESTE

C'en est trop, et les dieux sont trop bien obéis.

ÉLECTRE

Que dites-vous?

ORESTE

      Laissez ces dépouilles horribles.

ÉLECTRE

Tous les cœurs aujourd'hui seront-ils inflexibles!
Non, fatal étranger, je ne rendrai jamais   145
Ces présents douloureux que ta pitié m'a faits;
C'est Oreste, c'est lui... Vois sa sœur expirante
L'embrasser en mourant de sa main défaillante.

ORESTE

Je n'y résiste plus. Dieux inhumains, tonnez.
Electre...

ÉLECTRE

Eh bien.

ORESTE

Je dois.

PILADE

Ciel!

ÉLECTRE

Poursuis.

ORESTE

Apprenez.   150

SCÈNE III

ÉGISTE, CLITEMNESTRE, ORESTE, PILADE,
ÉLECTRE, IPHISE, PAMMÈNE, GARDES[1]

ÉGISTE

Quel spectacle! ô fortune à mes lois asservie!

150a   61-w64G, w68-κ: SCÈNE V

[1] 'Douze soldats de la garde précédés de leur chef, se divisent en trois corps:
sçavoir un sur la gauche, et un sur la droite comme précédement, et un troisième
au fonds du Théatre ayant à sa tête le chef de la garde; ces divisions postées à deux
hommes de hauteur' (Lekain, *Registre manuscrit*, p.122).

464

Pammène, il est donc vrai! mon rival est sans vie:
Vous ne me trompiez point, sa douleur m'en instruit.

ÉLECTRE

O rage! ô dernier jour!

ORESTE

Où me vois-je réduit!

ÉGISTE

Qu'on ôte de ses mains ces dépouilles d'Oreste.   155
On prend l'urne des mains d'Electre.

ÉLECTRE

Barbare, arrache-moi le seul bien qui me reste.
Tigre, avec cette cendre, arrache-moi le cœur,
Joins le père aux enfants, joins le frère à la sœur;
Monstre heureux, à tes pieds vois toutes tes victimes;
Jouis de ton bonheur, jouis de tous tes crimes.   160
Contemplez avec lui des spectacles si doux,
Mère trop inhumaine, ils sont dignes de vous.

Iphise l'emmène.

152   K: Pammène, est-il donc vrai?

SCÈNE IV

ÉGISTE, CLITEMNESTRE, ORESTE, PILADE, GARDES

CLITEMNESTRE

Que me faut-il entendre?

ÉGISTE

Elle en sera punie.
Qu'elle se plaigne au ciel, ce ciel me justifie;
Sans me charger du meurtre, il l'a du moins permis: 165
Nos jours sont assurés, nos trônes affermis.
Voilà donc ces deux Grecs échappés du naufrage,
De qui je dois payer le zèle et le courage.

ORESTE

C'est nous-même. Et j'ai dû vous offrir ces présents,
D'un important trépas gages intéressants,   170
Ce glaive, cet anneau... Vous devez le connaître;
Agamemnon l'avait quand il fut votre maître.

162b 61-w64G, w68-K: SCÈNE VI
169 w51, w56, w57G1-w64G, w68-K: C'est nous-mêmes: j'ai
171-174 MS2, 61-K:
        Ce glaive, cet anneau, vous devez les connaître
        Agamemnon les eut, quand il fut votre maître;
        Oreste les portait.
                CLITEMNESTRE
                Quoi! c'est vous que mon fils?...
                ÉGISTE
        Si vous l'avez vaincu, je vous en dois le prix.

466

CLITEMNESTRE

Quoi! ce serait par vous qu'au tombeau descendu…

ÉGISTE

Si vous m'avez servi, le prix vous en est dû.
De quel sang êtes-vous? qui vois-je en vous paraître?   175

ORESTE

Mon nom n'est point connu… Seigneur, il pourra l'être.
Mon père aux champs troyens a signalé son bras
Aux yeux de tous ces rois vengeurs de Ménélas.
Il périt dans ces temps de malheurs et de gloire,
Qui des Grecs triomphants ont suivi la victoire.   180
Ma mère m'abandonne, et je suis sans secours;
Des ennemis cruels ont poursuivi mes jours.
Cet ami me tient lieu de fortune et de père:
J'ai recherché l'honneur et bravé la misère.
Seigneur, tel est mon sort.

ÉGISTE

                    Dites-moi dans quels lieux   185
Votre bras m'a vengé de ce prince odieux.

ORESTE

Dans les champs d'Hermione, au tombeau d'Achémore,
Dans un bois qui conduit au temple d'Epidaure.

ÉGISTE

Mais le roi d'Epidaure avait proscrit ses jours;
D'où vient qu'à ses bienfaits vous n'avez point recours?   190

175   W57P, T64P, K: êtes-vous? que vois-je

ORESTE

Je chéris la vengeance, et je hais l'infamie.
Ma main d'un ennemi n'a point vendu la vie.
Des intérêts secrets, seigneur, m'avaient conduit:
Cet ami les connut, il en fut seul instruit.
Sans implorer des rois je venge ma querelle.   195
Je suis loin de vanter ma victoire et mon zèle,
Pardonnez. Je frissonne à tout ce que je vois,
Seigneur... d'Agamemnon la veuve est devant moi...
Peut-être je la sers, peut-être je l'offense:
Il ne m'appartient pas de braver sa présence.   200
Souffrez.

ÉGISTE

Non, demeurez.

CLITEMNESTRE

Qu'il s'écarte, seigneur.
Cette urne, ce récit me remplissent d'horreur.

191-194 T64P, omitted (T67 cancel: β)
201   MS2, W56, W57G1-W64G, W68-K: Je sors. / ÉGISTE
202-211 61-K:
        Son aspect me remplit d'épouvante et d'horreur.
        C'est lui que j'ai trouvé dans la demeure sombre,
        Où d'un roi malheureux repose la grande ombre.
        Les déités du Stix marchaient à ses côtés.
                ÉGISTE
        Qui! vous?... qu'osiez-vous faire en ces lieux écartés?
                ORESTE
        J'allais comme la reine implorer la clémence
        De ces mânes sanglants qui demandent vengeance.
        Le sang qu'on a versé doit s'expier, seigneur.
                CLITEMNESTRE
        Chaque mot est un trait enfoncé dans mon cœur.
        Eloignez de mes yeux cet assassin d'Oreste.
                ORESTE
        Cet Oreste, dit-on, dut vous être funeste:

Le ciel veille sur vous, il soutient votre empire,
Rendez grâce et souffrez qu'une mère soupire.

ORESTE

Madame... J'avais cru que proscrit dans ces lieux,   205
Le fils d'Agamemnon vous était odieux.

CLITEMNESTRE

Je ne vous cache point qu'il me fut redoutable.

ORESTE

A vous?

CLITEMNESTRE

Il était né pour devenir coupable.

ORESTE

Envers qui?

CLITEMNESTRE

Vous savez qu'errant et malheureux
De haïr une mère il eut le droit affreux.   210
Né pour souiller sa main du sang qui l'a fait naître...
Tel fut le sort d'Oreste et son dessein peut-être:
De sa mort cependant mes sens sont pénétrés;
Vous me faites frémir, vous qui m'en délivrez.

ORESTE

Qui lui, madame? un fils armé contre sa mère?   215

On disait que proscrit, errant, et malheureux,
De haïr une mère il eut le droit affreux.
CLITEMNESTRE
Il naquit pour verser le sang qui le fit naître.

Ah, qui peut effacer ce sacré caractère!
Il respectait son sang... peut-être il eût voulu...

CLITEMNESTRE

Ah ciel!

ÉGISTE

Que dites-vous? où l'aviez-vous connu?

PILADE

Il se perd... Aisément les malheureux s'unissent;
Trop promptement liés, promptement ils s'aigrissent: 220
Nous le vîmes dans Delphe.

ORESTE

                                    Oui... j'y sus son dessein.

ÉGISTE

Eh bien, quel était-il?

ORESTE

                                    De vous percer le sein.

ÉGISTE

Je connaissais sa rage, et je l'ai méprisée.
Mais de ce nom d'Oreste Electre autorisée
Semblait tenir encor tout l'Etat partagé;   225
C'est d'Electre surtout que vous m'avez vengé.
Elle a mis aujourd'hui le comble à ses offenses:
Comptez-la désormais parmi vos récompenses.

219   w51: (à part) Il se perd... (haut) Aisément

Oui, ce superbe objet contre moi conjuré,
Ce cœur enflé d'orgueil et de haine enivré, 230
Qui même de mon fils dédaigna l'alliance;
Digne sœur d'un barbare avide de vengeance,
Je la mets dans vos fers; elle va vous servir:
C'est m'acquitter vers vous bien moins que la punir.
Si de Priam jadis la race malheureuse, 235
Traîna chez ses vainqueurs une chaîne honteuse;
Le sang d'Agamemnon peut servir à son tour.

CLITEMNESTRE

Qui moi, je souffrirais?

ÉGISTE

                    Eh madame, en ce jour
Défendez-vous encor ce sang qui vous déteste?
N'épargnez point Electre, ayant proscrit Oreste. 240
        à Oreste.
Vous... Laissez cette cendre à mon juste courroux.

ORESTE

J'accepte vos présents; cette cendre est à vous.

CLITEMNESTRE

Non: c'est pousser trop loin la haine et la vengeance;

235-237 T64P, omitted (T67 cancel: β)
238-240 T64P:
                    ÉGISTE
                Votre sang vous déteste
        N'épargnez point Electre, ayant proscrit Oreste.
239 T67 cancel: que je déteste[2]

[2] This is the reading proposed by Voltaire in D14552.

Qu'il parte, qu'il emporte une autre récompense.
Vous-même, croyez-moi, quittons ces tristes bords   245
Qui n'offrent à mes yeux que les cendres des morts.
Osons-nous préparer ce festin sanguinaire
Entre l'urne du fils et la tombe du père?
Osons-nous appeler à nos solemnités
Les dieux de ma famille à qui vous insultez,   250
Et livrer dans les jeux d'une pompe funeste
Le sang de Clitemnestre au meurtrier d'Oreste?
Non, trop d'horreur ici s'obstine à me troubler;
Quand je connais la crainte, Egiste peut trembler.
Ce meurtrier m'accable, et je sens que sa vue   255
A porté dans mon cœur un poison qui me tue.
Je cède et je voudrais, dans ce mortel effroi,
Me cacher à la terre, et s'il se peut à moi.

Elle sort. [3]

ÉGISTE *à Oreste.*

Demeurez. Attendez que le temps la désarme.
La nature un moment jette un cri qui l'alarme;   260
Mais bientôt dans un cœur à la raison rendu
L'intérêt parle en maître, et seul est entendu.
En ces lieux, avec nous, célébrez la journée
De son couronnement et de mon hyménée.

à sa suite.

Et vous;... dans Epidaure allez chercher mon fils;   265
Qu'il vienne confirmer tout ce qu'ils m'ont appris. [4]

[3] 'Les quatre soldats de la gauche suivent la reine qui rentre par le côté du palais' (Lekain, *Registre manuscrit*, p.122).

[4] 'Les quatre soldats formant la division du centre suivent Egisthe qui rentre aussi par la gauche; la division de la droite au contraire sort à l'opposé du palais' (Lekain, *Registre manuscrit*, p.122).

SCÈNE V

ORESTE, PILADE

ORESTE

Va, tu verras Oreste à tes pompes cruelles;
Va, j'ensanglanterai la fête où tu m'appelles.

PILADE

Dans tous ces entretiens que j'ai tremblé pour vous!
J'ai craint votre tendresse et plus votre courroux;   270
Dans ses émotions j'ai vu votre âme altière
A l'aspect du tyran s'élançant toute entière;
Tout prêt de l'insulter, tout prêt de vous trahir,
Au nom d'Agamemnon vous m'avez fait frémir.

ORESTE

Ah Clitemnestre encor trouble plus mon courage,   275
Dans mon cœur déchiré quel douloureux partage!
As-tu vu dans ses yeux, sur son front interdit,
Les combats qu'en son âme excitait mon récit?
Je les éprouvais tous: ma voix était tremblante,
Ma mère en me voyant s'effraie, et m'épouvante;   280
Le meurtre de mon père, et mes sœurs à venger,
Un barbare à punir, la reine à ménager,
Electre, mon tyran, mon sang qui se soulève;
Que de tourments secrets! ô dieu terrible achève!

266a   61-w64G, w68-k: SCÈNE VII
269   61-k: que je tremble pour vous!
270   61-k: Je crains votre tendresse
271   61-k: je vois votre âme altière
283   k: Electre, son tyran

Précipite un moment trop lent pour ma fureur,   285
Ce moment de vengeance et que prévient mon cœur.
Quand pourrai-je servir ma tendresse et ma haine,
Mêler le sang d'Egiste aux cendres de Plistène;
Immoler ce tyran, le montrer à ma sœur
Expirant sous mes coups pour la tirer d'erreur?   290

SCÈNE VI

ORESTE, PILADE, PAMMÈNE

ORESTE

Qu'as-tu fait cher Pammène? as-tu quelque espérance?

PAMMÈNE

Seigneur, depuis ce jour fatal à votre enfance,
Où j'ai vu dans ces lieux votre père égorgé,
Jamais plus de périls ne vous ont assiégé.

ORESTE

Comment?

PILADE

Quoi, pour Oreste aurai-je à craindre encore?   295

PAMMÈNE

Il arrive à l'instant un courrier d'Epidaure,
Il est avec Egiste; il glace mes esprits;

290a   61-w64G, w68-K: SCÈNE VIII

474

Egiste est informé de la mort de son fils.

PILADE

Ciel!

ORESTE

Sait-il que ce fils élevé dans le crime,
Du fils d'Agamemnon est tombé la victime?   300

PAMMÈNE

On parle de sa mort, on ne dit rien de plus.
Mais de nouveaux avis sont encore attendus.
On se tait à la cour, on cache à la contrée
Que d'un de ses tyrans la Grèce est délivrée;
Egiste avec la reine en secret renfermé   305
Ecoute ce récit qui n'est pas confirmé:
Et c'est ce que j'apprends d'un serviteur fidèle,
Qui pour le sang des rois comme moi plein de zèle,
Gémissant et caché, traîne encor ses vieux ans
Dans un service ingrat à la cour des tyrans.   310

ORESTE

De la vengeance au moins j'ai goûté les prémices;
Mes mains ont commencé mes justes sacrifices;
Les dieux permettront-ils que je n'achève pas?
Cher Pilade, est-ce en vain qu'ils ont armé mon bras?
Par des bienfaits trompeurs exerçant leur colère,   315
M'ont-ils donné le fils pour me livrer au père?
Marchons, notre péril doit nous déterminer;
Qui ne craint point la mort est sûr de la donner.
Avant qu'un jour plus grand puisse éclairer sa rage,
Je veux de ce moment saisir tout l'avantage.   320

475

PAMMÈNE

Eh bien il faut paraître, il faut vous découvrir
A ceux qui pour leur roi sauront du moins mourir.
Il en est, j'en réponds, cachés dans ces asiles,
Plus ils sont inconnus, plus ils seront utiles.

PILADE

Allons, et si les noms d'Oreste et de sa sœur,   325
Si l'indignation contre l'usurpateur,
Le tombeau de ton père et l'aspect de sa cendre,
Les dieux qui t'ont conduit, ne peuvent te défendre,
S'il faut qu'Oreste meure en ces lieux abhorrés,
Je t'ai voué mes jours, ils te sont consacrés;   330
Nous périrons unis; c'est l'espoir qui me reste;
Pilade à tes côtés mourra digne d'Oreste.

ORESTE

Ciel ne frappe que moi, mais daigne en ta pitié
Protéger son courage, et servir l'amitié!

Fin du troisième acte.

ACTE IV

SCÈNE PREMIÈRE

ORESTE, PILADE

ORESTE

De Pammène il est vrai l'adroite vigilance,
D'Egiste pour un temps trompe la défiance;
On lui dit que les dieux de Tantale ennemis
Frappaient en même temps les derniers de ses fils.
Peut-être que le ciel qui pour nous se déclare   5
Répand l'aveuglement sur les yeux du barbare.
Mais tu vois ce tombeau si cher à ma douleur,
Où ma main frémissante offrit ce fer vengeur;
Ce fer est enlevé par des mains sacrilèges.
L'asile de la mort n'a plus de privilèges;   10
Et je crains que ce glaive à mon tyran porté,
Ne lui donne sur nous quelque affreuse clarté.
Précipitons l'instant où je veux le surprendre.

PILADE

Pammène veille à tout, sans doute il faut l'attendre;
Dès que nous aurons vu dans ces bois écartés   15
Le peu de vos sujets à vous suivre excités,
Par trois divers chemins retrouvons-nous ensemble,
Non loin de cette tombe, au lieu qui nous rassemble.

---

1 MS2, 61-K: la sage vigilance
8 MS2, 61-K: Ma main l'avait chargé de mon glaive vengeur;
16 T64P: Le peu de tes sujets à nous suivre excités.

ORESTE

Allons… Pilade, ah ciel! ah trop barbare loi!
Ma rigueur assassine un cœur qui vit pour moi.   20
Quoi j'abandonne Electre à sa douleur mortelle!

PILADE

Tu l'as juré, poursuis, et ne redoute qu'elle.
Electre peut te perdre, et ne peut te servir:
Les yeux de tes tyrans sont tout prêts de s'ouvrir;
Renferme cette amour et si sainte et si pure;   25
Doit-on craindre en ces lieux de dompter la nature?
Ah! de quels sentiments te laisses-tu troubler?
Il faut venger Electre et non la consoler.

ORESTE

Pilade, elle s'avance, et me cherche peut-être.

PILADE

Ses pas sont épiés; garde-toi de paraître.   30
Va, j'observerai tout avec empressement:
Les yeux de l'amitié se trompent rarement.

SCÈNE II

ÉLECTRE, IPHISE, PILADE

ÉLECTRE

Le perfide… il échappe à ma vue indignée.
En proie à ma fureur, et de larmes baignée,
Je reste sans vengeance, ainsi que sans espoir.   35

478

à Pilade.

Toi, qui sembles frémir, et qui n'oses me voir:
Toi, compagnon du crime, apprends-moi donc barbare
Où va cet assassin, de mon sang trop avare;
Ce maître à qui je suis, qu'un tyran m'a donné.

PILADE

Il remplit un devoir par le ciel ordonné;   40
Il obéit aux dieux; imitez-le, madame;
Les arrêts du destin trompent souvent notre âme;
Il conduit les mortels, il dirige leurs pas
Par des chemins secrets qu'ils ne connaissent pas:
Il plonge dans l'abîme, et bientôt en retire;   45
Il accable de fers, il élève à l'empire;
Il fait trouver la vie au milieu des tombeaux;
Gardez de succomber à vos tourments nouveaux,
Soumettez-vous; c'est tout ce que je puis vous dire.

SCÈNE III

ÉLECTRE, IPHISE

ÉLECTRE

Ses discours ont accru la fureur qui m'inspire.   50
Que veut-il? Prétend-il que je doive souffrir
L'abominable affront dont on m'ose couvrir?
La mort d'Agamemnon, l'assassinat d'un frère,
N'avaient donc pu combler ma profonde misère!
Après quinze ans de maux et d'opprobres soufferts,   55

---

54   w57P, T64P: ma traînante misère.

De l'assassin d'Oreste il faut porter les fers,
Et pressée en tout temps d'une main meurtrière,
Servir tous les bourreaux de ma famille entière!
Glaive affreux, fer sanglant, qu'un outrage nouveau
Exposait en triomphe à ce sacré tombeau,   60
Fer teint du sang d'Oreste, exécrable trophée,
Qui trompas un moment ma douleur étouffée,
Toi qui n'es qu'un outrage à la cendre des morts,
Sers un projet plus digne et mes justes efforts!
Egiste m'a-t-on dit s'enferme avec la reine;   65
De quelque nouveau crime il prépare la scène;
Pour fuir la main d'Electre, il prend de nouveaux soins;
A l'assassin d'Oreste on peut aller du moins;
Je ne peux me baigner dans le sang des deux traîtres:
Allons, je vais du moins punir un de mes maîtres.   70

IPHISE

Je suis loin de blâmer des douleurs que je sens,

71-84   61-K:

Est-il bien vrai qu'Oreste ait péri de sa main?
J'avais cru voir en lui le cœur le plus humain.
Il partageait ici notre douleur amère.
Je l'ai vu révérer la cendre de mon père.
     ÉLECTRE
Ma mère en fait autant: les coupables mortels
[T64P, l.3*v*-5*v*: Il a montré pour nous l'amitié la plus tendre;
Il révérait mon père, il pleurait sur sa cendre.
     ÉLECTRE
Et ma mère l'invoque! Ainsi donc les mortels][1]
Se baignent dans le sang, et tremblent aux autels.
Ils passent sans rougir du crime au sacrifice.
Est-ce ainsi que des dieux on trompe la justice!

[1] During his revisions of early 1761 Voltaire had doubts about line 5 of the variant ('*Ma mère en fait autant* est le commencement d'une chanson plutôt que d'un vers tragique') and amended the line as well as the preceding couplet (D9742).

Mais souffrez mes raisons dans vos emportements;
Tout parle ici d'Oreste; on prétend qu'il respire,
Et le trouble du roi semble encor nous le dire.
Vous avez vu Pammène avec cet étranger,   75
Lui parler en secret, l'attendre, le chercher;
Pammène de nos maux consolateur utile,
Au milieu des regrets vieilli dans cet asile,
Jusqu'à tant de bassesse a-t-il pu s'oublier?
Est-il d'intelligence avec le meurtrier?   80

ÉLECTRE

Que m'importe, un vieillard qu'on aura pu séduire!
Tout nous trahit, ma sœur, tout sert à m'en instruire;
Ce cruel étranger lui-même avec éclat
Ne s'est-il pas vanté de son assassinat?
Egiste au meurtrier ne m'a-t-il pas donnée?   85
Ne suis-je pas enfin la preuve infortunée,
La victime, le prix de ces noirs attentats
Dont vous osez douter quand je meurs dans vos bras,
Quand Oreste au tombeau m'appelle avec son père?
Ma sœur, ah si jamais Electre vous fut chère,   90
Ayez du moins pitié de mon dernier moment;
Il faut qu'il soit terrible, il faut qu'il soit sanglant.
Allez, informez-vous de ce que fait Pammène,
Et si le meurtrier n'est point avec la reine...
La cruelle a, dit-on, flatté mes ennemis;   95
Tranquille elle a reçu l'assassin de son fils.
On l'a vu partager (et ce crime est croyable)
De son indigne époux la joie impitoyable.
Une mère! ah grands dieux!... ah je veux de ma main
A ses yeux, dans ses bras, immoler l'assassin,   100

Il ne trompera pas [T64P: point] mon courage irrité.
Quoi! de ce meurtre affreux ne s'est-il pas vanté?

Je le veux.

IPHISE

      Vos douleurs lui font trop d'injustice:
L'aspect du meurtrier est pour elle un supplice.
Ma sœur, au nom des dieux ne précipitez rien,
Je vais avec Pammène avoir un entretien:
Electre, ou je m'abuse, ou l'on s'obstine à taire,   105
A cacher à nos yeux un important mystère;
Peut-être on craint en vous ces éclats douloureux,
Imprudence excusable au cœur des malheureux.
On se cache de vous, Pammène vous évite,
J'ignore comme vous quel projet il médite: 110
Laissez-moi lui parler, laissez-moi vous servir.
Ne vous préparez pas un nouveau repentir.

SCÈNE IV

ÉLECTRE *seule*.

Mes tyrans de Pammène ont vaincu la faiblesse;
Le courage s'épuise et manque à la vieillesse;
Que peut contre la force un vain reste de foi?   115
Pour moi, pour ma vengeance il ne reste que moi.
Eh bien c'en est assez: mes mains désespérées
Dans ce grand abandon seront plus assurées.
Euménides venez, soyez ici mes dieux;

113-116 61-K, absent
117 61-K: Un repentir! qui? moi! mes mains désespérées

Accourez de l'enfer en ces horribles lieux,   120
En ces lieux plus cruels et plus remplis de crimes,
Que vos gouffres profonds regorgeants de victimes!
Filles de la vengeance armez-vous, armez-moi;
Venez avec la mort qui marche avec l'effroi;
Que vos fers, vos flambeaux, vos glaives étincellent;   125
Oreste, Agamemnon, Electre vous appellent!
Les voici, je les vois, et les vois sans terreur,
L'aspect de mes tyrans m'inspirait plus d'horreur.
Ah! le barbare approche; il vient, ses pas impies
Sont à mes yeux vengeurs entourés des furies;   130
L'enfer me le désigne, et le livre à mon bras. [2]

SCÈNE V

ÉLECTRE *dans le fond*, ORESTE *d'un autre côté*.

ORESTE

Où suis-je? C'est ici qu'on adressa mes pas,
O ma patrie! ô terre à tous les miens fatale,
Redoutable berceau des enfants de Tantale;
Famille des héros et des grands criminels,   135
Les malheurs de ton sang seront-ils éternels!
L'horreur qui règne ici m'environne et m'accable.

120-121   61-K:
        Vous connaissez trop bien ces détestables lieux,
        Ce palais plus rempli de malheurs et de crimes,

[2] On Voltaire's directions to Mlle Clairon on the delivery of these lines, see above, p.339.

De quoi suis-je puni? de quoi suis-je coupable?
Au sort de mes aïeux ne pourrai-je échapper?

ÉLECTRE *avançant un peu du fond du théâtre.*

Qui m'arrête! et d'où vient que je crains de frapper? 140
Avançons.

ORESTE

Quelle voix ici s'est fait entendre?
Père, époux malheureux, chère et terrible cendre;
Est-ce toi qui gémis ombre d'Agamemnon?

ÉLECTRE

Juste ciel! est-ce à lui de prononcer ce nom?
D'où vient qu'il s'attendrit? je l'entends qui soupire, 145

144 61-w64G, w68-w75G: prononcer son nom
145-161 61-K [T64P, stage directions absent]:

      ORESTE
 O malheureuse Electre!
       ÉLECTRE
      Il me nomme, il soupire! [3]
 Les remords en ces lieux ont-ils donc quelque empire?
 Qu'importe des remords à mon juste courroux?
      (*elle avance vers Oreste.*)
 Frappons. — Meurs, malheureux.
   ORESTE (*lui saisissant le bras.*)
         Justes dieux! est-ce vous,
 Chère Electre!
      ÉLECTRE
    Qu'entends-je?
      ORESTE

[3] In the course of his revisions for 61 and w57G2 Voltaire apparently decided
that line 145 of the base text made Electre's recognition of Oreste implausible: 'Il
n'y avait à mon sens autre chose à reprendre que l'instinct trop violent de la nature,
dans la scène de reconnaissance, et pour rendre cet instinct plus vraisemblable et
plus attendrissant, il n'y a qu'un vers à changer'. He quotes line 145 and says that
it should be replaced by the first line of the variant (D7988).

Les remords en ces lieux ont-ils donc quelque empire?
Qu'importe des remords à l'horreur où je suis!

Elle avance vers Oreste.

Le voilà seul, frappons... meurs... traître... je ne puis...

ORESTE

Ciel! Electre est-ce vous, furieuse, tremblante?

ÉLECTRE

Ah je crois voir en vous un dieu qui m'épouvante!   150
Assassin de mon frère, oui j'ai voulu ta mort,
J'ai fait pour te frapper un impuissant effort:
Ce fer m'est échappé; tu braves ma colère,
Je cède à ton génie, et je trahis mon frère.

        Hélas! qu'alliez-vous faire?
ÉLECTRE
J'allais verser ton sang, j'allais venger mon frère.
ORESTE *(la regardant avec attendrissement.)*
Le venger! et sur qui?
ÉLECTRE
        Son aspect, ses accents,
Ont fait trembler mon bras, ont fait frémir mes sens.
Quoi! c'est vous dont je suis l'esclave malheureuse?
ORESTE
C'est moi qui suis à vous.
ÉLECTRE
        O vengeance trompeuse!
D'où vient qu'en vous parlant tout mon cœur est changé?
ORESTE
Sœur d'Oreste...
ÉLECTRE
        Achevez.
ORESTE
        Où me suis-je engagé?
ÉLECTRE
Ah! ne me trompez plus

ORESTE

Ah loin de le trahir... où me suis-je engagé!   155

ÉLECTRE

Sitôt que je vous vois tout mon cœur est changé.
Quoi, c'est vous qui tantôt me remplissiez d'alarmes!

ORESTE

C'est moi qui de mon sang voudrais payer vos larmes.

ÉLECTRE

Le nom d'Agamemnon vient de vous échapper.
Juste ciel! à ce point ai-je pu me tromper?   160
Ah! ne me trompez plus, parlez, il faut m'apprendre
L'excès du crime affreux que j'allais entreprendre.
Par pitié répondez, éclairez-moi, parlez.

ORESTE

O sœur du tendre Oreste! évitez-moi, tremblez!

ÉLECTRE

Pourquoi?

164-165   MS2, 61-K:

                   ORESTE
    Je ne puis... fuyez-moi.
                     ÉLECTRE
               Qui! moi vous fuir!
                   ORESTE
                           Tremblez.
                  ÉLECTRE
    Pourquoi?
                ORESTE
      Je suis... Cessez, gardez qu'on ne nous [MS2, T64P, W64,
                         W70G, K: vous] voie.

ORESTE

Cessez… Je suis… Gardez qu'on ne vous voie!   165

ÉLECTRE

Ah vous me remplissez de terreur et de joie!

ORESTE

Si vous aimez un frère.

ÉLECTRE

Oui je l'aime, oui je crois
Voir les traits de mon père, entendre encor sa voix;
La nature nous parle, et perce ce mystère,
Ne lui résistez pas: oui vous êtes mon frère,   170
Vous l'êtes, je vous vois, je vous embrasse; hélas!
Cher Oreste, et ta sœur a voulu ton trépas!

ORESTE *en l'embrassant.*

Le ciel menace en vain, la nature l'emporte,
Un dieu me retenait, mais Electre est plus forte.

ÉLECTRE

Il t'a rendu ta sœur, et tu crains son courroux!   175

ORESTE

Ses ordres menaçants me dérobaient à vous.
Est-il barbare assez pour punir ma faiblesse?

ÉLECTRE

Ta faiblesse est vertu, partage mon ivresse,
A quoi m'exposais-tu, cruel, à t'immoler?

ORESTE

J'ai trahi mon serment.

ÉLECTRE

        Tu l'as dû violer.   180

ORESTE

C'est le secret des dieux.

ÉLECTRE

            C'est moi qui te l'arrache,
Moi qu'un serment plus saint à leur vengeance attache;
Que crains-tu?

ORESTE

         Les horreurs où je suis destiné,
Les oracles, ces lieux, ce sang dont je suis né.

ÉLECTRE

Ce sang va s'épurer, viens punir le coupable;   185
Les oracles, les dieux, tout nous est favorable;
Ils ont paré mes coups, ils vont guider les tiens.

184   T64P: ces lieux, le sang

SCÈNE VI

ÉLECTRE, ORESTE, PILADE, PAMMÈNE

ÉLECTRE

Ah venez et joignez tous vos transports aux miens!
Unissez-vous à moi chers amis de mon frère.

PILADE *à Oreste.*

Quoi, vous avez trahi ce dangereux mystère!   190
Pouvez-vous?...

ORESTE

Si le ciel veut se faire obéir,
Qu'il me donne des lois que je puisse accomplir.

ÉLECTRE *à Pilade.*

Quoi vous lui reprochez de finir ma misère?
Cruels, par quelle loi, par quel ordre sévère,
De mes persécuteurs prenant les sentiments,   195
Dérobiez-vous Oreste à mes embrassements?
A quoi m'exposiez-vous? Quelle rigueur étrange...

PILADE

Je voulais le sauver, qu'il vive et qu'il vous venge.

PAMMÈNE

Princesse on vous observe en ces lieux détestés;
On entend vos soupirs, et vos pas sont comptés.   200

194   W51, W57G1-W64G, W68-K: Cruel, par quelle

Mes amis inconnus, et dont l'humble fortune
Trompe de nos tyrans la recherche importune,
Ont adoré leur maître; il était secondé;
Tout était prêt, madame, et tout est hasardé.

ÉLECTRE

Mais Egiste en effet ne m'a-t-il pas livrée   205
A la main qu'il croyait de mon sang altérée?

à Oreste.

Mon sort à vos destins n'est-il pas asservi?
Oui vous êtes mon maître; Egiste est obéi;
Du barbare une fois la volonté m'est chère!
Tout est ici pour nous.

PAMMÈNE

                        Tout vous devient contraire;   210
Egiste est alarmé, redoutez son transport;
Ses soupçons bien souvent sont un arrêt de mort.
Séparons-nous.

PILADE *à Pammène.*

                Va, cours, ami fidèle et sage,
Rassemble tes amis, achève ton ouvrage.
Les moments nous sont chers; il est temps d'éclater.   215

205 w51: point livrée
212 61-k: Ses soupçons, croyez-moi, sont

490

SCÈNE VII

ÉGISTE, CLITEMNESTRE, ÉLECTRE, ORESTE, PILADE, GARDES [4]

ÉGISTE

Ministres de mes lois, hâtez-vous d'arrêter,
Dans l'horreur des cachots de plonger ces deux traîtres.

ORESTE

Autrefois dans Argos il régnait d'autres maîtres,
Qui connaissaient les droits de l'hospitalité.

PILADE

Egiste contre toi qu'avons-nous attenté?   220
De ce héros au moins respecte la jeunesse.

ÉGISTE

Allez, et secondez ma fureur vengeresse:
Quoi donc à son aspect vous semblez tous frémir!
Allez, dis-je, et gardez de me désobéir:
Qu'on les traîne. [5]

ÉLECTRE

Arrêtez! Osez-vous bien barbare?   225

---

[4] 'Les dix-huit soldats de la garde se divisent en trois corps égaux; le premier occupe la droite au fonds du Théatre; le second, la gauche parallèle; et le troisième précédé du chef, s'avance jusqu'au milieu du Théatre, sur une seule ligne' (Lekain, *Registre manuscrit*, p.122).

[5] 'Le chef de la garde suivi de sa division marche droit à Oreste et à Pylade; il les enveloppe, et les fait sortir par la droite' (Lekain, *Registre manuscrit*, p.122).

Arrêtez! Le ciel même est de leur sang avare,
Ils sont tous deux sacrés... on les entraîne... ah dieux!

ÉGISTE

Electre frémissez pour vous comme pour eux,
Perfide en m'éclairant redoutez ma colère. 6

SCÈNE VIII

ÉLECTRE, CLITEMNESTRE

ÉLECTRE

Ah daignez m'écouter! et si vous êtes mère,   230
Si j'ose rappeler vos premiers sentiments,
Pardonnez pour jamais mes vains emportements,
D'une douleur sans borne, effet inévitable:
Hélas dans les tourments la plainte est excusable.
Pour ces deux étrangers laissez-vous attendrir.   235
Peut-être que dans eux le ciel vous daigne offrir
La seule occasion d'expier des offenses,
Dont vous avez tant craint les terribles vengeances;
Peut-être en les sauvant tout peut se réparer.

CLITEMNESTRE

Quel intérêt pour eux vous peut donc inspirer?   240

ÉLECTRE

Vous voyez que les dieux ont respecté leur vie,

---

⁶ 'La division de la gauche établie comme celle de la droite à trois hommes de
hauteur suit Egisthe qui rentre par le côté du palais' (Lekain, *Registre manuscrit*,
p.122).

Ils les ont arrachés à la mer en furie;
Le ciel vous les confie, et vous répondez d'eux.
L'un d'eux... si vous saviez... tous deux sont malheureux.
Sommes-nous dans Argos, ou bien dans la Tauride,   245
Où de meurtres sacrés une prêtresse avide,
Du sang des étrangers fait fumer son autel?
Eh bien pour les ravir tous deux au coup mortel,
Que faut-il, ordonnez. J'épouserai Plistène;
Parlez: j'embrasserai cette effroyable chaîne,   250
Ma mort suivra l'hymen; mais je veux l'achever;
J'obéis, j'y consens.

CLITEMNESTRE

                    Voulez-vous me braver?
Où bien ignorez-vous qu'une main ennemie
Du malheureux Plistène a terminé la vie?

ÉLECTRE

Quoi donc le ciel est juste? Egiste perd un fils?   255

CLITEMNESTRE

De joie à ce discours je vois vos sens saisis!

ÉLECTRE

Ah! dans le désespoir où mon âme se noie,
Mon cœur ne peut goûter une funeste joie;
Non je n'insulte point au sort d'un malheureux,
Et le sang innocent n'est pas ce que je veux.   260
Sauvez ces étrangers; mon âme intimidée
Ne voit point d'autre objet, et n'a point d'autre idée.

CLITEMNESTRE

Va, je t'entends trop bien; tu m'as trop confirmé

493

Les soupçons dont Egiste était tant alarmé;
Ta bouche est de mon sort l'interprète funeste,   265
Tu n'en as que trop dit, l'un des deux est Oreste.

ÉLECTRE

Eh bien s'il était vrai! si le ciel l'eut permis...
Si dans vos mains, madame, il mettait votre fils...

CLITEMNESTRE

O moment redouté! que faut-il que je fasse?

ÉLECTRE

Quoi, vous hésiteriez à demander sa grâce!   270
Lui! votre fils! ô ciel!... quoi ses périls passés...
Il est mort: c'en est fait, puisque vous balancez.

CLITEMNESTRE

Je ne balance point: va, ta fureur nouvelle,
Ne peut même affaiblir ma bonté maternelle;
Je le prends sous ma garde, il pourra m'en punir...   275
Son nom seul me prépare un cruel avenir...
N'importe... je suis mère, il suffit, inhumaine,
J'aime encor mes enfants... tu peux garder ta haine.

ÉLECTRE

Non, madame, à jamais je suis à vos genoux.
Ciel! enfin tes faveurs égalent ton courroux,   280

274   w7OL: ma pitié maternelle.

494

Tu veux changer les cœurs, tu veux sauver mon frère,
Et pour comble de biens tu m'as rendu ma mère.

Fin du quatrième acte.[7]

---

[7] 'La division de la droite, à trois hommes de hauteur, suit la Reine qui rentre
à gauche par le côté du palais' (Lekain, *Registre manuscrit*, p.122).

ACTE V[1]

SCÈNE PREMIÈRE

ÉLECTRE

On m'interdit l'accès de cette affreuse enceinte:
Je cours; je viens; j'attends; je me meurs dans la crainte:
En vain je tends aux dieux ces bras chargés de fers:
Iphise ne vient point, les chemins sont ouverts;
La voici, je frémis.

SCÈNE II

ÉLECTRE, IPHISE

ÉLECTRE

Que faut-il que j'espère?   5
Qu'a-t-on fait? Clitemnestre ose-t-elle être mère?
Ah si... Mais un tyran l'asservit aux forfaits.
Peut-elle réparer les malheurs qu'elle a faits?
En a-t-elle la force? en a-t-elle l'idée?
Parlez. Désespérez mon âme intimidée,   10
Achevez mon trépas.

IPHISE

J'espère, mais je crains:

[1] On this act as played at the first performance, see above, p.337-38, 341-43.

496

Egiste a des avis, mais ils sont incertains;
Il s'égare, il ne sait dans son trouble funeste,
S'il tient entre ses mains le malheureux Oreste;
Il n'a que des soupçons qu'il n'a point éclaircis;   15
Et Clitemnestre au moins n'a point nommé son fils:
Elle le voit, l'entend, ce moment la rappelle
Aux premiers sentiments d'une âme maternelle;
Ce sang prêt à couler parle à ses sens surpris,
Epouvantés d'horreur, et d'amour attendris.   20
J'observais sur son front tout l'effort d'une mère
Qui tremble de parler et qui craint de se taire;
Elle défend les jours de ces infortunés,
Destinés au trépas sitôt que soupçonnés;
Aux fureurs d'un époux à peine elle résiste;   25
Elle retient le bras de l'implacable Egiste.
Croyez-moi, si son fils avait été nommé,
Le crime, le malheur eût été consommé;
Oreste n'était plus.

ÉLECTRE

O comble de misère!
Je le trahis peut-être en implorant ma mère.   30
Son trouble irritera ce monstre furieux.
La nature en tout temps est funeste en ces lieux;[2]
Je crains également sa voix et son silence,
Mais le péril croissait, j'étais sans espérance.
Que fait Pammène?

IPHISE

Il a dans nos dangers pressants   35

---

[2] 'Vous avez mis l'accent sur *fu*', wrote Voltaire to Mlle Clairon about her delivery of this line, '[...] mais vous n'avez pas assez fait résonner cette corde' (D4095).

Ranimé la lenteur de ses débiles ans;
L'infortune lui donne une force nouvelle,
Il parle à nos amis, il excite leur zèle;
Ceux même, dont Egiste est toujours entouré,
A ce grand nom d'Oreste ont déjà murmuré. 40
J'ai vu de vieux soldats qui servaient sous le père,
S'attendrir sur le fils et frémir de colère;
Tant aux cœurs des humains la justice et les lois,
Même aux plus endurcis font entendre leur voix.

ÉLECTRE

Grands dieux! si j'avais pu dans ces âmes tremblantes 45
Enflammer leurs vertus à peine renaissantes,
Jeter dans leurs esprits trop faiblement touchés
Tous ces emportements qu'on m'a tant reprochés:
Si mon frère, abordé sur cette terre impie,
M'eût confié plus tôt le secret de sa vie, 50
Si du moins jusqu'au bout Pammène avait tenté!...

SCÈNE III

ÉGISTE, CLITEMNESTRE, ÉLECTRE, IPHISE, GARDES[3]

ÉGISTE

Qu'on saisisse Pammène et qu'il soit confronté[4]

---

[3] 'Les dix-huit soldats de la garde précédés de leur chef, occupent les mêmes postes qu'ils avaient à la scène septième du quatrième acte; et rangés sur la même hauteur' (Lekain, *Registre manuscrit*, p.122).
[4] 'Le corps qui s'est avancé vers le milieu de la scène, sort à l'ordre d'Egisthe par la droite du Théatre qui désigne la demeure de Pammène' (Lekain, *Registre manuscrit*, p.123).

498

Avec ces étrangers destinés au supplice.
Il est leur confident, leur ami, leur complice.
Dans quel piège effroyable ils allaient me jeter!   55
L'un des deux est Oreste, en pouvez-vous douter?

     à Clitemnestre.

Cessez de vous tromper, cessez de le défendre.
Je vois tout et trop bien. Cette urne, cette cendre,
C'est celle de mon fils; un père gémissant
Tient de son assassin cet horrible présent.   60

CLITEMNESTRE

Croyez-vous?...

ÉGISTE

        Oui, j'en crois cette haine jurée
Entre tous les enfants de Thieste et d'Atrée;
J'en crois les temps, les lieux marqués par cette mort,
Et ma soif de venger son déplorable sort,
Et les fureurs d'Electre, et les larmes d'Iphise,   65
Et l'indigne pitié dont votre âme est surprise.
Oreste vit encore et j'ai perdu mon fils!
Le détestable Oreste en mes mains est remis;
Et quel qu'il soit des deux, juste dans ma colère,
Je l'immole à mon fils, je l'immole à sa mère.   70

CLITEMNESTRE

Eh bien, ce sacrifice est horrible à mes yeux.

ÉGISTE

A vous!

61   w52, w48D, w57P, T64P: Oui, je crois

CLITEMNESTRE

Assez de sang a coulé dans ces lieux;
Je prétends mettre un terme aux cours des homicides,
A la fatalité du sang des Pélopides.
Si mon fils après tout n'est pas entre vos mains,   75
Pourquoi verser du sang sur des bruits incertains,
Pourquoi vouloir sans fruit la mort de l'innocence?
Seigneur, si c'est mon fils j'embrasse sa défense;
Oui, j'obtiendrai sa grâce, en dussai-je périr.

ÉGISTE

Je dois la refuser afin de vous servir.   80
Redoutez la pitié qu'en votre âme on excite.
Tout ce qui vous fléchit me révolte et m'irrite;
L'un des deux est Oreste, et tous deux vont périr.
Je ne peux balancer, je n'ai point à choisir:
A moi, soldats.

IPHISE

Seigneur, quoi! sa famille entière   85
Perdra-t-elle à vos pieds ses cris et sa prière?

Elle se jette à ses pieds.

Avec moi, chère Electre, embrassez ses genoux;
Votre audace vous perd.

ÉLECTRE

Où me réduisez-vous?
Quel affront pour Oreste et quel excès de honte!
Elle me fait horreur... eh bien je la surmonte.   90
Eh bien, j'ai donc connu la bassesse et l'effroi!

73   w56-к: terme au cours
84   к: Je ne puis balancer

Je fais ce que jamais je n'aurais fait pour moi.

Sans se mettre à genoux.

Cruel, si ton courroux peut épargner mon frère
(Je ne peux oublier le meurtre de mon père)
Mais je pourrais du moins, muette à ton aspect,   95
Me forcer au silence et peut-être au respect.
Que je demeure esclave et que mon frère vive.

ÉGISTE

Je vais frapper ton frère et tu vivras captive,
Ma vengeance est entière. Au bord de son cercueil,
Je te vois sans effet abaisser ton orgueil.   100

CLITEMNESTRE

Egiste, c'en est trop, c'est trop braver, peut-être,
Et la veuve et le sang du roi qui fut ton maître;
Je défendrai mon fils et malgré tes fureurs
Tu trouveras sa mère encor plus que ses sœurs.
Que veux-tu? ta grandeur que rien ne peut détruire,   105
Oreste en ta puissance et qui ne peut te nuire,
Electre enfin soumise et prête à te servir,
Iphise à tes genoux, rien ne peut te fléchir!
Va, de tes cruautés je fus assez complice,
Je t'ai fait en ces lieux un trop grand sacrifice;   110
Faut-il pour t'affermir dans ce funeste rang
T'abandonner encor le plus pur de mon sang?
N'aurai-je donc jamais qu'un époux parricide!
L'un massacre ma fille aux campagnes d'Aulide,
L'autre m'arrache un fils et l'égorge à mes yeux,   115
Sur la cendre du père, à l'aspect de ses dieux.
Tombe avec moi plutôt ce fatal diadème,

94   κ: Je ne puis oublier

Odieux à la Grèce, et pesant à moi-même!
Je t'aimai, tu le sais, c'est un de mes forfaits,
Et le crime subsiste ainsi que mes bienfaits;   120
Mais enfin de mon sang mes mains seront avares:
Je l'ai trop prodigué pour des époux barbares:
J'arrêterai ton bras levé pour le verser:
Tremble, tu me connais... tremble de m'offenser;
Nos nœuds me sont sacrés et ta grandeur m'est chère;   125
Mais Oreste est mon fils, arrête et crains sa mère.

ÉLECTRE

Vous passez mon espoir. Non, madame, jamais
Le fond de votre cœur n'a conçu les forfaits.
Continuez, vengez vos enfants et mon père.

ÉGISTE

Vous comblez la mesure, esclave téméraire.   130
Quoi donc, d'Agamemnon la veuve et les enfants
Arrêteraient mes coups par des cris menaçants!
Quel démon vous aveugle, ô reine malheureuse,
Et de qui prenez-vous la défense odieuse?
Contre qui, juste ciel... obéissez, courez,   135
Que tous deux dans l'instant à la mort soient livrés.

SCÈNE IV

ÉGISTE, CLITEMNESTRE, ÉLECTRE,
IPHISE, DIMAS

DIMAS

Seigneur?

ÉGISTE

Parlez. Quel est ce désordre funeste?

Vous vous troublez.

DIMAS

On vient de reconnaître Oreste.

IPHISE

Qui, lui?

CLITEMNESTRE

Mon fils?

ÉLECTRE

Mon frère?

ÉGISTE

Eh bien, est-il puni?

DIMAS

Paraissez; c'est à vous, seigneur, d'être obéi;   140
Oreste s'est nommé dès qu'il a vu Pammène.
Pilade, cet ami qui partage sa chaîne,
Montre aux soldats émus le fils d'Agamemnon,
Et je crains la pitié pour cet auguste nom.

ÉGISTE

Allons, je vais paraître et presser leur supplice.   145
Qui n'ose me venger sentira ma justice.

140   W56, W57G1-K:
    Il ne l'est pas encore.
       ÉGISTE
        Je suis désobéi!
       DIMAS

Vous, retenez ses sœurs, et vous suivez mes pas,
Le sang d'Agamemnon ne m'épouvante pas;
Quels mortels et quels dieux pourraient sauver Oreste
Du père de Plistène et du fils de Thieste![5]   150

SCÈNE V

CLITEMNESTRE, ÉLECTRE, IPHISE

IPHISE

Suivez-le, montrez-vous, ne craignez rien, parlez;
Portez les derniers coups dans les cœurs ébranlés.

ÉLECTRE

Au nom de la nature achevez votre ouvrage,
De Clitemnestre enfin déployez le courage;
Volez, conduisez-nous.

CLITEMNESTRE

              Mes filles, ces soldats   155
Me respectent à peine et retiennent vos pas,
Demeurez, c'est à moi dans ce moment si triste
De répondre des jours et d'Oreste et d'Egiste;

---

[5] 'La division de la droite, à trois hommes de hauteur, suit Egisthe qui sort par la droite laquelle conduit au tombeau d'Agamemnon. En même temps, la division de la gauche se distribuë en deux corps de trois hommes chacun, dont l'un va prendre poste à la droite qui se trouve vuide' (Lekain, *Registre manuscrit*, p.123).

Je suis épouse et mère, et je veux à la fois,
(Si j'en peux être digne) en remplir tous les droits.   160

Elle sort.[6]

SCÈNE VI

ÉLECTRE, IPHISE

IPHISE

Ah! le dieu qui nous perd en sa rigueur persiste;
En défendant Oreste elle ménage Egiste;
Les cris de la pitié, du sang et des remords
Seront contre un tyran d'inutiles efforts.
Egiste furieux et brûlant de vengeance,   165
Consomme ses forfaits pour sa propre défense;
Il condamne, il est maître, il frappe, il faut périr.

ÉLECTRE

Et j'ai pu le prier avant que de mourir!

159-160   T64P:
    Je suis épouse et mère.
            ÉLECTRE
                Ah! dans ce jour d'horreur
    Soyez mère, il suffit.
            CLITEMNESTRE
               Vous me percez le cœur.

160   K: Si j'en puis être digne

[6] 'La division de la droite suit la reine qui marche sur les thraces d'Egisthe; celle de la gauche longe la scène du même côté, et se poste à peu près vers le second chassis' (Lekain, *Registre manuscrit*, p.123).

Je descends dans la tombe avec cette infamie,
Avec le désespoir de m'être démentie!   170
J'ai supplié ce monstre, et j'ai hâté ses coups.
Tout ce qui dut servir s'est tourné contre nous.
Que font tous ces amis dont se vantait Pammène,
Ces peuples dont Egiste a soulevé la haine,
Ces dieux qui de mon frère armaient le bras vengeur,   175
Et qui lui défendaient de consoler sa sœur;
Ces filles de la nuit dont les mains infernales
Secouaient leurs flambeaux sous ces voûtes fatales?
Quoi! la nature entière en ce jour de terreur
Paraissait à ma voix s'armer en ma faveur: 180
Et tout est pour Egiste et mon frère est sans vie,
Et les dieux, les mortels, et l'enfer m'ont trahie![7]

SCÈNE VII

ÉLECTRE, PILADE, IPHISE

ÉLECTRE

En est-ce fait, Pilade?

PILADE

Oui, tout est accompli;
Tout change, Electre est libre, et le ciel obéi.

ÉLECTRE

Comment?

---

[7] On Voltaire's directions to Mlle Clairon on the delivery of these lines, see above, p.339.

ACTE V, SCÈNE VII

PILADE

Oreste règne, et c'est lui qui m'envoie.   185

IPHISE

Justes dieux!

ÉLECTRE

                Je succombe à l'excès de ma joie;
Oreste? est-il possible?

PILADE

                    Oreste tout puissant
Va venger sa famille et le sang innocent.

ÉLECTRE

Quel miracle a produit un destin si prospère?

PILADE

Son courage, son nom, le nom de votre père,   190
Le vôtre, vos vertus, l'excès de vos malheurs,
La pitié, la justice, un dieu qui parle aux cœurs.
Par les ordres d'Egiste on amenait à peine,
Pour mourir avec nous, le fidèle Pammène;
Tout un peuple suivait, morne, glacé d'horreur;   195
J'entrevoyais sa rage à travers sa terreur;
La garde retenait leurs fureurs interdites;
Oreste se tournant vers ses fiers satellites,
Immolez, a-t-il dit, le dernier de vos rois:
L'osez-vous? A ces mots, au son de cette voix,   200
A ce front où brillait la majesté suprême,
Nous avons tous cru voir Agamemnon lui-même,
Qui perçant du tombeau les gouffres éternels
Revenait en ces lieux commander aux mortels.

507

Je parle, tout s'émeut, l'amitié persuade;   205
On respecte les nœuds d'Oreste et de Pilade;
Des soldats avançaient pour nous envelopper,
Ils ont levé le bras, et n'ont osé frapper:
Nous sommes entourés d'une foule attendrie,
Le zèle s'enhardit, l'amour devient furie.   210
Dans les bras de ce peuple Oreste était porté.
Egiste avec les siens d'un pas précipité,
Vole, croit le punir, arrive, et voit son maître.
J'ai vu tout son orgueil à l'instant disparaître,
Ses esclaves le fuir, ses amis le quitter,   215
Dans sa confusion ses soldats l'insulter.
O jour d'un grand exemple! ô justice suprême!
Des fers que nous portions il est chargé lui-même;
La seule Clitemnestre accompagne ses pas,
Le protège, l'arrache aux fureurs des soldats,   220
Se jette au milieu d'eux et d'un front intrépide
A la fureur commune enlève le perfide,
Le tient entre ses bras, s'expose à tous les coups,
Et conjure son fils d'épargner son époux:
Oreste parle au peuple, il respecte sa mère,   225
Il remplit les devoirs et de fils et de frère:
A peine délivré du fer de l'ennemi
C'est un roi triomphant sur son trône affermi.

IPHISE

Courons, venez orner ce triomphe d'un frère,
Voyons Oreste heureux et consolons ma mère.   230

ÉLECTRE

Quel bonheur inouï par les dieux envoyé!
Protecteur de mon sang, héros de l'amitié
Venez.

PILADE *à sa suite.*

Brisez, amis, ces chaînes si cruelles,
Fers tombez de ses mains, le sceptre est fait pour elles.

On lui ôte ses chaînes. [8]

SCÈNE VIII

ÉLECTRE, IPHISE, PILADE, PAMMÈNE

ÉLECTRE

Ah Pammène! où trouver mon frère, mon vengeur,   235
Pourquoi ne vient-il pas?

PAMMÈNE

       Ce moment de terreur
Est destiné, madame, à ce grand sacrifice
Que la cendre d'un père attend de sa justice:
Tel est l'ordre qu'il suit. Cette tombe est l'autel
Où sa main doit verser le sang du criminel;   240
Daignez l'attendre ici tandis qu'il venge un père.
Ce devoir redoutable est juste et nécessaire.
Mais ce spectacle horrible aurait souillé vos yeux;
Vous connaissez les lois qu'Argos tient de ses dieux:
Elles ne souffrent point que vos mains innocentes   245
Avant le temps prescrit pressent ses mains sanglantes.

---

[8] 'L'un des trois soldats qui gardent les deux princesses, s'avance sur l'ordre de Pylade pour détacher les fers d'Electre, et retourne ensuite à son poste' (Lekain, *Registre manuscrit*, p.123).

IPHISE

Mais que fait Clitemnestre en ce comble d'horreur?
Voyons-la.

PAMMÈNE

Clitemnestre en proie à sa fureur,
De son indigne époux défend encor la vie;
Elle oppose à son fils une main trop hardie.   250
Pour ce grand criminel qui touche à son trépas
Elle demande grâce et ne l'obtiendra pas.
On dit que dans ce trouble on voit les Euménides,
Sourdes à la prière et de meurtres avides,
Ministres des arrêts prononcés par le sort,   255
Marcher autour d'Oreste en appelant la mort.

IPHISE [a]

Jour terrible et sanglant, soyez un jour de grâce;

[a] Quoique cette catastrophe, imitée de Sophocle, soit sans aucune
comparaison plus théâtrale et plus tragique que l'autre manière dont on
a joué la fin de la pièce, cependant j'ai été obligé de préférer sur le
théâtre cette seconde leçon, toute faible qu'elle est, à la première. Rien
n'est plus aisé et plus commun parmi nous que de jeter du ridicule sur
une action théâtrale à laquelle on n'est pas accoutumé. Les cris de

247   61-K: en ces moments d'horreur?
251-253   61-K:
                           ÉLECTRE
           Elle défend Egiste… elle de qui le bras
           A sur Agamemnon… Dieux ne le souffrez pas!
                           PAMMÈNE
           On dit que
256a   w52-K, note *a* omitted [9]

[9] In K this note was printed as part of the 'Avertissement'. Lines 15-18 of
Voltaire's note are lines 253-256 of the base text, and lines 26-28 of the note are
lines 267-269 of the base text.

Terminez les malheurs attachés à ma race.
Ah ma sœur! ah Pilade! entendez-vous ces cris?

Clitemnestre, qui faisaient frémir les Athéniens, auraient pu sur un théâtre mal construit, et confusément rempli de jeunes gens, faire rire des Français, et c'est ce que prétendait une cabale un peu violente. Cette action théâtrale a fait beaucoup d'effet à Versailles, parce que la scène, quoique trop étroite, était libre, et que le fond plus rapproché laissait entendre Clitemnestre avec plus de terreur, et rendait sa mort plus présente; mais je doute que l'exécution eût pu réussir à Paris.

Voici donc la manière dont on a gâté la fin de la pièce de Sophocle:

On dit que dans ce trouble on voit les Euménides
Sourdes à la prière, et de vengeance avides,
Ministres des arrêts prononcés par le sort,
Marcher autour d'Oreste en appelant la mort.
IPHISE
Il vient; il est vengé; je le vois.
ELECTRE
Cher Oreste,
Je peux vous embrasser: Dieux! quel accueil funeste,
Quels regards effrayants.
ORESTE
O terre, entrouve-toi:
Clitemnestre, Tantale, Atrée, attendez-moi,
Je vous suis aux enfers, éternelles victimes. etc.

259   T64P:
CLITEMNESTRE (derrière la scène)
Ah grands dieux! [T67 cancel: Ah barbare!] [10]
IPHISE
Ah ma sœur! entendez-vous ces cris?

[10] Voltaire asked Mme Duchesne to correct the reading of T64P from 'Ah grands dieux!' (D14552).

ÉLECTRE

C'est ma mère!

PAMMÈNE

Elle-même.

CLITEMNESTRE *derrière la scène.*

Arrête!

IPHISE

Ciel!

CLITEMNESTRE

Mon fils!   260

ÉLECTRE

Il frappe Egiste. Achève, et sois inexorable;
Venge-nous, venge-la; tranche un nœud si coupable;
Immole entre ses bras cet infâme assassin.
Frappe, dis-je.

CLITEMNESTRE

Mon fils... j'expire de ta main.

PILADE

O destinée!

265   T64P:
Ah! je l'ai mérité.
IPHISE
O ciel! ô crime!
ÉLECTRE
Ah! mon frère!

ACTE V, SCÈNE VIII

IPHISE

O crime!

ÉLECTRE

Ah, trop malheureux frère! 265
Quel forfait a puni les forfaits de ma mère!
Jour à jamais affreux!

SCÈNE IX [12]

LES ACTEURS PRÉCÉDENTS, ORESTE

ORESTE

O terre entrouvre-toi;

T67 cancel:
Je me meurs.
ÉLECTRE
Ciel!
IPHISE
O crime!
ÉLECTRE
O destins! ô mon frère! [11]

266-267 T64P:
J'entends les derniers cris de ma mourante mère,
Tout mon sang se soulève.
MS2:
⟨variant⟩ β

267c MS2: ORESTE *égaré et désespéré.*

[11] These revisions were made in the corrections sent to Mme Duchesne (D14552), except that D14552 has 'destin'.
[12] Voltaire expressed a preference for this scene as revised for T67 (D15053, D15059, D15132).

513

Clitemnestre, Tantale, Atrée, attendez-moi.
Je vous suis aux enfers éternelles victimes;
Je dispute avec vous de tourments et de crimes.   270

ÉLECTRE

Qu'avez-vous fait, cruel?

ORESTE

                                    Elle a voulu sauver...
Et les frappant tous deux... Je ne puis achever...

ÉLECTRE

Quoi! de la main d'un fils! quoi, par ce coup funeste
Vous?...

ORESTE

            Non, ce n'est pas moi; non, ce n'est point Oreste,
Un pouvoir effroyable a seul conduit mes coups.   275
Exécrable instrument d'un éternel courroux,
Banni de mon pays par le meurtre d'un père,
Banni du monde entier par celui de ma mère,
Patrie, Etats, parents, que je remplis d'effroi,

274   w51: n'est pas
279-287   MS2, T64P:
            Enfer que je mérite, ouvrez-vous [MS2: ouvre-toi] sous mes pas.
                  ÉLECTRE (*lui tendant les mains.*)
            Mon frère!
                  PILADE
            Mon ami!
                  ORESTE
                  Ah! ne m'approchez [MS2, T67 errata: Cessez,
                              n'approchez][13] pas!
            Ne tendez [MS2: N'étendez] point vos mains aux mains de ce coupable;

[13] Voltaire asked Mme Duchesne to alter T64P to this reading (D14552). This was done in the errata to T67.

Innocence, amitié, tout est perdu pour moi! 280
Soleil qu'épouvanta cette affreuse contrée,
Soleil qui reculas pour le festin d'Atrée,
Tu luis encor pour moi, tu luis pour ces climats!
Dans l'éternelle nuit tu ne nous plonges pas?
Eh bien, dieux de l'enfer, puissance impitoyable, 285
Dieux qui me punissez, qui m'avez fait coupable,
Eh bien, quel est l'exil que vous me destinez?
Quel est le nouveau crime où vous me condamnez?
Parlez... Vous prononcez le nom de la Tauride;
J'y cours, j'y vais trouver la prêtresse homicide 290
Qui n'offre que du sang à des dieux en courroux,
A des dieux moins cruels, moins barbares que vous.

ÉLECTRE

Demeurez. Conjurez leur justice et leur haine.

Ne souillez point vos yeux de ma vue effroyable.
Je n'ai plus de parents, ni d'amis, ni de dieux:
Tout est perdu pour moi. Je ne vois en ces lieux
Que des monstres d'enfer, et ma mère sanglante,
Celle qui m'a nourri sous mes coups expirante!
La voyez-vous? tremblez: j'entends ses derniers cris.
ÉLECTRE
Hélas d'Agamemnon je ne vois que le fils.
Je t'aimerai toujours, cher et coupable Oreste.
ORESTE
Dieux qui m'avez sauvé le jour que je déteste,
Quel est l'exil nouveau que vous me destinez?
285 w52-w64G, w68-K: Dieux, tyrans éternels, puissance impitoyable,

PILADE

Je te suivrai partout où leur fureur t'entraîne.
Que l'amitié triomphe, en ce jour odieux,   295
Des malheurs des mortels et du courroux des dieux. [14]

Fin du cinquième et dernier acte.

294-296   T64P:

Je te suis en Tauride, où leur fureur t'entraîne.
Que l'amitié triomphe en tous temps, en tous lieux,
Des malheurs des mortels et des [15] crimes des dieux.

[14] 'Les trois soldats suivent Oreste qui sort, étant soutenu par Pylade et Electre'
(Lekain, *Registre manuscrit*, p.123).
[15] Voltaire asked Mme Duchesne to correct the reading of T64 to 'du crime des
dieux' (D14552). The errata of T67 correct the reading to that of the base text:
'du courroux'.

APPENDIX I

Variant to act III, scene 1

This variant occurs in editions from 61 to K. See above, p.351.
Lines 55-60, 66 and 78-80 also occur in the base text (III.i.57-
62, 71, 81-82).

ACTE III

SCÈNE I

ORESTE, PILADE
(Un esclave porte une urne, et un autre une épée.)

PILADE

Quoi! verrai-je toujours ta grande âme égarée
Souffrir tous les tourments des descendants d'Atrée?
De l'attendrissement passer à la fureur?

ORESTE

C'est le destin d'Oreste, il est né pour l'horreur.   5
J'étais dans ce tombeau, lorsque ton œil fidèle

d   MS2:   *dans le fond un esclave porte une urne et une épée.*

Veillait sur ces dépôts confiés à ton zèle.
J'appelais en secret ces mânes indignés,
Je leur offrais mes dons, de mes larmes baignés.
Une femme vers moi courant, désespérée,
Avec des cris affreux dans la tombe est entrée, 10
Comme si dans ces lieux qu'habite la terreur
Elle eût fui sous les coups de quelque dieu vengeur.
Elle a jeté sur moi sa vue épouvantée,
Elle a voulu parler, sa voix s'est arrêtée.
J'ai vu soudain, j'ai vu les filles de l'enfer 15
Sortir entre elle et moi de l'abîme entrouvert.
Leurs serpents, leurs flambeaux, leur voix sombre et
                                                terrible
M'inspirait un transport inconcevable, horrible,
Une fureur atroce; et je sentais ma main
Se lever malgré moi, prête à percer son sein: 20
Ma raison s'enfuyait de mon âme éperdue:
Cette femme en tremblant s'est soustraite à ma vue,
Sans s'adresser aux dieux, et sans les honorer;
Elle semblait les craindre, et non les adorer.
Plus loin, versant des pleurs, une fille timide, 25
Sur la tombe et sur moi fixant un œil avide,
D'Oreste en gémissant a prononcé le nom.

SCÈNE II

ORESTE, PILADE, PAMMÈNE

ORESTE (à *Pammène*)

O vous qui secourez le sang d'Agamemnon!
Vous, vers qui nos malheurs, et nos dieux sont mes
                                                guides!

Parlez, révélez-moi les destins des Atrides.   30
Qui sont ces deux objets, dont l'un m'a fait horreur,
Et l'autre a dans mes sens fait passer la douleur?
Ces deux femmes?...

PAMMÈNE

Seigneur, l'une était votre mère...

ORESTE

Clitemnestre! elle insulte aux mânes de mon père?

PAMMÈNE

Elle venait aux dieux vengeurs des attentats   35
Demander un pardon qu'elle n'obtiendra pas.[1]
L'autre était votre sœur, la tendre et simple Iphise,
A qui de ce tombeau l'entrée était permise.

ORESTE

Hélas! que fait Electre?

PAMMÈNE

Elle croit votre mort;
Elle pleure.

ORESTE

Ah grands dieux! qui conduisez mon sort,   40
Quoi! vous ne voulez pas que ma bouche affligée

30 MS2, T64P: le destin

[1] Cf. 'Elle demande grâce et ne l'obtiendra pas' (v.viii.252). This line was
changed in 61.

Console de mes sœurs la tendresse outragée?
Quoi, toute ma famille en ces lieux abhorrés
Est un sujet de trouble à mes sens déchirés!

PAMMÈNE

Obéissons aux dieux.

ORESTE

Que cet ordre est sévère!   45

PAMMÈNE

Ne vous en plaignez point; cet ordre est salutaire;
La vengeance est pour eux. Ils ne prétendent pas
Qu'on touche à leur ouvrage, et qu'on aide leurs bras:
Electre vous nuirait, loin de vous être utile;
Son caractère ardent, son courage indocile,   50
Incapable de feindre, et de rien ménager,
Servirait à vous perdre, au lieu de vous venger.

ORESTE

Mais quoi! les abuser par cette feinte horrible?

PAMMÈNE

N'oubliez point ces dieux, dont le secours sensible
Vous a rendu la vie au milieu du trépas.   55
Contre leurs volontés, si vous faites un pas,
Ce moment vous dévoue à leur haine fatale:
Tremblez, malheureux fils d'Atrée et de Tantale,
Tremblez de voir sur vous, en ces lieux détestés,
Tomber tous les fléaux du sang dont vous sortez.   60

46   T64P: leur ordre
48   T64P, W68: leur bras

ORESTE

Pourquoi nous imposer par des lois inhumaines,
Et des devoirs nouveaux, et de nouvelles peines?
Les mortels malheureux n'en ont-ils pas assez?
Sous des fardeaux sans nombre ils vivent terrassés.
A quel prix, dieux puissants! avons-nous reçu l'être?   65
N'importe, est-ce à l'esclave à condamner son maître?
Obéissons, Pammène.

PAMMÈNE

            Il le faut, et je cours
Eblouir le barbare armé contre vos jours.
Je dirai qu'aujourd'hui le meurtrier d'Oreste
Doit remettre en ses mains cette cendre funeste.   70

ORESTE

Allez donc. Je rougis même de le tromper.

PAMMÈNE

Aveuglons la victime, afin de la frapper.

SCÈNE III

ORESTE, PILADE

PILADE

Apaise de tes sens le trouble involontaire;

69   T64P: dirai qu'en ces lieux le
71   T64P: Allons donc

Renferme dans ton cœur un secret nécessaire.
Cher Oreste! crois-moi, des femmes et des pleurs 75
Du sang d'Agamemnon sont de faibles vengeurs.

ORESTE

Trompons surtout Egiste, et ma coupable mère.
Qu'ils goûtent de ma mort la douceur passagère;
Si pourtant une mère a pu porter jamais
Sur la cendre d'un fils des regards satisfaits! 80

PILADE

Attendons-les ici tous deux à leur passage.

APPENDIX II

Discours

This address to the audience was read by the actor Ribou before the first performance of *Oreste* at the Comédie-Française on 12 January 1750.

In a letter to the lieutenant-général de la police, Berryer de Ravenoville, asking for his help in ensuring the swift and safe passage of the manuscript of *Oreste* through the hands and household of the censor Crébillon, Voltaire had written: 'Je luy diray qu'en travaillant sur le même sujet je n'ay pas prétendu l'égaler, que je luy rends justice dans un discours que je feray prononcer avant la représentation et que j'ose compter sur son amitié' (D4087). This 'discours' was the result of that promise.

Everyone, including Crébillon, knew that its opening lines were untrue. The rest of the text, insisting on the 'Greekness' of *Oreste* and on the 'simplicité' found in things Greek, is both sincere and consistent with what Voltaire had already said in print and was soon to reiterate in the dedication to *Oreste*. The way in which Voltaire likens his audience to 'Athéniens' and his insistence that *Oreste* was an imitation of Sophocles are in keeping with the anecdote according to which he shouted during the performance, 'Applaudissez, Athéniens, c'est du Sophocle tout pur' (see above, p.336). Indeed, it may be the origin of the anecdote.

Voltaire twice asks for the audience's indulgence, but it is not clear for what. Perhaps one of the 'usages des anciens Grecs' to be excused is the writing of tragedies without 'galanterie', but *Oreste* is not the first such tragedy that Voltaire had had performed. The main aspect of the 'mœurs de l'antiquité' for which indulgence might be needed in a representation of the Electra myth is the deliberate killing of a mother by her children, but Voltaire had made this killing involuntary. In any case there seems to be some inconsistency in referring to the audience as 'Athéniens' and then begging their indulgence for anything that they might find too Greek in his tragedy. Voltaire was prepared for a difficult opening performance. Longchamp's account of it is given in appendix IV.

It was unusual to have such a 'discours' before the opening performance of a new tragedy, but one had been read at the first performance of *Eriphyle* in 1732. This one does not seem to have been well received (see above, p.337, n.99). Presumably it was delivered by Ribou because he was not acting in *Oreste*.

The text was published for the first time by Decroix in his edition of La Harpe's *Commentaire sur le théâtre de Voltaire* (Paris 1814). He does not say where he obtained it.

Messieurs, l'auteur de la tragédie que nous allons avoir l'honneur de vous donner n'a point la vanité téméraire de vouloir lutter contre la pièce d'*Electre*, justement honorée de vos suffrages, encore moins contre son confrère qu'il a souvent appelé son maître, et qui ne lui a inspiré qu'une noble émulation, également 5 éloignée du découragement et de l'envie; émulation compatible avec l'amitié, et telle que doivent la sentir les gens de lettres. Il a voulu seulement, Messieurs, hasarder devant vous un tableau de l'antiquité; quand vous aurez jugé cette faible esquisse d'un monument des siècles passés, vous reviendrez aux peintures plus 10 brillantes et plus composées des célèbres modernes.

Les Athéniens, qui inventèrent ce grand art que les Français seuls sur la terre cultivèrent heureusement, encouragèrent trois de leurs citoyens à travailler sur le même sujet. Vous Messieurs, en qui l'on voit aujourd'hui revivre ce peuple aussi célèbre par son 15 esprit que par son courage, vous qui avez son goût, vous aurez son équité. L'auteur, qui vous présente une imitation de l'antique,

APPENDIX II

est bien plus sûr de trouver en vous des Athéniens qu'il ne se
flatte d'avoir rendu Sophocle. Vous savez que la Grèce, dans tous
ses monuments, dans tous les genres de poésie et d'éloquence,   20
voulait que les beautés fussent simples; vous trouverez ici cette
simplicité, et vous devinerez les beautés de l'original, malgré les
défauts de la copie;[1] vous daignerez vous prêter surtout à quelques
usages des anciens Grecs; ils sont dans les arts vos véritables
ancêtres. La France, qui suit leurs traces, ne blâmera point leurs   25
coutumes; vous devez songer que déjà votre goût, surtout dans
les ouvrages dramatiques, sert de modèle aux autres nations. Il
suffira un jour, pour être approuvé ailleurs, qu'on dise: 'Tel était
le goût des Français; c'est ainsi que pensait cette nation illustre.'
Nous vous demandons votre indulgence pour les mœurs de   30
l'antiquité,[2] au même titre que l'Europe, dans les siècles à venir,
rendra justice à vos lumières.

[1] Compare what Voltaire said about Longepierre's *Electre*, above, p.408.
[2] These are no more obtrusive in *Oreste* than in, for example, Crébillon's *Electre*.

APPENDIX III

Avis au lecteur

This notice was inserted at the beginning of the editions published in 1750, even those containing only *Oreste*.

———————

AVIS AU LECTEUR

L'auteur des ouvrages qu'on trouvera dans ce volume,[1] se croit obligé d'avertir encore les gens de lettres, et tous ceux qui se forment des cabinets de livres, que de toutes les éditions faites jusqu'ici en Hollande et ailleurs de ses prétendues Œuvres, il n'y en a pas une seule qui mérite la moindre attention, et qu'elles sont   5
toutes remplies de pièces supposées et défigurées. Il n'y a guère d'années qu'on ne débite sous son nom des ouvrages qu'il n'a jamais vus: et il apprend qu'il n'y a guère de mois où l'on ne lui impute dans les Mercures quelque pièce fugitive qu'il ne connaît pas davantage. Il se flatte que les lecteurs judicieux ne feront pas   10
plus de cas de ces imputations continuelles que des critiques

a-21   w51-w75G, absent
1   K: L'auteur de cette tragédie
4-5   w50: ailleurs des prétendues œuvres de M. de Voltaire, il n'y a que celle-ci qui mérite leur attention. Les autres sont
6   w50: n'y a aussi guère
8   w50: apprend même qu'il n'y a non plus guère de mois

[1] Printed with the first edition of *Oreste* were *Samson*, *Sur les mensonges imprimés* (chapters 2 and 3) and a letter of 1740 to Count Schulenburg.

526

passionnées dont il entend dire qu'on remplit les ouvrages périodiques.

Il ne fera qu'une seule réflexion sur ces critiques, c'est que depuis les observations de l'Académie sur le *Cid*, il n'y a pas eu une seule pièce de théâtre qui n'ait été critiquée, et qu'il n'y en a pas une seule qui l'ait bien été. Les observations de l'Académie sont depuis plus de cent ans le seul critique raisonnable qui ait paru, et la seule qui puisse passer à la postérité:[2] la raison en est qu'elle fut composée avec beaucoup de temps et de soin par des hommes capables de juger, et qui jugeaient sans partialité.

15

20

21   MS3:   qui étaient sans

[2] Voltaire had earlier expressed less complimentary views on the *Sentiments de l'Académie sur le Cid*; see *Commentaires sur Corneille*, ed. David Williams, Voltaire 53, p.222-25.

APPENDIX IV

The first night of *Oreste*

This manuscript account, in Longchamp's hand, appears in his 'Anecdotes sur la vie privée de Monsieur de Voltaire depuis 1746 jusqu'à 1754. Par S.G.L.' (Bn, N13006, 055*v*-057*r*; in Longchamp's pagination, p.104-107). It is omitted from the Beuchot and Decroix edition of the *Mémoires sur Voltaire et sur ses ouvrages, par Longchamp et Wagnière, ses secrétaires* (Paris 1826) but a version of it occurs in *Voltaire et Madame Du Châtelet: révélations d'un serviteur attaché à leurs personnes*, ed. D'Albanes Havard (Paris 1863), p.90-98.

Lines 1-17 and 19-20 of Longchamp's account in fact relate to the events of the summer of 1748 and the first performance of *Sémiramis*, not to 1749 and *Oreste*.

———————

M. de Voltaire ayant fait la tragédie d'Oreste, en distribua les rôles aux comédiens français pour la rèprèsenter et en attendant le tour de sa pièce il fut passer quelques temps à Ciray avec M^e la Marquise du Châtelet et ensuite à la cour du roi de Pologne à Lunéville. Vers la fin de l'été, le roi vint à Paris pour y voir la   5
reine sa fille. M. de Voltaire profita de cette occasion, et vint à la suite du roi, pour voir la première rèprèsentation de sa piece.[1] Il y trouva une furieuse cabale contre lui. D'abord tous ses anciens ennemis et tous les partisans de M. de Crebillon qui jaloux de voir que M. de Voltaire avoit été applaudi dans la plus part des   10

———————

[1] On Voltaire's movements during the summer of 1749 and the first performance of *Oreste*, see above, p.297-304.

528

pieces qu'il avoit donné au theâtre, et croyant qu'il prenoit à tache
de faire tomber la gloire que M. de Crebillon s'etoit acquise dans
trois ou quatre de ses pieces en prenant les mêmes traits d'histoire
qu'il avoit traité dans lesquels il avoit été applaudi, soit que M. de
Voltaire eut voulu balancer ses succès, ou faire tomber ses pieces,   15
tous ses partisans étoient furieux contre lui par la jalousie qu'ils
lui supposoient. M. de Voltaire n'avoit point mis de rôle d'amour
dans sa piece, difference sensible de l'Electre de M^r. de Crebillon.
La piece êtant annoncé il y eut une affluence prodigieuse de
spectateurs. [2] Malgré le bruit et le roulement des flots du parterre,   20
la piece se soutint les quatre premiers actes, mais au cinquieme
Mlle. Gaussin vint faire un récit qui n'alloit pas dans la bouche
d'une femme, [3] et la piece eût peine à être achevée. M. de Voltaire
qui avoit assisté à cette rèprèsentation d'une loge grillée [4] souffroit
beaucoup, et êtoit fort agité de ce mauvais début. Cependant la   25
piece fut annoncée pour une seconde rèprèsentation. [5] Il me fit
dire de l'attendre chez lui et de ne point sortir. Ayant entendu de
ses amis le jugement qu'on portoit de sa piece, le bien et le mal
et les défauts que les prétendus connoisseurs trouvoient à sa piece,
il revint une heure après chez lui fatigué du voyage et surtout du   30
mauvais succès de cette premiere rèprèsentation et avec de la
fievre; malgré le mauvais êtat de sa santé il se mit à faire un
nouveau cinquieme acte en entier, changea entierement le recit

[2] There was a 'claque' in favour of *Oreste* as well as a cabal against it. The first
night audience was in fact smaller than the audience at the second performance a
week later.

[3] It is unclear whether it was the weakness of Mlle Gaussin's acting or the
weakness of the play which caused the problem. The fact that Voltaire rewrote the
final act implies that he realised that it had faults.

[4] This is inconsistent with the widely repeated, but nevertheless dubious,
description of Voltaire leaning out of his box and shouting to the audience,
'Applaudissez, braves Athéniens, c'est du Sophocle tout pur' (see above, p.336).
It sounds more applicable to *Sémiramis*.

[5] It was withdrawn for a week and advertised as being performed 'avec les
corrections qui ont paru nécessaires'.

qui avoit occasionné tant de bruit, supprima la femme, corrigea
ou changea quelques vers dans les autres actes sur lesquels on 35
s'etoit ècrié. [6] Après minuit il me remit ce nouveau cinquieme acte
pour en faire les roles sans perdre un instant et que sitôt que je
les aurois fait de prendre un carosse et de porter à chacun des
acteurs le role qui seroit pour lui, et de les faire eveiller et de les
prier de vouloir bien apprendre ces changemens pour la prochaine 40
rèprèsentation, ce que j'executoi ponctuellement. Le surlendemain [7]
la salle fut remplie de bonne heure par la foule des spectateurs, et
ses ennemis s'etoient bien proposés de faire un beau bruit avec
ceux qu'ils avoient gagnés aux endroits qui les avoient choqués,
dont ils devoient donner le signal. Ils êtoient tous aux aguets et 45
repetoient entre eux les vers que l'acteur avoit débité à la premiere
rèprèsentation. Mais quelle fut leur surprise de ne les point
entendre prononcer à cette seconde rèprèsentation? Les quatre
premiers actes furent ècoutés assès tranquillement, mais leur
ètonnement fut sans égal d'entendre un nouveau cinquieme acte 50
fait aussi à la hâte et debité avec une chaleur de memoire comme
si les acteurs en avoient fait plusieurs repetitions. [8] M. de Voltaire

[6] The composition of 'un cinquième acte tout nouveau' is announced in an
undated letter to Mlle Clairon (D4099). This may have been copied and delivered
by Longchamp late at night, but not the night of the first performance. Voltaire
did, however, write to Mlle Clairon after the first performance (D4095), and it
may have been this letter that he kept Longchamp awake to deliver. There is no
hint in it that he was considering rewriting the final act.

[7] A week elapsed between the first and second performances. If Longchamp
means the 'surlendemain' of the delivery of the revisions to the actors, the delivery
must have taken place on Saturday 17 January.

[8] There seem to have been no problems at the second performance of *Oreste*
and the elimination by Voltaire of weaknesses in the final act and elsewhere no
doubt contributed to this. Longchamp's description of Voltaire's 'ennemis [...]
tous aux aguets' is of course anecdotal.

regardoit son Oreste comme une de ses meilleures pièces de théâtre,[9] cependant on ne la donne pas souvent.

[9] In 1760 Voltaire told d'Argental: 'Je regarde Oreste aprésent comme un de mes enfants les moins bossus' (D9346).

Dissertation sur les principales tragédies, anciennes et modernes, qui ont paru sur le sujet d'Electre, et en particulier sur celle de Sophocle

critical edition

by

David H. Jory

INTRODUCTION

This *Dissertation* seems to have been written to prove that Voltaire could reasonably be compared to Sophocles but Crébillon could not: he was just a bad versifier whose rejection of Sophocles as a model had led him 'à l'erreur et au mauvais goût' (*Dissertation*, III.95) when writing his *Electre*. Voltaire believed that he had improved on Sophocles with his own *Œdipe*[1] and that with *Eriphyle*, *Mérope* and now *Oreste* he had shown Paris theatre audiences how 'Greek' tragedies should be written for the French stage.[2] Even such authorities as Brumoy and Tournemine felt that Voltaire had recreated Greek tragedy with *Mérope*, and they said so in language that is surprisingly strong (see for example D1417), even allowing for the fact that they were Jesuits writing about a famous former student of the Jesuits. Voltaire could, therefore, be excused for being angry that Crébillon was still being called 'le Sophocle français' and not only by Voltaire's enemies.[3]

When the *Dissertation sur les Electre* was composed Voltaire was in the midst of his efforts to show the theatre-going public how Crébillon's plays should have been written. He may well have wanted to see an authoritative work showing that, at least so far as the subject of Electra was concerned, he, not Crébillon, deserved to be compared to Sophocles. He may also have wanted to introduce Sophocles' *Electra* to the cultivated class in eighteenth-century Paris: the fact that a dramatist such as Crébillon could be called 'le Sophocle français' showed the superficiality of the

---

[1] *Lettres sur Œdipe*, III.

[2] See Michèle Mat-Hasquin, *Voltaire et l'antiquité grecque*, Studies 197 (1981), p.154f.

[3] See Paul LeClerc, *Voltaire and Crébillon père: history of an enmity*, Studies 115 (1973), ch.4 and 5, especially p.111.

acquaintanceship of this class with Sophocles and Greek tragedy. Voltaire was probably too busy to undertake such a work himself, even if he had felt able to do so. It is unlikely that work on the *Dissertation* started before Voltaire decided to write his own tragedy on the subject of Electra, a decision he announced on 21 August 1749 (D3990). The differences between the readings of some of the lines quoted from *Oreste* in the second part of the *Dissertation* and the play itself may indicate that the *Dissertation* was composed before *Oreste* had been given its final form; or may just indicate a lack of concern with accurate quotation of the French play, which is not apparent where the Greek plays are quoted in part I. The *Dissertation* seems to have appeared in late March or early April 1750 (D4133) – about the same time as the first edition of *Oreste*.

Much, but not all, of the substance of the *Dissertation sur les Electre* corresponds with Voltaire's known views and interests, and despite the lack of any external evidence there can be little doubt about his close involvement in its composition. A comparison with the 'Dissertation sur la tragédie ancienne et moderne' published with *Sémiramis* two years previously shows a similarity of form (introduction, three parts, no conclusion) but considerable difference in content and style. It is hard to believe that Voltaire, who had clearly stated the superiority of French over Greek dramaturgy in the 'Dissertation sur la tragédie ancienne et moderne' would himself have written such lines as, for example, 1.28-36 of the *Dissertation sur les Electre* so soon afterwards. As these lines (among others) show, the *Dissertation sur les Electre* contains many more examples of the rhetorical excesses typical of over-zealous defenders of the Ancients in the eighteenth century than does the 'Dissertation sur la tragédie ancienne et moderne'. Yet while this might suggest that the ostensible author of the whole, Charles Dumolard-Bert, was the author of part I of the *Dissertation*, it is unlikely that Dumolard could have written the attack on Crébillon's style in part III.

Contemporary thoughts on the authorship of the *Dissertation sur les Electre* when it appeared in 1750 are well summed up by Raynal: 'Un M. Dumolard a examiné les imperfections de cet ouvrage dans une dissertation où on a trouvé tant de partialité qu'on a soupçonné M. de Voltaire d'y avoir mis la main'. [4] Writing later, La Harpe considered that it was the work of an 'amateur aveugle de l'antiquité' and that it lacked 'de goût et d'équité'. [5] According to Beuchot, Decroix (who edited La Harpe's *Commentaire sur le théâtre de Voltaire* as well as being one of the editors of the Kehl edition of Voltaire's works) thought that Voltaire 'en a probablement revu le style' and that he detected 'en quelques passages, son esprit et sa plume, surtout dans la troisième partie'. Beuchot himself believed that

Les idées de Dumolard sont absolument celles de Voltaire sur Corneille, sur Crébillon, sur les spectacles. Dumolard répète ce qu'on a déjà lu dans les préfaces de *Sémiramis* et d'*Oreste*. Sans parler du défaut d'exactitude dans les citations, je remarquerai l'affectation de ne pas nommer Voltaire une seule fois dans la seconde partie consacrée à l'examen de son *Oreste*. D'après tout cela, cette *Dissertation* n'aurait pas été admise, par mes prédécesseurs, dans les *Œuvres de Voltaire*, que je n'aurais pas hésité à l'y comprendre. [6]

Moreover Voltaire did not disavow the work as he had disavowed the *Connaissance des beautés et des défauts de la poésie et de l'éloquence dans la langue française*, a pamphlet presenting and praising excessively his writings as models of their kind, which appeared in 1749 and of which Dumolard is sometimes thought to have been the author. Besterman implies that Dumolard is a pseudonym for Voltaire's own authorship of the *Dissertation sur les Electre* (D4133, commentary), but although Voltaire frequently published works using an invented 'prête-nom', it was

[4] *Nouvelles littéraires* (CLT, i.423).
[5] *Commentaire sur le théâtre de Voltaire* (Paris 1814), p.267.
[6] *Œuvres de Voltaire*, ed. Beuchot (Paris 1829-1840), vi.255n, 256n.

not usual for him actually to borrow the name of someone else, especially for a serious piece of work.

The work is not what its full title suggests. When first published in 1750 it contained more than 190 lines on Sophocles' *Electra*, more than 40 each on Euripides and Aeschylus, almost 340 on Voltaire's *Oreste*, more than 160 on Crébillon's *Electre*, and no discussion at all of the other plays mentioned in the introduction (l.15-25). The relative proportions in the 1757 version, our base text, are not substantially different. A reasonable hypothesis might be that Dumolard, either on his own or at the suggestion of Voltaire, began to compose a balanced dissertation as described in the title, then, with the guidance and assistance of Voltaire, its thrust was changed. In the absence of reliable indications about the respective contributions of Dumolard and Voltaire we refer simply to 'the authors' when discussing the 1750 version.

Voltaire had known Charles Dumolard-Bert since 1740. Dumolard had devoted his early career to the study of ancient and oriental languages with remarkable results. After a period as librarian to Hénault he was given recommendations by Hénault and the comte de Caylus and set off to meet Voltaire in Brussels in 1740. He was then aged 31. Voltaire found him both learned and stimulating company, and in correspondence referred to him by such epithets as 'l'ambulante bibliothèque orientale' and 'la bibliothèque hébraïque et caldéenne' (D2294, D2299). Voltaire helped him to obtain a situation with Frederick II in Berlin, where he was promised a place in the Prussian academy. The king failed to provide Dumolard with any money, however, and he soon left Berlin.[7] In 1742 he published a translation of Coluthus' poem on the rape of Helen, with historical and mythological notes, and in 1748 or 1749 he became a member of the Académie de Rouen.[8]

---

[7] D2457, D2482. It is not clear from these letters whether Dumolard left Berlin of his own accord for this reason or was sent away by Frederick.

[8] Where he read two learned papers, 'Recherches sur le fleuve Oaxès' and 'Réflexions sur l'Hécube d'Euripide' (*Précis analytique des travaux de l'Académie des*

In addition to *La Connaissance des beautés et des défauts de la poésie* Dumolard is also thought to have been the author of a pamphlet entitled *Lettre d'un académicien de province à MM. de l'Académie française* which made a violent attack on Crébillon's *Catilina* and which also appeared in 1749. He remained on good terms with Voltaire,[9] who in 1751 recommended him as literary correspondent to baron Samuel von Marschall (D4584). In 1752 Voltaire mentioned to Mme Denis 'une plaisante idée qu'a du Molard de faire jouer Philoctete en grec par des écoliers de l'université sur le théâtre de mon grenier!'[10] Later, Dumolard apparently helped to bring to Voltaire's attention the unfortunate position of Corneille's niece.[11]

The introduction to the *Dissertation sur les Electre* as it appeared in 1750 consists of a historical overview of tragedies about Electra (l.1-25); a description of the three parts into which the *Dissertation* proper is divided (l.26-37); a definition of the intended audience (which would be very small indeed in the Paris of 1750) (l.38-44), and a pompous paragraph in which the authors proclaim their pure intentions and Dumolard states that he will put his name to the *Dissertation* in order to distinguish himself from the unenlightened hacks who write anonymously about new plays (l.45-57).

Part 1, 'De l'*Electre* de Sophocle', begins with an inaccurate and poorly argued section (i.1-15, 28-36) which seems intended to prove that the appeal of the moving passages of Sophocles'

---

sciences, belles-lettres et arts de Rouen, Rouen 1814, i.212-17, 238-42). He is said to have read a further paper on 'Les tragédies dont Electre est le sujet' in 1750, but this had been lost by the time that the *Précis analytique* was published (i.56).

[9] In a letter to Berryer de Ravenoville, dated June 1750, d'Hémery refers to Dumolard as Voltaire's 'âme damnée'; see A. Magnan, *Dossier Voltaire en Prusse (1750-1753)*, Studies 244 (1986), p.267.

[10] D4874. The rest of the letter shows that Voltaire was amused by the whole idea. Doubts about the authenticity of the series of letters of which this is one do not apply to this part of the content; see Magnan, p.36-37.

[11] D9553; *Commentaires sur Corneille*, ed. David Williams, Voltaire 53, p.27n.

Electra, especially the urn scene, must be universal because the Greeks and Romans had felt it. After a paragraph (1.37-49) noting that Sophocles' *Electra* is consistent with the 'règles de l'art', the authors analyse the exposition of the play (1.59-64, 69-89). The size of the Greek stage is noted and the authors assume that this made it possible for the different sites mentioned in the Governor's opening speech to be portrayed on the Greek stage. Voltaire clearly believed this to be the case and tried to imitate it when describing the décor for *Oreste* (and other tragedies), although there is reason to doubt that he and Dumolard were correct in their assumption. When noting that the rest of the Governor's speech informs the audience of Orestes' past and present plans (1.70-72), the text carefully avoids saying that in Sophocles Orestes clearly declares his intention to kill his mother. A weak response is then given to the criticism common in the eighteenth century, and previously made both by Voltaire in the third of the *Lettres sur Œdipe* (1719) and by Crébillon in the preface to his *Electre*, that Sophocles' expositions and plots are too simple (1.92-102). Sophocles' long description of the Pythian games (1.103-107, 120-140) is condoned, however – in spite of the fact that it seems 'épisodique' (1.120) and in Voltaire's view Greek tragedies contain no 'épisodes' – because of the Greeks' fondness for the games and the undoubted popularity of this scene of Sophocles' play.

Other aspects of Sophocles' *Electra* which Voltaire 'corrected' in *Oreste* are mentioned. Both Sophocles and Euripides are criticised for keeping Pylades as a mute character (1.141-143), and a weak justification is given for the fact that in Sophocles Aegisthus appears only at the end of the play and only to be killed immediately (1.144-151). The linked problem of the 'atrocité de la catastrophe' (1.152) in Sophocles is defended as an unavoidable part of the legend, then stated to be in fact less 'atroce' than the murder of Camille by her brother in Corneille's *Horace* (1.152-217). The authors admit here that the intentional killing of

Clytemnestra 'fait le vrai sujet de la pièce' (1.169). Throughout
the rest of the *Dissertation*, and in *Oreste*, this fact is, as far as
possible, evaded. The problem that this posed for those who
defended the Greeks against the charge of barbarity can be seen
in the insistence that Orestes 'n'était coupable que par l'ordre
formel des dieux qui le conduisaient pas à pas dans ce crime, par
celui des destinées, dont les arrêts étaient irrévocables' (1.210-
212), although this is not true of Sophocles' Orestes.

In *Oreste*, Electre, Oreste and Pilade intend to avenge Agamemnon by killing Egisthe, not Clitemnestre. Egisthe is the tyrant
figure whose power pervades the tragedy and whose political
downfall has to be brought about. Voltaire, like Longepierre and
Crébillon, realised that in order to have his play accepted he
would have to avoid some of the horror of the Greek myth by
making the killing of Clitemnestre by Oreste unintentional. In
doing so he changed the whole basis of the play from a family
tragedy to a political one. The succession of family murders
which rent the ruling house of Argos, of which the killing of
Clytemnestra is only one episode, becomes a secondary consideration; the real subject of *Oreste* is either the punishment of Oreste
by the gods for allowing Electre to guess his identity (but
the nature of this punishment seems surprising, shocking and
excessive), or the question of whether the conspiracy to overthrow
Egisthe will succeed or not (which is close to melodrama). In
either case Voltaire has taken the subject beyond its Greek sources
and laid himself open to the same charge of infidelity to Sophocles
that he and Dumolard make against Crébillon. It is not clear
that either Voltaire or Dumolard understood the extent or the
consequences of Voltaire's infidelity to Sophocles. The arguments
here and in part II (II.37-44, 181-213, 329-336) seem to indicate
a belief that the problem was the atrocity of the Greek myth, not
Voltaire's infidelity to it.

The authors next briefly compare Sophocles' play with the
versions by Euripides and Aeschylus in order to prove 'combien

elle leur est supérieure' (1.222). The lengthy monologue by the peasant which opens Euripides' *Electra* is considered a fault, and the authors clearly believe that Electra's general situation in Euripides — 'mariée par Egisthe à un homme sans bien et sans dignité, qui demeure hors de la ville dans une maison conforme à sa fortune' (1.242-244) — is also a fault. The killing of Aegisthus while he is making a sacrifice is explained (1.257-260, 263-267), but those who found it barbaric to kill a king in the middle of a religious ceremony would not be likely to think this any less barbaric after reading these lines. Electra's description of the killing of Clytemnestra is said to be more 'atroce' than it is in Sophocles (1.268-271), a remark which seems intended to show Euripides' inferiority as a tragic dramatist, although in the *Lettres sur Œdipe* Voltaire had said that he was superior to Sophocles. A mention of the intervention of the Dioscuri, who predict 'un sort heureux' (1.282) for Orestes and the marriage of Pylades and Electra, ends the analysis of Euripides' *Electra*.

Discussion of Aeschylus' play begins with an explanation of the title *Choephoroe* (1.289-294). The marks by which Electra recognises her brother are noted, with the comment 'Les anciens eux-mêmes se sont moqués de cette reconnaissance, et M. Dacier la blâme' (1.299-300). The reader is not told, however, that Euripides was the best-known mocker of this part of Aeschylus' *Choephoroe*.[12] This is the only direct reference to Dacier in the *Dissertation*, and it is followed ten lines later by the only direct reference to Brumoy, on the moral dilemma of Aeschylus' Orestes. Given that these two scholars dominated discussion of Greek tragedy in France up to the death of Voltaire, that Voltaire had studied the major works of both,[13] and that as a scholar Dumolard

[12] In his *Electra*, l.527-546. For Brumoy, 'c'est une malice d'Euripide, pour tourner la reconnaissance [in Aeschylus] en ridicule' (*Le Théâtre des Grecs*, i.219); cf. below, p.583, n.30.

[13] He had criticised details in Brumoy in the 'Dissertation sur la tragédie ancienne et moderne', and had quoted Dacier in the *Lettres sur Œdipe*.

would normally make frequent reference to his predecessors, it is surprising that Dacier and Brumoy are not referred to more often. Their stature and their influence on Voltaire's thought and on this *Dissertation* deserve more recognition.

After a brief résumé of Aeschylus' plot up to and including the killing of Aegisthus (1.311-320), the killing of Clytemnestra by Orestes is described with the comment: 'Il n'y a point d'oracle, de destinée qui pût diminuer sur notre théâtre l'atrocité de cette action et de ce spectacle' (1.327-329). The killing of Clytemnestra in fact takes place inside the palace but the authors exaggerate its atrocity – probably through ignorance rather than intent – by stating that it takes place 'sur le théâtre'.

Part 1 closes with a section on the importance of good poetic style. The works of writers who possess this gift, such as Sophocles, live for ever; works by writers without it – Desmarets de Saint-Sorlin and Chapelain are mentioned, but Crébillon is clearly the intended target – disappear quickly, whatever their other merits (1.479-524).

As originally published in 1750, part 1 is, therefore, more or less what its title implied: a superficial analysis of some aspects of Sophocles' *Electra* (the parts discussed in detail make up only about one fifth of the play and there is not even a mention of the choral odes, etc.), with some reference to the versions by Aeschylus and Euripides. The primary foci throughout are 'vraisemblance' and 'les bienséances' – referred to in Aristotelian terms as 'la fable (μῦθος)' and '[les] mœurs (ἤθη)' (1.477-478). Perceived faults in the Greek plays with respect to these points of interest are dealt with at length and in detail, if weakly. What is said to be 'le principal mérite de Sophocle [...] la noblesse et l'harmonie de sa diction (λέξις)' (1.479, 482) is given only a few pompous generalities with no illustrative examples. In fact Chapelain gets more attention here than Sophocles. At the end of part 1, however, the problem of the atrocity of the subject of the plays and the actions of Orestes and Electra is left unresolved. This is a major weakness in a work intended to show that Crébillon was not 'le Sophocle français', since a major justification for the application of that epithet to Crébillon was the fact that he wrote tragedies with 'sujets atroces'. The lack of any detailed discussion of the character and role of Orestes in the Greek plays is probably linked to the unavoidable atrocity of what he intentionally did.

Part II of the *Dissertation* begins with a re-statement of the traditional position of the Ancients with respect to 'le vrai et le beau', 'la nature' and mimesis (II.1-11). Although the implications are clear – Voltaire's *Oreste* is to be praised at the expense of Crébillon's *Electre* – special definitions of some of the terms used would be required for the statements to withstand examination. Most of those who had seen Crébillon's *Electre* believed that he had written a successful play without imitating much from the Greeks other than the basic plot. If the success of a tragedy is judged, as Voltaire believed it should be, by box-office receipts (D12893), Crébillon's *Electre* could not be judged a failure, although there is no doubt that he had deliberately departed from his Greek model (II.8-9). Moreover the reference to *Phèdre* and *Iphigénie* (presumably Racine's) implies that these correspond to their Euripidean models with few changes (II.4-7). In the case of *Iphigénie* this is not so. [14]

The second paragraph by implication places both Voltaire and Racine among 'les vrais imitateurs des anciens' who wrote like 'ces modèles du bon goût et du style soutenu' (II.15-19). Crébillon is one of 'les autres' who, 'sans modèles, sans règles, s'abandonnaient aux écarts d'une imagination déréglée' (II.20-21). The power of Crébillon's imagination was one of his strengths as a tragic dramatist and it was another reason why some called him 'le Sophocle français'. Those who believed that 'une imagination

---

[14] Voltaire later compared the two tragedies, not entirely in good faith, in the *Questions sur l'Encyclopédie*, art. 'Dramatique'. H.-J. Patin has a good comparison of them in *Etudes sur les tragiques grecs: Euripide*, 3rd ed., Paris 1866, i.1-41.

déréglée' was typical of the Greeks would be likely to have their faith in Crébillon strengthened, rather than weakened, by this paragraph.

There are no further direct or indirect attacks on Crébillon in part II (except possibly II.279-281). The authors try to prove that 'l'auteur de la tragédie d'*Oreste* a imité Sophocle autant que nos mœurs le lui permettaient' (II.24-25).[15] There is deliberate misrepresentation of the Greek models in the next two paragraphs. The author of *Oreste* is said (II.28-41) to have shown Electra and Orestes

toujours occupés de leur douleur et de la vengeance de leur père [...]. C'est précisément le caractère que Sophocle, Eschyle et Euripide leur donnent [...]. Mais il n'a pas voulu représenter Electre étendant sa vengeance sur sa propre mère [...]. Il les a rendus plus respectueux pour celle qui leur a donné la naissance [...].

In the Greek plays Clytemnestra is the primary target of the vengeance of Orestes and Electra. It would be possible to speak of the two 'extending' their vengeance to Egisthe, but in a play said to be based on the Greek models it is not legitimate to speak of either of them 'étendant sa vengeance sur sa propre mère'. This is another instance of the authors' avoiding the admission that in the Greek models the killing of Clytemnestra by Orestes was deliberate and supported by Electra and the gods.

The discussion of the role and character of Electre is interrupted by discussions of the roles of other characters. Those of Pilade and Pammène are said to be intended to replace Sophocles' chorus (II.45-46). This statement is supported by examples of lines in which Pilade speaks about the inscrutability of 'le ciel' and 'le destin' (II.58-77). Voltaire had attempted to introduce a chorus into *Œdipe* but the experiment was not successful and the actors soon omitted the chorus from the play when they performed it.

[15] Voltaire had already made this claim for himself in the dedication of *Oreste* (see above, p.409-10).

Despite this failure Voltaire continued to seek ways to represent the Greek chorus on the French stage; D608 mentions a version of *Eriphyle* 'vêtue à la grecque, corrigée avec soin, et dans la quelle j'ai mis des chœurs.' [16] The idea of having the function of the chorus (as Voltaire saw it) carried out by other characters is an interesting one. Readers of the play can judge how successfully Voltaire put it into practice.

As in part I there is no discussion of the role of Oreste, but considerable space is devoted to the roles of Clitemnestre and Electre and to the way in which the relationship between them veers back and forth from harsh to gentle (II.78-148). The basis of the role of Clitemnestre is correctly said to be in Euripides and Sophocles, [17] but there is no indication of the extent and importance of the changes brought about by his development of what he found there. These changes, furthermore, take *Oreste* outside the Electra legend: if the Athenians would have been as shocked as is claimed in part III of this *Dissertation* by the spectacle of Electra in love, they might have been equally shocked by the spectacle of her weeping for forgiveness at the feet of her mother (II.101-104). In *Oreste* much pathos is generated in the scenes between Clitemnestre and Electre, but at the expense of verisimilitude and of fidelity to the myth.

After this superficial look at the roles and characters the authors turn to the plot. The simplicity of the plot of *Oreste* is noted, as are the scenes and passages in the first two acts which Voltaire imitated from Sophocles and Aeschylus; *Oreste*, II.ii is said to be 'dans le goût le plus pur de l'antiquité, sans en être une copie' (II.154-155); and the exposition is praised. There are some inaccuracies in the analysis of the plot which lead the unwary reader to believe that *Oreste* is closer to Sophocles' *Electra* than

[16] See also Mat-Hasquin, p.156n, 157n.
[17] In the dedication of *Oreste* Voltaire had written of finding 'le germe' of the role in Sophocles and Euripides (l.274-275; see above, p.410).

it in fact is. For example, it cannot legitimately be said that 'Le dessein de tromper Electre pour la venger, et d'apporter les cendres prétendues d'Oreste, est entièrement de Sophocle' (II.168-169). The urn is from Sophocles; 'le dessein de tromper Electre' is not, and there is no essential connection between the two. In Sophocles, and ostensibly in Voltaire, the purpose of the urn is to put Aegisthus off his guard by making him think that Orestes is dead. In Sophocles the plan works, but in Voltaire the trick is discovered almost immediately.[18] The real purpose of the urn in *Oreste* appears to be the generation of pathos; the presence of Electre at this point is of no significance for the advancement of the plot. The threats of retribution if Oreste disobeys the oracle and makes himself known to Electre are, as the authors say, central to Voltaire's plot, but they are an important innovation and not merely an 'addition' to Sophocles' order of the gods as the authors imply (II.181-201). The Greek gods were typically represented in eighteenth-century France as capricious and arbitrary and their punishments of some crimes were seen as excessive (II.202-209 reflect this). Voltaire's change in the plot means that Oreste kills his mother at the instigation of the Furies, and he is in their power because he disobeyed the gods and made himself known to his sister (II.221-223). Although this change is 'vraisemblable', and enables Voltaire (unlike Longepierre and Crébillon) to find a way within the traditions of French classical tragedy to make the killing of Clitemnestre by Oreste both involuntary and justified – no small accomplishment – it does take *Oreste* outside the bounds of the Electra myth as Voltaire knew it. Voltaire cannot be criticised for this, since Aeschylus, Sophocles and Euripides each made significant changes to the myth and gave it new interpretations.[19] But Voltaire also claimed to be imitating Sophocles, and the Furies, although invoked by Electra, have no role and do not appear in Sophocles' *Electra*.

[18] *Oreste*, III.iv and vi.
[19] See Brunel, *Pour Electre*, Collection U2 (Paris 1982), especially p.94-102.

Other scenes in which Voltaire adhered to the requirements of the French stage yet improved on Sophocles are noted: the urn scene (II.232-255); the alternative to the long description of the Pythian games (II.256-273; cf. I.103-109); the recognition scene (II.274-288). In all these cases the praise is legitimate, if exaggerated. Then Voltaire is rebuked for having suppressed 'les cris de Clitemnestre' when *Oreste* was first staged (II.289-312), because of fears about the reaction of some sections of the audience. [20]

Since Electre is guiltless in *Oreste*, as opposed to the Greek models, the authors of the *Dissertation* find its dénouement less horrifying than that of *Rodogune* or *Atrée et Thyeste* (II.313-328). They also state that the killing of Clitemnestre is 'involontaire et forcé' (II.326), which is true, and 'ordonné d'ailleurs expressément par les dieux' (II.327-328), which is not true either in Sophocles or in Voltaire. The new 'nœud' of the plot and dénouement is reviewed briefly: Oreste 'n'est parricide que pour avoir trop écouté avec sa sœur la voix de la nature' (II.333-334). The authors commend the 'révolution imprévue, mais fondée, dont tous les spectateurs sont d'autant plus satisfaits, qu'elle n'est en aucune façon annoncée, qu'elle est à la fois étonnante et vraisemblable' (II.346-349), but in fact the sudden revolution seems melodramatic and not in the least 'vraisemblable' and is probably the weakest part of the play. This part of the *Dissertation* ends with praise of 'un auteur qui ressuscite l'antiquité dans toute sa noblesse, dans toute sa grandeur et dans toute sa force, et qui y joint les plus grands efforts de la nature, sans aucun mélange des petites faiblesses et des misérables intrigues amoureuses qui déshonorent le théâtre parmi nous' (II.357-361). No doubt this is how Voltaire liked to see himself as a tragic dramatist. Almost as an afterthought, the other components of a tragedy referred to in chapter 6 of Aristotle's *Poetics* are mentioned (II.362-380) — even more briefly than

[20] See above, p.510-11.

at the end of part I. Then a short paragraph praises the absence of confidants in the play (II.381-390).

In part II, as in part I, the foci are the 'vraisemblance' of characters and plot, and respect for the 'bienséances'. Attention is drawn to certain parts of *Oreste*, notably those where Voltaire probably felt that he had improved on Sophocles, while other parts are mentioned only in passing. Care is taken to interpret what Voltaire has done in the most positive way.

The title of the third and last part of the *Dissertation* is promising, but its pompous first paragraph (III.1-31) shows that it is in fact no more than a concentrated attack on Crébillon (the only dramatist mentioned) and his *Electre* on the grounds that his scornful remarks about Sophocles cannot be allowed to pass. It is true that Crébillon, responding to criticism of the early performances of his *Electre*,[21] attacked Sophocles in the preface to the printed text as though he wanted to cause the maximum offence to the Ancients, but this was over forty years before the *Dissertation* was composed. Bad faith is evident here; Voltaire's own attacks on Sophocles in the *Lettres sur Œdipe*, published ten years after Crébillon's *Electre*, were almost as harsh as Crébillon's, but the authors are content to remain silent about them.

In theory this part of the *Dissertation* is the logical successor to part II: there the authors had shown how Voltaire had followed 'la nature' in Sophocles and produced a good play; here they will show how Crébillon produced a bad play by not doing so. In practice, however, there is little further reference to 'la nature' (as was also the case in part II) and the appeal is consistently to 'Athènes' and 'les Athéniens'. Nobody knows what the Athenians

---

[21] Principally the anonymous 'Lettre critique du chevalier de *** à madame la marquise de ***', published in *Le Nouveau Mercure* (1709), viii.186-233. The essence of this article was reproduced in Parfaict, *Histoire du théâtre français depuis son origine jusqu'à présent* (Paris 1745-1748; BV, no.2645), xiv.493-512; reprinted Geneva 1967, vol.3; the volume containing this criticism appeared in 1748. See Crébillon, *Electre*, ed. John Dunkley (Exeter 1980), p.xxiv.

might have thought about the treatment of the Electra legend in either Crébillon's *Electre* or Voltaire's *Oreste*, so the appeal is purely rhetorical. In fact, as noted above, the Athenians might have been as offended by *Oreste* as by *Electre*. The Ancients commonly appealed to 'la nature', but attempts to identify it with Athens and Rome had repeatedly failed to convince since the days of Charles Perrault in the later years of the previous century. It is curious to find Voltaire and Dumolard trying this tack in 1750. Moreover it begs the question of what 'la nature' is and what imitating it means – a crucial and central question for critical theory in the eighteenth century.

This third part of the *Dissertation* has two sections. In the first, repeated rhetorical questions – ('Qu'aurait-on dit dans Athènes, si [...]?') draw attention to a number of weaknesses in the plot and characters of Crébillon's *Electre*. Then, after a transitional paragraph of justification (III.92-103), faults of 'élocution' in Crébillon are analysed in detail (III.104-210). The effect of this convincing demonstration is undercut, however, by the admission that 'dans la plupart de nos auteurs tragiques on trouve rarement six vers de suite qui n'aient de pareils défauts, et cela parce qu'ils ont la présomption de ne consulter personne' (III.212-214). Other reasons are 'le peu de connaissance qu'ils ont eux-mêmes des langues savantes' (III.215-216) and 'la précipitation et la paresse' (III.218). But if Crébillon is no worse than the others, why single him out for special attention? A nod towards Racine as a modern model to imitate, especially as regards his style, with an implication that Voltaire improved on him in some areas (III.226-239), brings the *Dissertation* to an end.

There is an air of unreality and irrelevance to part III. There is no point in asking, 'Comment Electre peut-elle être chez M. de Crébillon plus à plaindre et plus touchante que dans Sophocle, quand elle est occupée d'un amour froid [...]?' (III.34-36) when it is a fact that Paris theatre audiences of the eighteenth century found her so. There is no point in asking, 'Qu'aurait-on dit dans

Athènes, si, au lieu de cette belle exposition admirée de tous les siècles, Sophocle avait introduit Electre faisant confidence de son amour à la nuit?' (III.53-55) when the obvious response is 'Who cares?' Audiences liked Crébillon's *Electre* in spite of its faults, and other critics were able to find what they considered equally serious faults with the plot and characters of *Oreste*. Boileau could have mocked the verse of Crébillon as easily as the authors of this *Dissertation*, but not even Crébillon's friends claimed that he was a great poet. [22] When Crébillon's plays were performed it was the powerful imagery that reached the audience; the weakness of the verse, if noticed, was usually forgiven.

It is not clear for whom this *Dissertation* was composed. The handful of Ancients designated as the intended audience in the introduction would not need the analyses of the Greek plays found in part I and might be insulted by them. They would probably be disturbed by the narrowness of the focus of these analyses and by the fact that the beauties of the Greek verse are dealt with so superficially in part I while the faults of Crébillon's French verse are analysed in detail in part III. The pomposity of the style of some passages, the rhetorical flourishes and the argument from authority would be familiar to them and they would probably appreciate the repeated reference to Athens and Rome as the repositories of 'le vrai et le beau' and 'la nature', although they might be surprised to see such ideas expressed in this way in 1750. They would probably not appreciate the partiality so evident in the different treatment given to Voltaire's *Oreste* and Crébillon's *Electre*, and they might come to different conclusions than those of the authors of the *Dissertation* as to the 'Greekness' of *Oreste* and its value as an imitation of Sophocles' *Electra*. While the subject of the *Dissertation* might interest them, it is unlikely that the treatment would.

[22] See, for example, LeClerc, *Voltaire and Crébillon père*, p.25. Chapters 4 and 5 of this work show how frequently Voltaire returned to the theme of Crébillon's weak verse.

Contemporary Parisian literati, on the other hand, and responsible critics, who might all benefit from the analyses of the Greek plays found in part I, would probably be alienated by the pompous rhetoric and the blind admiration of all things Greek. They too would be struck by the difference in the treatment meted out to Voltaire's *Oreste* and Crébillon's *Electre*. If they read the whole *Dissertation* they might understand better why Voltaire gave *Oreste* the form he did, but they would be unlikely to learn anything new about Crébillon or his *Electre*.

Even in the form in which it was published in 1750 the *Dissertation* was an unsatisfactory work and it is likely that in his more detached moments Voltaire realised this. He did not include it in the editions of his works that appeared between 1750 and 1757, but towards 1761 he gave Cramer a substantially revised *Oreste* and a new version of the *Dissertation* with additions amounting to almost a quarter of the original length of the work. This printing of the *Dissertation* was inserted into copies of the 1761 issue of w57G, between pages 234 and 237 of volume 9.[23] It also appeared after *Oreste*, in a separate edition printed by Cramer from the same setting of type (61). Since there is no indication of any contribution of Dumolard to the additions made for this edition, we assume that Voltaire was entirely responsible for them.

Why did Voltaire go to such lengths — at one of the most crucial and eventful periods of his life and of the political, military and intellectual life of Europe — to include this mediocre work in his canon? The answer probably lies in the content of the additions, reflecting Voltaire's new version of catharsis. The term itself is not used in the *Dissertation*, but the major changes made to the text in 61 and w57G2 concern the practical moral benefit to be gained from the terror and pity generated by tragedy.

[23] w57G has two designations: w57G1 (published in 1757) and w57G2 (published in 1761); it is the latter that contains the *Dissertation sur les Electre* and further substantial changes to *Oreste*.

Voltaire had been reading, or re-reading, Rapin [24] and seems to have adopted and expanded the interpretation of catharsis that he found there (which he quotes in the note to 1.158). This is not surprising. There is no evidence that Voltaire made any serious attempt to examine the history of previous undistinguished efforts to explain catharsis, [25] but he is unlikely to have been persuaded by the discussion of it that he found in Dacier [26] or Brumoy. [27] His comments in the article 'Aristote' for the *Questions sur l'Encyclopédie*, [28] and in the *Commentaires sur Corneille* [29] show that he followed the 'progressive' tradition of Rapin [30] and Dubos [31] in believing that catharsis could apply to passions other than terror and pity. They also indicate that Voltaire's healthy scepti-

[24] *Réflexions sur la poétique de ce temps et sur les ouvrages des poètes anciens et modernes* (1674).

[25] For a brief treatment of some early theories of catharsis see R. Bray, *La Formation de la doctrine classique en France* (Paris 1951). W. Folkierski, *Entre le classicisme et le romantisme: étude sur l'esthétique et les esthéticiens du XVIIIe siècle* (Paris 1969) examines developments in some eighteenth-century theoreticians. The subject cannot be adequately treated here.

[26] *La Poétique d'Aristote, traduite en français avec des remarques* (Paris 1692; BV, no.102), especially ch.6; and *L'Œdipe et l'Electre de Sophocle, tragédies grecques traduites en français avec des remarques* (Paris 1692), preface.

[27] *Le Théâtre des Grecs* (Paris 1730; BV, no.556), especially i.v-lvi, lxxvf.

[28] 'Son idée que la tragédie est instituée pour purger les passions, a été fort combattue mais s'il entend, comme je le crois, qu'on peut dompter un amour incestueux en voyant le malheur de Phèdre, qu'on peut réprimer sa colère en voyant le triste exemple d'Ajax, il n'y a aucune difficulté' (M.xvii.376).

[29] 'Pour la purgation des passions, je ne sais pas ce que c'est que cette médecine. Je n'entends pas comment la crainte et la pitié purgent selon Aristote. Mais j'entends fort bien comment la crainte et la pitié agitent notre âme pendant deux heures selon la nature, et comment il en résulte un plaisir très noble et très délicat, qui n'est bien senti que par les esprits cultivés. Sans cette crainte et cette pitié, tout languit au théâtre' ('[Remarques sur les] Trois discours', Voltaire 55, p.1031).

[30] 'Réflexions sur la poétique en particulier', xvii (*Réflexions sur la poétique*, ed. E. T. Dubois, Genève 1970, p.97-98, especially p.97, l.5-7; all references are to this edition).

[31] Jean-Baptiste Dubos, *Réflexions critiques sur la poésie et sur la peinture* (Paris 1719; BV, no.1111: ed. 1740), part i, §xlv.

cism about words and concepts whose meaning cannot be clearly defined placed him in the tradition of those who believed that nobody since Aristotle, and probably not even Aristotle himself, knew what catharsis really meant. [32] But Voltaire clearly did accept the long Aristotelian tradition which said that terror and pity (especially the latter) lie at the heart of all tragedy. On the basis of what he found in Rapin – keeping the concept of a moral purpose for tragedy but eliminating the Christian element [33] – and with echoes of Brumoy and perhaps Dacier, Voltaire was able to develop a pragmatic explanation of the usefulness of the terror and pity generated by tragedy which was relevant to everyday life. The result, with its utilitarian emphasis, reflects the strong influence of Horace on Rapin, but it remains a notable achievement for its time.

If Voltaire felt that he had found the rational and practical explanation of catharsis that had eluded others, he may well have wanted to publish it as quickly as possible in order to return to more important matters. This could account for the manner of its inclusion in 61 and w57G2 and to the lack of care with which this was done.

Voltaire had already made changes to *Oreste* for w56 and w57G1; in particular the urn scene had been substantially rewritten for w57G1 with over half the lines changed. The best hypothesis about the relationship between the changes made both to *Oreste* and to the *Dissertation* in 1761 is the following: having read or re-read Rapin, Voltaire looked for a suitable way to publish the

[32] For example, Saint-Evremond, *Œuvres mêlées* (Paris 1692), ii.60; Fontenelle, *Œuvres* (Paris 1818), iii.17. Batteux, who has been called 'le théoricien officiel du siècle' and 'le représentant attitré de l'imitation de la belle nature et en même temps le porte-parole de l'opinion du siècle' (Folkierski, p.55, 132), was later to say the same thing (Charles Batteux, *Les Quatre Poétiques d'Aristote, d'Horace, de Vida, de Despréaux, avec les traductions et des remarques*, Paris 1771, p.225).

[33] 'Réflexions sur la poétique en particulier', xx, p.105, l.66-74. Voltaire was to return to this theme a few years later when writing the *Commentaires sur Corneille*. See David Williams, *Voltaire: literary critic*, Studies 48 (1966), p.247-52.

theory he developed from Rapin on the social utility of terror and pity. He remembered the *Dissertation sur les Electre* and, on re-reading and revising it, was led to make further changes to *Oreste*, first the substantial alterations to the urn scene that appear in w57G1, then after further consideration the more pervasive changes that appear in 61 and w57G2. Alternatively, having made the changes to the urn scene as printed in w57G1, subsequent re-reading of the *Dissertation* led him to make the large-scale changes that resulted in the text of 61 and w57G2 (1.13-27 of the *Dissertation* supports either hypothesis). In either case, having made this second set of changes to *Oreste* [34] Voltaire decided, probably at the last minute, to include the revised *Dissertation* in the same edition. He had no time, or did not bother, to make any serious attempt to reconcile the additions to the *Dissertation* with the original text, either in detail or in general. In II.60-71 of the *Dissertation*, for example, changes are make to take into account the changes made in *Oreste* for 61 and w57G2, but II.206-209, 226-227 and 355 quote lines which were replaced or eliminated by these same changes. Similarly, 1.475-476 retain a reference to 'cette courte analyse des deux pièces rivales de l'*Electre* de Sophocle' although now separated from it by an addition almost 150 lines long.

Moreover, the additions dealing with catharsis have no direct relevance to the subject ostensibly under consideration, and the work as a whole loses its structure and its coherence. Rapin's theory, or Voltaire's development of it, is used to explain an incident in Sophocles' *Electra* before the reader is given enough information to understand what is being said and long before the theory itself is elaborated (1.114-116). The various definitions of the purpose of theatre and dramatic verse: 'le théâtre que je regarde

[34] See above, the introduction to *Oreste*, p.352-54, for the relationship between the text of 61 and w57G2 and the version performed at the July 1761 revival of *Oreste*.

comme l'école de la jeunesse' (introduction, l.46); 'le but de la tragédie est d'empêcher de craindre avec trop de faiblesse des disgrâces communes' (1.115-116); 'un des principaux objects du poème dramatique est d'apprendre aux hommes à ménager leur compassion pour des sujets qui le méritent' (1.158, n.*b*); 'c'est alors que le cœur est déchiré, ce qui est le vrai but de la tragédie' (II.287-288) — are, if not incoherent and contradictory, at least confusing. The second, third and fourth of these definitions were added in 1761.

As is clear from Voltaire's note to 1.158, a major advantage of Rapin's theory is that it seemed to solve one of the crucial problems posed by some of the Greek legends, especially that of Electra: the 'atrocité' of the subject — although Voltaire does not develop this point until later (1.398-417). Corneille[35] and Dacier[36] had said how the subject should be treated to avoid this 'atrocité', and Longepierre, Crébillon and (to a lesser extent) Voltaire had followed the path they traced. Brumoy, after attempting to justify Aeschylus, Euripides and Sophocles in this matter, had concluded that they had all 'échoué au même écueil',[37] the fact that Clytemnestra deserved her punishment notwithstanding. But between Voltaire's first footnote mention of Rapin's theory and his later discussion of it (1.355-423, especially 398-417) lies the statement in 1.327-329 that nothing could diminish the 'atrocité' of Orestes' action in Aeschylus, so far as the French stage is concerned. This represents mainstream critical and scholarly opinion but it contradicts Rapin (and Voltaire himself) and so leaves an impression of incoherence and ambiguity.

These additions on catharsis would have fitted more easily into works such as the 'Dissertation sur la tragédie ancienne et moderne' or the dedication to the duchesse Du Maine, but Voltaire

[35] 'Discours de la tragédie', *Trois discours sur le poème dramatique*, *Œuvres complètes* (Paris 1981-1987), iii.159-60.
[36] *L'Œdipe et l'Electre de Sophocle*, p.253-54, 498-99.
[37] *Le Théâtre des Grecs*, i.196-98.

was doubtless unwilling to make substantial changes to dedications to influential people.

The same might be said of the lines on love in tragedy which precede and follow those on catharsis in the longest addition of 1761 to part I of the *Dissertation* (1.332-355, 424-474). Although Voltaire had inveighed against 'galanterie' in tragedy in several places (including the dedication of *Oreste*), he seems here to be following Rapin again. [38] Written from the same point of view as part III, and with the same appeal to the authority of Athens, these additions are open to the same criticisms. Voltaire is no doubt correct in his suggestion that a tragedy which portrayed royal heroes of French history with characters opposite to those that they were traditionally believed to have had could not then have been performed in Paris. No doubt the same applied to characters of Greek myth and history such as Electra on the Athenian stage. [39] But Paris was not Athens precisely because Electra was not part of French tradition in the same way as Henri IV or St Louis, so the demonstration has no purpose. Crébillon, at whom these remarks were directed, had made it perfectly clear in the preface to his *Electre* that he had no concern whatever for Greek traditions, only for a good plot. This attitude was shared by many of his supporters. There was nothing to be gained by attacking an author who had so clearly expressed his contempt for Sophoclean and Greek tradition [40] on the basis that he had departed from it. Nor could Crébillon's reputation or success be threatened by the charge that his play could not have succeeded in Athens. Crébillon had written for the Paris audiences of his time with no regard for hypotheses as to how his play might have

[38] 'Réflexions sur la poétique en particulier', xx, p.103-105.

[39] There is nothing new in this. Corneille, following Horace, had said essentially the same thing ('Discours de l'utilité et des parties du poème dramatique', *Trois discours sur le poème dramatique*, *Œuvres complètes*, iii.132).

[40] There is no evidence to support Voltaire's suggestion that in doing so Crébillon was driven by 'désespoir' (i.456) rather than anger.

557

been received in Athens. There is a great deal of sense in what Voltaire adds to the *Dissertation* in 1761 about love in tragedy and Crébillon's *Electre*, although the virulence of the attacks on Crébillon are disconcerting, but it is essentially irrelevant. It is out of place in this *Dissertation* and repeats some of what was already in part III. It is unlikely to persuade any uncommitted reader to support Voltaire against Crébillon.

The other additions made to part I of the *Dissertation* in 1761 are of less interest. The first (1.15-27) enlarges on what had already been said about the way in which Sophocles' urn scene reduced audiences to tears. [41] This is a strange piece consisting of an anecdote (from Brumoy) followed by an imagined description of how the sight of the urn might have affected a Greek audience. It draws too much attention to this scene in the middle of the general comments on the play as a whole. Hence it distracts the reader and breaks the flow of argument without adding anything significant. The same is true of the next addition (1.49-58): the comparison between the pairs of sisters in Sophocles' *Electra* and *Antigone* is a distraction of little interest and no obvious relevance. The next addition notes that 'un Français peu versé dans l'histoire et dans la littérature grecque' (1.64-65) would not appreciate the interest of Sophocles' exposition for the Greeks. Crébillon is not the target here but rather 'les Welches'. This recalls other pleas by Voltaire (in the 'Dissertation sur la tragédie ancienne et moderne', for example) for a large stage and spectacular décor but the appeal to 'toute la Grèce' (1.69) weakens, rather than strengthens, the impact. An unconvincing argument from authority is used to dispose of another criticism of Sophocles (1.89-91) and there is one direct allusion to the failure of Longepierre's *Electre* (1.504). Two other additions elaborate on the killing of Aegisthus in Sophocles (1.193-196) and Euripides (1.260-263); another criticises the morality of Euripides' *Electra* where Orestes

[41] Voltaire had rewritten his own urn scene (III.ii) for w57G1.

is punished 'pour avoir exécuté l'ordre des dieux, pendant qu'Electre [...] est épargnée' (1.271-275). One added paragraph starts by restating the traditional doubts about whether Euripides wrote the *Electra* that bears his name (1.225-234), and ends with another anecdote (1.233-241). While adding nothing essential to the text, this paragraph does not seem out of place or irrelevant. Finally, a short paragraph gives a particularly unconvincing and abrupt dismissal of criticisms of the recognition of Orestes by Electra in Sophocles and Euripides (1.253-256).

Far fewer additions are made to part II. A derogatory reference to Corneille's *Œdipe* (II.11-13); some lines on the role of the chorus in Greek tragedy (II.46-58);[42] ten lines explaining why Sophocles' Orestes is told to avenge Agamemnon 'par la ruse' (II.171-180) and how Euripides' Aegisthus is killed; and a final implicit attack on Crébillon's *Electre*, with echoes of the major development on terror and pity in part I (II.336-340).

Even fewer changes are made to part III; an addition to the list of examples of 'galanterie' that Voltaire found inappropriate in the mouth of Crébillon's Electre (III.62-65); a rather heavy-handed explanation of why some lines of Crébillon's verse are bad (III.190-193); and a final, hopeful, statement of belief that Crébillon's 'romans barbares, qu'on nomme tragédies' are at last being recognised as 'des monuments de mauvais goût' (III.240-243).

Except for those that concern catharsis, none of these additions is important; most of them are inadequately adapted to their context. The work is worse, rather than better, for their inclusion.

---

[42] These reinforce (and, indeed, repeat) the proposition that the roles of Pammène and Pilade in *Oreste* were 'faits pour suppléer aux chœurs de Sophocle'. In saying that the words of the chorus were 'un tissu [...] de vertus, de la morale la plus épurée', Voltaire chooses to ignore the charges of immorality frequently laid against the chorus in Euripides' *Medea* and *Hippolytus*. He had himself criticised the 'invraisemblance' of the chorus in *Hippolytus* in the sixth of the *Lettres sur Œdipe*, but not its immorality in not telling the authorities what it knows.

Voltaire took no further interest in the *Dissertation* nor did he mention it in his correspondence. Although he included it in all subsequent editions of his complete works, he never re-read it carefully enough to notice an obvious error in one of his shorter additions (1.58).

Voltaire made no substantive changes to the *Dissertation sur les Electre* after those for 61 and w57G2. His publishers, editors or typesetters, rather than he himself, are the most likely source for the only further changes to the text made in his lifetime: the correction of the obvious errors in quotations from Rapin (notes to the Introduction, l.49, in w64-K, and to 1.158 in w75G-K) and from Horace (III.74 in w64-K), the correction of the spelling of Brumoy's name (1.309 in w68-K), and the omission of a rhetorical flourish (III.16 in w68-K).

Editions

The *Dissertation* was separately published in 1750 and printed with *Oreste* in 61, w57G2, w64G, w68, w70G, w70L, w71, w71P, w72X, w75G, w75X, T76X and K84 (see above, p.379-91). No translations are known.

50

DISSERTATION / *SUR* / LES PRINCIPALES / TRAGEDIES, / *ANCIENNES ET MODERNES*, / Qui ont paru ſur le ſujet d'ELECTRE, / & en particulier ſur celle / de SOPHOCLE. / *Par M. DU MOLARD*. / [*type ornament*] / A LONDRES. / [*thick-thin rule, 56 mm*] / M. DCC. L. /

8°. sig. π1 A-C⁸ D1 (π and D1 probably collate); pag. [2] 50 (no errors); $4 signed, roman; sheet catchwords.

[*1*] title; [*2*] blank; [1]-50 Dissertation sur les principales tragédies, anciennes et modernes, qui ont paru sur le sujet d'Electre, et en particulier sur celle de Sophocle.

Arsenal: 8° NF 5026 (2); Bodley: 275 o 26 (3).

Editorial principles

The base text is w57G2, and variants are drawn from 50, 61, w64G, w68, w70G, w75G and K. The following errors in the base text have not been recorded in the variants: 'Polymice' for 'Polynice' (1.55); 'comparatson' for 'comparaison' (1.382); 'dehonnore' for 'déshonnore' (1.356); 'cetre' for 'cette' (11.109); 'médtier' for 'méditer' (111.204).

Modernisation of the base text

The spelling of the names of persons and places has been respected and the original punctuation retained.

The following aspects of orthography and grammar in the base text have been modified to conform to modern usage:

1. Consonants
   - the consonant *p* was not used in: tems, nor in its compound: longtems
   - the consonant *t* was not used in syllable endings *–ans* and *–ens*: amans, applaudissemens, changemens, confidens, dénouemens, emportemens, enfans, événemens, fondemens, fragmens, frappans, galans, gémissemens, incidens, incompétens, intéressans, jugemens, marquans, monumens, mouvemens, ornemens, parens, précédens, présens, raisonnemens, regorgeans, sanglans, sentimens, sermens, suivans, talens, tourmens, vêtemens
   - the consonant *d* was not used in: comprens
   - double consonants were used in: appellons, boursoufflé, complette, courrières, deshonnore, imbécille, jetter, mammelles, rejetter
   - a single consonant was used in: raporte
   - archaic forms were used, as in: entousiasme, hazardé, quarrée, sçavant, sçavoir

2. Vowels
   - *y* was used in place of *i* in: aye, ayent, croyent, envoye, envoyent, enyvrés, satyre, yvresse
   - *oi* was used instead of *ai* in: the imperfect and conditional tenses; the present tense and infinitive of: connoître and compounds, paroître and

compounds; also in affoibliroient, connoissance, foible, foiblesse, reconnoissance

— archaic forms were used in: panché, puérile (m.), vuide

3. Accents

The acute accent

— was used in: unanimément

— was used in place of the grave in: chére, disputérent, emportérent, entiére, fidélement, ménent, piéce, piége, régle, sacrilége, sincérement (but: sincère), succéde, troisiéme

— was not used in: desapprouver, deshonorante, deshonoré, deshonnore, desirs, recuse

— was used hesitantly on the first syllable in: célèbre, désobéïr

The grave accent

— was not used in: déja, parallele

— was used hesitantly in: achève, caractère, dernière, entièrement, espèce, étrangère, frère, manière, mère, modèles, père, première, scène, siècle

The circumflex accent

— was not used in: ame, disgraces, grace, infame, théatrale, théatre, trainantes, traitres

— was used in: ajoûter (but: ajoutent), plûpart

— was sometimes used with the past participle, as in: imprévû, lû, pû, vû

— was not always used in the present and imperfect subjunctive, as in: découvrit, favorisat, fit, fut, passat, rendit, sentit, souffrit

The dieresis

— was used in: désobéïr, désobéïssance, juïsse, obéïr, obéïssance (but: obéïssant), poëme, poësie, poëte

4. Capitalisation

— initial capitals were generally attributed to the following nouns: Abbé, Acteur, Ancien, Auteur, Baron, Belles-Lettres, Ciel, Défenseurs, Destinées, Dieux, Dissertation, Divinité, Empire, Episodes, Epopées, Etranger, Général, Gouverneur, Héros, Immortels, Juge, Justice, Lettres, Littérature, Maître, Marchand, Marquis, Monde, Mortels, Nation, Oracle, Parterre, Peuple, Philosophie, Poëme, Poësie, Poëte, Prince, Princesse, Public, Reine, Roi, Roman, Sçavant, Tragédie, Tyran

- and to adjectives denoting nationality: Athénien, Français, Grec, Italien, Pythien, Tudesque; also to Stoïcienne

5. Points of grammar
- agreement of the past participle was not consistent
- the final −s was not used in the second person singular of the imperative: gémi
- the plural in −x was used in: loix
- the adverb 'tout' took the feminine form before a feminine adjective beginning with a vowel: toute entière

6. Various
- the ampersand was used
- the hyphen was used in: de-là, par-là, non-seulement, tout-à-fait, très-certain, très-grand, très-léger, très-mal-adroitement, très-peu; was not used in: au dessous (but: au-dessus)
- contre and quoique were elided before −e: contr'elle, quoiqu'Euripide
- Saint was abbreviated: S

Modernisation of quotations

The spelling, but not the punctuation, of quotations from printed sources has been modernised, except where a specific critical edition is used, in which case the spelling of the edition is followed.

DISSERTATION

SUR

LES PRINCIPALES

TRAGÉDIES,

ANCIENNES ET MODERNES,

QUI ONT PARU SUR LE SUJET

D'ELECTRE

ET EN PARTICULIER

SUR CELLE DE SOPHOCLE

Par M. Du Molard,

membre de plusieurs académies

Nouvelle édition corrigée et augmentée

TRADUCTION DES DEUX VERS D'EURIPIDE

Un bon critique suit toujours les règles de l'équité, et
reprend en tout temps et en tout lieu ceux qui commettent
des fautes. [1]

1-4   50: absent
1   κ: de deux vers

[1] We have been unable to find these lines in Euripides (or elsewhere).

DISSERTATION SUR LES PRINCIPALES TRAGÉDIES, ANCIENNES ET MODERNES, QUI ONT PARU SUR LE SUJET D'ÉLECTRE, ET EN PARTICULIER SUR CELLE DE SOPHOCLE.

Le sujet d'*Electre*, un des plus beaux de l'antiquité, a été traité par les plus grands maîtres et chez toutes les nations qui ont eu du goût pour les spectacles. Sophocle, Euripide, Eschyle l'ont embelli à l'envie chez les Grecs. Les Latins ont eu plusieurs tragédies sur ce sujet. Virgile le témoigne par ce vers.   5

> *Aut Agamemnonius scenis agitatus Orestes.*[1]

Ce qui donne à entendre que cette pièce était souvent représentée à Rome. Cicéron dans le livre *De finibus* cite un fragment d'une tragédie d'Oreste fort applaudie de son temps.[2] Suétone dit que Néron chanta le rôle d'Oreste parricide;[3] et Juvenal parle d'un   10
Oreste qui était d'une longueur rebutante, et auquel l'auteur n'avait pas encore mis la dernière main:

> *Summi plena jam margine libri*
> *Scriptus et in tergo, necdum finitus Orestes.*[4]

Baïf est le premier qui ait traité ce sujet en notre langue. Son   15

---

3   K: Eschyle, Sophocle, Euripide

---

[1] *Aeneid*, iv.471.
[2] Presumably in book v (xxii.63), where Cicero quotes a popular exchange from Pacuvius' *Dulorestes*; but this play deals with the later adventures of Orestes and Pylades in Taurus with Iphigenia. Book I (ii.4) mentions a poor translation of Sophocles' *Electra* by Atilius, which Cicero had made it his duty to read, but this work was not popular.
[3] Suetonius, *Nero*, xxi. In fact Suetonius describes the role as 'Oresten matricidam'.
[4] *Satires*, i.5-6.

567

ouvrage n'est qu'une traduction de l'*Electre* de Sophocle,[5] et il a eu le sort de toutes les pièces de théâtre de son siècle. L'*Electre* de M. de Longepierre, faite en 1700, ne fut jouée, je crois, qu'en 1718.[6] Pendant cet intervalle M. de Crébillon donna sa tragédie d'*Electre*. Je ne connais que le titre de l'*Electre* du baron de Walef   20
qui a paru dans les Pays-Bas.[7] Enfin M. de Voltaire vient de nous donner une tragédie d'*Oreste*.[8] Erasmo di Valvasone a traduit en italien l'*Electre* de Sophocle,[9] et Ruscellai a fait une tragédie d'*Oreste*, qui se trouve dans le premier volume du théâtre italien donné par M. le marquis Maffei à Vérone en 1723.[10]   25

Je diviserai cette dissertation en trois parties. Je rechercherai dans la première quels sont les fondements de la préférence que tous les siècles ont donnée à la tragédie d'*Electre* de Sophocle, sur celle d'Euripide, et sur les *Coéphores* d'Eschyle.

Dans la seconde j'examinerai sans prévention ce qu'on doit   30
penser de l'entreprise de l'auteur de la tragédie d'*Oreste*, de traiter ce sujet sans ce que nous appelons épisodes, et avec la simplicité des anciens,[11] et de la manière dont il a exécuté cette entreprise.

Dans la troisième et dernière partie, je ferai voir combien il est

16   K: Sophocle, il
25   K: marquis de Maffei

[5] Lazare de Baïf, *Tragédie de Sophocle intitulée Electra* (Paris 1537).
[6] In fact Longepierre's *Electre* was performed three times in 1702 on the private stage of the prince and princesse de Conti at Versailles, and six times in 1719 at the Comédie-Française.
[7] Blaise-Henri de Corte, baron de Walef, *Réflexions nouvelles sur l'Iliade d'Homère, avec la tragédie d'Electre* (Liège 1731). This is a poor play with no redeeming features. There is no record of its being performed.
[8] The *Dissertation* appeared in April 1750; *Oreste* had been first performed the previous January and published in late March or early April.
[9] *Elettra tragedia* (Venetia 1588).
[10] Giovanni Ruscellaï, *L'Oreste, tragedia*, published in *Teatro italiano* (Verona 1723-1725). The authors omit from this list the lost *Electre* by Pradon, performed in 1677.
[11] Cf. Voltaire's dedication of *Oreste*, l.279-280, 291-292 (above, p.410, 411).

difficile de s'écarter de la route que les anciens nous ont frayée en   35
traitant ce sujet, sans détruire le bon goût, et sans tomber dans
des défauts qui passent même des pensées aux expressions. [12]

Je soumets tout ce que je dirai dans cet écrit au jugement de
ceux qui aiment sincèrement les belles-lettres, qui ont fait de
bonnes études, qui connaissent en même temps le génie de la   40
langue grecque et celui de la nôtre, qui sans être les adorateurs
serviles et aveugles des anciens, connaissent leurs beautés, les
sentent et leur rendent justice; et qui joignent l'érudition à la saine
critique: je récuse tous les autres juges comme incompétents.

Je ne cherche qu'à être utile; je ne veux faire ni d'éloge ni de   45
satire. Le théâtre que je regarde comme l'école de la jeunesse,
mérite qu'on en parle d'une manière plus sérieuse, et plus appro-
fondie qu'on ne fait d'ordinaire dans tout ce qui s'écrit pour et
contre les pièces nouvelles. [a] Le public est las de tous ces écrits,
qui sont plutôt des libelles que des instructions, et de tous ces   50
jugements dictés par un esprit de cabale et d'ignorance. Quiconque
ose porter un jugement doit le motiver, sans quoi il se déclare

[a] Le père Rapin dans ses Réflexions sur la poétique, dit après
Aristote, que la tragédie est une leçon publique plus instructive sans
comparaison que la philosophie, parce qu'elle instruit l'esprit par les
sens, et qu'elle rectifie les passions par les passions mêmes, en calmant
par leur émotion le trouble qu'elles excitent dans le cœur. [13]   5

n.a   50, note a absent
n.a, l.2   61, w57G2: Arioste [error]

[12] P. Brunel, Le Mythe d'Electre, Collection u2 (Paris 1971), and Pour Electre,
Collection u2 (Paris 1982), are the most accessible and concise of the works that
deal with the Electra myth and its portrayal in ancient and modern tragedy.

[13] Rapin, Les Réflexions sur la poétique de ce temps et sur les ouvrages des poètes
anciens et modernes, ed. Dubois, p.97. The editor notes that this does not correspond
to the ideas of Aristotle. A more conservative tradition, of which Dacier is a famous
representative, did not accept this extension of Aristotle's intent.

lui-même indigne d'avoir un avis; je n'ai formé le mien qu'après avoir consulté les gens de lettres les plus éclairés. C'est ce qui m'enhardit à me nommer, afin de n'être pas confondu avec les auteurs de tant d'écrits ténébreux, dont le moins qu'on puisse dire est qu'ils sont inutiles. 55

PREMIÈRE PARTIE

De l'Electre de Sophocle.

On a toujours regardé l'*Electre* de Sophocle comme un chef-d'œuvre, soit par rapport au temps auquel elle a été composée, soit par rapport au peuple pour lequel elle a été faite.

Ce temps touchait à celui de l'invention de la tragédie. Trois illustres rivaux, les chefs et les modèles de tous ceux qui ont   5
excellé depuis dans le genre dramatique, se disputèrent la victoire. Les pièces des deux antagonistes de Sophocle furent louées, furent même récompensées; la sienne fut couronnée et préférée.[1] Toute la nation grecque et toute la postérité n'ont jamais varié sur ce jugement. Elle tira des gémissements et des larmes;[2] elle excita   10
même des cris qu'arrachaient la terreur et la pitié portées à leur comble. On ne peut la lire dans l'original sans répandre des pleurs. Tel est l'effet que produisit et que produit encore de nos jours la scène de l'urne, que toute l'antiquité a regardée comme un chef-d'œuvre de l'art dramatique. Aulugelle rapporte[3] que de son   15
temps, sous l'empire d'Adrien, un acteur nommé Polus, qui faisait le rôle d'Electre, fit tirer du tombeau l'urne qui contenait les cendres de son fils bien-aimé; et comme si c'eût été l'urne d'Oreste, il remplit toute l'assemblée, non pas d'une simple émotion de

---

15-28   50:   dramatique. ¶Si tous les

---

[1] This is not true; Aeschylus' Oresteian trilogy won the prize in 458 BC. Sophocles' *Electra* was probably produced in 415 BC, and Euripides' in 413 BC. These statements about the popularity of Sophocles' *Electra* are apparently based solely on an epigram by Dioscorides which says that Sophocles' *Electra* and *Antigone* were considered to be the best Greek tragedies.

[2] Brumoy notes that the urn scene in Sophocles 'fit verser tant de larmes aux spectateurs' (*Le Théâtre des Grecs*, i.212).

[3] Aulus Gellius, *Noctes atticae*, VI.v; quoted in Brumoy, i.198.

douleur bien imitée, mais de cris et de pleurs véritables. Effective- 20
ment cette scène est un modèle achevé du pathétique. En la lisant
on se représente un grand peuple pénétré qui ne peut retenir ses
larmes. On croit entendre les soupirs et les sanglots interrompus
de temps en temps par les cris les plus douloureux: mais bientôt
un silence morne, signe de la consternation générale, succède à ce 25
bruit: tout le peuple semble tomber avec Electre dans le désespoir
à la vue de ce grand objet de terreur et de compassion. 4

Si tous les Grecs et les Romains, si les deux nations les plus
célèbres du monde et qui ont le plus cultivé et chéri la littérature
et la poésie, si deux peuples entiers aussi spirituels et aussi délicats, 30
si tous ceux qui, depuis eux, dans d'autres pays et avec des
mœurs différentes, ont aimé les lettres grecques et ont été en état
de sentir les beautés de cette pièce, se sont tous unanimement
accordés à penser de même de l'*Electre* de Sophocle, il faut
absolument que ces beautés soient de tous les temps et de tous les 35
lieux.

En effet, tout ce qui peut concourir à rendre une pièce excellente
se trouve dans celle-ci. Fable bien constituée. Exposition claire,
noble, entière. Observation parfaite des règles de l'art. Unité de
lieu, d'action et de temps. (L'action ne dure précisément que le 40
temps de la représentation.) Conduite sage, mœurs ou caractères
vrais et toujours également soutenus. Electre y respire continuellement la douleur et la vengeance, sans aucun mélange de passions
étrangères. Oreste n'a d'autre idée que d'exécuter une entreprise
aussi grande, aussi hardie, aussi difficile qu'intéressante. Son cœur 45
est fermé à tout autre sentiment, à tout autre objet. La douleur
de Chrysothémis plus sage, plus modérée que celle de sa sœur,
fait un contraste adroit et continuel avec les emportements

---

4 It was quite common for those who held positive views on Greek tragedy to
indulge in this kind of speculation. Brumoy felt able to use phrases such as 'il
jugea' and 'il crut devoir' when discussing Aeschylus' approach to tragedy (*Le
Théâtre des Grecs*, i.xlviii).

d'Electre. Les sentiments y sont partout convenables. La scène
d'Electre et de Chrysothémis fait sortir le caractère de la première 50
par la douceur de celui de sa sœur. Ismène dans la tragédie
d'*Antigone* de Sophocle, montre la même douceur par le même
art, et pour faire contraster le caractère des deux sœurs. Ismène
et Chrysothémis ont la même compassion et la même tendresse
pour Antigone et pour Electre, pour Oreste et pour Polynice: la 55
seule différence est qu'Antigone ayant un peu moins de dureté
qu'Electre, Ismène de son côté a un peu plus de fermeté que
Chrysothémis. 5

L'exposition produisait d'abord un spectacle frappant et un très
grand intérêt. L'immensité du théâtre, la magnificence artificieuse 60
des décorations, qui suppose nécessairement une grande connaissance de la perspective, donnent lieu au gouverneur d'Oreste de
lui faire observer deux villes, une forêt, des temples, des places
publiques et des palais. Un Français peu versé dans l'histoire et
dans la littérature grecque, peut traiter les villes d'Argos et de 65
Mycènes, le bois de la fille d'Inachus célèbre par les fables d'Io
et d'Argus, le palais d'Agamemnon, les temples les plus renommés;
il peut, dis-je, les traiter d'objets peu intéressants. Mais, que ces
objets étaient frappants pour toute la Grèce! que notre théâtre est
éloigné d'en offrir de pareils! Le reste du discours du gouverneur 70
met le spectateur au fait, en très peu de mots, de l'histoire d'Oreste
et de son projet, que la réponse du héros achève d'expliquer.

49-59   50: convenables. ¶L'exposition
57-58   61-w75G: fermeté qu'Antigone. 6
64-70   50: des palais. Que notre théâtre est éloigné de pouvoir offrir d'aussi
grands objets! Le reste

5 There are two scenes between the sisters in Sophocles' *Electra*, but the allusion
here is no doubt to the one more closely imitated by Voltaire: l.328-471. It was a
commonplace to compare Sophocles' *Electra* with his *Antigone*, and to contrast the
characters of the heroines. See Sophocles, *Antigone*, l.1-99.
6 This obviously wrong reading was corrected in κ.

L'oracle lui défend d'avoir des troupes et d'employer d'autres armes que la ruse et le secret: Δολοῖσι κλέψαι χειρὸς Ενδίκους σφαγάς. [7] En conséquence il envoie son gouverneur annoncer à Egiste et à Clitemnestre, qu'Oreste a été tué aux jeux pythiens. 75 Qu'importe, dit-il, qu'on dise que je suis mort, pourvu que je vive et que je me couvre de gloire? Quand un faux bruit nous procure un grand avantage, je ne puis le regarder comme un mal; ce qui fait allusion à l'idée que les anciens avaient que ces bruits de mort étaient d'un mauvais augure. 80

Τὶ γὰρ μὲ λυπεῖ τοῦθ᾽ ὅταν λόγῳ θανὼν
Ε῾ργοισι σωθῶ, κἀξενέγκωμαι κλεὸς
Δοκῶ μεὺ οὐδὲν ῥῆμα σὺν κέρδει κακόν. [8]

Il sort ensuite pour aller faire des libations sur le tombeau de son père, ainsi qu'Apollon l'a ordonné. Sa conduite ne se dément 85 point. Les caractères ne se démentent pas davantage. Même inflexibilité, même fureur dans Electre, même douceur dans Chrysothémis; même sagesse dans Oreste et dans le gouverneur; même fierté dans Clitemnestre. Traiter cette fierté de défaut, c'est insulter à toute l'antiquité, c'est ignorer ce que c'est que les mœurs dans 90 un pareil sujet, c'est méconnaître la belle nature.

Je ne disconviendrai pas qu'avec toutes ces perfections on ne puisse faire quelques objections contre Sophocle. On dira que l'intrigue est très simple. Je l'avoue, et je crois même que c'est la plus grande beauté de la pièce. Cette simplicité irait au détriment 95 de l'intrigue, si cette intrigue elle-même était autre chose qu'un tableau continu. Sophocle, ajoutera-t-on, manque de certains traits

89-92   50: Clitemnestre. ¶Je ne disconviendrai

[7] 'And craft of hand / be yours to kill, with justice but with stealth' (Sophocles, *Electra*, l.37).
[8] 'For why should it irk me if I die in word / but in deed come through alive and win my glory? / To my thinking, no word is base when spoken with profit' (Sophocles, *Electra*, l.59-61).

délicats et finis que la tragédie a pu acquérir avec le temps. Les pensées n'y sont peut-être pas assez approfondies ni assez variées. Mais les Grecs, et Sophocle en particulier, connaissaient peu ces 100 faibles ornements. Son pinceau hardi peignait tout à grands traits. Il ne s'embarrassait que d'arriver au but.

On apporte les cendres d'Oreste qu'on dit avoir été tué aux jeux pythiens, dont on fait une très longue description, qui appartient plus à l'épopée qu'à la tragédie.[9] Ce récit ne forme pas 105 d'ailleurs de nœud assez intrigué. Il ne met point le héros auquel on s'intéresse en un danger réel. Il ne produit ni pitié ni terreur, du moins chez un peuple débarrassé du préjugé aveugle où vivaient les anciens, que ces bruits de mort étaient du plus sinistre présage. Mais ce même préjugé faisait que les Grecs n'en craignaient que 110 plus pour Oreste, et cette crainte était si forte qu'elle suspendait tous les mouvements précédents de terreur et de compassion. Quoique ce bruit de mort mette ce héros dans le plus grand danger de perdre la vie, Oreste foule aux pieds cette crainte, parce que le but de la tragédie est d'empêcher de craindre avec trop de 115 faiblesse des disgrâces communes. Sophocle ménage la crainte des spectateurs, en faisant mépriser par Oreste ce mauvais présage. La crainte du héros se porte tout entière sur l'obéissance aveugle qu'on doit aux oracles.

D'ailleurs on a toujours excusé cette description épisodique par 120 le goût décidé, par la passion furieuse que toute la nation grecque avait pour ces jeux. En effet c'était un des endroits de la pièce des plus applaudis. On passait à Sophocle l'anachronisme formel en faveur de la beauté de ce morceau, et de l'intérêt qu'on prenait à cette magnifique description. 125

107-120 50: ni terreur. ¶Mais on a toujours

---

[9] Sophocles, *Electra*, l.660-763; the description is given by the Governor. Crébillon said himself that the early acts of his own *Electre* were more epic than tragic (preface to *Electre*, ed. Dunkley, p.2).

On dira peut-être encore que le gouverneur d'Oreste était bien hardi de débiter à une grande reine une fable dont elle pouvait d'un moment à l'autre reconnaître la fausseté. Toute la Grèce accourait aux jeux pythiens. N'y avait-il aucun habitant de Mycènes ou d'Argos qui y eût assisté? Cela n'est pas probable. Personne n'en était-il encore revenu quand le gouverneur faisait ce récit, ou quelqu'un ne pouvait-il pas en arriver dans le moment même? La reine pouvait en un instant découvrir l'imposture. 130

Cette objection tombe d'elle-même, pour peu que l'on fasse réflexion que l'action qui ne dure que quatre heures, ou le temps de la représentation, est si pressée, que Clitemnestre et Egiste sont tués avant qu'ils aient le temps d'être détrompés; et encore un coup le plaisir que ce morceau faisait à toute la nation, la beauté, la sublimité du style dans lequel il est écrit, l'emportèrent sur toutes les critiques. 135

140

Je ne saurais disconvenir que Sophocle, ainsi qu'Euripide, ne devaient pas faire de Pilade un personnage muet. Ils se sont privés par là de grandes beautés.

N'est-ce pas encore un défaut qu'Egiste ne paraisse qu'à la dernière scène, et pour y recevoir la mort? [10] Quel personnage que celui d'un roi qui ne vient que pour mourir! Cependant il ne semble pas absolument nécessaire qu'Egiste paraisse plus tôt. Le poète inspire tant de terreur dans tout le cours de la pièce, qu'il n'a pas besoin d'introduire plus tôt un personnage qui ne produirait que de l'horreur, qui nuirait à son plan, ou qui du moins serait inutile. 145

150

Quant à l'atrocité de la catastrophe, elle paraît horrible dans nos mœurs, elle n'était que terrible dans celles des Grecs. C'était un fait avoué de tout le monde, qu'Oreste avait tué sa mère de propos délibéré pour venger le meurtre de son père. Il n'était pas 155

135-136   50: que l'action est si pressé

[10] Sophocles, *Electra*, l.1442.

permis de le déguiser, ni de changer une fable universellement reçue; [a] c'était même ce qui faisait tout le grand tragique, tout le terrible de cette action. [b] Aussi voit-on qu'Eschyle et Euripide ont exactement suivi, comme Sophocle, l'histoire consacrée. Il me semble même que la mort de Clitemnestre, tuée par son fils, est en un sens moins atroce, et sans contredit beaucoup plus théâtrale et plus tragique que le meurtre de Camille exécuté par Horace. [11]   160

Elle me paraît moins atroce en ce que Camille est innocente, et Clitemnestre est coupable du plus grand des crimes; crime dont

[a] Il faut que Clitemnestre soit tuée par Oreste. Aristot. *de Poet.* c.15. [12]

[b] Un des principaux objets du poème dramatique est d'apprendre aux hommes à ménager leur compassion pour des sujets qui le méritent. Car il y a de l'injustice d'être trop touché des malheurs de ceux qui méritent d'être misérables. On doit voir sans pitié, dit le père Rapin, Clitemnestre tuée par son fils Oreste, dans Eschyle, parce qu'elle avait tué son époux, et l'on ne peut voir sans compassion mourir Hippolyte, parce qu'il ne meurt que pour avoir été sage et vertueux. V. *Réflexions sur la poétique.* [13]   5

n.*b*   50, note *b* absent
n.*b*, l.6   61, w57G2, w64G, w70G: l'on peut [error]

[11] The on-stage killing of Camille in the early performances and editions of Corneille's *Horace* (IV.v) was widely criticised.

[12] An approximate equivalent of this statement comes in chapter 14 of modern editions of Aristotle's *Poetics*.

[13] 'Et comme la fin de la tragédie est d'apprendre aux hommes à ne pas craindre trop faiblement des disgrâces communes, et à ménager leur crainte: son but est aussi de leur apprendre à ménager leur compassion pour des sujets qui la méritent. Car il y a de l'injustice d'être touché des malheurs de ceux, qui méritent d'être misérables. On doit voir sans pitié Clytemnestre tuée par son fils Oreste dans Eschyle: parce qu'elle avait égorgé Agamemnon son mari: et l'on ne peut voir mourir Hippolyte par l'intrigue de Phedra sa belle-mère, dans Euripide, sans compassion: parce qu'il ne meurt que pour avoir été chaste et vertueux' (Rapin, *Réflexions*, p.97-98).

577

elle se glorifie quelquefois, et dont elle n'a qu'un léger repentir; 165
en cela elle mérite infiniment plus d'être punie que Camille, qui
regrette son amant, et dont tout le crime ne consiste qu'en des
paroles trop dures que lui arrache l'excès de sa douleur.

Elle est plus théâtrale, en ce qu'elle fait le vrai sujet de la pièce.
Car cette mort est préparée et attendue, et celle de Camille dans 170
les *Horaces*, n'est qu'un événement imprévu qui pouvait ne pas
arriver, qui ne fait qu'une double action vicieuse, et un cinquième
acte inutile, qui devient lui-même une triple action dans la pièce.
Il n'y a qu'une seule action au contraire dans Sophocle, la punition
des deux époux étant le seul sujet de la pièce. C'est cette unité qui 175
contribuait tant au pathétique de la catastrophe. Quoi de plus
pathétique en effet que ces cris de Clitemnestre? *O mon fils! mon*
fils, ayez pitié de celle qui vous a mis au monde.

> ...Ὦ τέκνον τέκνον οἴκτειρε τὴν τεκοῦσαν. [14]

On frémissait à cette terrible, quoique juste, réponse d'Electre: 180
Mais, vous-même, avez-vous eu pitié de son père et de lui?

> ἀλλ᾽ οὐκ ἐκ σέθεν
> ᾤκτειρεθ οὗτος ὁ γενέσας πατήρ. [15]

On tremblait à cette effrayante exclamation d'Electre à son
frère: *Frappe, redouble, si tu le peux.* 185

> ...Παῖσον εἴ ἐθένεις, διπλῆν. [16]

Après quoi Clitemnestre expirante s'écrie: *Encore une fois, hélas!*

> Ὤμοι μαλ᾽ αὖθις. [17]

Qu'Egiste, poursuit Electre, *ne reçoit-il le même traitement!*

> Εἰ γὰρ Αἰγίσθω θ᾽ ὁμοῦ. [18] 190

---

[14] Sophocles, *Electra*, l.1410-1411.
[15] *Electra*, l.1412-1413.
[16] *Electra*, l.1416.
[17] *Electra*, l.1418.
[18] *Electra*, l.1418.

Egiste qui arrive dans ces terribles circonstances, croyant voir le corps d'Oreste massacré, et découvrant celui de sa femme, la mort ignominieuse de cet assassin, qui n'a pas même la consolation de mourir volontairement et en homme libre, et à qui l'on annonce qu'il sera privé de la sépulture; tout cela forme le coup de théâtre le plus frappant et le plus terrible, je ne dis pas pour notre nation, mais pour toute celle des Grecs, qui n'était point amollie par des idées d'une tendresse lâche et efféminée: pour un peuple, qui d'ailleurs humain, éclairé, poli autant qu'aucun peuple de la terre, ne cherchait point au théâtre ces sentiments fades et doucereux auxquels nous donnons le nom de galants, et qui par conséquent était plus disposé à recevoir les impressions d'un tragique atroce.

Combien ce peuple ne s'intéressait-il pas à la gloire d'Agamemnon, à son malheur et à sa vengeance? Il entrait dans ces sentiments autant qu'Oreste lui-même. Les Grecs n'ignoraient pas que ce prince était coupable de tuer sa mère; mais il fallait absolument représenter ce crime. La mort de Clitemnestre était juste, et son fils n'était coupable que par l'ordre formel des dieux qui le conduisaient pas à pas dans ce crime, par celui des destinées, dont les arrêts étaient irrévocables, qui faisaient des malheureux mortels ce qu'il leur plaisait: *Qui nos homines quasi pilas habent.*[19] Ainsi en condamnant Oreste autant qu'ils le devaient, les Grecs ne condamnaient point Sophocle, et ils le comblaient au contraire de louanges. D'ailleurs tous les poètes tragiques tiennent le langage de la philosophie stoïcienne.

Il me semble avoir montré les sources de l'admiration que tous les anciens ont eue pour l'*Electre* de Sophocle. Le parallèle de

192-195   50:   de sa femme, forme le

[19] Plautus, *The Captives*, prologue, l.22, reads: 'di nos quasi pilas homines habent'. In Sophocles' *Electra*, nobody orders Orestes to kill Clytemnestra; an oracle simply tells him how to accomplish the deed.

cette pièce avec celles d'Euripide et d'Eschyle sur ce sujet, qui
sont à la vérité pleines de beautés, ne servira pas peu à démontrer 220
entièrement combien elle leur est supérieure. On verra combien
la conduite et l'intrigue de la pièce de Sophocle sont plus belles
et plus raisonnables que celles des deux autres.

Plusieurs critiques ont douté que la tragédie d'*Electre* que nous
avons sous le nom d'Euripide, fût de ce grand maître.[20] On y 225
trouve moins de chaleur et moins de liaison, et l'on pourrait
soupçonner qu'elle est l'ouvrage d'un poète fort postérieur. On
sait que les savants de la célèbre école d'Alexandrie ont non
seulement rectifié et corrigé, mais aussi altéré et supposé plusieurs
poèmes anciens. *Electre* était peut-être mutilée ou perdue de leur 230
temps; ils en auront lié tous les fragments pour en faire une pièce
suivie. Quoi qu'il en soit, on y retrouve les fameux vers cités par
Plutarque (dans la vie de *Lysander*[21]), qui préservèrent Athènes
d'une destruction totale, lorsque Lysander s'en rendit le maître.
En effet comme les vainqueurs délibéraient le soir dans un festin, 235
s'ils raseraient seulement les murailles de la ville, ou s'ils la
renverseraient de fond en comble, un Phocéen chanta ce beau
chœur,[22] et tous les convives en furent si émus, qu'ils ne purent
se résoudre à détruire une ville qui avait produit d'aussi beaux
esprits et d'aussi grands personnages. 240

Dans Euripide Electre a été mariée par Egiste à un homme sans
bien et sans dignité, qui demeure hors de la ville dans une maison
conforme à sa fortune. La scène est devant cette maison, ce qui
ne produit pas une décoration bien magnifique. Cet époux
d'Electre, qui, à la vérité par respect, n'a eu aucun commerce avec 245

223-241   50:   deux autres. ¶Dans Euripide

[20] Cf. Brumoy: 'd'habiles gens, à juger de celle-ci [l'*Electre* d'Euripide] par la
conduite, ont voulu douter qu'elle fût véritablement d'Euripide, quoique le style
soit trop conforme au sien pour la lui ôter' (*Le Théâtre des Grecs*, i.229).
[21] Plutarch, *Lysander*, ch.15.
[22] Euripides, *Electra*, l.167-174.

580

elle, ouvre la scène, en fait l'exposition dans un long monologue   245
qu'on peut regarder comme un prologue.[23] Ce défaut, qui se
trouve dans presque toutes les premières scènes d'Euripide, rend
ses expositions la plupart froides et peu liées avec la pièce.

Oreste est reconnu par un vieillard en présence de sa sœur, par
une cicatrice qu'il s'est faite au-dessus du sourcil, en courant,   250
lorsqu'il était enfant, après un chevreuil.[24]

Des critiques ont trouvé cette reconnaissance trop brusque, et
celle de Sophocle trop traînante. Ils semblent qu'ils n'aient fait
aucune attention aux mœurs de la nation grecque, et qu'ils n'aient
connu ni le génie ni les grâces des deux tragiques.   255

Oreste va ensuite avec son ami Pilade assassiner Egiste par
derrière, pendant qu'il est penché pour considérer les entrailles
d'une victime.[25] Ils le tuent au milieu d'un sacrifice et d'une
cérémonie religieuse, parce que tous les droits divins et humains
avaient été violés dans l'assassinat d'Agamemnon, commis dans   260
son propre palais par une ruse abominable, et lorsqu'il allait se
mettre à table et faire des libations aux dieux. Ainsi le récit de la
mort d'Egiste contient la description d'un sacrifice. Les Grecs
étaient fort curieux de ces descriptions de sacrifices, de fêtes, de
jeux, etc. ainsi que des marques, cicatrices, anneaux, bijoux,   265
cassettes et autres choses qui amènent les reconnaissances.

Le récit qu'Electre et son frère font de la manière dont ils ont
assassiné leur mère,[26] qui ne vient sur la scène que pour y être
tuée, me paraît beaucoup plus atroce que la scène de Sophocle

251-256   50: un chevreuil. ¶Il va ensuite
259-262   50: cérémonie religieuse. Ainsi
262   K: ce récit

[23] *Electra*, l.1-53.
[24] *Electra*, l.573-574.
[25] *Electra*, l.838-842.
[26] *Electra*, l.1183-1232.

que j'ai rapportée ci-dessus. Oreste est livré aux Furies, pour   270
avoir exécuté l'ordre des dieux, pendant qu'Electre, qui se vante
d'avoir vu cet horrible spectacle, d'avoir encouragé son frère,
d'avoir conduit sa main, parce qu'Oreste s'était couvert le visage
de son manteau, Electre, dis-je, est épargnée. Sophocle certainement l'emporte ici sur Euripide; mais les Dioscures, Castor et   275
Pollux, frères de Clitemnestre, surviennent, [27] et loin de prendre
la défense de leur sœur, ils rejettent le crime de ses enfants sur
Apollon, envoient Oreste à Athènes pour y être expié, lui prédisent
qu'il courra risque d'être condamné à mort, mais qu'Apollon le
sauvera en se chargeant lui-même de ce parricide. Ils lui annoncent   280
ensuite un sort heureux, après qu'Electre aura épousé Pilade,
époux digne en effet d'une aussi grande princesse, puisqu'il était
fils d'une sœur d'Agamemnon, et qu'il descendait d'Eaque fils de
Jupiter et d'Egine. C'est ce qui justifie le reproche d'un critique
à M. Racine d'avoir fait de Pilade un confident trop subalterne   285
dans *Andromaque*, et d'avoir déshonoré par là une amitié respectable
entre deux princes dont la naissance était égale. [28]

Quant à la pièce d'Eschyle, des filles étrangères, esclaves de
Clitemnestre, mais attachées à Electre, portent des présents sur le
tombeau d'Agamemnon; [29] c'est ce qui a fait donner à la pièce le   290
nom de *Coéphores*, ou porteuses de libations ou de présents, du
mot grec χοη qui signifie des libations qu'on faisait sur les
tombeaux.

Oreste est reconnu par sa sœur dès le commencement de la
pièce, par trois marques assez équivoques, les cheveux, la trace   295

270-270   50: Furies; mais les Dioscures

[27] Euripides, *Electra*, l.1233-1291. Castor and Pollux and Clytemnestra all had
the same mother, Leda, wife of Tyndarus. Zeus seduced Leda and was the father
of one, or both, of the Dioscuri according to the differing versions of the legend.
[28] The reference is to Barbier d'Aucour's verse satire, *Apollon, vendeur de
Mithridate* (1675), which hardly deserves to be treated as serious criticism.
[29] Aeschylus, *Choephoroe*, l.22-83.

des pas, et la robe ὕφασμα qu'elle a tissue elle-même, il y avait sans doute longtemps. 30

Les anciens eux-mêmes se sont moqués de cette reconnaissance, et M. Dacier la blâme, parce qu'elle est trop éloignée de la péripétie, ou changement d'état. 31 Celle de Sophocle est plus 300 simple. Oreste dit à sa sœur, *Regardez cet anneau, c'est celui de mon père.* 32

Τὴν δὲ προσβλέψασα μοὺ
Σφράγιδα πάτρος.

Il déclare ensuite que l'oracle d'Apollon lui a ordonné de tuer 305 les meurtriers de son père, sous peine d'éprouver les plus cruels tourments, d'être livré aux Furies, etc. 33

Le P. Brumoi remarque judicieusement à ce sujet, qu'Oreste est criminel en obéissant et en n'obéissant pas. 34 Cependant il ne peut se déterminer à tuer sa mère. Electre lève ses scrupules et 310 l'aigrit contre elle. Le chœur lui raconte le songe de la reine, qui a cru voir sortir de son sein un serpent qui lui a tiré du sang au lieu de lait. Oreste jure qu'il accomplira ce songe. Le chœur suivant est un récit des amours funestes qui ont été ensanglantés 35

Oreste s'introduit dans le palais d'Egiste sous le nom d'un 315 marchand de la Phocide, qui vient annoncer la mort du fils d'Agamemnon. Egiste entre dans son palais pour s'assurer de ce bruit. Oreste l'y tue, et reparaît pour assassiner sa mère sur le théâtre. 36

308   w75G, κ: Brumoy

30 *Choephoroe*, l.225-234. Euripides made fun of this scene in his *Electra*, l.527-546.

31 Dacier, *L'Œdipe et l'Electre de Sophocle*, 'Préface sur l'Electre', p.255-56.

32 Sophocles, *Electra*, l.1222-1223.

33 Aeschylus, *Choephoroe*, l.269-305.

34 *Le Théâtre des Grecs*, i.196-97.

35 *Choephoroe*, l.478-652.

36 *Choephoroe*, l.674-690; 851-930. Clytemnestra is in fact killed inside the palace and not on stage.

En vain elle lui demande grâce par les mamelles qui l'ont allaité. 320
Pilade dit à son ami, qui craint encore de commettre ce parricide,
qu'il doit obéir aux dieux et accomplir ses serments. [37] *Préférez-
vous*, ajoute-t-il, *vos ennemis aux dieux mêmes?* [38] Oreste déterminé,
dit à sa mère: *C'est à vous-même, et non pas à moi, que vous devez
attribuer votre mort*, σύ τοι σεαυτὴ, οὐκ ἐγὼ, κατακτενεῖς. [39] Quoi 325
de plus réfléchi, de plus dur et de plus cruel! Il n'y a point d'oracle,
de destinée qui pût diminuer sur notre théâtre l'atrocité de cette
action et de ce spectacle; aussi Oreste a beau se disculper, faire
son apologie, et rejeter le crime sur l'oracle et sur la menace
d'Apollon, [40] *les chiens irrités de sa mère* [41] l'environnent et le 330
déchirent.

Electre n'est point amoureuse chez les trois tragiques grecs; en
voici les raisons: les caractères étaient constatés, et comme
consacrés dans les tragédies de Sophocle, d'Euripide et d'Eschyle,
parce que les caractères étaient constatés chez les anciens. Ils ne 335
s'écartaient jamais de l'opinion reçue: *Sit Medaea ferox invictaque*, [42]
etc. Electre ne pouvait pas plus être amoureuse que Polyxène et
Iphigénie ne pouvaient être coquettes, Médée douce et compatis-
sante, Antigone faible et timide. Les sentiments étaient toujours
conformes aux personnages et aux situations. Un mot de tendresse 340
dans la bouche d'Electre aurait fait tomber la plus belle pièce du
monde, parce que ce mot aurait été contre le caractère distinctif

328-474   50: spectacle. ¶Cette courte analyse
334   K: d'Eschyle, de Sophocle, et d'Euripide,
336   K: Medea

---

[37] *Choephoroe*, l.896-902.
[38] *Choephoroe*, l.902.
[39] *Choephoroe*, l.923.
[40] *Choephoroe*, l.1026-1031.
[41] *Choephoroe*, l.1054.
[42] Horace, *Ars poetica*, l.123, beginning a short list which ends 'tristis Orestes'.

et la situation terrible de la fille d'Agamemnon, qui ne doit respirer que la vengeance.

Que dirait-on parmi nous d'un poète qui ferait agir et parler 345 Louis XII comme un tyran, Henri IV comme un lâche, Charlemagne comme un imbécile, St Louis comme un impie? Quelque belle que la pièce fût d'ailleurs, je doute que le parterre eût la patience d'écouter jusqu'au bout. Pourquoi Electre amoureuse aurait-elle eu un meilleur succès à Athènes? 350

Les sentiments doucereux, les intrigues amoureuses, les transports de jalousie, les serments indiscrets de s'aimer toute la vie malgré les dieux et les hommes, tout ce verbiage langoureux qui déshonore souvent notre théâtre, était inconnu des Grecs. La correction des mœurs était le but principal de leur théâtre. Pour 355 y réussir ils voulurent monter à la source de toutes les passions et de tous les sentiments. Loin de rencontrer l'amour sur leur route, ils y trouvèrent la terreur et la compassion. Ces deux sentiments leur parurent les plus vifs de tous ceux dont le cœur humain est susceptible. Mais la terreur et l'attendrissement portés 360 à l'excès, précipitent indubitablement les hommes dans les plus grands crimes et dans les plus grands malheurs. Les Grecs entreprirent de corriger l'un et l'autre, et de les corriger l'un par l'autre.

La crainte non corrigée, *non épurée*, pour me servir du terme d'Aristote, nous fait regarder comme des maux insupportables les 365 événements fâcheux de la vie, les disgrâces imprévues, la douleur, l'exil, la perte des biens, des amis, des parents, des couronnes, de la liberté et de la vie. La crainte bien épurée nous fait supporter toutes ces choses; elle nous fait même courir au-devant avec joie lorsqu'il s'agit des intérêts de la patrie, de l'honneur, de la vertu, 370 et de l'observation des lois éternelles établies par les dieux. Les Grecs enseignaient sur leur théâtre à ne rien craindre alors, à ne jamais balancer entre la vie et le devoir, et à supporter sans se troubler toutes les disgrâces, en les voyant si fréquentes et si extrêmes dans les personnages les plus considérables et les plus 375 vertueux; *à ménager la crainte* et à la tempérer par les exemples les plus illustres. Les peuples apprenaient au théâtre qu'il y a de la pusillanimité et du crime à craindre ce qui n'est plus un mal, par le motif qui le fait surmonter, et par la cause qui le produit; puisque ce mal, si c'en est un, n'est rien en comparaison de maux 380 inévitables et bien plus à craindre, tels que l'infamie, le crime, la colère et la vengeance éternelle des dieux. La terreur de ces maux bien plus redoutables, fait disparaître entièrement celle des premiers. L'Oreste de Sophocle s'embarrasse peu qu'on fasse courir le bruit de sa mort, pourvu qu'il obéisse ponctuellement 385 aux oracles. 43 Electre méprise l'esclavage et les rigueurs de sa mère et d'Egiste, pourvu que la mort d'Agamemnon soit vengée; il faut n'avoir jamais lu ni le texte ni la traduction de Sophocle, pour oser dire qu'elle songe plus à venger ses propres injures, que la mort de son père. 44 Antigone rend les honneurs funèbres à son 390 frère, et ne craint point d'être enterrée vive, parce que l'ordre sacrilège de Créon est formellement contraire à celui des dieux, et qu'on ne peut ni ne doit jamais balancer entre les dieux et les hommes, entre la mort et la colère des immortels. 45 Oreste dans Sophocle n'a rien à craindre des Euménides, parce qu'il suit 395 fidèlement les ordres d'Apollon. 46

La pitié non épurée nous fait plaindre tous les malheureux qui gémissent dans l'exil, dans la misère et dans les supplices. La pitié épurée apprenait aux Grecs à ne plaindre que ceux qui n'ont point mérité ces maux, et qui souffrent injustement, *à ménager leur* 400 *compassion*, à ne point gémir sur les malheurs qui accablent ceux qui désobéissent aux dieux et aux lois, qui trahissent la patrie, qui se sont souillés par des crimes.

Clitemnestre n'est point à plaindre de périr par la main d'Oreste, parce qu'elle a elle-même assassiné son époux, parce qu'elle a 405

43 See above, p.574 (l.76-83).
44 See the preface to Crébillon's *Electre*; and Sophocles, *Electra*, l.341-368.
45 Sophocles, *Antigone*, l.69-77.
46 Again this misinterpretation of Sophocles; see his *Electra*, l.65-70, and Dacier's translation, p.264-65.

goûté le barbare plaisir de rechercher dans son flanc les restes de sa vie,[47] parce qu'elle lui avait manqué de foi par un inceste, parce qu'elle a voulu faire périr son propre fils, de peur qu'il ne vengeât la mort de son père. C'est une injustice de plaindre ceux qui méritent d'être misérables, de s'attendrir sur les malheurs qui arrivent aux tyrans, aux traîtres, aux parricides, aux sacrilèges, à ceux, en un mot, qui ont transgressé toutes les règles de la justice. On ne doit les plaindre que d'avoir commis les crimes qui leur ont attiré la punition et les tourments qu'ils subissent. Mais cette pitié même ne fait que guérir l'âme de cette vile compassion qui peut l'amollir, et de ces vaines terreurs qui la troublent.

C'est ainsi que le théâtre grec tendait à la correction des mœurs par la terreur et par la compassion, sans le secours de la galanterie. C'était de ces deux sentiments que naissaient les pensées sublimes et les expressions énergiques que nous admirons dans leurs tragédies, et auxquelles nous ne substituons que trop souvent des fadeurs, de jolis riens, et des épigrammes.

Je demande à tout homme raisonnable, dans un sujet aussi terrible que celui de la vengeance de la mort d'Agamemnon, que peut produire l'amour d'Electre et d'Oreste, qui ne soit infiniment au-dessous de l'art de Sophocle. Il est bien question ici de déclarations d'amour, d'intrigues de ruelle, de combats entre l'amour et la vengeance. Loin d'élever l'âme, ces faibles ressources ne feraient que l'avilir. Il en est de même de presque tous les grands sujets traités par les Grecs. L'auteur d'*Œdipe* convient lui-même,[48] et cet aveu lui fait infiniment d'honneur, que l'amour de Jocaste et de Philoctète, qu'il n'a introduit que malgré lui, déroge à la grandeur de son sujet. La nouvelle tragédie de *Philoctète*[49]

410

415

420

425

430

[47] Voltaire, *Oreste*, I.ii.102.

[48] In the dedication of *Oreste* (see above, p.401-402).

[49] Chateaubrun's *Philoctète*, one of the weakest of all the imitations of Greek tragedies, was performed with moderate success in 1755. The Greek myth is changed almost beyond recognition, and the interest turns on the love intrigue mentioned here.

n'eût valu que mieux, si l'auteur avait évité l'amour de Pyrrhus pour la fille de Philoctète. Le goût du siècle l'a entraîné. Ses talents auraient surmonté la prétendue difficulté de traiter ces sujets sans amour, comme Sophocle.

Mettez de l'amour dans *Athalie* et dans *Mérope*, ces deux pièces ne seront plus des chefs-d'œuvre, parce que l'amour le mieux traité n'a jamais le sérieux, la gravité, le sublime, le terrible qu'exigent ces sujets. Electre amoureuse n'inspire plus cette terreur et cette pitié active des anciens. Inutilement veut-on y suppléer par des épisodes romanesques, par des descriptions déplacées, par des reconnaissances accumulées les unes sur les autres, par des conversations galantes, par des lieux communs de toute espèce, et par des idées gigantesques. On ne fait que défigurer l'art de Sophocle et la beauté du sujet. C'est faire un mauvais roman d'une excellente tragédie; et comme le style est d'ordinaire analogue aux idées, il devient lâche, boursouflé, barbare. Qu'on dise après cela que si on avait quelque chose à imiter de Sophocle, ce ne serait certainement pas son *Electre*. Qu'on appelle ce prince de la tragédie *Grec babillard*, il résulte de ces invectives que l'art de Sophocle est inconnu à celui qui tient ce discours,[50] ou qu'il n'a pas daigné travailler assez son sujet pour y parvenir, ou enfin que tous ses efforts ont été inutiles, et qu'il n'a pu y atteindre. Il semble que le désespoir lui ait suggéré de condamner d'un mot Sophocle et toute la Grèce. Mais Electre amoureuse du fils d'Egiste, assassin de son père, séducteur de sa mère, persécuteur d'Oreste, auteur de tous ses malheurs; Oreste amoureux de la fille de ce même Egiste, bourreau de toute sa famille, ravisseur de sa couronne, et qui ne cherche qu'à lui ôter la vie, auraient l'un et l'autre échoué sur le théâtre d'Athènes. Ce double amour aurait eu nécessairement le plus mauvais succès. Vainement on aurait dit en faveur du poète, que plus Electre est malheureuse, plus elle est aisée à attendrir; le peuple d'Athènes aurait répondu que plus Oreste et

[50] Crébillon, of course, in the preface to his *Electre*.

588

Electre sont malheureux, moins ils sont susceptibles d'un amour puéril et insensé, qu'ils sont trop occupés de leurs infortunes et de leur vengeance pour s'amuser à lier une partie carrée avec les deux enfants du bourreau d'Agamemnon et de leur plus implacable ennemi. Ces amants transis auraient fait horreur à toute la Grèce, 470 et le peuple aurait prononcé sur le champ contre une fable aussi absurde et aussi déshonorante pour le destructeur de Troie et pour toute la nation.

Cette courte analyse[51] des deux pièces rivales de l'*Electre* de Sophocle, suffit pour faire connaître combien celle-ci est préférable 475 aux deux autres, par rapport à la fable (μῦθος), et par rapport aux mœurs (ἤθη).[52]

Mais le principal mérite de Sophocle, celui qui lui a acquis l'estime et les éloges de ses contemporains et des siècles suivants jusqu'au nôtre, celui qui les lui procurera tant que les lettres 480 grecques subsisteront, c'est la noblesse et l'harmonie de sa diction (λέξις). Quoique Euripide l'emporte quelquefois sur lui par la beauté des pensées (Διάνοιαι), Sophocle est au-dessus de lui par la grandeur, par la majesté, par la pureté du style, et par l'harmonie. C'est ce que le savant et judicieux abbé du Bos appelle la poésie 485 de style.[53] C'est elle qui a fait donner à Sophocle le surnom d'Abeille; c'est elle qui lui a fait remporter vingt-trois victoires sur tous les poètes de son temps. Le dernier de ses triomphes lui coûta la vie, par la surprise et par la joie imprévue qu'il en eut: de sorte qu'on peut dire de lui qu'il est mort dans le sein de la 490 victoire.

Les termes pittoresques et cette imagination dans l'expression sans laquelle le vers tombe en langueur, soutiendront Homère et Sophocle dans tous les temps, et charmeront toujours les amateurs

[51] In the original version of this *Dissertation*, this line followed line 328 (see 328-474*v*).
[52] Parts of Greek tragedy as defined in Aristotle's *Poetics*, VI.
[53] *Réflexions critiques sur la poésie et sur la peinture* (Paris 1719), part I, §xxxiii.

de la langue dans laquelle ces grands hommes ont écrit. [c] Ce mérite   495
si rare de la beauté de l'élocution est, selon Quintilien, comme
une musique harmonieuse qui charme les oreilles délicates. Un
poème aurait beau être parfait d'ailleurs, et conduit selon toutes
les règles de l'art, il ne sera lu de personne, s'il manque de ce
mérite, et s'il pèche par l'élocution. Cela est si vrai qu'il n'y a   500
jamais eu dans aucune langue et chez aucun peuple, de poème mal
écrit, qui jouisse de la moindre estime permanente et durable.
C'est ce qui a fait entièrement oublier l'*Electre* de Longepierre et
celles dont j'ai parlé ci-dessus. C'est ce qui a fait universellement
rejeter parmi nous la *Pucelle* de Chapelain, et le poème de *Clovis*   505
de Desmarets. [54]

'Ce sont deux poèmes épiques, ajoute M. l'abbé du Bos, [55] dont
la constitution et les mœurs valent mieux sans comparaison que
celles des deux tragédies (du *Cid* et de *Pompée*). D'ailleurs leurs
incidents qui font la plus belle partie de notre histoire, doivent   510
plus attacher la nation française, que des événements arrivés depuis
longtemps dans l'Espagne et dans l'Egypte. Chacun sait le succès
de ces poèmes, qu'on ne saurait imputer qu'au défaut de la poésie
de style. On n'y trouve presque point de sentiments naturels
capables d'intéresser. Ce défaut leur est commun. Quant aux   515
images, Desmarets ne crayonne que des chimères, et Chapelain,
dans son style tudesque, ne dessine rien que d'imparfait et d'estro-

---

[c] Graiis ingenium, Graiis dedit ore rotundo
   Musa loqui.
           Hor., de Art. poet. [56]

503-505   50: fait universellement rejeter

---

[54] Epic poems of 1656 and 1657 respectively.

[55] *Réflexions critiques*, i.274-75. The quotation contains only one unimportant
change from the original.

[56] Horace, *Ars poetica*, l.323-24.

pié. Toutes ses peintures sont des tableaux gothiques. De là vient
le seul défaut de la *Pucelle*, mais dont il faut, selon M. Despréaux,
que ses défenseurs conviennent: le défaut qu'*on ne la saurait lire*.'[57]   520

> Sans la langue, en un mot, l'auteur le plus divin
> Est toujours, quoi qu'il fasse, un méchant écrivain.
> > *Boileau, Art. poét.*[58]

---

[57] Boileau, *Satires*, x.455; he also attacked the poem in *Satires*, III, IV, VII and
IX.
[58] *Art poétique*, I.161-162.

SECONDE PARTIE

De la tragédie d'Oreste.

Il n'est pas indifférent de remarquer d'abord que dans tous les sujets que les anciens ont traités, on n'a jamais réussi qu'en imitant leurs beautés. La différence des temps et des lieux ne fait que de très légers changements. Car le vrai et le beau sont de tous les temps et de toutes les nations. La vérité est une, et les anciens   5 l'ont saisie, parce qu'ils ne recherchaient que la nature, dont la tragédie est une imitation. *Phèdre* et *Iphigénie* en sont des preuves convaincantes. On sait le mauvais succès de ceux qui, en traitant les mêmes sujets, ont voulu s'écarter de ces grands modèles. Ils se sont écartés en effet de la nature, et il n'y a de beau que ce qui   10 est naturel. Le décri dans lequel l'*Œdipe* de Corneille est tombé, est une bonne preuve de cette vérité. Corneille voulut s'écarter de Sophocle, et il fit un mauvais ouvrage.

Il se présente une autre réflexion non moins utile; c'est que parmi nous, les vrais imitateurs des anciens se sont toujours   15 remplis de leur esprit, au point de se rendre propres leur harmonie et leur élégance continue. La raison en est, à mon gré, qu'ayant sans cesse devant les yeux ces modèles du bon goût et du style soutenu, ils se formaient peu à peu l'habitude d'écrire comme eux, tandis que les autres, sans modèles, sans règles, s'abandonnaient   20 aux écarts d'une imagination déréglée, ou restaient dans leur stérilité.

Ces deux principes posés, je crois ne rien dire que de raisonnable, en avançant que l'auteur de la tragédie d'*Oreste* a imité Sophocle autant que nos mœurs le lui permettaient,[1] et quelque   25

11-14   50:   naturel. ¶Il se présente

[1] See Voltaire's dedication of *Oreste*, l.252-254 (above, p.409).

estime que j'aie pour la pièce grecque, je ne crois pas qu'on dût porter l'imitation plus loin.

Il a représenté Electre et son frère toujours occupés de leur douleur et de la vengeance de leur père, et n'étant susceptibles d'aucun autre sentiment. C'est précisément le caractère que Sophocle, Eschyle et Euripide leur donnent; il n'en a retranché que des expressions trop dures selon nos mœurs. Même résolution dans les deux Electres de poignarder le tyran; même douleur en apprenant la fausse nouvelle de la mort d'Oreste; mêmes menaces, mêmes emportements dans l'une et dans l'autre, mêmes désirs de vengeance.

Mais il n'a pas voulu représenter Electre étendant sa vengeance sur sa propre mère, se chargeant d'abord du soin de se défaire de Clitemnestre, ensuite excitant son frère à cette action détestable et conduisant sa main dans le sein maternel.[2] Il les a rendus plus respectueux pour celle qui leur a donné la naissance, et il a même semé dans le rôle d'Electre, tantôt des sentiments de tendresse et de respect, et tantôt des emportements selon qu'elle a plus ou moins d'espérance.

Les rôles de Pylade et de Pammène me paraissent avoir été faits pour suppléer aux chœurs de Sophocle. On sait les effets prodigieux que faisaient ces chœurs accompagnés de musique et de danse; à en juger par ces effets, la musique devait merveilleusement seconder et augmenter le terrible et le pathétique des vers. La danse des anciens était peut-être supérieure à leur musique; elle exprimait, elle peignait les pensées les plus sublimes et les passions les plus violentes. Elle parlait aux cœurs comme aux yeux. Le

35   50: dans l'un et dans l'autre.//
38-39 50: propre mère, excitant
39-40 50: détestable. Il les
46-58 50: Sophocle. Quelle sagesse

[2] These descriptions seem most appropriate to Euripides (*Electra*, l.647-663, 964-987, 1224-1225).

593

chœur des *Euménides* d'Eschyle coûta la vie à plusieurs des
spectateurs. [3] Quant aux paroles des chœurs, elles n'étaient qu'un
tissu de pensées sublimes, de principes d'équité, de vertus, et de   55
la morale la plus épurée. Le nouvel auteur a tâché de suppléer par
les rôles de Pylade et de Pammène à ces beautés qui manquent à
notre théâtre. Quelle sagesse dans l'un et dans l'autre personnage!
et quels sentiments l'auteur donne au premier! Je n'en veux
rapporter que deux exemples. Le premier est tiré de la scène où   60
Pylade dit à Oreste:

> C'est assez, et du ciel je reconnais l'ouvrage:
> Il nous a tout ravi par ce cruel naufrage:
> Il veut seul accomplir ses augustes desseins:
> Pour ce grand sacrifice il ne veut que nos mains.   65
> Tantôt de trente rois il arme la vengeance;
> Tantôt trompant la terre et frappant en silence,
> Il veut en signalant son pouvoir oublié,
> N'armer que la nature et la seule amitié. [4]

L'autre est tiré de la scène où Pylade dit à Electre qu'Oreste   70
obéit aux dieux:

> Les arrêts du destin trompent souvent notre âme.
> Il conduit les mortels, il dirige leurs pas,
> Par des chemins secrets qu'ils ne connaissent pas;
> Il plonge dans l'abîme, et bientôt en retire;   75

60-61   50: tiré de la première scène du troisième acte, où Pylade répond à
Pammène qui tremble de voir Oreste exposé sans troupes et sans armes aux fureurs
d'Egisthe, au milieu de ses Etats, et à la porte de son palais.
70-71   50: tiré de la seconde scène du quatrième acte. Pylade y dit

---

[3] According to most versions of this common anecdote the result was the
spontaneous abortion of some pregnant women; death is more effective and more
seemly. See Aeschylus, *Eumenides*, l.117-178.
[4] *Oreste*, III.i.27-34. In the major revisions for 61 and W57G2 Voltaire placed
this speech in act II, scene I.

594

Il accable de fers, il élève à l'empire;
Il fait trouver la vie au milieu des tombeaux... [5]

Le fond du rôle de Clitemnestre est tiré aussi de Sophocle, quoique tempéré par la Clitemnestre d'Euripide. On voit évidemment dans les deux poètes grecs, que Clitemnestre est souvent prête à s'attendrir. Elle se justifie devant Electre; elle entend ses reproches, et il est certain que si Electre lui répondait avec plus de circonspection et de douceur, il serait impossible qu'alors Clitemnestre ne fût pas émue et ne sentît pas des remords. Ainsi, puisque l'auteur d'Oreste, pour se conformer plus à nos mœurs, et pour nous toucher davantage, rend Electre moins féroce avec sa mère, il fallait bien qu'il rendît Clitemnestre moins farouche avec sa fille. [6] L'un est la suite de l'autre. Electre est touchée quand sa mère lui dit:

Mes filles devant moi ne sont point étrangères;
Même en dépit d'Egiste elles m'ont été chères;
Je n'ai point oublié mes premiers sentiments,
Et malgré la fureur de ses emportements,
Electre dont l'enfance a consolé sa mère,
Du sort d'Iphigénie et des rigueurs d'un père,
Electre qui m'outrage et qui brave mes lois,
Dans le fond de mon cœur n'a point perdu ses droits. [7]

Clitemnestre à son tour est émue quand sa fille lui demande pardon de ses emportements. Pouvait-elle résister à ces paroles tendres?

Eh bien, vous désarmez une fille éperdue;
La nature en mon cœur est toujours entendue.

---

[5] *Oreste*, iv.ii.42-47.

[6] Euripides made his Clytemnestra 'moins farouche' towards Electra than the Clytemnestra of Sophocles, but his Electra, on the other hand, is even more fierce and unforgiving than is Sophocles' Electra.

[7] *Oreste*, i.iii.177-184. All editions read 'étouffé' for 'oublié' in line 179 (l.92 above).

595

Ma mère, s'il le faut, je condamne à vos pieds
Ces reproches sanglants trop longtemps essuyés.
Aux fers de mon tyran par vous-même livrée,   105
D'Egiste dans mon cœur je vous ai séparée;
Ce sang que je vous dois ne saurait se trahir.
J'ai pleuré sur ma mère, et n'ai pu vous haïr, etc. [8]

Mais ensuite quand cette même Electre, croyant sa mère complice de la mort d'Oreste, lui fait des reproches sanglants, et   110
qu'elle lui dit:

Vous n'avez plus de fils; son assassin cruel
Craint les droits de ses sœurs au trône paternel.
Ah! si j'ai quelques droits, s'il est vrai qu'il les craigne,
Dans ce sang malheureux que sa main les éteigne;   115
Qu'il achève à vos yeux de déchirer mon sein,
Et si ce n'est assez, prêtez-lui votre main;
Frappez, joignez Electre à son malheureux frère,
Frappez, dis-je, à vos coups je connaîtrai ma mère. [9]

Y a-t-il rien de plus naturel que de voir Clitemnestre irritée   120
reprendre alors toute sa dureté, et dire à sa fille:

Va, j'abandonne Electre au malheur qui la suit,
Va, je suis Clitemnestre, et surtout je suis reine,
Le sang d'Agamemnon n'a de droit qu'à ma haine;
C'est trop flatter la tienne, et de ma faible main   125
Caresser le serpent qui déchire mon sein.
Pleure, tonne, gémis, j'y suis indifférente;
Je ne verrai dans toi qu'une esclave imprudente,
Flottante entre la crainte et la témérité,
Sous la puissante main de son maître irrité.   130
Je t'aimais malgré toi, l'aveu m'en est bien triste;
Je ne suis plus pour toi que la femme d'Egiste;

[8] *Oreste*, i.iii.193-200.
[9] *Oreste*, ii.v.225-226, 231-236.

> Je ne suis plus ta mère, et toi seule as rompu
> Ces nœuds infortunés de ce cœur combattu,
> Ces nœuds qu'en frémissant réclamait la nature,   135
> Que ma fille déteste, et qu'il faut que j'abjure.[10]

Ces passages de la pitié à la colère, ce jeu des passions, ne sont-ils pas véritablement tragiques? et le plaisir qu'ils ont constamment fait à toutes les représentations, n'est-il pas un témoignage certain que l'auteur, en puisant également dans l'antiquité et dans la   140 nature, a saisi tout ce que l'une et l'autre pouvaient fournir?

Mais quand Electre parle au tyran, son caractère inflexible est tellement soutenu qu'elle ne se dément pas même en demandant la grâce de son frère:

> Cruel, si vous pouvez pardonner à mon frère,   145
> (Je ne peux oublier le meurtre de mon père;)
> Mais je pourrais du moins, muette à votre aspect,
> Me forcer au silence et peut-être au respect.[11]

Je demande si dans l'intrigue d'*Oreste*, la plus simple sans contredit qu'il y ait sur notre théâtre, il n'y a pas un heureux   150 artifice à faire aborder Oreste dans sa propre patrie par une tempête, le jour même que le tyran insulte aux mânes de son père? si la rencontre du vieillard Pammène, et la scène qu'Oreste et Pylade ont avec lui,[12] n'est pas dans le goût le plus pur de l'antiquité, sans en être une copie, et si on peut la voir sans en   155 être attendri? La dernière scène du second acte, entre Iphise et

---

[10] Voltaire, *Oreste*, II.v.246-260. The reading 'de droit' in line 248 is found only in w57G1 (l.124 above). The reading 'crainte' for 'plainte' (l.129 above) is not found in line 253 in any of the editions.

[11] *Oreste*, v.iii.93-96. All editions read 'Cruel, si ton courroux peut épargner mon frère,' at line 93 and 'à ton aspect' for 'à votre aspect' in line 95 (l.145 and l.147 above).

[12] *Oreste*, II.ii.

Electre, et qui est une très belle imitation de Sophocle, [13] produit tout l'effet qu'on en peut attendre.

L'exposition de la pièce d'*Oreste* me paraît aussi pleine qu'on puisse la souhaiter. Le récit de la mort d'Agamemnon dès la seconde scène, et que l'auteur a imité d'Eschyle, [14] mettrait seul au fait, avec ce qui le précède, le spectateur le moins instruit. Electre peut-elle après ce récit, exprimer son état d'une manière plus précise et plus entière qu'elle le fait dans ces trois vers?   160

Je pleure Agamemnon, je tremble pour un frère;   165
Mes mains portent des fers, et mes yeux pleins de pleurs,
N'ont vu que des forfaits et des persécuteurs. [15]

Le dessein de tromper Electre pour la venger, et d'apporter les cendres prétendues d'Oreste, est entièrement de Sophocle. L'oracle avait expressément ordonné qu'on vengeât la mort d'Agamemnon   170
par la ruse, δολοῖσι, parce que ce meurtre avait été commis de même, et que la vengeance n'aurait pas été complète si les assassins avaient été punis par un autre que par le fils d'Agamemnon, et d'une autre manière que celle qu'ils avaient employée en commettant le crime. Dans Euripide, Egiste est assassiné par derrière,   175
tandis qu'il est penché sur une victime, parce qu'il avait frappé Agamemnon lorsqu'il changeait de robe pour se mettre à table. [16] Cette robe était cousue ou fermée par le haut, de sorte que le roi ne put se dégager ni se défendre; c'est ce que le nouvel auteur a désigné par ces mots de *vêtements de mort* et de *piège*. [17]   180

157   K: Electre, qui
171-181   50: la ruse δολοῖσι. ¶L'auteur français
180   61-K: *vêtements*, de *mort* [18]

[13] Sophocles, *Electra*, l.871-933; but in Sophocles this scene comes after the false description of the death of Orestes.
[14] Presumably *Agamemnon*, l.1372-1392, but the imitation is not close.
[15] *Oreste*, I.ii.114-116.
[16] Euripides, *Electra*, l.838-842, 150-166.
[17] Voltaire, *Oreste*, I.ii.91, 97.
[18] This obvious error was never corrected.

L'auteur français n'a fait qu'ajouter à cet ordre des dieux une menace terrible en cas qu'Oreste désobéît et qu'il se découvrît à sa sœur. Cette sage défense était d'ailleurs nécessaire pour la réussite de son projet. La joie d'Electre aurait assurément éclaté, et aurait découvert son frère. D'ailleurs que pouvait en sa faveur une princesse malheureuse et chargée de fers? Pylade a raison de dire à son ami que sa sœur peut le perdre et ne saurait le servir; et dans un autre endroit: 185

> Renferme cette amour et si tendre et si pure.
> Doit-on craindre en ces lieux de dompter la nature? 190
> Ah! de quels sentiments te laisses-tu troubler?
> Il faut venger Electre, et non la consoler. [19]

C'est cette menace des dieux qui produit le nœud et le dénouement. C'est elle qui retient d'abord Oreste quand Electre s'abandonne au désespoir à la vue de l'urne qu'elle croit contenir les cendres de son frère. C'est elle qui est cause de la résolution furieuse que prend Electre de tuer son propre frère, qu'elle croit l'assassin d'Oreste. C'est cette menace des dieux qui est accomplie quand ce frère trop tendre a désobéi. C'est elle enfin qui donne au malheureux Oreste l'aveuglement et le transport dans lesquels il tue sa mère, de sorte qu'il est puni lui-même en la punissant. 195 200

C'était une maxime reçue chez tous les anciens, que les dieux punissaient la moindre désobéissance à leurs ordres comme les plus grands crimes, et c'est ce qui rend encore plus beaux ces vers que l'auteur met dans la bouche d'Oreste au troisième acte. 205

> Eternelle justice, abîme impénétrable,
> Ne distinguez-vous point le faible et le coupable,
> Le mortel qui s'égare, ou qui brave vos lois,
> Qui trahit la nature, ou qui cède à sa voix? [20]

---

[19] Voltaire, *Oreste*, IV.i.23, 25-28. All editions read 'et si sainte et si pure' at line 25 (l.189 above).

[20] *Oreste*, III.i.67-70. In the major revisions for 61 and w57G2 (see appendix I) these lines were eliminated. All editions in which they do appear read 'O justice éternelle' for 'Eternelle justice' in line 67 (l.206 above).

Ce ne sont pas là de ces vaines sentences détachées. Ces vers 210
sont en sentiments aussi bien qu'en maximes. Ils appartiennent à
cette philosophie naturelle qui est dans le cœur, et qui fait un des
caractères distinctifs des ouvrages de l'auteur.

Quel art n'y a-t-il pas encore, à faire paraître les Euménides
avant le crime d'Oreste,[21] comme les divinités vengeresses du 215
meurtre d'Agamemnon, et comme les avant-courrières du crime
que son fils va commettre? Cela me paraît très conforme aux idées
de l'antiquité, quoique très neuf. C'est inventer comme les anciens
l'auraient fait, s'ils avaient été obligés d'adoucir le crime d'Oreste.
Au lieu que dans Euripide et dans Eschyle Oreste est livré aux 220
Furies, parce qu'il a tué sa mère: ici Oreste ne tue sa mère que
parce qu'il est livré aux Furies, et il leur est livré parce qu'il a
désobéi aux dieux en se découvrant à sa sœur.

Dans quels vers ces Euménides sont évoquées!

>   Euménides, venez, soyez ici mes dieux; 225
> Accourez de l'enfer en ces horribles lieux,
> Dans ces lieux plus cruels et plus remplis de crimes,
> Que vos gouffres profonds regorgeants de victimes.
> Filles de la vengeance, armez-vous, armez-moi...
> Les voici... je les vois, et les vois sans terreur: 230
> L'aspect de mes tyrans m'inspirait plus d'horreur.[22]

211   к: en sentiment aussi bien qu'en maxime.

[21] In Electre's monologue, iv.iv (see below, l.225-231).

[22] Voltaire, *Oreste*, iv.iv.119-123, 127-128. Lines 120-121 (l.226-227 above)
were replaced in the major revisions for 61 and w57G2. All editions in which they
do appear read 'En ces lieux' for 'Dans ces lieux' in line 121. It is most unlikely
that the Furies actually appeared on stage in *Oreste*. Such an event would have
been noted by the critics and by Voltaire. The presence of spectators on the stage
in 1750 essentially precluded the appearance of the Furies then, and Lekain's
Registre manuscrit pour la représentation des tragédies (Comédie-Française, ms.
25035, p.122), which probably dates from around the time of the 1761 revival of
Oreste, does not mention them. The Furies were not seen in Euripides (*Electra*,
l.1343-1348), or in Sophocles where Electra invokes them early in the play in a
speech Voltaire probably imitated (*Electra*, l.112-120). In Aeschylus' *Choephoroe*

L'auteur de la tragédie d'*Oreste* a sans doute eu tort de tronquer la scène de l'urne. [23] Il est vrai qu'un excès de délicatesse empêche quelquefois de goûter et de sentir des morceaux d'une aussi grande force, et des traits aussi mâles et aussi sublimes. Près de cinquante vers de lamentations auraient peut-être paru des longueurs à une nation impatiente et qui n'est pas accoutumée aux longues tirades des scènes grecques. Cependant l'auteur a perdu le plus beau, et l'endroit le plus pathétique de la pièce. A la vérité il a tâché d'y suppléer par une beauté neuve. L'urne contient, selon lui, les cendres de Plisthène fils d'Egiste. Ce n'est point une urne vide et postiche. La mort d'Agamemnon est déjà à moitié vengée. Le tyran va tenir cet horrible présent de la main de son plus cruel ennemi; présent qui inspire et la terreur dans le cœur du spectateur qui est au fait, et la douleur dans celui d'Electre qui n'y est pas. Il faut avouer aussi que la coutume des anciens, de recueillir les cendres des morts, et principalement de ceux qu'ils aimaient le plus tendrement, rendait cette scène infiniment plus touchante pour eux que pour nous. Il a fallu suppléer au pathétique qu'ils y trouvaient, par la terreur que doit inspirer la vue des cendres de Plisthène, première victime de la vengeance d'Oreste. D'ailleurs la situation de l'urne dans les mains d'Electre produit un coup de théâtre à l'arrivée d'Egiste et de Clitemnestre. [24] La douleur même, et les fureurs d'Electre persuadent le tyran de la vérité de ce que Pammène vient de lui annoncer.

Le nouvel auteur s'est bien gardé de faire un long récit de la

235

240

245

250

255

---

they are alluded to but probably do not appear (see l.1049-1064), but in his *Eumenides* they constitute the chorus and must have produced a truly horrifying effect (*Eumenides*, l.117-178).

[23] See D4097. It seems likely that Voltaire shortened this scene (III.ii) on the advice of his friends. The reference to 'cinquante vers de lamentations' which were omitted recalls the fate of the 'récit qui n'était pas de plus de quarante vers' which Voltaire felt obliged to cut from the final act of *Œdipe* after the first performance. See *Lettres sur Œdipe*, III.

[24] *Oreste*, III.iii. The praise of Voltaire's innovation is justified.

mort d'Oreste en présence d'Egiste. Ce récit aurait eu dans notre langue et suivant nos mœurs, tous les défauts que les détracteurs de l'antiquité osent reprocher à celui de Sophocle. Le nouvel auteur suppose qu'Oreste et l'étranger se sont vus à Delphes. 260 *Aisément*, dit Pilade, *les malheureux s'unissent; trop promptement liés, aisément ils s'aigrissent.* [25] Oreste a dit plus haut à Egiste qu'il s'est vengé sans implorer le secours des rois. [26] Cette supposition est simple, et tout à fait vraisemblable, et je crois qu'Egiste, intéressé autant qu'il l'était à cette mort, pouvait s'en contenter 265 sans entrer dans un examen plus approfondi. On croit très aisément ce que l'on souhaite avec une passion violente. D'ailleurs Clitemnestre interrompt cette conversation qui l'accable, et l'action est ensuite si précipitée, ainsi que dans Sophocle, qu'il n'est pas possible à Egiste d'en demander ni d'en apprendre davantage. 270 Cependant comme le caractère d'un tyran est toujours rempli de défiance, il ordonne qu'on aille chercher son fils pour confirmer le récit des deux étrangers. [27]

La reconnaissance d'Electre et d'Oreste [28] fondée sur la force de la nature et sur le cri du sang, en même temps que sur les 275 soupçons d'Iphise, sur quelques paroles équivoques d'Oreste, et sur son attendrissement, me paraît d'autant plus pathétique, qu'Oreste, en se découvrant, éprouve des combats qui ajoutent beaucoup à l'attendrissement qui naît de la situation. Les reconnaissances sont toujours touchantes, à moins qu'elles ne soient très 280 maladroitement traitées. Mais les plus belles sont peut-être celles qui produisent un effet qu'on n'attendait pas, qui servent à faire un nouveau nœud, à le resserrer, et qui replongent le héros dans

257-258 50: aurait eu tous les
259-260 50: Sophocle. Il suppose

[25] *Oreste*, III.iv.219-220. All editions read 'promptement ils s'aigrissent'.
[26] *Oreste*, III.iv.195.
[27] *Oreste*, III.iv.265-266; see above, p.576 (I.126-140).
[28] *Oreste*, IV.v.

un nouveau péril. On s'intéresse toujours à deux personnes malheureuses qui se reconnaissent après une longue absence et de grandes infortunes. Mais si ce bonheur passager les rend encore plus misérables, c'est alors que le cœur est déchiré, ce qui est le vrai but de la tragédie. 285

A l'égard de cette partie de la catastrophe que l'auteur d'*Oreste* a imitée de Sophocle, et qu'il n'a pas, dit-il, osé faire représenter, [29] je suis d'un avis contraire au sien. Je crois que si ce morceau était joué avec terreur, il en produirait beaucoup. 290

Qu'on se figure Electre, Iphise et Pylade saisis d'effroi et marquant chacun leur surprise aux cris de Clitemnestre; ce tableau devrait faire, ce me semble, un aussi grand effet à Paris qu'il en fit à Athènes; et cela avec d'autant plus de raison, que Clitemnestre inspire beaucoup plus de pitié dans la pièce française que dans la pièce grecque. Peut-être qu'à la première représentation des gens mal intentionnés purent profiter de la difficulté de représenter cette action sur un théâtre étroit, et embarrassé par la foule des spectateurs, pour y jeter quelque ridicule. Mais comme il est très certain que la chose est bonne en soi, il faudrait nécessairement qu'elle parût bonne à la longue, malgré tous les discours et toutes les critiques. Il ne serait pas même impossible de disposer le théâtre et les décorations d'une manière qui favorisât ce grand tableau. Enfin il me paraît que celui qui a heureusement osé faire paraître une ombre d'après Eschyle et d'après Euripide, [30] pourrait fort bien faire entendre les cris de Clitemnestre d'après Sophocle. Je maintiens que ces coups bien ménagés sont la véritable tragédie, qui ne consiste pas dans les sentiments galants, ni dans les raisonnements, mais dans une action pathétique, terrible, théâtrale, telle que celle-ci. 295 300 305 310

Electra ne participe point dans *Oreste* au meurtre de sa mère,

---

[29] *Oreste*, v.viii and note.

[30] Voltaire in *Sémiramis*; the English stage seems as likely a source for this ghost as the Greek stage.

comme dans l'*Electre* de Sophocle, et encore plus dans celles d'Euripide et d'Eschyle.[31] Ce qu'elle crie à son frère dans le 315 moment de la catastrophe, la justifie:

> Achève, et sois inexorable,
> Venge-nous, venge-la, (Clitemnestre) tranche un
> nœud si coupable,
> Frappe, immole à ses pieds cet infâme assassin.[32]

Je ne comprends pas comment la même nation qui voit tous 320 les jours sans horreur le dénouement de *Rodogune*, et qui a souffert celui de *Thieste* et d'*Atrée*, pourrait désapprouver le tableau que formerait cette catastrophe. Rien de moins conséquent. L'atrocité du spectacle d'un père qui voit sur le théâtre même le sang de son propre fils innocent et massacré par un frère barbare,[33] doit causer 325 infiniment plus d'horreur que le meurtre involontaire et forcé d'une femme coupable, meurtre ordonné d'ailleurs expressément par les dieux.

Oreste est certainement plus à plaindre dans l'auteur français que dans l'athénien, et la divinité y est plus ménagée. Elle y punit 330 un crime par un crime; mais elle punit avec raison Oreste qui a désobéi. C'est cette désobéissance qui forme précisément ce qu'il y a de plus touchant dans la pièce.[34] Il n'est parricide que pour avoir trop écouté avec sa sœur la voix de la nature; il n'est malheureux que pour avoir été tendre; il inspire ainsi la compassion 335 et la terreur; mais il les inspire épurées et dignes de toute la majesté

---

324   50:   qui voit le sang
336-341   50:   la terreur. ¶Quant au

---

[31] Sophocles, *Electra*, l.1406-1418; Euripides, *Electra*, l.1124-1171; Aeschylus, *Choephoroe*, l.481-504, no doubt. In all three Electra urges Orestes on, but only in Euripides is she actually present when he kills their mother.
[32] *Oreste*, v.viii.261-263. In all editions the reading of line 263 is: 'Immole entre ses bras cet infâme assassin.'
[33] The reference is to Crébillon's *Atrée et Thyeste*.
[34] See above, p.599 (II.193-201).

604

du poème dramatique; ce n'est point ici une crainte ridicule qui
diminue la fermeté de l'âme, ce n'est point une compassion mal
entendue fondée sur l'amour le plus étrange et le plus déplacé,
qui serait aussi absurde qu'injuste.   340

Quant au dernier récit que fait Pylade,[35] je ne sais ce qu'on y
pourrait trouver à redire. Les applaudissements redoublés qu'il a
reçus, le mettent pleinement au-dessus de la critique. Les Grecs
ont été charmés de celui d'Euripide, où le meurtre d'Egiste
est raconté fort au long.[36] Comment notre nation pourrait-   345
elle improuver celui-ci, qui contient d'ailleurs une révolution
imprévue, mais fondée, dont tous les spectateurs sont d'autant
plus satisfaits, qu'elle n'est en aucune façon annoncée, qu'elle est
à la fois étonnante et vraisemblable, et qu'elle conduit naturellement à la catastrophe?   350

Ce n'est pas un de ces dénouements vulgaires dont parle M. de
la Bruyère,[37] et dans lequel les mutins n'entendent point raison.
On voit assez quel art il y a d'avoir amené de loin cette révolution,
en faisant dire à Pammène dès le troisième acte:

> La race des vrais rois tôt ou tard est servie.[38]   355

Je demande après cela si la république des lettres n'a pas
obligation à un auteur qui ressuscite l'antiquité dans toute sa
noblesse, dans toute sa grandeur et dans toute sa force, et qui y
joint les plus grands efforts de la nature, sans aucun mélange
des petites faiblesses et des misérables intrigues amoureuses qui   360
déshonorent le théâtre parmi nous?

L'impression de la pièce met en liberté de juger du mérite de
la diction, des pensées, et des sentiments dont elle est remplie. On

---

[35] *Oreste*, v.vii.190-228.

[36] Euripides, *Electra*, l.744-858.

[37] La Bruyère, *Caractères*, 'Des ouvrages de l'esprit', §51.

[38] *Oreste*, III.i.15. This scene was rewritten and the line eliminated in the major
revisions for 61 and w57G2. All editions in which it appears read 'chérie' for
'servie'.

verra si l'auteur a imité les grands modèles, et de quelle manière
il l'a fait. On y trouvera un grand nombre de pensées tirées de 365
Sophocle; cela était inévitable, et d'ailleurs on ne pouvait mieux
faire. J'en ai reconnu plusieurs tirées ou imitées d'Euripide, qui
ne me paraissent pas moins belles dans l'auteur français que dans
le grec même. Telles sont ces pensées de Clitemnestre:

Vous pleurez dans les fers, et moi dans ma grandeur. 370
Vous frappez une mère, et je l'ai mérité. [39]

...οὔκ οὕτως ἄγαν
χαῖρω τι, τέκνον, τοῖς δεδραμενοῖς ἔμοι.

Et celle-ci d'Electre, qui a été si applaudie:

Qui pourrait de ces dieux encenser les autels, 375
S'ils voyaient sans pitié les malheurs des mortels,
Si le crime insolent dans son heureuse ivresse,
Ecrasait à loisir l'innocente faiblesse? [40]

Πέποιθα δ' ἤ χρὴ μηκεθ' ἡγεῖσθαι θεοὺς
Ειτᾶ δικ' Εσθαι τῆς δικῆς ὑπέρτερα. 380

Les anciens avaient pour maxime de ne faire des acteurs
subalternes, même de ceux qui contribuaient à la catastrophe, que
des personnages muets, ce qui valait infiniment mieux que les
dialogues insipides qu'on met de nos jours dans le bouche de deux
ou trois confidents dans la même pièce. On ne trouve point dans 385
la tragédie d'*Oreste* de ces personnages oisifs qui ne font qu'écouter
des confidences, et plût au ciel que le goût en passât! Sophocle et
Euripide ont mieux aimé ne point faire parler Pilade que de lui
faire dire des choses inutiles. [41] Dans la nouvelle pièce tous les
rôles sont intéressants et nécessaires. 390

[39] *Oreste*, I.iii.264, 192; Euripides, *Electra*, l.1105-1106 ('I am not so happy
either, child, with what I have done or with myself').
[40] *Oreste*, I.ii.147-150; Euripides, *Electra*, l.583-584 ('I trust you and trust in
you. Never believe in god again if evil can still triumph over good').
[41] Cf. above, p.576 (l.141-143).

606

TROISIÈME PARTIE

Des défauts où tombent ceux qui s'écartent des anciens dans les sujets qu'ils ont traités.

Plus mon zèle pour l'antiquité, et mon estime sincère pour ceux qui en ont fait revivre les beautés, viennent d'éclater, plus la bienséance me prescrit de modération et de retenue en parlant de ceux qui s'en sont écartés. Bien éloigné de vouloir faire de cet écrit une satire ni même une critique, je n'aurais jamais parlé de   5 l'*Electre* de M. de Crébillon, si je ne m'y trouvais entraîné par mon sujet; mais les termes injurieux qu'il a mis dans la préface de cette pièce contre les anciens en général, et en particulier contre Sophocle, ne permettent pas à un homme de lettres de garder le silence. En effet, puisque M. de Crébillon traite de préjugé l'estime   10 qu'on a pour Sophocle depuis près de trois mille ans; puisqu'il dit en termes formels, qu'il croit avoir mieux réussi que les trois tragiques grecs à rendre Electre tout à fait à plaindre; puisqu'il ose avancer que l'Electre de Sophocle a plus de férocité que de véritable grandeur, et qu'elle a autant de défauts que la sienne;   15 n'est-il pas permis, n'est-il pas même du devoir d'un homme de lettres, de prévenir contre cette invective ceux qui pourraient s'y laisser surprendre, et de déposer en quelque façon à la postérité, qu'à la gloire de notre siècle, il n'y a aucun homme de bon goût, aucun véritable savant qui n'ait été révolté de ses expressions?   20 Mon dessein n'est que de faire voir, par l'exemple même de cet auteur moderne, aux détracteurs de l'antiquité, qu'on ne peut,

4   50: écartés. Je suis bien éloigné
5   50: critique, et je
9   50: ne me permettent
15-16 w68-к: sienne; n'est-il pas même du
20   к: de ces
22   50: moderne, à toute la secte des détracteurs

comme je l'ai déjà dit,[1] s'écarter des anciens, dans les sujets qu'ils ont traités, sans s'éloigner en même temps de la nature, soit dans la fable, soit dans les caractères, soit dans l'élocution.[2] Le cœur ne pense point par art; et ces anciens, l'objet de leur mépris, ne consultaient que la nature. Ils puisaient dans cette source de la vérité, la noblesse, l'enthousiasme, l'abondance et la pureté. Leurs adversaires, en suivant une route opposée, et en s'abandonnant aux écarts de leur imagination déréglée, ne rencontrent que bassesse, que froideur, que stérilité, et que barbarie.

Je me bornerai ici à quelques questions auxquelles tout homme de bon sens peut aisément faire la réponse.

Comment Electre peut-elle être chez M. de Crébillon plus à plaindre et plus touchante que dans Sophocle, quand elle est occupée d'un amour froid auquel personne ne s'intéresse, qui ne sert en rien à la catastrophe, qui dément son caractère, qui de l'aveu même de l'auteur ne produit rien,[3] qui jette enfin une espèce de ridicule sur le personnage le plus terrible et le plus inflexible de l'antiquité, le moins susceptible d'amour, et qui n'a jamais eu d'autres passions que la douleur et la vengeance? N'est-ce pas comme si on mettait sur le théâtre Cornélie amoureuse d'un jeune homme, après la mort de Pompée? Qu'aurait pensé toute l'antiquité, si Sophocle avait rendu Chrysothémis amoureuse d'Oreste, pour l'avoir vu une fois combattre sur des murailles, et si Oreste avait dit à cette Chrysothémis:

> Ah! si pour se flatter de plaire *à vos beaux yeux*,
> Il suffisait d'un bras toujours victorieux,
> Peut-être à ce bonheur aurais-je pu prétendre,
> Avec quelque valeur et l'amour le plus tendre,

---

[1] Above, p.592 (II.1-13).

[2] Components of tragedy as defined by Aristotle, *Poetics*, VI.

[3] 'Le seul défaut de l'amour d'Electre, si j'en crois mes amis qui me flattent le moins, c'est qu'il ne produit pas assez d'événements dans toute la pièce' (Crébillon, preface to *Electre*, ed. Dunkley, p.3).

608

Quels efforts, quels travaux, quels illustres projets
N'eût point tenté ce cœur *charmé de vos attraits?* [4]

Qu'aurait-on dit dans Athènes, si, au lieu de cette belle exposition admirée de tous les siècles, Sophocle avait introduit Electre faisant confidence de son amour à la nuit? [5]   55

Qu'aurait-on dit, si, la première fois qu'Electre parle à Oreste, cet Oreste lui eût fait confidence de son amour pour une fille d'Egiste, et si Electre l'avait payé par une autre confidence de son amour pour le fils de ce tyran? [6]

Qu'aurait-on dit, si on avait entendu une fille d'Egiste s'écrier: 60

Faisons tout pour l'amour, s'il ne fait rien pour moi. [7]

Qu'aurait-on dit d'une Electre surannée, qui, voyant venir le fils d'Egiste, se serait adoucie jusqu'à dire:

Hélas! c'est lui … que mon âme éperdue
S'émeut et s'attendrit à cette chère vue! [8]   65

Qu'aurait-on dit, si on avait vu le *Paedagogos*, ou gouverneur d'Oreste, devenir le principal personnage de la pièce, attirer sur soi toute l'attention, effacer entièrement, et avilir celui qui doit faire le principal rôle; de sorte que la pièce devrait être intitulée *Palamède* plutôt qu'*Electre?* [9]   70

Qu'aurait-on dit, si on avait vu Oreste (sans son ami Pilade) devenir général des armées d'Egiste, gagner des batailles, chasser

---

61-66   50:   pour moi. ¶Qu'aurait-on dit si
66   κ: le παιδαγωγὸς, ou

---

[4] Oreste (as Tydée) to Iphianasse, Crébillon, *Electre*, II.ii. (Line 51 should read 'et le cœur le plus tendre'; see ed. Dunkley, p.21.)
[5] Crébillon, *Electre*, I.i.
[6] Crébillon, *Electre*, III.ii.
[7] Iphianasse, in Crébillon, *Electre*, I.ix.
[8] Crébillon, *Electre*, v.i.
[9] This criticism of Crébillon is justified.

deux rois, sans que ce *Paedagogos* en fût instruit? *Ficta voluptatis causa sint proxima veris.* [10]

Qu'aurait-on dit du roman étranger à la pièce, que deux actes entiers ne suffisent pas pour débrouiller? 75

Qu'aurait-on dit enfin, si Sophocle avait chargé sa pièce de deux reconnaissances brusquées l'une et l'autre, et très mal ménagées? [11] Electre, qui sait ce que Tydée a fait pour Egiste, qui n'ignore pas qu'il est amoureux de la fille de ce tyran, peut-elle soupçonner un moment sans aucun indice, que ce même Tydée est son frère? De plus, comment est-il possible qu'Oreste ait été si peu instruit de son sort et de son nom? 80

Horace et tous les Romains, après les Grecs, à la vue de tant d'absurdités, se seraient écriés tous d'une voix: 85

Quodcumque ostendis mihi sic incredulus odi: [12]

et j'ose assurer qu'ils auraient trouvé l'*Electre* de Sophocle, si elle avait été composée et écrite comme la française, tout à fait déraisonnable dans le caractère, sans justesse dans la conduite, sans véritable noblesse dans les sentiments et sans pureté dans l'expression. 90

Ne voit-on pas évidemment que le mépris des anciens modèles, la négligence à les étudier, et l'indocilité à s'y conformer mènent nécessairement à l'erreur et au mauvais goût? [13] et n'est-il pas aussi nécessaire de faire remarquer aux jeunes gens qui veulent faire de 95

73   K: ce gouverneur en
74   50, 61, W57G2: *causa sit*
86   50: *Quidquid ostendis*

[10] Horace, *Ars poetica*, 338.
[11] Crébillon, *Electre*, III.ii; IV.ii.
[12] *Ars poetica*, 188.
[13] This was the principal contention of the Ancients, but its advocates sometimes showed astonishing lack of taste. Mme Dacier is a good example; the virulence of the attacks she made in *Des causes de la corruption du goût* (1714) alienated many potential supporters.

bonnes études les fautes où sont tombés les détracteurs de l'antiquité, que de leur faire observer les beautés anciennes qu'ils doivent tâcher d'imiter? Je ne sais par quelle fatalité il arrive que les poètes qui ont écrit contre les anciens, sans entendre leur langue, ont presque toujours très mal parlé la leur, et que ceux qui n'ont pu être touchés de l'harmonie d'Homère et de Sophocle ont toujours péché contre l'harmonie qui est une partie essentielle de la poésie. 100

On n'aurait pas hasardé impunément devant les juges et sur le théâtre d'Athènes un vers dur, ni des termes impropres. Par quelle étrange corruption se pourrait-il faire qu'on souffrît parmi nous ce nombre prodigieux de vers dans lesquels la syntaxe, la propriété des mots, la justesse des figures, le rythme sont éternellement violés? 105

Il faut avouer qu'il y a peu de pages dans l'*Electre* de M. de Crébillon où les fautes dont je parle ne se présentent en foule. La même négligence qui empêche les auteurs modernes de lire les bons auteurs de l'antiquité, les empêche de travailler avec soin leurs propres ouvrages. Ils redoutent la critique d'un ami sage, sévère, éclairé,[14] comme ils redoutent la lecture d'Homère, de Sophocle, de Virgile et de Cicéron. Par exemple, lorsque l'auteur d'*Electre* fait parler ainsi Itys à Electre: 110

> Enfin pour vous forcer à vous donner à moi,
> Vous savez si jamais j'exigeai rien du roi:
> Il prétend qu'avec vous un nœud sacré m'unisse,
> Ne m'en imputez point la cruelle injustice.
> Au prix de tout mon sang je voudrais être à vous,
> Si c'était votre aveu qui me fît votre époux.
> Ah par pitié pour vous, princesse infortunée,
> Payez l'amour d'Itys par un tendre hyménée;
> Puisqu'il faut l'achever ou descendre au tombeau, 120 125

[14] See Boileau, *Art poétique*, I.199, and Horace, *Ars poetica*, 445-449.

Laissez-en à mes feux allumer le flambeau.
Régnez donc avec moi, c'est trop vous en défendre… [15]

Je suppose que l'auteur eût consulté feu M. Despréaux[16] sur ces vers, je ne dis pas sur le fond (car ce grand critique n'aurait pas pu supporter une déclaration d'amour à Electre), je dis uniquement sur la langue et sur la versification. Alors M. Despréaux lui aurait dit, sans doute: Il n'y a pas un seul de tous ces vers qui ne soit à réformer.

> Enfin pour vous forcer à vous donner à moi,
> Vous savez si jamais j'exigeai *rien* du roi.

Ce *rien* n'est pas français, et sert à rendre la phrase plus barbare; il fallait dire: Vous savez si jamais j'exigeai du roi qu'il vous forçat à m'épouser.

> Il prétend qu'avec vous un *nœud sacré* m'unisse,
> Ne m'*en* imputez point la cruelle injustice.

Cet *en* n'est pas français, et la *cruelle injustice* n'est pas raisonnable dans la bouche d'Itys; il ne doit point regarder comme cruel et injuste un mariage qu'il ne veut faire que pour rendre Electre heureuse.

> Au prix de tout mon sang je voudrais être à vous,
> Si c'était votre aveu qui me fît votre époux.

Au prix de tout mon sang veut dire au prix de ma vie; et il n'y a pas d'apparence qu'on se marie quand on est mort. *Si c'était votre aveu qui me fît*, est prosaïque, plat et dur, même dans la prose la plus simple.

> Ah par pitié pour vous, princesse infortunée,
> Payez l'amour d'Itys par un tendre hyménée.

Ces termes lâches et oiseux de *princesse infortunée*, et de *tendre*

---

[15] Crébillon, *Electre*, I.iii.
[16] Boileau was usually referred to as M. Despréaux in the eighteenth century.

hyménée, affaibliraient la meilleure tirade. Il faut éviter soigneuse- 155
ment ces expressions fades. *Par pitié pour vous*, n'est pas placé; il
fallait dire, Tout est à craindre si vous n'obéissez pas au roi; faites
par pitié pour vous ce que vous ne faites pas par amour, par
bienveillance, par condescendance pour moi.

> Puisqu'il faut l'achever ou descendre au tombeau, 160
> Laissez-*en* à mes feux allumer le flambeau.
> Régnez *donc* avec moi, c'est trop vous en défendre.

Vous devez sentir vous-même, aurait continué M. Despréaux,
combien ces mots, *puisqu'il faut, laissez-en à mes feux... régnez donc
avec moi*, ont à la fois de dureté et de faiblesse; combien tout cela 165
manque de pureté, de noblesse et de chaleur; reprenez cent fois le
rabot et la lime. [17]

Si M. Despréaux continuait à lire, souffrirait-il les vers suivants?

> Qu'il *fasse que ces fers*, dont il *s'est tant* promis,
> Soient moins honteux pour moi que l'hymen de son fils... 170
> Ta vertu ne te sert qu'à redoubler ma haine...
> *Egiste ne* prétend *te* faire mon époux...
> Bravez-*le*, mais du moins du sort qui vous accable
> N'accusez *donc* que vous, *princesse inexorable*...
> Je voulais par l'hymen d'Itys et de ma fille, 175
> *Voir rentrer* quelque jour le sceptre en sa famille;
> Mais *l'ingrate ne* veut que nous immoler tous...
> Madame, quel malheur troublant votre sommeil,
> Vous a fait *de si loin* devancer le soleil? [18]

Ce même Despréaux aurait-il pu s'empêcher de rire lorsque 180
Electre dit à Egiste:

> Pour cet heureux hymen ma main est toute prête,

[17] Boileau, *Discours au roi*, 26.
[18] Crébillon, *Electre*, I.iii; I.v; I.vi.

Je n'en veux disposer qu'en faveur de ton sang;
Et je la donne à qui te percera le flanc. [19]

Cette équivoque et cette pointe lui aurait paru précisément de 185
la même espèce que celle de Théophile, qu'il relève si bien dans
une de ses judicieuses préfaces.

Ah voilà ce poignard qui du sang de son maître
S'est souillé lâchement, il en rougit le traître. [20]

Les vers de l'auteur d'*Electre* ne sont pas moins ridicules: *en* 190
faveur de ton sang signifie, *en faveur de ton fils*, et non pas *en faveur*
de ton sang versé. Cette pointe, *de ton sang*, et *de celui qui répandra*
ton sang, vaut bien la pointe de Théophile.

Il est certain qu'un auteur éclairé par de telles critiques, aurait
retravaillé entièrement son ouvrage, et qu'il aurait surtout mis du 195
naturel à la place du boursouflé. Il n'aurait point fait de ces fautes
énormes contre le bon sens et contre la langue; son censeur lui
aurait crié:

Mon esprit n'admet point un pompeux barbarisme,
Ni d'un vers ampoulé l'orgueilleux solécisme. [21]   200

On n'aurait point vu un héros *voguer au gré de ses désirs plus*
qu'au gré des vents. La foudre ouvrir le ciel et l'onde à sillons redoublés
et bouillonner en source de feu. De pâles éclairs s'armer de toute part.
Un héros *méditer son retour à grands pas.* [22] *La suprême sagesse des*

189-194   50: traître. ¶Il est certain
203   K: de toutes parts

[19] Crébillon, *Electre*, I.vii. The reading of line 184 is 'Et je la garde'.
[20] These lines are from the end of the second monologue in act v of Théophile's
Pyrame et Thisbé, performed in 1617, published in 1621. Boileau quotes them in
the 1701 preface to his *Œuvres*.
[21] Boileau, *Art poétique*, I.159-160.
[22] Crébillon, *Electre*, II.i. The first and third of these examples were also mocked
by La Morlière, *Réflexions sur la tragédie d'Oreste, où se trouve naturellement l'Essai*
d'un parallèle de cette pièce avec l'Electre de M. de C*** (s.l.n.d.), p.19-20.

dieux, qui brave la crédule faiblesse des mortels,[23] *un grand cœur qui*   205
ne manque à son devoir que pour s'en instruire mieux.[24] Un interlocu-
teur qui dit: *Ne pénétrez-vous pas un si triste silence;*[25] *des remords*
d'un cœur né vertueux, qui, pour punir ce cœur vont plus loin que les
dieux.[26] Une Electre qui dit: *Percez le cœur d'Itys, mais respectez*
le mien.[27]   210

Il n'est que trop vrai, et il faut l'avouer à la honte de notre
littérature, que dans la plupart de nos auteurs tragiques on trouve
rarement six vers de suite qui n'aient de pareils défauts, et cela
parce qu'ils ont la présomption de ne consulter personne,[a] ou
l'indocilité de ne profiter d'aucun avis. Le peu de connaissance   215
qu'ils ont eux-mêmes des langues savantes, de la noble simplicité
des anciens, de l'harmonie de la tragédie grecque, les leur fait
mépriser. La précipitation et la paresse sont encore des défauts
qui les perdent sans ressource.[b] Xénophon leur crie en vain que
le travail est la nourriture du sage, οἱ πόνοι ὄψον τοῖς ἀγαθοῖς.[28]   220
Enivrés d'un succès passager, ils se croient au-dessus des plus
grands maîtres et des anciens qu'ils ne connaissent presque que

---

[a] ...*In Metii descendat judicis aures.* Horat. de Arte poet.[29]
[b]   ...*Carmen reprehendite quod non*
     Multa dies, et multa litura coercuit, atque
     Perfectum decies non castigavit ad unguem.
                              Horat. de Arte poet.[30]

---

211   K: vrai, il faut

---

[23] Crébillon, *Electre*, III.v.
[24] Crébillon, *Electre*, IV.iii.
[25] Crébillon, *Electre*, III.v.
[26] Crébillon, *Electre*, III.v.
[27] Crébillon, *Electre*, IV.iii.
[28] Xenophon, *Cyropaedia*, 7.5.80.
[29] *Ars poetica*, 387. The modern reading is 'Maeci'.
[30] *Ars poetica*, 292-294.

de nom. Une bonne tragédie, ainsi qu'un bon poème, est l'ouvrage d'un esprit sublime, *Magnae mentis opus*, dit Juvenal.[31] Ce n'est pas un faible effort et un travail médiocre qui font y réussir.   225

L'illustre Racine joignait à un travail infini une grande connaissance de la tragédie grecque, une étude continuelle de ses beautés et de celles de leur langue et de la nôtre. Il consultait de plus les juges les plus sévères, les plus éclairés, et qui lui étaient sincèrement attachés. Il les écoutait avec docilité. Enfin il se faisait gloire, ainsi   230 que Despréaux, d'être revêtu des dépouilles des anciens, il avait formé son style sur le leur; c'est par là qu'il s'est fait un nom immortel. Ceux qui suivent une autre route n'y parviendront jamais. On peut réussir peut-être mieux que lui dans les catastrophes: on peut produire plus de terreur, approfondir davantage   235 les sentiments, mettre de plus grands mouvements dans les intrigues; mais quiconque ne se formera pas comme lui sur les anciens, quiconque surtout n'imitera pas la pureté de leur style et du sien, n'aura jamais de réputation dans la postérité.

On joue pendant quelques années des romans barbares, qu'on   240 nomme tragédies, mais enfin les yeux s'ouvrent; on a eu beau louer, protéger ces pièces, elles finissent par être aux yeux de tous les hommes instruits des monuments de mauvais goût.

Vos exemplaria graeca
Nocturna versate manu, versate diurna.   245
Horat. de Arte poet.[32]

239-244   50: postérité. ¶*Vos*

[31] Juvenal, *Satires*, VII.66.
[32] *Ars poetica*, 268-269.

LIST OF WORKS CITED

Aldridge, A. Owen, *Voltaire and the century of light* (Princeton 1975).

Allen, Marcus, 'The problem of the *bienséances* in Voltaire's *Oreste*', *Comparative drama* 5 (1971), p.117-28.

Allen, Walter, 'O fortunatam natam', *Transactions of the American philological association* 87 (1956), p.130-46.

Annonces, affiches et avis divers (Paris, 1751-1811).

Aristotle, *La Poétique d'Aristote, traduite en français avec des remarques*, trans. André Dacier (Paris 1692).

Bachaumont, Louis Petit de, *Mémoires secrets pour servir à l'histoire de la république des lettres* (Londres 1777-1789).

Barbier, Edmond-Jean-François, *Chronique de la régence et du règne de Louis XV* (Paris 1857-1885).

Barbier d'Aucour, Jean, *Apollon, vendeur de Mithridate* (1675).

Batteux, Charles, *Les Quatre Poétiques d'Aristote, d'Horace, de Vida, de Despréaux, avec les traductions et des remarques* (Paris 1771).

Bengesco, Georges, *Voltaire: bibliographie de ses œuvres* (Paris 1882-1890).

Bertrand, Louis-Marie-Emile, *La Fin du classicisme et le retour à l'antique: dans la seconde moitié du XVIIIe siècle et les premières années du XIXe siècle en France* (Paris 1897).

Besterman, Theodore, 'A provisional bibliography of Italian editions and translations of Voltaire', *Studies* 18 (1961), p.18-263.

– 'Provisional bibliography of Portuguese editions of Voltaire', *Studies* 76 (1970), p.15-35.

– *Voltaire*, 3rd ed. (Oxford 1976).

Bibliothèque de Voltaire: catalogue des livres (Moscow, Leningrad 1961).

Bibliothèque nationale, *Catalogue général des livres imprimés de la Bibliothèque nationale: auteurs*, tome 214, Voltaire (Paris 1978).

Bidault de Montigny, Jean-Charles-François, *Sémiramis* (Amsterdam 1749).

La Bigarrure (1749-1753).

Bonnefon, Paul, 'L'"Iphygénie" de Malézieu', *Rhl* 17 (1910), p.581-611.

Boulenger de Rivery, Claude-François-Félix, *Justification de la tragédie d'Oreste par l'auteur* (s.l. 1750).

Bourassa, André, 'Polémique et propagande dans *Rome sauvée* et *Les Triumvirs* de Voltaire', *Studies* 60 (1968), p.73-103.

Bray, René, *La Formation de la doctrine classique en France* (Paris 1951).

Brumoy, Pierre, *Le Théâtre des Grecs* (Paris 1730).

– – ed. Rochefort and Du Theil (Paris 1785-1789).

Brunel, Pierre, *Le Mythe d'Electre* (Paris 1971).

– *Pour Electre* (Paris 1982).

Candaux, Jean-Daniel, 'Précisions sur Henri Rieu', *Le Siècle de Voltaire:*

hommage à René Pomeau (Oxford 1987), p.203-43.

Cicero, *De la divination de Cicéron*, trans. François-Séraphin Régnier-Desmarais (Amsterdam 1741).

– *Entretiens de Cicéron sur la nature des dieux*, trans. Pierre-Joseph Thoulier d'Olivet (Paris 1721).

– *Epistles of M. T. Cicero to M. Brutus and of Brutus to Cicero*, ed. Conyers Middleton (s.l. 1743).

– *Lettres de Cicéron à Atticus*, trans. Nicolas-Hubert Mongault (Paris 1738).

– *Lettres de Cicéron à M. Brutus et de M. Brutus à Cicéron*, trans. Antoine-François Prévost d'Exiles (Paris 1744).

– *Opera cum delectu commentarium*, ed. Pierre-Joseph Thoulier d'Olivet, 3rd ed. (Genevae 1758).

– *Pensées de Cicéron traduites pour servir à l'éducation de la jeunesse* (Paris 1744).

– *Philippiques de Démosthène et Catilinaires de Cicéron*, trans. Pierre-Joseph Thoulier d'Olivet, 2nd ed. (Paris 1736).

– *Tusculanes de Cicéron*, trans. Jean Bouhier and Pierre-Joseph Thoulier d'Olivet (Paris 1737).

Cicero, ed. T. A. Dorey (London 1964).

Clément, Jean-Marie-Benoît, and La Porte, Joseph, *Anecdotes dramatiques* (Paris 1775).

Clément, Pierre, *Les Cinq années littéraires (1748-1752)* (La Haye 1754).

Collé, Charles, *Journal et mémoires*, ed. Honoré Bonhomme (Paris 1868).

Corneille, Pierre, *Œuvres complètes*, ed. Georges Couton (Paris 1980-1987).

Crébillon, Prosper Jolyot de, *Catilina* (Paris 1749).

– *Electre*, ed. John Dunkley (Exeter 1980).

– *Œuvres* (Paris 1750).

– – ed. M. Parelle (Paris 1828).

Danet, Etienne-Jean, *Précis de l'Electre de Sophocle à l'occasion de l'Oreste de M. de Voltaire* (Londres 1750).

Day, Douglas A., 'Voltaire and Cicero', *Revue de littérature comparée* 39 (1965), p.31-43.

Delcourt, Marie, *Oreste et Alcméon: essai sur la projection légendaire du matricide en Grèce* (Paris 1959).

Diderot, Denis, *Correspondance*, ed. G. Roth and J. Varloot (Paris 1955-1970).

Droysen, Hans, 'Tageskalender Friedrichs des Grossen, von 1. Juni 1740 bis 31. März 1763', *Forschungen zur brandenburgischen und preussischen Geschichte* 29 (1916), p.95-157.

Dubos, Jean-Baptiste, *Réflexions critiques sur la poésie et sur la peinture* (Paris 1719).

Dumolard-Bert, Charles, 'Recherches sur le fleuve Oaxès', *Précis analytique des travaux de l'Académie des sciences, belles-lettres et arts de Rouen* (Rouen 1814), i.212-17.

– 'Réflexions sur l'Hécube d'Euripide', *Précis analytique des travaux de l'Académie des sciences, belles-lettres et arts de Rouen* (Rouen 1814), i.238-42.

Dupuy-Demportes, Jean-Baptiste, *Lettre à M. de ** sur la tragédie de Catilina de M. de Crébillon* (Londres 1748).

– *Lettre à madame de*** sur la tragédie de Rome sauvée* (s.l.n.d.).

WORKS CITED

– *Lettre sur la Sémiramis de M. de Voltaire* (Paris 1748).

– *Parallèle de la Sémiramis de M. de Crébillon et de celle de M. de Voltaire* (Paris 1748).

Dutrait, Maurice, *Etude sur la vie et le théâtre de Crébillon (1674-1762)* (Bordeaux 1895).

Duvernet, Théophile Imarigeon, *La Vie de Voltaire* (Genève 1786).

Electre vengée, ou lettre sur les tragédies d'Oreste et d'Electre, par M. le M. de C. (s.l. 1750).

Euripides, *Electre d'Euripide, tragédie traduite du grec*, trans. Pierre-Henri Larcher (Paris 1750).

Evans, Hywel Berwyn, 'A provisional bibliography of English editions and translations of Voltaire', *Studies* 8 (1959), p.9-121.

Folkierski, W., *Entre le classicisme et le romantisme: étude sur l'esthétique et les esthéticiens du XVIIIe siècle* (Paris 1969).

Fontenelle, Bernard Le Bovier de, *Œuvres* (Paris 1818).

Foucault, Michel, *Surveiller et punir: naissance de la prison* (Paris 1975).

Francillon, Roger, 'L'*Oreste* de Voltaire ou le faux triomphe de la nature', *Rivista di letterature moderne e comparate* 41 (1988), p.5-22.

Frantz, Frank F., *Oreste dans la tragédie française* (Paris 1910).

Fréron, Elie-Catherine, *L'Année littéraire* (1754-1776).

Fromm, Hans, *Bibliographie Deutscher Übersetzungen aus dem Französischen 1700-1948* (Baden-Baden 1950-1953).

Gaillard, Gabriel-Henri, *Parallèle des quatre Electres de Sophocle, d'Euri-* pide, de M. de Crébillon, et de M. de Voltaire (La Haye 1750).

Gallet, Pierre, *Voltaire âne, jadis poète: la péterade, ou Polichinel auteur* (Sybérie 1750).

Gartenschläger, Rainer, *Voltaires Cicero-Bild: Versuch einer Bestimmung von Voltaires humanistischem Verhältnis zu Cicero* (Marburg 1968).

Gay, Peter, *The Enlightenment: an interpretation 1: the rise of modern paganism* (New York 1966).

Genest, Charles-Claude, *Joseph, tragédie* (Paris 1711).

Geoffroy, Julien-Louis, *Cours de littérature dramatique* (Paris 1819).

Gordon, Thomas, *The Conspirators; or, the case of Catiline* (London 1721).

Grandval, Nicolas Racot de, *Les Persiflés* (La Haye 1748).

Grimm, Friedrich Melchior, *Correspondance littéraire*, ed. M. Tourneux (Paris 1877-1882).

Hardy, Ernest George, *The Catilinarian conspiracy in its context: a re-study of the evidence* (Oxford 1924).

Havens, George R. and Torrey, Norman L., ed., *Voltaire's catalogue of his library at Ferney*, Studies 9 (1959).

Hellegouarc'h, Jacqueline, 'Voltaire et la Comédie Française; deux lettres inédites. 1', *Rhl* 88 (1988), p.737-43.

Helvétius, Claude-Adrien, *Correspondance générale*, ed. D. W. Smith *et al.* (Toronto, Oxford 1981-).

Hutchinson, Lester, *The Conspiracy of Catiline* (London 1966).

Joannidès, A., *La Comédie Française de 1680 à 1920. Tableau de représentations* (Paris 1921).

Jonson, Ben, *Catilina*, in *Le Théâtre*

anglais, trans. Pierre-Antoine de La Place (Paris 1746-1749), v.

– *Catiline*, ed. Whitney F. Bolton and Jane F. Gardner (London; Lincoln, Nebraska, 1973).

– *Catiline his conspiracy*, ed. Lynn H. Harris, Yale studies in English 53 (New York 1916).

Jory, David H., 'Tragic declamation in eighteenth-century Paris', *Mlr* 70 (1975), p.508-16.

Knight, Roy C., *Racine et la Grèce* (Paris 1950).

Lacombe, Jacques, *Poétique de M. de Voltaire, ou observations recueillies de ses ouvrages concernant la versification française* (Genève 1766).

Lafarga, Francisco, *Voltaire en Espagne (1734-1835)*, Studies 261 (1989).

Lagrave, Henri, *Le Théâtre et le public à Paris de 1715 à 1750* (Paris 1972).

La Harpe, Jean-François, *Commentaire sur le théâtre de Voltaire* (Paris 1814).

– *Lycée ou cours de littérature* (Paris an VII-XIII).

La Morlière, Charles-Joseph-Auguste de, *Réflexions sur la tragédie d'Oreste, où se trouve placé naturellement l'essai d'un parallèle de cette pièce avec l'Electre de M. de C**** (s.l.n.d.).

Lancaster, Henry Carrington, *A history of French dramatic literature in the seventeenth century, IV: the period of Racine, 1673-1700* (Baltimore 1940).

– 'The Comédie-Francaise 1701-1774: plays, actors, spectators, finances', *Transactions of the American philosophical society* n.s. 41 (1951), p.593-849.

– *French tragedy in the time of Louis XV and Voltaire, 1715-1774* (Baltimore 1950).

– *Sunset: a history of Parisian drama in the last years of Louis XIV, 1701-1715* (Baltimore 1945).

La Place, Pierre-Antoine de, *Venise sauvée. Tragédie imitée de l'anglais d'Otway* (Paris 1747).

Laujon, Pierre, *Œuvres choisies* (Paris 1811).

Lauraguais, Louis-Léon-Félicité, *Clitemnestre* (Paris 1761).

LeClerc, Paul, *Voltaire and Crébillon père: history of an enmity*, Studies 115 (1973).

Lekain, Henri-Louis, *Mémoires* (Paris 1801).

Lettre à M. de V*** sur la tragédie d'Oreste (s.l.n.d.).

Lieudé de Sepmanville, Cyprien-Antoine de, *Lettre à madame la comtesse de ***, sur la tragédie d'Oreste de M. de Voltaire, et sur la comédie de La Force du naturel de M. Néricault Destouches* (s.l.n.d.).

Lion, Henri, *Les Tragédies et les théories dramatiques de Voltaire* (Paris 1895).

Longchamp, Sébastien, and Wagnière, Jean-Louis, *Mémoires anecdotiques, très curieux et inconnus jusqu'à ce jour sur Voltaire* (Paris 1838).

– *Mémoires sur Voltaire et sur ses ouvrages* (Paris 1826).

Longepierre, Hilaire-Bernard Roqueleyne, baron de, *Chefs-d'œuvre de Longepierre et de Guymond de La Touche* (Paris 1784).

– *Electre*, ed. Tomoo Tobari (Paris 1981).

– *Lettre à M. de Voltaire sur la nouvelle tragédie d'Œdipe* (Paris 1719).

Lounsbury, Thomas R., *Shakespeare and Voltaire* (New York 1902).

Luynes, Charles-Philippe d'Albert, duc de, *Mémoires sur la cour de Louis XV (1735-1758)*, ed. L. Dussieux and E. Soulié (Paris 1860-1865).

Magnan, André, *Dossier Voltaire en Prusse*, Studies 244 (1986).

Marmontel, Jean-François, *Mémoires*, ed. John Renwick (Clermont-Ferrand 1972).

Mat-Hasquin, Michèle, *Voltaire et l'antiquité grecque*, Studies 197 (1981).

Mémoires pour l'histoire des sciences et des beaux-arts [Mémoires de Trévoux] (1701-1767).

Mercure de France (1672-1794).

Middleton, Conyers, *Histoire de Cicéron, tirée de ses écrits et des monuments de son siècle; avec les preuves et des éclaircissements*, trans. Antoine-François Prévost d'Exiles (Paris 1743).

– *The History of the life of Marcus Tullius Cicero* (London 1741).

Mommsen, Theodor, *The History of Rome, an account of events and persons from the conquest of Carthage to the end of the republic*, ed. Dero A. Saunders and John M. Collins (Cleveland; New York 1967).

Mouhy, Charles de Fieux, chevalier de, *Tablettes dramatiques* (Paris 1752).

Observations sur Catilina et Rome sauvée (s.l.n.d.).

Odahl, Charles, *The Catilinarian conspiracy* (New Haven 1971).

Palissot de Montenoy, Charles, *Dunciade, ou la guerre des sots* (Chelsea 1764).

Parfaict, François, and Parfaict, Claude, *Histoire du théâtre français depuis son origine jusqu'à présent* (Paris 1745-1748).

Patin, Henri-Joseph, *Etudes sur les tragiques grecs: ou examen critique d'Eschyle, de Sophocle et d'Euripide, précédé d'une histoire générale de la tragédie grecque*, 3rd ed. (Paris 1865).

Pausanias, *Pausanias, ou voyage historique de la Grèce*, trans. Nicolas Gédoyn (Paris 1731).

Pellegrin, Nicolas, *Catilina* (Paris 1742).

Pellisson, Maurice, *Les Hommes de lettres au XVIIIe siècle* (Paris 1911).

Pierron, Alexis, *Voltaire et ses maîtres* (Paris 1866).

Plutarch, *Lives of the illustrious Greeks and Romans with their comparisons* (London 1713).

– *Les Vies des hommes illustres de Plutarque*, trans. André Dacier (Amsterdam 1724-1734).

– *Les Vies des hommes illustres grecs et romains*, trans. Jacques Amyot (Genève 1535).

Pomeau, René, *D'Arouet à Voltaire*, Voltaire en son temps 1 (Oxford 1985).

Portalis, Roger, *Bernard de Requeleyne, baron de Longepierre (1659-1721)* (Paris 1905).

Prault, Laurent-François, 'Notes du libraire Prault sur quelques littérateurs', *Bulletin du bibliophile* (Paris 1850), p.867-81.

Rabbi, Stella Gargantini, 'Le mythe d'Electre dans le théâtre français du XVIIIe siècle', *Studies* 192, p.1547-55.

Rapin, René, *Réflexions sur la poétique de ce temps et sur les ouvrages des poètes anciens et modernes*, ed. E. T. Dubois (Genève 1970).

Rawson, Elizabeth, *Cicero, a portrait* (London; Ithaca, NY 1975).

Raynaud, Jean-Michel, *Voltaire, soi-disant* (Lille 1983).

Ridgway, Ronald S., *La Propagande philosophique dans les tragédies de Voltaire*, Studies 15 (1961).

Rochemonteix, Camille de, *Un collège des jésuites aux XVIIe et XVIIIe siècles: le collège Henri IV de La Flèche* (Le Mans 1889).

Rousseau, Jean-Baptiste, *Lettres sur différents sujets de littérature* (Genève 1749-1750).

Russell, Trusten Wheeler, *Voltaire, Dryden and historic tragedy* (New York 1946).

Saint-Evremond, Charles de Marquetel de Saint-Denis, sieur de, *Œuvres mêlées* (Paris 1692).

Sallust, *De la conjuration de Catilina, et de la guerre de Jugurtha contre les Romains*, trans. abbé Le Masson, 2nd ed. (Paris 1717).

– *Opera* (Lyon 1659).

Séran de La Tour, *Catilina* (Amsterdam 1749).

Sophocles, *Elettra tragedia*, trans. Erasmo di Valvasone (Venetia 1588).

– *L'Œdipe et l'Electre de Sophocle, tragédies grecques traduites en français avec des remarques*, trans. André Dacier (Paris 1692).

– *Sophocles: the plays and fragments*, trans. Richard C. Jebb (Cambridge 1883-1896).

– *Tragédie de Sophocle intitulée Electra*, trans. Lazare de Baïf (Paris 1537).

Speck, Hermann B. G., *Katilina im Drama der Weltliteratur: ein Beitrag zur vergleichenden Stoffgeschichte des Römerdramas*, Breslauer Beiträge zur Literaturgeschichte 4 (Leipzig 1906).

Suite de la Clef, ou journal historique (1717-1776).

Taylor, Aline, *Next to Shakespeare: Otway's Venice preserv'd and The Orphan* (Durham, NC, 1950).

Teissier, Philippe, 'Une lettre de madame Denis au comte d'Argental sur *Rome sauvée*', Studies 176 (1979), p.41-50.

Théâtre français, ou recueil des meilleures pièces de théâtre (Paris 1737).

Trapnell, William H., 'Survey and analysis of Voltaire's collective editions, 1728-1789', Studies 77 (1970), p.103-99.

Vaillot, René, *Avec Mme Du Châtelet*, Voltaire en son temps 2 (Oxford 1988).

Vercruysse, Jeroom, 'Bibliographie des écrits français relatifs à Voltaire, 1719-1830', *Les Voltairiens, 2ème série: Voltaire jugé par les siens*, ed. Jeroom Vercruysse (New York 1983), i.VII-LXXX.

– 'Bibliographie provisoire des traductions néerlandaises et flamandes de Voltaire', Studies 116 (1973), p.19-64.

Voltaire, *Œuvres*, ed. A.-J.-Q. Beuchot (Paris 1829-1840).

– *Œuvres complètes*, ed. L. Moland (Paris 1877-1885).

– *Œuvres complètes / Complete works* (Geneva, Banbury, Oxford, 1968-).

– *Alzire, ou les Américains*, ed. T. E. D. Braun, Voltaire 14 (1989).

– *Cinquième recueil de nouvelles pièces fugitives de M. de Voltaire* (Genève; Paris 1762).

– *Commentaires sur Corneille*, ed. D. Williams, Voltaire 53-55 (Oxford 1974-1975).

WORKS CITED

- *Corpus des notes marginales de Voltaire* (Berlin, Oxford, 1979-).
- *Correspondence and related documents*, ed. Th. Besterman, Voltaire 85-135 (1968-1977).
- *Essai sur les mœurs*, ed. René Pommeau (Paris 1990).
- *Factum pour la nombreuse famille de Rapterre contre le nommé Giolot Ticalani*, ed. J. Vercruysse, *Archives des lettres modernes* 37 (Paris 1961).
- *Lettres philosophiques*, ed. G. Lanson and A.-M. Rousseau (Paris 1964).
- *La Mort de César*, ed. D. J. Fletcher, Voltaire 8 (1988).
- *Notebooks*, ed. Th. Besterman, Voltaire 81-82 (Oxford 1968).

Walef, Blaise-Henri de Corte, baron de, *Réflexions nouvelles sur l'Iliade d'Homère, avec la tragédie d'Electre* (Liège 1731).
Wallich, Paul and Müller, Hans von, *Die Deutsche Voltaire-Literatur des achtzehnten Jahrhunderts* (Berlin 1921).
Williams, David, *Voltaire: literary critic*, Studies 48 (1966).
Wirz, Charles, 'L'Institut et musée Voltaire en 1984', *Genava* n.s. 33 (1985), p.163-82.
Zielinski, Tadeusz, *Cicero im Wandel der Jahrhunderte: ein Vortrag* (Leipzig 1897).

INDEX

Bentinck, Charlotte Sophia of Alden-burg, countess, 108

Berenice, 404

Berlin, *Rome sauvée* performed, 73-75, 84, 105; – published with imprint of, 107-109, 114-15; Academy of sciences, 538; Voltaire goes to, 72; Voltaire in, 79, 93, 112; *see also* Potsdam

Berne, Supreme Council, 112

Bernières, Marguerite-Madeleine Du Moutier, marquise de, 336*n*

Bernini, Gian Lorenzo, 350

Berryer de Ravenoville, Nicolas-René, 110, 307, 523, 539*n*

Berthier, Guillaume-François, 13

Bertrand, Louis-Marie-Emilie, 331*n*

Bérubé, Georges, 324*n*

Besterman, Theodore, 13, 48, 72*n*, 86*n*, 102*n*, 107, 132*n*, 265, 296*n*, 305*n*, 306*n*, 307*n*, 391*n*, 537

Bestia, Lucius Calpurnius, 30

Beuchot, Adrien-Jean-Quentin, 273, 528, 537

Bidault de Montigny, Jean-Charles-François, *Sémiramis*, 18*n*

La Bigarrure, 347*n*

Blainville, Pierre-Jean-Fromentin de, 93*n*, 150*v*

Boileau-Despréaux, Nicolas, 311, 397, 551, 612, 616; *Art poétique*, 591, 611*n*; *Discours au roi*, 613*n*; *Œuvres*, 614*n*; *Satires*, 591*n*

Bolton, Whitney F., 45*n*

Bonhomme, Honoré, 14*n*

Bonin, publisher in Paris, 107*n*, 110, 114

Bonnefon, Paul, 400*n*

Bonneval, J.-B.-J. Gimat de, 150*v*

Bossuet, Jacques-Bénigne, 397

Bouhier, Jean, 7*n*

Boulenger de Rivery, Claude-François-

Félix, *Justification de la tragédie d'Oreste*, 322*n*, 330*n*, 337*n*, 341, 342*n*, 346*n*, 347*n*, 348

Bourassa, André, 44*n*

Bourdeaux, Etienne de, 108, 109, 115, 116, 123, 124

Boyer, Claude, *Agamemnon*, 406*n*

Braun, Theodore E. D., 12*n*

Bray, René, 553*n*

Breitkopf, Bernhard Christoph, 110

Brindisi (Brundisium), 146*n*

Britannicus, *see* Gordon, Thomas

Brizard, Jean-Baptiste Britard, known as, 93*n*, 150*v*, 356*n*

Brown, Andrew, 114*n*, 372*n*

Brumoy, Pierre, 535, 560; *Le Théâtre des Grecs*, 296, 309*n*, 310-11, 320*n*, 346*n*, 368*n*, 553, 554, 558, 572*n*; – on Electra, 312-13, 320*n*, 323*n*, 326*n*, 327, 410*n*, 542-43, 556, 571*n*, 580*n*, 583; – on Oedipus, 322*n*

Brunel, Pierre, 308*n*, 330*n*, 331*n*, 547*n*, 569*n*

Brussels, Voltaire in, 538

Brutus, Marcus Junius, 9, 307

Brutus (Shakespeare, *Julius Caesar*), 56-57; – (*Mort de César*), 15, 325

Caeparius, Marcus, 252*n*

Caesar, Gaius Julius, 24, 26, 27, 30, 52, 172*n*, 185*n*, 192*n*, 290; *Commentaries*, 146; *see also* César

Camille (Corneille, *Horace*), 540, 577-78

Camillus, Marcus Furius, 247, 284

Campania, 141*n*

Campistron, Jean-Galbert de, *Alcibiade*, 406*n*; *Arminius*, 407*n*; *Phocion*, 406*n*

Candaux, Jean-Daniel, 359*n*

Capperonier, Jean, 110, 120, 121

Carbo, Gnaeus Papirius, 158

Carthage, 262

Castor, 582

91; theatre, 58, 103, 147-48, 296-97, 351, 603*n*
Ennius, 143*n*
Epicurus, 142
Epidaurus, 429, 430, 433, 440, 445, 467, 472, 474
Eriphyle, 404*n*
Etna, Mount, 260
Etruria, 27, 28, 170, 282, 290
Eumenides, 310*n*, 329-31, 334, 338-39, 342*n*, 347, 353, 354-56, 510, 511*n*, 547, 582, 583, 586, 600
Euphrates, river, 190, 194
Euripides, 92, 344, 365, 399, 405, 566; *Electra*, 308, 410, 547, 571*n*, 580-81; − Brumoy and, 312, 556, 589; − Crébillon and, 317, 319, 369; − Longepierre and, 313*n*; − Voltaire and, 320, 326-30 *passim*, 368, 538, 540-44, 558-59, 567-68, 577, 580-81, 589, 593-607 *passim*; − trans. Larcher, 310, 346*n*-347*n*; *Hippolytus*, 559*n*, 577*n*, 592; *Iphigenia in Taurus*, 335, 397, 400, 592; *Medea*, 559*n*
Europe, 80, 140, 142, 399, 525
Evans, Hwyel Berwyn, 132*n*

Fabia, 169*n*
Favonius (*Rome sauvée*), 227, 250*n*
Fawkener, Everard, 59
Fénelon, François de Salignac de La Mothe, 397
Ferney, 359
Ferreira, Simão Thaddeo, 391
Fibreno, river, 50, 187, 290
Fiesole (Faesulae), 28
Fletcher, Dennis J., 16*n*
Fleury, cardinal André-Hercule de, 14
Folkierski, W., 553*n*, 554*n*
Fontaine, Marie-Elisabeth de Dompierre de, née Mignot, 74, 353-54
Fontainebleau, 361

Fontenelle, Bernard Le Bovier de, 22*n*, 336*n*, 554*n*
Fontenoy, battle of, 265
Formont, Jean-Baptiste-Nicolas, 89, 91, 102, 103*n*
Foucault, Michel, 309*n*
France, French, 63, 66; classical education, 6, 311, 331*n*, 365; language, 143-44, 611; *Rome sauvée* printed, 107, 115; theatre, 10-11, 103, 148-49, 297-98, 335, 351, 585, 592; *see also* Paris
Francillon, Roger, 324*n*
Frantz, Frank F., 331*n*
Frederick II, king of Prussia, 8, 49, 66, 74, 295, 360*n*, 538; and Crébillon, 41-42, 47, 298, 300; and *Oreste*, 301, 302, 307, 350, 360*n*; and *Rome sauvée*, 47, 61, 64-65, 76*n*, 77, 302
Fréron, Elie-Catherine, 17; *L'Année littéraire*, 95
Fromm, Hans, 132*n*, 391*n*
Fulvia, 28, 75*n*
Fulvie (Crébillon, *Catilina*), 19, 33-39 *passim*, 42, 53, 54, 100, 102
Furies, *see* Eumenides

Gabinius, Aulus, 27, 29, 252*n*
Gaillard, Gabriel-Henri, *Parallèle des quatre Electres*, 346*n*, 347-48
Gallet, Pierre, *Voltaire âne, jadis poète*, 346*n*
Gardin, Antonio, 391
Gardner, Jane F., 45*n*
Garganti Rabbi, Stella, 408*n*
Gartenschläger, Rainer, 6*n*
Gauls, *see* Allobroges
Gaussin, Jeanne-Catherine, 66, 73, 78*n*, 84-85; plays Iphise (*Oreste*), 337-38, 339, 340, 451*n*, 529
Gay, Peter, 6*n*-7*n*, 44*n*
Gédoyn, Nicolas, 429*n*

430, 434, 435, 445, 449, 474, 493, 504, 601

Plomteux, Clément, printer in Liège, 128, 386

Plutarch, *Cicero*, 30, 31, 46-54 *passim*, 170*n*, 198*n*, 246*n*, 289-92; *Lysander*, 580

Polignac, cardinal Melchior de, 364, 402

Polimatte (Duvaure, *Amant précepteur*), 66

Pollux, 582

Polus, Greek actor, 571

Polybius, 404

Polynices (Sophocles, *Antigone*), 573

Polyxena, 584

Pomeau, René, 295*n*, 324-25, 356*n*, 362*n*, 364*n*, 400*n*

Pompadour, Jeanne-Antoinette Poisson Le Normand d'Etioles, marquise de, 17, 18, 19-21, 40, 62, 64, 65, 112

Pompée (Corneille, *Sertorius*), 104

Pompeius Magnus, Gaius (Pompey), 24, 30, 33, 55, 141*n*, 146, 147*n*, 151, 172, 184, 187, 189, 190, 210, 229, 275, 289, 608

Pompeius Strabo, 141*n*

Pont de Veyle, Antoine Feriol, comte de, 78, 305*n*

Porée, Charles, 296, 401*n*

Portalis, Roger, 313*n*

Portia (Shakespeare, *Julius Caesar*), 56-57, 63*n*

Potsdam, Voltaire in, 86*n*, 108, 350; *see also*, Berlin; Sans-Souci

Pradon, Jacques, 313, 568*n*

Praeneste, 27, 28, 154, 155, 156, 159, 160*v*, 162*v*, 170, 177*v*, 184, 195, 202, 204, 212, 216, 221, 231, 248, 271, 282, 289

Praslin, César-Gabriel de Choiseul, duc de, 78, 83*n*, 305*n*

Prault, Laurent-François, 22

Praxiteles, 408

Prévost d'Exiles, Antoine-François, 9, 49*n*, 217*n*

Priam, 471

Probus (Crébillon, *Catilina*), 32, 34, 37, 102

Punic wars, 184*n*

Pylades, 320*n*, 567*n*, 609; – (Aeschylus, *Choephoroe*), 584; – (Euripides, *Electra*), 540, 542, 576, 606; – (Sophocles, *Electra*), 321, 540, 576, 606; *see also* Pilade

Pyrrhus (Chateaubrun, *Philoctète*), 588

Pythian games, 540, 548, 574-76

Quinault, Philippe, 406

Quinault-Dufresne, Abraham-Alexis, 401*v*

Quintilian, 144*n*, 590

Racine, Jean, 16, 65, 298, 321*n*, 356-57, 365, 367, 397, 403-406, 544, 550, 616; *Andromaque*, 355, 406*n*, 582; *Athalie*, 103, 298, 324*n*, 405, 588; *Bajazet*, 403*n*; *Bérénice*, 367, 404-405; *Britannicus*, 403*n*; *Iphigénie*, 406*n*, 544; 'Iphigénie en Tauride', 406; *Mithridate*, 403*n*; *Phèdre*, 544

Racine, Louis, 405*n*

Rameau, Jean-Philippe, 17

Rapin, René, *Réflexions sur la poétique*, 553-57, 560, 569*n*, 577*n*

Rawson, Elizabeth, 141*n*

Raynal, Guillaume-Thomas-François, *Nouvelles littéraires*, 19*n*, 20-21, 22*n*, 42, 60*n*, 70, 75*n*, 336-37, 338*n*, 343*n*, 537

Raynaud, Jean-Michel, 325*n*

Régnier-Desmarais, François-Séraphin, 8*n*

Renwick, John, 17*n*, 336*n*

Rheims, 68, 304*n*

Rhine, river, 189

INDEX

Ribou, Nicolas, 297*n*, 337, 523-24
Riccoboni, François, 18*n*
Richelieu, Louis-François-Armand Du Plessis, duc de, 11, 69, 70, 78, 80, 81, 82*n*, 83, 91, 93, 339*n*, 361
Richoff, François-Canut, publisher in Amsterdam, 120, 124, 125, 126, 127, 377, 380, 381, 383, 384
Ridgway, Ronald S., 44*n*
Rieu, Henri, 359*n*
Rochemonteix, Camille de, 6*n*
Rohan-Chabot, Guy-Auguste, chevalier de, 168*n*, 336*n*
Rome, Romans, 15, 22-54 *passim*, 64, 76, 95, 101, 140-49 *passim*, 150-263 *passim*, 267-88 *passim*, 304, 364, 399, 411, 550, 551, 567, 572, 610; Aventine hill, 196, 282; Caelian hill, 196; Campus Martius, 177*v*, 271; Capitol, 156, 167, 195, 238, 249, 282, 283; Colline gate, 177*v*, 271; oracles, 181*n*, 225; Quirinal, 255; temple of Jupiter Stator, 54; temple of Tellus, 32, 34, 40, 54, 55, 86, 98, 150, 224; theatre in, 103, 148
Rosely, Antoine-François Raisouche-Montet, known as, 339*n*, 343*n*
Roth, George, 358*n*
Rousseau, André-Michel, 58*n*
Rousseau, Jean-Baptiste, 12, 316, 366*n*
Rousseau, Jean-Jacques, 63
Roxane (Racine, *Bajaʒet*), 403
Roy, Pierre-Charles, 17, 21, 94*n*
Ruscellaï, Giovanni, *L'Oreste*, 568
Russell, Trusten Wheeler, 46*n*

Sainson, signs privilège for *Oreste*, 372
Sainte-Albine, Pierre Rémond de, 20, 42*n*
Saint-Evremond, Charles de Marquetel de Saint Denys, sieur de, 50, 554*n*
Saint-Lambert, Jean-François, marquis de, 62, 301, 302, 554*n*

Saint-Réal, César Vischard de, 59
Sallust, 59; *Bellum Catilinae*, 26, 30*n*, 32, 46-54 *passim*, 60*n*, 168*n*, 169*n*, 181*n*, 193*n*-194*n*, 198*n*, 201*n*, 233*n*, 245*n*, 263*n*, 289-92; *Opera*, 47*n*
Samnites, Cicero's descent from, 50, 251, 272, 291
Sans-Souci, 302
Sarrazin, Pierre-Claude, 88, 150*v*
Saunders, Dero A., 25*n*
Saurin, Bernard-Joseph, 17
Sceaux, 68, 361-62, 364-66, 397*n*; *Rome sauvée* performed, 61, 69, 70-72, 85, 258*n*
Schink, Johann Friedrich, 392
Schulenburg, count Johann Matthias von, 526*n*
Scipio, Lucius Cornelius, 261*n*
Scipio Africanus Major, Publius Cornelius, 184*n*, 228, 259, 260*n*, 261, 291, 292
Scipio family, 184, 258, 262
Scipio Nasica, Publius, 234*v*, 235
Scudéry, Madeleine de, 407
Seine, river, 189
Sémiramis (*Sémiramis*), 348
Seneca, 313*n*
Septime (*Rome sauvée*), 150*v*, 193*n*, 194*v*, 200, 218, 220, 225
Séran de La Tour, *Histoire de Catilina*, 60
Sertorius (Corneille, *Sertorius*), 104, 403
Servilius (La Fosse, *Manlius Capitolinus*), 58
Shakespeare, William, 46, 56, 58; *Hamlet*, 324*n*; *Julius Caesar*, 56, 325
Sicily, 170*n*
Silanus, Decimus Junius, 26, 27
Silesia, 74
Smith, David W., 41*n*, 380
Smollett, Tobias, 132, 391

639